윤리경영과
지원**시스템**

윤리경영과 지원시스템

이명환·이동길·오세현 공저

21세기북스

■ 머리말

　미국의 7대 기업 중 하나이던 엔론(Enron)이 2001년 말에 불거진 회계부정 파문으로 투자자들에게 500억 달러 이상의 손실을 입히고, 미국의 경제분야는 물론 정치·사회 등 각 분야에 큰 충격을 던지면서 파산했다.
　미국 역사상 최대 규모의 파산 사건인 엔론 스캔들로 인해 미국은 2002년 7월 기업회계 개혁법으로 사베인스-옥슬리(Sarbanes-Oxley)법을 제정하여 회계부정에 대해 강력한 제재를 가할 수 있도록 했고, 회계감시 강화를 위한 회계감독위원회(PCAOB)를 설립하여 기업경영자가 기업 회계장부의 정확성을 보증하고 잘못하면 처벌받도록 규정한 바 있다.

이제부터는 신뢰받는 기업과 사회로!
　전 세계의 정·재계를 비롯한 각계의 수뇌들이 모여, 각종 정보를 교환하고 세계경제 발전방안에 대해 논의하는 2003년 다보스포럼(Davos Forum) 총회에서는 '신뢰구축(Building Trust)'을 그해의 주제로 정해 토론한 바 있다. 신뢰가 강조된 것은 기업의 사회적 불신을 해소하고 기업윤리와 투명성 및 사회적 책임을 강조하기 위함이었다.

국내에서도 1997년 IMF 외환위기와 국내외의 연이은 회계부정 사건들로 인해 회계투명성 확보의 중요성이 부각됨에 따라, 회계제도 관련 법안이 개정되기에 이르렀다. 이를 통해 회계제도 개혁이 법제화되어 국내의 회계제도는 국제적인 수준에 접근하고 있으며, 이러한 제도개선이 경영현장에서 조기에 정착될 수 있도록 관련 기관에서 적용 초기부터 강력한 조치를 취하고 있다.

특히 회계제도 개혁법안은 증권거래법을 비롯해 주식회사의 외부감사에 관한 법률 및 집단소송법 등의 관련 조항을 신설 또는 개정하는 형식으로 이뤄졌다. 이들 법안의 특징은 공시 정보의 생성 및 보고에 대한 내부통제절차의 정립과 사업보고서 등에 대한 CEO/CFO의 인증 의무 등이다.

기업의 사회에 대한 책임경영 실천!

기업시민권(Corporate Citizenship)이란 개개인이 시민의 의무와 도덕을 준수하는 것처럼 기업도 사회구성원으로서 책임을 다해야 한다는 개념에서 출발한 것이다. 즉, 기업도 앞뒤 가리지 않고 단지 이익만 추구하는 집단이 아니라 사회의 건강한 일원이 되어야 한다는 것으로, 영리만을 목적으로 하는 기업경영론이 점차 바뀌고 있음을 나타낸다.

이제 기업은 단순히 단기적인 이윤만 추구해서는 존속하기 힘들게 됐으며, 주주·종업원·소비자 등의 직접적인 이해관계자는 물론 정부·공공기관·지역사회·시민단체 등 모든 이해당사자를 포괄하는 경영이 요구되고 있다. 이러한 차원에서 기업이 이윤추구와 사회적 가치를 동시에 지향하는 기업사회 책임경영(Corporate Social Responsibility Management)이 필요하게 된 것이다. 그리고 기업의 경영성과를 재무중심의 관점에서 평가하던 기존 방식에서 탈피해 ①경제적 수익성은 물론 ②환경적 건전성과 ③사회적 책임의 관점에서 통합적으로 경영하는 지속가능 경영(Corporate Sustainability Management) 방식으로 전환하지 않으면 안 되게 되었다.

그리하여 이제 기업은 ①기업시민권 보유자로서 ②기업사회 책임경영을 통해 ③지속가능 경영이 전개될 수 있도록, 윤리경영을 철저히 수행해야 할 시점에 이르렀다.

윤리경영 3대 실행방향 정도경영, 직업윤리, 사회적 책임 !

윤리경영은 궁극적으로 기업의 이해관계자인 소비자·투자자·정부·시민사회로부터 신뢰를 확보해 기업의 영속성을 보장받기 위한 경영 필수과제가 됐고, 기업의 최대 관심사인 기업가치 제고를 위한 최선의 방법론으로 대두되고 있다.

이 책에서는 기업가치를 ①주주가치, ②종업원가치, ③사회적 가치로 분류하고, 이들 기업가치를 극대화하기 위한 방안으로 ①투명성에 기초한 정도경영, ②합리성에 근거한 직업윤리, ③이타성(利他性)을 기반으로 하는 사회적 책임을 윤리경영의 추진 방향으로 제안하고 있다.

윤리경영의 첫 번째 실행 방향인 정도경영을 실천하기 위해서는 기업 내의 모든 프로세스에 존재하는 경영위험(Management Risk)을 효과적으로 분석하고 관리할 수 있어야 한다. 그러한 차원에서 ①회계정보의 투명성, ②고효율의 내부통제, ③건전한 지배구조, ④주주권익 중시를 통한 정도경영은 '우량기업'으로 발전해 나가는 이정표이기도 하다.

두 번째 실행 방향인 직업윤리는 종업원 가치의 극대화를 도모하기 위한 것으로 ①공정한 평가·보상, ②직장생활 수준향상(GWP·QWL 구현), ③직장윤리·책무 확립, ④주인의식·프로정신의 발현을 통해 직업윤리를 실천해나가도록 해야 한다.

세 번째 실행 방향인 사회적 책임의 실천과제는 ①고객만족·고객보호, ②공정경쟁·공정거래, ③환경친화·위험관리, ④공공복지·사회봉사 등이다. 이러한 기업의 사회적 책임을 실천함으로써 고객과 사회로부터 '신뢰받는 기업'이 되어, 고객가치와 공익가치를 포함한 사회적 가치를 극대화해나갈 수 있게 되는 것이다.

이제 윤리경영은 선택이 아닌 필수!
이제 윤리경영의 실천은 선택이 아닌 필수 경영활동이 돼야 한다. 또한 윤리경영은 기업뿐만 아니라 정부 및 공공단체는 물론 기업을 둘러싸고 있는 이해관계자 모두가 다 같이 실천해야 하는 경영의 기본활동인 것이다.

그런 의미에서 이 책에는 기업경영에 관련된 모든 이해관계자들의 윤리경영 정착에 구체적인 가이드라인과 분명한 방향타가 될 수 있도록 하기 위해 윤리경영의 주요 골자를 비롯해 윤리경영을 지원하기 위한 IT시스템과 혁신활동/시스템 및 윤리경영을 실행하는 데 참고가 될 수 있는 구체적인 윤리경영 실행 사례까지 수록하였다.

모쪼록 심혈을 기울여 만든 이 책이 윤리경영에 관심 있는 모든 분들에게 많은 도움이 됐으면 하는 마음 간절하다.

2006년 7월 지은이
이명환·이동길·오세현

차례

머리말   4

제 1 편 윤리경영 주요골자

제 1 장 윤리경영 기본지침
1. 1 취지   19
1. 2 윤리경영의 필요성   20
1. 3 윤리경영의 의미   22
1. 4 윤리경영의 의의   24
1. 5 윤리경영의 필요조건   25
1. 6 윤리경영의 발전단계   29
1. 7 윤리경영의 수행체계   32
1. 8 윤리경영의 실천   48
1. 9 윤리경영의 교육   52

제 2 장 윤리강령(예시)
전문(前文)   55
2. 1 고객에 대한 책임과 의무   56
2. 2 주주에 대한 책임과 의무   57
2. 3 임직원에 대한 책임과 의무   58
2. 4 지역사회 및 국가에 대한 책임과 의무   59
2. 5 임직원의 기본윤리   60

제 3 장 행동규범(예시)
3. 1 임직원의 행동지침   65
3. 2 임직원의 다짐   66

3. 3 부정행위 사례 및 행동요령　　　　　　　　67

제 4 장 부정위험관리 실무요령
　　　4. 1 부정위험관리의 의의　　　　　　　　　　78
　　　4. 2 부정(不正)의 개념　　　　　　　　　　　79
　　　4. 3 부정의 폐해규모 및 영향　　　　　　　　80
　　　4. 4 부정의 발생원인과 유형　　　　　　　　82
　　　4. 5 부정의 탐지방안　　　　　　　　　　　　86
　　　4. 6 부정의 예방 및 방지　　　　　　　　　　88
　　　4. 7 부정위험관리의 방향　　　　　　　　　　91

제 5 장 윤리경영 진단 및 평가
　　　5. 1 진단 및 평가의 개요　　　　　　　　　　93
　　　5. 2 윤리경영 평가지표　　　　　　　　　　　97
　　　5. 3 윤리경영 평가지침　　　　　　　　　　　99
　　　5. 4 윤리경영 평가방법론　　　　　　　　　101
　　　5. 5 윤리경영 평가테이블　　　　　　　　　107
　　　5. 6 세부 평가항목 선정　　　　　　　　　　110
　　　5. 7 윤리경영 사후관리　　　　　　　　　　120

제 2 편 윤리경영 지원시스템

제 1 장 윤리경영 지원시스템 개요
　　　1. 1 윤리경영과 시스템경영　　　　　　　　129
　　　1. 2 윤리경영 지원시스템의 의의　　　　　　136

차례

1.3 윤리경영 지원시스템의 개요 138
1.4 윤리경영 지원시스템 체계 146

제 2 장 윤리경영 실천방향과 IT시스템
2.1 정도경영 실천과제와 IT시스템 159
2.2 직업윤리 실천과제와 IT시스템 164
2.3 사회적 책임 실천과제와 IT시스템 168

제 3 장 윤리경영 실천방향과 혁신활동/시스템
3.1 정도경영 실천과제와 혁신활동/시스템 175
3.2 직업윤리 실천과제와 혁신활동/시스템 179
3.3 사회적 책임 실천과제와 혁신활동/시스템 182

제 4 장 윤리경영 지원시스템의 지향 방향
4.1 내부통제 시스템 강화 187
4.2 시스템 통제 및 시스템 감사 강화 208
4.3 실시간기업화(RTE) 221

제 3 편 윤리경영 사례

제 1 장 윤리경영 실행사례
1.1 삼성전자 사례 237
1.2 포스코 사례 270
1.3 동부화재 사례 288
1.4 유한킴벌리 사례 310
1.5 GE 사례 331

제 2 장 윤리경영 지원 IT시스템 구축사례

2. 1 RTE 대시보드 사례	350
2. 2 RTE-RFID/USN 사례	356
2. 3 EPM 사례	362
2. 4 BPM 사례	368
2. 5 EP 사례	373
2. 6 KMS 사례	377
2. 7 e-Procurement 사례	382
2. 8 RMS 사례	388

제 3 장 윤리경영 지원 혁신활동/시스템 소개

3. 1 BPM	394
3. 2 BSC	400
3. 3 6시그마	406
3. 4 EVP	412
3. 5 멘토링	419
3. 6 CSI	423
3. 7 EVA/VBM	431
3. 8 ABC/ABM	438
3. 9 BPO/BTO	444
3.10 KM	451
3.11 CoP	457
3.12 콘택트센터	463

부록

참고문헌	472
INDEX	474
저자약력	484

[그림 목차]

[그림 1-1] 윤리경영의 의의	24
[그림 1-2] 윤리경영의 발전단계	31
[그림 1-3] 윤리경영 진단 및 평가영역	94
[그림 1-4] 윤리경영 진단 및 평가절차	102
[그림 1-5] 준비단계 프로세스	102
[그림 1-6] 진단단계 프로세스	104
[그림 1-7] 평가단계 프로세스	106
[그림 2-1] 윤리경영 차원의 시스템경영	135
[그림 2-2] 정도경영 지원시스템 연관 관계도	141
[그림 2-3] 직업윤리 지원시스템 연관 관계도	143
[그림 2-4] 사회적 책임 지원시스템 연관 관계도	145
[그림 2-5] 윤리경영 지원시스템 체계(예시)	156
[그림 2-6] 내부통제 시스템 구축 절차 및 주요 내용	196
[그림 2-7] 내부통제활동 정의서(예시)	197
[그림 2-8] IT거버넌스 중점 5분야와 IT지원 기술표	213
[그림 2-9] COBIT 프레임워크 개괄도	214
[그림 2-10] RTE 개념	222
[그림 2-11] RTE 사이클론 모델	223
[그림 2-12] RTE 비즈니스 아키텍처	225
[그림 2-13] RTE 체계도	226
[그림 3-1] 삼성전자의 가치	238
[그림 3-2] 녹색경영 5대 과제	252
[그림 3-3] 폐가전제품 회수 흐름도	261
[그림 3-4] GE 윤리규정준수 대상	333
[그림 3-5] GE 윤리규정	336
[그림 3-6] GE 윤리경영 실천시스템(3T System)	344
[그림 3-7] 규정준수 관련 이슈 제기 채널	348
[그림 3-8] RTE 대시보드의 구축전략	351
[그림 3-9] RTE 대시보드의 사용자 화면(예시)	355
[그림 3-10] 유통물류 사업운영 전략	357

[그림 3-11] 팔레트의 위치 및 배송 이력   359
[그림 3-12] 팔레트의 전체 위치   359
[그림 3-13] EPM 추진 비전(예시)   363
[그림 3-14] EPM 추진목표 체계   364
[그림 3-15] BSC 구축단계(예시)   365
[그림 3-16] 성과관리 시스템 구축 프로세스 사례   367
[그림 3-17] J사 BPM 비전 및 전략 예시도   368
[그림 3-18] J사 BPM 추진배경 및 경영층 관심사항   370
[그림 3-19] EP 추진 비전 예시도   373
[그림 3-20] 향후 EP 전개방향 예시도   375
[그림 3-21] KMS 구축 비전 예시도   377
[그림 3-22] KMS 구축목표 예시도   379
[그림 3-23] KMS 구축활동 및 일정 예시도   380
[그림 3-24] 전자구매 시스템 구축 체계 및 역할 정의 예시도   383
[그림 3-25] 가계대출 조기경보 시스템의 업무 흐름   390
[그림 3-26] BSC 구축 단계   403
[그림 3-27] EVP 설문조사 및 결과활용   416
[그림 3-28] 고객만족경영의 프레임워크   423
[그림 3-29] CSI의 단계   425
[그림 3-30] CSI 조사 프로세스   426
[그림 3-31] ACSI Model   427
[그림 3-32] EVA 계산방식   431
[그림 3-33] 활동기준 원가(ABC)의 기본체제와 구성요소   438
[그림 3-34] ABC와 ABM 비교   439
[그림 3-35] 원가비목의 활동 할당 단계   440
[그림 3-36] ABC의 원가집적 계통도   441
[그림 3-37] 전략적 아웃소싱을 위한 비즈니스 컴포넌트 분류   446
[그림 3-38] KM 추진절차   452
[그림 3-39] CoP 활동 추진 프로세스   458
[그림 3-40] 고객 만족도에 따른 충성도 변화   464
[그림 3-41] 콘택트센터 구성 절차   467

[표 목차]

[표 1-1] 부정위험 진단 프로세스 89
[표 1-2] 윤리경영의 평가영역 및 평가항목(예시) 98
[표 1-3] 평가영역 및 평가항목별 가중치 부여(예시) 100
[표 1-4] 윤리경영 평가결과(예시) 101
[표 1-5] 투명성지표 평가테이블(예시) 109
[표 1-6] 합리성지표 평가테이블(예시) 109
[표 1-7] 이타성지표 평가테이블(예시) 111
[표 1-8] 실행인프라지표 평가테이블(예시) 111
[표 1-9] 윤리경영 간이 평가표(예시) 124
[표 2-1] 윤리경영과 경영목표의 연관성 분석 148
[표 2-2] 윤리경영 실천과제와 IT시스템 연계표 149
[표 2-3] 주요 IT시스템의 윤리경영 지원효과 분석표 150
[표 2-4] 주요 IT시스템의 윤리경영 지원긴밀도 분석표 151
[표 2-5] 윤리경영 실천과제와 혁신활동/시스템 연계표 152
[표 2-6] 주요 혁신활동/시스템의 윤리경영 지원효과 분석표 153
[표 2-7] 주요 혁신활동/시스템의 윤리경영 지원긴밀도 분석표 154
[표 2-8] 윤리경영 지원시스템 성숙도 점검 리스트(예시) 158
[표 2-9] 회계정보의 투명성 지원을 위한 IT시스템(예시) 160
[표 2-10] 고효율의 내부통제 지원을 위한 IT시스템(예시) 162
[표 2-11] 건전한 지배구조 지원을 위한 IT시스템(예시) 163
[표 2-12] 주주권익의 중시 지원을 위한 IT시스템(예시) 164
[표 2-13] 공정한 평가·보상 지원을 위한 IT시스템(예시) 165
[표 2-14] 직장생활 수준향상 지원을 위한 IT시스템(예시) 166
[표 2-15] 직장윤리·책무확립 지원을 위한 IT시스템(예시) 167
[표 2-16] 주인의식·프로정신 지원을 위한 IT시스템(예시) 168
[표 2-17] 고객만족·고객보호 지원을 위한 IT시스템(예시) 169
[표 2-18] 공정경쟁·공정거래 지원을 위한 IT시스템(예시) 171
[표 2-19] 환경친화·경영위험관리 지원을 위한 IT시스템(예시) 173
[표 2-20] 공공복지·사회봉사 지원을 위한 IT시스템(예시) 174

[표 2-21] 회계정보의 투명성 지원 주요 혁신활동/시스템(예시)	176
[표 2-22] 고효율의 내부통제 지원 주요 혁신활동/시스템(예시)	177
[표 2-23] 건전한 지배구조 지원 주요 혁신활동/시스템(예시)	177
[표 2-24] 주주권익 중시 지원 주요 혁신활동/시스템(예시)	178
[표 2-25] 공정한 평가·보상 지원 주요 혁신활동/시스템(예시)	179
[표 2-26] GWP·QWL 구현 지원 주요 혁신활동/시스템(예시)	180
[표 2-27] 직장윤리·책무확립 지원 주요 혁신활동/시스템(예시)	181
[표 2-28] 주인의식·프로정신 지원 주요 혁신활동/시스템(예시)	182
[표 2-29] 고객만족·고객보호 지원 주요 혁신활동/시스템(예시)	183
[표 2-30] 공정경쟁·공정거래 지원 주요 혁신활동/시스템(예시)	184
[표 2-31] 환경친화·경영위험관리 지원 주요 혁신활동/시스템(예시)	185
[표 2-32] 공공복지·사회봉사 지원 주요 혁신활동/시스템(예시)	186
[표 2-33] IT시스템 감리유형 및 종류	216
[표 2-34] 일반적 IT시스템 감리수행 단계	220
[표 2-35] RTE 사이클론 모델의 레벨별 프로세스 및 활동	224
[표 3-1] 인간공학 세부 평가항목	262
[표 3-2] 팔레트 평균 체류 일수	360
[표 3-3] RFID 시스템 도입으로 가져온 각 회사별 영향	361
[표 3-4] 단계별 KMS 추진전략(예시)	378
[표 3-5] e-Procurement 시스템 구축내용 예시도	385
[표 3-6] 국내 은행권 조기경보 시스템 구축 현황	391
[표 3-7] 6시그마 세대별 차이 분석	407
[표 3-8] CSI 일반적 왜곡 유형	429
[표 3-9] 전통적인 원가 시스템과 ABC 시스템과의 차이	440

제1편

윤리경영 주요골자

기업 윤리문제를 소홀히 취급하여 경솔하게 다루거나,

윤리경영에 관련된 업무기준과 행동기준을

제대로 정립하지 못한 상태에서, 이를 기초로 부적절한 의사결정과

경영활동을 수행하게 되면,

기업은 대내외적으로 저항에 부딪히게 되고

회사에 큰 손실을 초래하게 된다.

나아가 결과적으로 기업활동을 제한하는

각종 규제를 양산하게 됨에 따라, 이제부터는

윤리경영은 기업경영에 있어 선택사항이 아닌

필수요소로 재인식하지 않으면 안 되게 되었다.

제 1 장

윤리경영 기본지침

1. 1 취지

(1) ①1990년대 초반 우루과이라운드(UR) 협상 끝에 WTO가 설립된 후부터 1990년대 중반까지는 제품의 품질만 좋으면 팔리던 시대였다. 하지만 1990년대 후반에는 제품의 품질뿐만 아니라 환경·공해 관리도 일정 수준 이상이어야 하는 그린라운드(GR) 시대가 됐다.

②2000년대에는 제품과 환경 및 윤리를 동시에 묶어서 팔아야 하는 '그린라운드(GR)+윤리라운드(ER)' 시대가 도래하면서, 환경오염·뇌물·탈세·허위 과대광고 등 비윤리적 행위를 저지르는 기업의 제품이나 서비스의 국제거래가 규제되기 시작했다.

③국내적으로도 기업의 지배구조에 대한 인식이 바뀌고 경영의 투명성 제고·소액주주의 권익보호에 대한 요구도 강경해지고 있으며, 또 한편으로는 여론과 시민 단체의 영향력이 증대되면서 기업

활동에 직·간접으로 많은 영향을 끼치게 되었다.

(2) 이러한 경영환경 변화에 슬기롭게 대처해나가기 위해서는 ① 우선 윤리경영에 관한 개념부터 올바로 정립하고, ②경영 인프라의 일환으로 윤리경영 시스템을 구체화하여, ③이를 경영현장에서 일상적·상시적으로 실천하게 할 필요가 있다.

그리하여 모든 구성원이 직무를 수행함에 있어 기본이 제대로 수행되게 함과 동시에 기업윤리를 준수하게 함으로써, 궁극적으로 '고윤리·고성과(Strict Ethics·High Performance)'의 실현을 통해 기업가치 창출을 극대화해나가도록 하기 위함이다.

1. 2
윤리경영의 필요성

(1) 기업 윤리문제를 소홀히 취급하여 경솔하게 다루거나, 윤리경영에 관련된 업무기준과 행동기준을 제대로 정립하지 못한 상태에서, 이를 기초로 부적절한 의사결정과 경영활동을 수행하게 되면, 기업은 대내외적으로 저항에 부딪히게 되고 회사에 큰 손실을 초래하게 된다.

나아가 결과적으로 기업활동을 제한하는 각종 규제를 양산하게 되므로, 이제부터는 윤리경영은 기업경영에 있어 선택사항이 아닌 필수요소로 재인식하지 않으면 안 되게 되었다.

그리고 기업이 오직 윤리경영의 실행을 통해서 사회적 정의에 기초해 정당한 역할과 활동을 해야만 시장으로부터 지속적인 신뢰를 확보할 수 있게 된다.

　더욱이 시장경제 체제에서 기업의 생명은 시장의 신뢰에 달려 있으므로 우량기업이라 하더라도 지속적으로 시장의 신뢰를 확보하고 이를 유지하지 못하게 되면 고객으로부터 곧바로 외면당해 생존 자체를 위협받게 된다.

　때문에 기업은 ①소극적인 차원에서는 투명하고 깨끗한 윤리적인 경영을 수행해야 하는 사회적 요구와 기대에 부응하지 않으면 안 되게 되었다. 그리고 ②적극적인 차원에서는 이러한 사회적 요구와 기대에 부응해 윤리경영을 적극적으로 실행해나감으로써, 종업원으로부터의 강력한 신뢰와 참여를 유도하고, 이로 인한 생산성 향상 등의 기업 내부적 가치 창출과 증대를 얻어내야 한다. 또한 고객으로부터의 충성스러운 지지·후원·선호 등의 기업 외부적 가치 창출과 증대를 통해 끊임없이 기업가치를 증대시키고 경쟁력을 강화해나가지 않으면 안 된다.

　(2) ①이제부터는 기업의 사회적 역할에 대한 기대감도 '이윤극대화를 추구'하는 관점으로부터 '사회적 공동체를 형성하는 중추기관'으로 관점이 변화하고 있다.

　②뿐만 아니라 디지털 기술의 발전으로 전 세계가 하나의 지구촌 경제공동체로 통합돼 글로벌 경제로 확산되어감에 따라, 윤리경영이 글로벌 스탠더드로 자리 잡아가고 글로벌 스탠더드에 따라 자본이 이동되고 집중되는 현상이 발생하고 있다.

　결국 글로벌 자본비용을 떨어뜨리고 글로벌 기업가치를 높여나가기 위해서는, 글로벌 스탠더드가 요구하는 수준의 윤리경영을 수용하지 않으면 안 되게 되었다.

그리하여 최근에는 윤리경영이 기업의 국제경쟁력을 평가하는 글로벌 스탠더드의 잣대로 대두되고 있어, 앞으로 윤리경영 측면에서 국제수준에 도달하지 못하는 기업은 투자자나 소비자 단체들로부터 외면당하게 될 것이다.

③나아가 정보의 신뢰성과 디지털 마인드, 디자인과 브랜드, 진취적인 기업문화 등 경쟁자들이 쉽게 모방할 수 없는 무형자산이 중요시되고 강조되는 무중량 경제시대 · 지식정보화 사회에서는 세계가 믿고 따를 수 있는 고도의 윤리관을 가진 새로운 형태의 수월성(秀越性)으로 재무장해 거듭나지 않으면, 기업이 생존을 영위하고 성장과 발전을 지속해나가는 것이 어렵게 되고 있다.

이처럼 윤리경영은 급격히 변화하는 윤리적인 경영환경의 변화에 능동적으로 대응하지 않으면 안 되는 21세기 기업의 새로운 생존전략으로 자리매김하고 있는 것이다.

1. 3
윤리경영의 의미

(1) 윤리경영이란 ① '기업에서 윤리문제를 어떻게 경영할 것인가?' 또는 ② '윤리적 관점에서 기업경영을 어떻게 할 것인가?' 라는 과제라고 할 수 있다.

(2) ①일반적으로 윤리경영이란 기업의 경제적·법적 책임수행은 물론, 사회적 통념으로 기대되는 윤리적 책임의 수행까지 기업의 기본적인 의무로 인정하고 주체적인 자세로 기업윤리의 준수를 행동원칙으로 삼는 경영을 뜻한다.

②또한 윤리경영이란 경영활동상의 행동이나 태도의 옳고 그름을 구분하는 규범적 판단과 의사결정 기준을 윤리적 가치에 둔 공정하고 합리적인 경영방식을 일컫는다고 할 수 있다.

(3) 하지만 윤리경영은 경영효율을 제고하기 위한 캠페인도 아니고 부정부패 및 부실을 추방하기 위한 캠페인도 아니다.

윤리경영은 ①이윤추구라는 기업 본래의 목적을 원활하게 수행함과 동시에 ②기업의 이해 관계자인 고객·주주·종업원·협력회사·사회 등이 공존공영할 수 있도록 기본과 원칙에 충실한 기업경영을 함으로써, 결과적으로 회사에 유리한 경영환경의 적극적인 조성을 통해 성과극대화는 물론 지속적인 성장과 발전을 도모하고자 하는 것이라 할 수 있다.

(4) 그러므로 결국 윤리경영이란 기업을 경영함에 있어 ①정도경영 수행을 통해 '우량기업'으로, ②직업윤리 수행을 통해 '좋은 직장'으로, ③사회적 책임 수행을 통해 '신뢰받는 기업'으로, 나아가 ④'초일류기업'으로 성장하고 발전해나가기 위한 경영의 기본자세라고 할 수 있다.

1.4
윤리경영의 의의

(1) 윤리경영은 기업이 초일류기업, 즉 우량기업·좋은 직장·신뢰받는 기업으로 성장하고 발전해나가기 위해, 주주는 물론 종업원과 고객 모두가 사회적 측면에서는 단기적으로 성과를 극대화하기 위해 앞뒤 가리지 않고 한 방향으로 질주하려는 원심력을 잡아당겨 주는 역할을 수행하게 된다. 또한 중장기적으로도 비틀거리거나 흔들리지 않고 꾸준히 성장하고 발전해 나갈 수 있도록 평형상태(Equilibrium)를 형성하게 하는 구심력의 역할을 하는 데 의의가 있다.

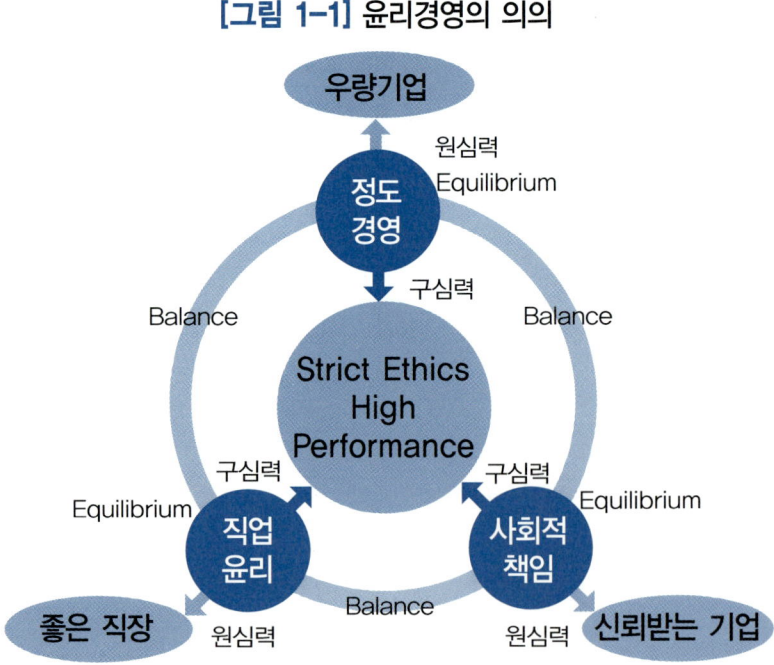

[그림 1-1] 윤리경영의 의의

(2) 그러면서 윤리경영은 주주 측면의 정도경영, 종업원 측면의 직업윤리, 사회적 측면의 책임수행에 대해서도 상호 간에 균형상태(Balance)를 이루게 한다. 궁극적으로는 장기적·동태적으로 '고윤리·고성과(Strict Ethics · High Performance)'를 이루고, 이를 통해 기업의 경쟁력 강화와 가치창출을 실현하여, 성과를 지속적으로 극대화하는 것이 윤리경영의 또 다른 의의인 것이다.

1. 5
윤리경영의 필요조건

(1) 윤리경영의 전제조건

기업을 경영함에 있어 윤리경영을 제대로 실행하기 위해서는 먼저 ①기업의 윤리적 가치체계를 확립하고, ②실천조직을 구성하여 ③조직구성원 모두가 공감대를 형성해 일관되게 실행하도록 하는 추진력이 필요하다.

이를 위해 ①기업행동헌장(Code of Conduct) 제정, ②감독조직(Compliance Check Organization) 운영, ③윤리경영 교육을 통한 공감대 형성(Consensus by Ethic Education)의 소위 '3C'*가 필요하다.

* 일본 경영윤리학회 미즈다니(水谷)의 윤리경영 3요소 참조

1) 기업행동헌장 제정

윤리경영을 실행하기 위한 기본적인 강령(Code of Ethics)으로써, 기업의 윤리적 가치체계를 확립하고 이에 따라 기업윤리를 준수하

도록 하기 위해 임직원의 행동지침을 성문화한 '기업과 임직원과의 약속'을 표현한 기초문서이다.

2) 감독조직(Compliance Check Organization) 운영

기업은 윤리경영의 실행을 독려하고 관리할 수 있는 조직을 편제하고 구성원을 선임하여 윤리경영을 실천하기 위한 일상적인 관리·감독조직의 운영이 필요하다. 감독조직은 윤리경영의 실행여부를 점검·평가하기 위해 내부고발제도를 운영하기도 한다.

3) 윤리경영 교육을 통한 공감대(Consensus by Ethic Education) 형성

윤리경영을 실행하기 위한 공감대를 형성하기 위해서는 조직구성원에 대한 지속적이고 반복적인 교육이 필요하다. 이를 위해서는 윤리경영에 대한 조직적이고 체계적인 교육체계의 뒷받침이 필수적이다.

(2) 윤리경영의 실행인프라

1) 윤리강령·행동규범 제정

윤리강령(倫理綱領, Code of Ethics)이란 기업을 경영하는 데 있어 구성원이 지켜야 할 기본적인 도리와 규범을 정한 것으로, 경영활동의 기준이 되는 일반적인 가치체계와 윤리원칙, 그리고 회사가 적용하고자 하는 특정 규칙을 문서화한 것으로, 기업행동헌장의 보다 구체적인 표현이라 할 수 있다.

한편 행동규범은 조직구성원에 대해 기업윤리강령을 실천하기 위한 구체적 행동지침을 설정해주는 것이다. 그러므로 행동규범에서는 보다 구체적인 표현과 이해 증진을 위한 그림·도표 등의 형상화 기법이 필요하며, 또한 조직구성원에게 상시적 행동지침을 제공하기 위해 휴대하기 편하도록 수첩 형태로 제작하여 배포하기도 한다.

그러나 아무리 잘 만들어진 윤리강령과 행동규범도 지키지 않으면 소용이 없으므로, 조직구성원에 대한 지속적이고 반복적인 교육과 사후관리가 반드시 이루어져야 한다.

2) 윤리경영 실천조직 구성

윤리경영을 실행하기 위해서는 조직 내에서 주도적인 역할을 수행하는 기능과 이를 담당할 조직이 필요하다. 이에 따라 실천을 위한 전담부서를 설치할 필요가 있으며, 전담부서의 책임과 역할을 명확히 함과 동시에 추진력 강화를 위해 전담임원의 배치·CEO 직할 기구로의 승격 등 조직 내 위상에 대한 고려가 필요하다.

그러나 무엇보다도 중요한 것은 윤리경영을 일상화하기 위해 조직 내의 윤리문화를 형성하는 것이다. 이는 윤리캠페인 등의 사내 홍보활동과 더불어 윤리경영 지표 등 구체적인 윤리업무 목표를 설정하고 추진토록 하는 실천방안이 뒷받침되어야 가능한 것이다.

3) 지원시스템 구축

윤리경영을 조직 내에 정착시키고 기업문화로 내재화되도록 하기 위해서는 윤리경영 관련 업무를 체계화·표준화하여 시스템적으로 운영될 수 있도록 하는 윤리경영 지원시스템의 구축이 뒤따라야 한다.

이를 위해서는 내부통제 시스템을 비롯해 윤리경영 관련 업무수행에 필요한 관리시스템과 이를 실시간으로 지원할 수 있는 IT시스템 구축이 필수불가결하다.

(3) 윤리경영의 실행의지

1) 윤리강령·행동규범의 철저 준수

아무리 훌륭한 윤리강령과 행동규범도 조직구성원에 의해 지켜지지 않으면 아무런 소용이 없다. 따라서 조직의 모든 구성원이 관련 법규의 철저한 준수는 물론 윤리강령과 행동규범에 따라 실천하지 않으면 안 되도록 하는 윤리문화를 정착시키려는 노력이 필요하다.

그런 의미에서 윤리강령과 행동규범은 최고경영자부터 솔선수범하는 자세가 절대적으로 필요하다.

2) 잘못된 제도와 관행의 과감한 청산

과거의 잘못된 제도와 관행 및 관습은 고정관념처럼 조직 내에 침전되어 경영혁신으로 청산·개선하지 못하면 윤리경영을 실행해 나가는 데 큰 걸림돌로 작용할 수 있다.

윤리경영을 실행하기 위해서는 이처럼 과거의 그릇된 제도와 관행 그리고 관습을 과감하게 청산하고 타파하고자 하는 강한 의지와 실천정신이 필요하다.

3) 윤리경영 실행으로 인한 단기적 손실 감수

윤리경영을 제대로 실행하기 위해서는 단기적인 이익 실현에 급급하는 과거의 경영관행으로는 한계가 나타날 수밖에 없다.

　어려운 상황이라도, 설령 단기적으로는 손실을 감수하더라도 기업 이미지나 브랜드 이미지 등 장기적인 관점에서 생각하여 윤리경영을 실천하는 기업의 자세가 고객이나 사회로부터 환영받게 된다.

　윤리경영을 실행하는 것이 일시적·단기적으로는 손실을 가져올 수 있으나 궁극적으로는 기업에 더 많은 이익과 성장·발전을 가능하게 하는 것임을 명심할 필요가 있다.

1. 6
윤리경영의 발전단계

(1)　제1단계: 무도덕단계(Amoral Stage)

　제1단계인 무도덕단계는 기업경영에서 윤리적인 문제에 대해 심각하게 고려하지 않는 단계라 할 수 있다. 이 단계에서는 기업의 창업자와 경영자가 경영의 이해당사자로서, 경영의 주목적이 오직 이익의 극대화일 뿐이다.

　따라서 이익의 증대 및 극대화를 추구하기 위해서는 어느 정도의 비윤리적인 행위도 감수하고, 심지어는 처벌을 받더라도 이익을 극대화하기 위한 대가로 생각해 이익이 크면 그런 비용까지는 감수할 수 있다고 생각하는 상태이다.

(2)　제2단계: 준법단계(Legalistic Stage)

　제2단계인 준법단계는 기업경영에서 윤리적인 잣대로 경영활동과 관련된 모든 행위를 판단하려고 노력하지는 않더라도 최소한의 법규는 준수하려는 단계이다.

위법이나 범법을 행하지 않는 한 비윤리적이라고 보지는 않는 단계로서, '법은 도덕의 최소한도' 라는 의식으로 법규만 제대로 지키고 그 이상의 윤리는 고려하지 않는 상태이다.

(3) 제3단계: 대응단계(Responsive Stage)

제3단계인 대응단계는 기업경영에서 윤리적인 문제를 생각하고 관심을 갖는 단계이다. 기업경영에서 기업의 사회적인 책임을 인식하기 시작하여 지역사회와의 관계를 감안해 공장 및 사업장에 대한 환경관리 등 기업의 대외적인 이미지를 고려한다.

이 단계에서는 우선순위상으로 볼 때 아직도 직접적인 이윤극대화가 최우선이며, 이윤을 확보·증대하고 극대화하기 위해서 윤리경영을 감안하고 고려하는 상태이다.

(4) 제4단계: 윤리관 태동단계
(Emerging Ethical Stage)

제4단계인 윤리관 태동단계는 윤리경영의 수준이 기업이익과 기업윤리의 균형을 찾으려고 노력하는 단계로서, 이 단계에서는 기업윤리를 반영한 기업의 목적과 경영이념 등을 규정한다.

기업윤리위원회를 구성하고 조직화하며 윤리강령을 제정하고 윤리문제를 인사고과에 반영하는 등, 경우에 따라서는 이익보다 윤리에 중점을 두게 된다. 나아가 윤리경영을 시스템화하고, 지역사회에 봉사하며 홍보하는 단계까지 포함된다.

(5) 제5단계: 윤리적 선진단계
(Developed Ethical Stage)

제5단계인 윤리적 선진단계는 기업이 명확한 윤리관과 윤리원칙을 천명하고 관리하는 단계이다. 따라서 기업이 윤리원칙에 따라 경영활동을 수행하게 되는 단계로서, 이 단계에서는 단기적인 이익실현보다는 오히려 윤리가 우선적으로 고려되는 윤리경영의 최고수준인 상태를 의미한다.

[그림 1-2] 윤리경영의 발전단계

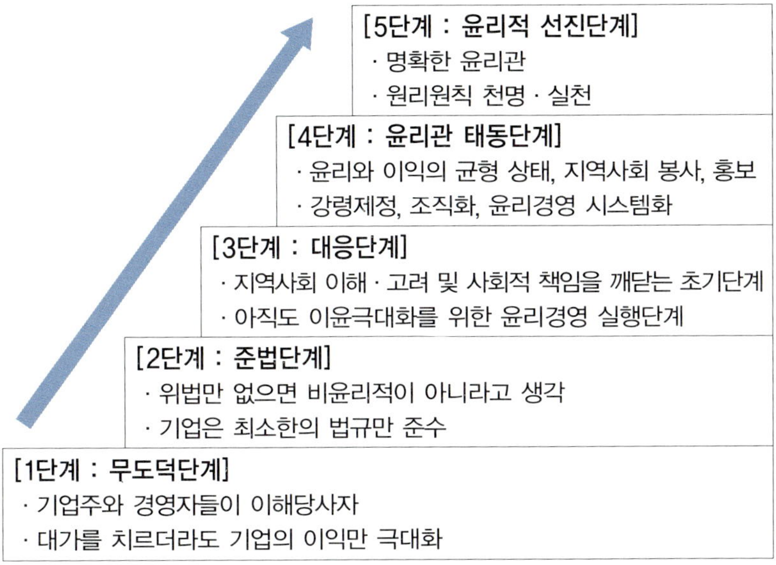

[5단계 : 윤리적 선진단계]
· 명확한 윤리관
· 원리원칙 천명 · 실천

[4단계 : 윤리관 태동단계]
· 윤리와 이익의 균형 상태, 지역사회 봉사, 홍보
· 강령제정, 조직화, 윤리경영 시스템화

[3단계 : 대응단계]
· 지역사회 이해 · 고려 및 사회적 책임을 깨닫는 초기단계
· 아직도 이윤극대화를 위한 윤리경영 실행단계

[2단계 : 준법단계]
· 위법만 없으면 비윤리적이 아니라고 생각
· 기업은 최소한의 법규만 준수

[1단계 : 무도덕단계]
· 기업주와 경영자들이 이해당사자
· 대가를 치르더라도 기업의 이익만 극대화

* R.E. Reidenbach와 D.P. Robin의 윤리모델 참조

1.7
윤리경영의 수행체계

(1) 윤리경영 실행체계도

목표	초일류 기업 (Excellent Company)		
	우량기업	좋은 직장	신뢰받는 기업

목적	주주가치 극대화	종업원가치 극대화	신뢰받는 기업
	재무가치	직업가치	고객가치
	브랜드가치	직장가치	공익가치

실행방향 실천과제	정도경영	직업윤리	사회적 책임
	● 회계정보의 투명성	● 공정한 평가·보상	● 고객만족·고객보호
	● 고효율의 내부통제	● 직장생활 수준향상 (GWP·QWL구현)	● 공정경쟁·공정거래
	● 건전한 지배구조	● 직장윤리·책무확립	● 환경친화·위험관리
	● 주주권익의 중시	● 주인의식·프로정신	● 공공복지·사회봉사

캐치프레이즈	고윤리·고성과! Strict Ethics·High Performance
실행지침	윤리강령 및 행동규범
기본정신	투명성·합리성·이타성

(2) 윤리경영의 기본정신

이윤을 극대화하기 위한 기업의 제반 경영활동과 윤리경영은 외견상 상충되는 것처럼 보이나, 오히려 이와는 반대로 기업을 경영하는 데 있어서 인간의 본성에 대한 깊은 신뢰와 윤리를 바탕으로 운영되므로 상호 호혜관계이다. 다시 말해 ①투명하게 ②합리적으로 ③이타적으로 임하면 모든 구성원이 긍지와 자부심과 보람을 느끼며, 열심히 일하려는 의욕이 생겨나 생산성이 크게 향상된다. 뿐만 아니라 기업의 역할이나 활동에 대해서도 사회적 정당성을 확보할 수 있게 되어, 조직의 효율성 증대 및 경쟁력 향상이라는 선순환 과정을 통해 성공적인 기업성장을 이루게 된다.

그런 면에서 윤리경영은 기업 경영에 있어 불가피하게 발생하는 비용이나 부담이라기보다는 생존과 성장·발전을 위한 최소한의 투자요, 필요충분조건이요, 기업가치의 원천인 것이다.

①은폐가 없는 투명경영, ②효율과 순리를 바탕으로 가치를 창출하는 합리적인 경영, ③타인을 배려하는 이타적인 경영은 윤리경영의 근간으로서, 글로벌 경쟁체제에 있어서 경쟁력 확충과 기업성장의 원동력이 되는 것이다.

1) 투명성(Transparency)

소유와 경영이 분리되지 않은 시대에는 주주와 경영자가 동일인이기 때문에 기업 본래의 목적인 이윤극대화를 추구함에 있어 이해관계의 상충이 있을 수 없다. 그러나 소유와 경영이 분리된 현대 기업의 경우에는 주주와 경영자 간의 이해가 상충될 수 있으므로 투명성 제고를 통한 정도경영의 필요성이 강력히 요구되고 있다.

더욱이 이제는 공기업이든 사기업이든 기업의 경영정보는 사적 정보라기보다는 공적 정보라 할 수 있으므로, 소비자 및 투자자를 비롯한 기업을 둘러싼 회사 내외부의 이해관계자들에게 경영실상을 은폐없이 투명하게 전달해 시장의 신뢰를 확보하는 것이 생존과 성장·발전을 위한 정도경영의 필수요건이 되고 있다.

2) 합리성(Rationality)

일반적으로 불합리적·비이성적·우연적인 것을 배격하고, 논리적·이성적·필연적인 것을 중시하는 것이 합리성이라고 할 수 있다. 기업경영의 합리성은 효율과 순리를 바탕으로 경영 합리화와 기술혁신을 통해 가치를 창출해 견실경영을 이룸과 동시에, 모든 이해집단과 공동의 이익과 번영을 추구하는 것이라고 할 수 있다.

효율은 최소의 비용으로 최대의 효과를 거두는 것이요, 순리란 무리와 비리를 배제하고 순서와 원칙에 충실한 것이라 할 수 있다. 이처럼 효율과 순리를 바탕으로 하는 경영의 합리성은 원천적으로 시스템이나 메커니즘에 의한 효율의 문제임과 동시에, 보편적인 윤리적 적응력을 갖는 논리적·이성적·필연적인 순리의 문제라는 점에서 바람직한 기업과 직장인이 갖추어야 할 직업윤리·직장윤리의 필수요건인 것이다.

3) 이타성(Altruism)

자본주의 초기에는 기업이 이윤극대화만을 추구하는 이기적 존재로 평가됐다. 그러나 현대에 이르러서는 기업이 단순히 이기심에 예속된 행위만을 할 경우 존립 자체가 어렵게 되고 있다.

기업이 경제적 목적만을 추구하는 데 그치지 않고 비경제적 목적으로 사회적 책임의 목적을 설정할 뿐만 아니라, 또 이를 실현하기 위한 사회적 전략을 실행할 때에도 인간적·사회적 가치에 미치는 영향을 고려하는 친사회적인 행동(Prosocial Behavior)을 행동의 정칙 또는 의무의 기준으로 받아들이는 이타적 자세가 강력히 요구된다.

기업은 오픈 시스템(Open System)으로서 투입과 산출에 의해 사회환경과 밀접한 상호작용관계에 있으므로, 사회적 책임을 수행하지 않고는 기업의 존속과 발전을 결단코 기대할 수 없는 것이다. 그렇기 때문에 기업을 둘러싼 이해관계자에 대한 공감적 반응, 공존공영의 정신은 사회적 책임수행의 필수요건이 되고 있다.

(3) 윤리경영의 목표

1) 윤리경영의 목표

윤리경영은 경영의 기본요소인 ①우수한 인재 ②탁월한 시스템 ③진취적인 기업문화를 바탕으로 ④성과주의 경영 운영 메커니즘을 통해 ⑤조직구성원 전원이 고효율의 자율경영을 실행해 지속적으로 고성과를 창출함으로써, ①주주 측면에서는 우량기업(Blue Chip Company)이요, ②임직원 측면에서는 좋은 직장(Great Place to Work)이며, ③사회적 측면에서는 신뢰받는 기업(Highly Respected Company)인 초일류기업(Excellent Company)을 실현하는 것, 그것이 바로 윤리경영이 지향하는 목표이다.

2) 초일류기업(Excellent Company)의 의미

① 우량기업(Blue Chip Company)
  기업이 추구하는 목표는 우수한 경영실적, 임직원의 만족과 성

장, 고객에 대한 질 좋은 제품과 서비스의 제공, 사회적 책임수행과 봉사 등 실로 다양하다. 이와 같은 다양한 목표 중에서 가장 중요한 것은 높은 경영성과를 거둬 기업 자체의 경제적 가치를 높이는 것이라 할 수 있다. 이는 ①기업의 본질적 목적이자 ②계속기업으로 존속 가능하게 해주는 동인이요, 이 같은 ③다양한 목표를 달성하기 위한 전제조건이기 때문이다.

흔히 우량기업을 판단하는 기준으로 성장률·자본금 증가율·주식가치·총자본 이익률·매출 이익률 등을 활용하고 있으며, 기업평가기관에서도 수익성·안정성·규모 및 활동성·성장성 등을 종합 평가해 매년 우량기업을 선정하고 있다. 이런 기준으로 미뤄 볼 때 우량기업은 ①'높은 수익성' ②'빠른 성장성' ③'원활한 유동성'과 ④'미래지향성'을 함께 갖춤으로써, ⑤높은 시장가치 ⑥미래가치를 지닌 기업이라고 정의할 수 있을 것이다.

이 같은 조건을 충족하기 위해서는 무엇보다 성과지향적인 고효율의 견실경영과 진취적인 변신 성장이 전제돼야 하며, 이는 지속적인 경영합리화를 통해 달성할 수 있다. 이러한 경영합리화 활동은 경영자원을 적재적소에 집중함으로써 경영효율을 지속적으로 극대화함은 물론, 창조적 파괴를 통해 끊임없는 혁신(Innovation)을 추진해나갈 때 구현 가능한 것이다.

② 좋은 직장(Great Place to Work)

좋은 직장이란 기본적으로 좋은 처우, 쾌적한 근로환경, 인격적인 대우, 장기 안정근무가 가능한 직장을 의미한다. 그러나 요즈음 임직원은 여기에 더해 일 자체에 대한 보람과 긍지, 자아실현, 생활의 질 향상 등과 같은 가치를 더불어 추구하는 경향이 강해지고 있다.

그러므로 좋은 직장은 ①회사와 임직원 개인과의 관계에 있어서는 상호존중과 진실성·공정함이 보장되는 믿음과 신뢰가 있는 직장이 되어야 한다. 또한 ②임직원이 일에 대한 자부심과 긍지를 가질 수 있어야 한다. 임직원이 하고 있는 일이 사회와 이웃에 기여하는 가치 있는 일이어야 하고, 자아실현과 성장에도 도움이 되는 일이어야 한다. 그리고 ③함께 일하는 동료들에 대해서도 자랑스럽고, 다른 사람들도 같이 일하고 싶어하는 직장일 때 긍지를 느낄 수 있을 것이다. 뿐만 아니라 임직원 사이에는 서로 협력하고 배려하는 동료애가 있는 직장이야말로 좋은 직장일 것이다.

이렇게 볼 때 좋은 직장은 인간존중 경영이 전제되어야 하며, 이는 상하·수평 간에 의사소통이 원활하고 상호신뢰하며 창의와 도전정신이 충만하도록 함은 물론 조직에 활력이 넘치도록 조직 활성화가 이루어져야 한다.

이러한 조직 활성화를 이루기 위해서는 첫째, 실패를 두려워하지 않는 도전적·창의적인 분위기와 진취적인 기상이 환영받는 활기찬 기업문화가 조성되어야 한다. 둘째, 전문가를 우대하고 숭상하는 분위기를 창출해 전문인력이 전문분야에서 신변이나 처우에 대한 불안감 없이 맡은 직무에 전념할 수 있도록 해야 한다. 셋째, 실질적인 권한위양과 투철한 주인의식 함양에 의한 자율경영의식으로 임직원 스스로가 강한 책임감을 갖고 소신껏 일할 수 있도록 해야 한다. 넷째, 역량과 성과에 대한 엄정한 평가를 내려 공정한 보상관리가 이루어져야 하는 것이다. 결국, 쾌적한 근로환경 속에서 적정한 경제적 보상을 장기적·안정적으로 약속받고 인격적 대우를 받으며 자아를 실현할 수 있는 직장이 좋은 직장이라고 할 수 있다.

③ 신뢰받는 기업(Highly Respected Company)

과거에는 기업이 이윤극대화만을 추구하는 이기적 존재로 평가된 경우가 있었으나, 요즘에는 기업이 단순한 이기심에 예속된 행위만을 할 경우 존립 그 자체가 어렵게 됐다. 그런 만큼 어디까지나 기업을 둘러싼 이해집단과 조화를 이뤄야 하는 사회적 책임을 지게 됐다. 그러한 사회적 책임을 다하는 기업만이 신뢰받는 기업으로 성장·발전할 수 있게 된 것이다.

이렇게 볼 때 신뢰받는 기업은 경영성장을 통해 고용을 증대하고, 기술발전을 이뤄 생활의 편의를 증진하며, 고객의 만족과 번영을 이룸은 물론, 나아가 사회적 책임을 다함으로써 고객으로부터 인정받는 기업이라 할 수 있다. 이와 같이 기업의 사회에 대한 1차적인 책임은 건전한 경영성과를 통해 기업 자체의 생존과 발전을 이루는 데 있을 것이다.

나아가 고용증대와 기술진보를 통해 인류의 생활향상에 이바지함은 물론 풍요로운 삶이 지속될 수 있도록 자원과 에너지를 절약해 인류공영의 기초를 튼튼히 하는 것 또한 기업이 부담해야 할 사회적 책임일 것이다. 아울러 소외계층에 대한 지원사업이나 공익문화사업 등의 사회적 봉사활동과 공해 및 산업재해와 같은 사회적 비용을 줄일 수 있는 환경친화적 경영을 전개할 때 사회 구성원의 지지와 신뢰를 받을 수 있을 것이다.
그러므로 결국 기업은 사회적 책임을 다함으로써 계속기업(Going Concern)으로 존속·발전함과 동시에, 기업이윤의 사회환원을 이뤄 신뢰받는 기업으로 성장·발전하게 되는 것이다.

④ 결론적으로 초일류기업이란

첫째, 높은 기술력·풍부한 인재·견실한 재무구조와 시장 지배력·막강한 정보력·목표를 향한 응집력 등을 갖추고, 이를 토대로 경영합리화를 통해 건실경영과 변신성장을 이루어 내야 한다. 그리하여 높은 수익성·빠른 성장성·원활한 유동성·미래지향성을 가지고 우수한 경영성과를 지속적으로 실현할 수 있는 우량기업으로서의 조건을 갖추는 것이다.

둘째, 인간성 존중 및 창의성 존중을 바탕으로 조직 활성화, 즉 활기찬 조직 분위기를 이루어, 조직에 대한 긍지와 자부심을 갖고 자아실현이 가능한 평생직장으로서 적정한 수준의 고임금·쾌적한 근로환경·인격적인 처우·장기적 안정근무를 보장할 수 있는 좋은 직장으로서의 조건을 가지고 있어야 한다.

셋째, 계속기업으로 존속·발전함으로써 고용을 증대하고 기업이윤을 사회에 환원해 사회적 책임을 다하며, 양질의 재화와 서비스 공급으로 생활의 편의를 증진하고, 고객의 만족과 번영을 이뤄 인류에 공헌해야 한다. 그리고 경영의 투명성·합리성·이타성을 바탕으로 고도의 기업윤리성을 발현하며, 산업재해 방지와 환경문제 등 사회적 비용 감소에 힘쓰고, 소외계층에 대한 지원사업 및 공익 복지문화 사업을 통해 사회에 봉사하는 등 기업의 사회적·윤리적 책임을 다함으로써 신뢰받는 기업으로서의 조건을 구비하고 있는 기업이라고 정의할 수 있을 것이다.

(4) 윤리경영의 목적

1) 주주가치 극대화

기업의 주주가치는 ①해당 기업이 지니고 있는 '수익성이 뒷받침된 장기적인 성장잠재력(Long-term Profitable Growth Potential)'에 의해 확보될 수 있으며, ②이는 수익성·성장성·안정성·미래지향성에서 유래되는 시장가치와 미래가치의 총화라고 볼 수 있다.

이러한 주주가치의 극대화를 도모하기 위해서는, 주주·은행·채권자 등의 투자자들로부터 두터운 신뢰를 확보하고, 모든 프로세스에 존재하는 경영위험(Management Risk)을 효과적으로 잘 분석하고 관리함으로써 경영위험을 최소화해나가지 않으면 안 된다.

그렇게 하기 위해서는 ①회계정보의 투명성 ②고효율의 내부통제 ③건전한 지배구조 ④주주권익 중시를 통해 정도경영을 실행하여 우량기업으로 발전해나가도록 해야 하며, 그렇게 함으로써 비로소 재무가치와 브랜드가치를 포함한 주주가치를 극대화해나갈 수 있게 되는 것이다.

2) 종업원가치 극대화

기업의 종업원가치는 ①종업원 자신의 생계유지와 자아실현 수단으로서의 직업을 통해 본인의 이상을 실현해나갈 수 있을 뿐만 아니라, ②자신이 속한 조직 전체의 목표와 과업의 성공적인 성취를 통해서 추구할 수 있는 것이다.

이러한 종업원가치의 극대화를 도모하기 위해서는 먼저 종업원 각자가 ①확고한 소명의식과 천직의식, ②직분의식과 봉사정신, ③책임의식과 전문의식으로 무장해 긍지와 자부심을 갖고 몸과 마음을 바쳐 맡은 일에 열정을 쏟을 수 있도록 해야 한다.

그렇게 하기 위해서는 ①공정한 평가·보상 ②GWP*·QWL* 구현을 통한 직장생활의 수준향상 ③직장윤리·책무 확립 ④주인의식·프로정신의 발현을 통해 직업윤리를 실천해가도록 해야 하며, 그렇게 함으로써 비로소 '좋은 직장'의 실현으로 직업가치와 직장가치를 포함한 종업원가치를 극대화해나갈 수 있게 되는 것이다.

* GWP: Great Work Place
* QWL: Quality of Work Life

3) 사회적 가치 극대화

기업의 사회적 가치는 ①상품과 서비스·가치관·기술 등의 혁신을 통해 고객에게 전달되는 기업 고유의 독특한 가치와 ②나아가 기업을 둘러싸고 있는 사회에 대한 직·간접의 공헌활동, 즉 고용증대·생활편의 증진·산업재해 방지·사회적 비용감축·공익복지 문화사업 등 공익가치의 총화라고 할 수 있다.

이러한 기업의 사회적 가치 극대화를 도모하기 위해서 기업은 좁은 식견에서 단기적으로 이윤극대화를 추구하기에 앞서 먼저 ①고객의 만족과 번영을 최우선으로 하며, ②기업을 둘러싼 이해집단과의 조화를 중시하지 않으면 안 된다.

그렇게 하기 위해서는 ①고객만족·고객보호, ②공정경쟁·공정거래, ③환경친화 · 위험관리, ④공공복지 · 사회봉사를 통해 기업의 사회적 책임을 실천해나가도록 해야 하며, 그렇게 함으로써 비로소 고객과 사회로부터 '신뢰받는 기업'이 되어 고객가치와 공익가치를 포함한 사회적 가치를 극대화해나갈 수 있게 되는 것이다.

(5) 윤리경영 실행방향 및 실천과제

윤리경영 실행 방향에 따라 회사의 업종 특성에 맞게 윤리경영 실천 과제를 구체적으로 전개하고, 이를 기능별 · 부서별 윤리경영 실천 테마에 반영하여 실행하도록 한다.

1) 투명성에 기초한 정도경영 실행으로 주주가치 극대화를 달성하기 위한 실천과제

실천과제(예시)	세부사항(예시)

1. 회계정보의 투명성
  (1) 회계정보의 신뢰성
     (Reliability)
	1) 보수적 회계방침 채택
	2) 객관적 검증가능성, 표현의 충실성 확보
	3) 회계정확성 확보기준의 강화

(2) 회계정보의 목적 적합성(Relevance)	1) 미래의 예측 가능성 제고 2) 적시성 있는 정보의 제공 3) 정보이용자 의사결정에 유의적 가치 제공
(3) 경영관리자의 정직성	1) CXO(CEO/CFO/COO/CTO)의 위상 정립 2) 장 · 단기 균형적인 성과 지향 3) 재무보고의 품질 · 완전성 보증 책임
2. 고효율의 내부통제 (1) 내부통제기준 확립	1) 업무분장, 책임한계, 임무의 명확화 2) 경영 의사결정 정보 전달체계 구축 3) 내부통제기준 위반 시 처리기준 확립
(2) 통제와 균형의 조화	1) 주요 직무의 집행과 통제기능 분리 2) 요주의 업무에 대한 이중 통제 3) 순환배치 · 강제휴가의 제도화

실천과제(예시)	세부사항(예시)
(3) 내부감사(監査) 기능 강화	1) 오류·부정의 방지, 적발, 시정 2) 조직운영 성과의 효율성·효과성 평가 3) 내부통제 시스템의 적절성 확보
3. 건전한 지배구조 (1) 경영절차의 투명화	1) 기업지배구조(주주·이사진·경영진) 공시 2) 주요 경영절차의 공시 3) 재무회계정보의 정기 공시
(2) 이사회 효율성 제고	1) 효과적인 이사회 운영절차 확립 2) 의사결정 통제·감시기능 강화 3) 사외이사 역할(권한·책임) 정립
(3) 감사(監事/감사위원회) 독립성 강화	1) 감사(監事/감사위원회)의 독립성 유지 2) 감사(監事/감사위원회)의 전문성 제고 3) 내부통제 시스템의 적절성 평가·유지
4. 주주권익의 중시 (1) 주주가치 중시 경영	1) 주주가치 창조경영(EVA) 2) 적극적인 시장가치(주가) 관리 3) 경쟁우위 확보로 선순환 성장
(2) 주주권리 보호	1) 기본권리*의 보장 2) 중요 의사결정 과정* 참여·통보 3) 주주총회와 관련된 권리*의 보호
(3) 주주에 대한 평등한 대우	1) 동등한 대우(1주 1표 의결권) 2) 내부거래·자전거래 남용금지 3) 이사회 구성원·경영진과 회사 간 이해상충 공개

*기본권리

  ① 소유권 등기의 권리

  ② 주권양도·이전의 권리

  ③ 정보를 적시에 제공받을 권리

  ④ 주주총회 참석 및 투표할 권리

  ⑤ 이사회 구성원을 선출할 권리

⑥ 배당금을 분배받을 권리

*중요 의사결정 과정
　① 정관 및 기타 기업의 중요 규정 변경
　② 주식증자 승인
　③ 회사의 매각을 초래할 특별한 거래

*주주총회와 관련된 권리
　① 주총 일자·장소·의제·중요 의사결정에 관해 적시에 상세히 통보받을 권리
　② 주총 시 이사들에게 질문하고, 제한범위 내에서 토의 안건 제출 기회를 부여받을 권리
　③ 직접 또는 대리인을 통해 투표할 수 있는 권리

2) 합리성에 기초한 직업윤리 실행으로 종업원가치 극대화를 달성하기 위한 실천과제

실천과제(예시)	세부사항(예시)
1. 공정한 평가·보상 　(1) 평가항목의 적정성	1) 균형성과(BSC) 측정기법 활용 2) 전략 및 목표의 정렬 3) 합의에 의한 목표 수립
(2) 평가기준의 합리성	1) 평가척도의 객관화 2) 평가의 변별력 확보 3) 평가 왜곡 방지
(3) 평가역량의 수준제고	1) 평가자 역량 제고(교육 및 피드백) 2) 사전 평가 계통도 확정 3) 성과평가문화 정착

실천과제(예시)	세부사항(예시)
2. 직장생활의 수준향상 (GWP · QWL 구현)	
(1) 경영관리자의 신뢰도	1) 인본주의 경영 지향 2) 의사소통 활성화 및 경영정보 공유 3) 경영관리자의 리더십 개발
(2) 업무수행의 긍지	1) 직업관 · 직장관의 정립 2) 업무가치 공유 3) 업무 만족도 · 성취감 제고
(3) 함께 일하는 즐거움	1) 핵심가치 전파 · 공유 2) 구성원 상호존중 3) 진취적인 기업문화 창달
3. 직장윤리 · 책무확립	
(1) 직장인의 기본임무 정립	1) 구성원의 책무 정립 2) 회사의 영업 비밀보호 3) 선공후사(先公後私)의 원칙화
(2) 윤리강령 · 행동규범의 수준 제고	1) 윤리준법 프로그램의 도입 2) 임직원 윤리교육 정례화 3) 내부 공익신고제도 강화
(3) 임직원의 안전 · 건강 고려	1) 근무 · 작업 환경 및 조건 개선 2) 안전수칙 제정 및 안전조치 강구 3) 건강검진 및 증진 프로그램 수립 · 실행
4. 주인의식 · 프로정신	
(1) 몰입 · 헌신(Commitment)	1) 공사(公私) 구분 강화 2) 성취동기 관리 3) 회사조직 내 신뢰기반 조성
(2) 직무책임 수행	1) 직무 책임범위 명확화 2) 직무수행능력 개발 · 강화 3) 직무의 성실한 완수
(3) 전문성 · 자율성 존중	1) 전문분야 자기개발 2) 전문인력 양성 프로그램 시행 3) 제도 · 관행 · 시스템 개선

3) 이타성에 기초한 사회적 책임의 실행으로 사회적 가치 극대화를 달성하기 위한 실천과제

실천과제(예시)	세부사항(예시)
1. 고객만족 · 고객보호	
(1) 고객가치 창조	1) 고객중심 의식전환 2) 고객편익 극대화 3) 차별화된 고객가치 제공
(2) 고객정보 · 고객이익 존중	1) 고객정보 보호(타 용도 사용금지) 2) 고객이익에 반하는 행위 지양 3) 고객과의 약속 이행
(3) 소비자보호 활동	1) 철저한 내부 품질관리 2) 사전 · 사후 서비스(BS · AS) 강화 3) 과대 · 과장 광고 지양
2. 공정경쟁 · 공정거래	
(1) 공정한 거래	1) 시장경쟁질서의 존중 2) 제품 · 서비스 기본 충실 3) 과도한 접대 및 금품 제공 엄금
(2) 법규의 준수	1) 내부 컴플라이언스 기능 강화 2) 해당 국가 · 지역 법규 준수 3) 국제규범 존중
(3) 공존공영 추구	1) 공정한 거래원칙 · 절차 준수 2) 협력회사 경영지도 · 지원 3) 청렴한 거래풍토 조성
3. 환경친화 · 경영 위험관리	
(1) 사회적 비용 감축	1) 환경친화 제품 및 기술 개발 2) 공해방지 기준 강화 3) 재생자원 재활용
(2) 자원절약 · 자연보호	1) IT · 디지털화 2) 에너지 · 수자원 절감 3) 선진 환경감사제도 도입
(3) 안전관리 · 위기대응	1) 산업재해 예방 2) 대형 사고 · 재난구조 교육훈련 3) 유형별 위기대책 강구

실천과제(예시)	세부사항(예시)
4. 공공복지 · 사회봉사	
(1) 고용안정 · 창출	1) 고용유지 · 확대 2) 신규고용 창출 3) 노동생산성 · 노동분배율 개선
(2) 사회공헌 활동	1) 장학사업 2) 공익사회사업 3) 공익문화사업
(3) 사회봉사 활동	1) 임직원 자원봉사 프로그램 2) 불우이웃돕기 3) 지역사회 발전 기여

(6) 윤리경영의 실행지침

1) 필요성

회사가 지향하는 윤리경영 수준과 행동기준을 정하고, 이에 부합·상응하는 임직원들의 실행을 유도하기 위해서는 실행지침으로 ①윤리강령 및 ②행동규범의 제정·선포가 필요하다.

2) 윤리강령

윤리강령은 ①회사가 추구하는 경영이념 구현을 위해 윤리경영을 실천할 것을 천명하는 전문(前文)과 ②기업 경영상 고객·투자자·임직원 등 이해관계자들과의 기본적 관계를 규정하는 본문(本文)으로 구성하도록 한다.

* 별도로 정하는 '제2장 윤리강령(예시)' 참조

3) 행동규범

행동규범은 윤리강령 내용 중 특히 일상적인 업무활동을 하면서 유의해야 할 중요한 항목을 10개 내외 정도 선정해 임직원들이 항상 염두에 두고 실천하도록 한다.

* 별도로 정하는 '제3장 행동규범(예시)' 참조

4) 세부 요령

윤리강령의 실천을 위해서 보다 구체적인 기준이나 행동요령이 필요할 경우, 세부 기준이나 위반사례 혹은 질의응답 형식의 세부 요령을 제정한다.

* 별도로 정하는 '제4장 부정위험관리 실무요령' 참조

1. 8
윤리경영의 실천

(1) 윤리경영의 실천 방향

1) 먼저 최고경영자 및 경영진의 윤리경영에 대한 기본 생각과 실행 방향을 확고히 해 윤리경영 실천에 대한 공감대를 널리 형성한다.

2) 이러한 ①최고경영자의 방침과 임직원들의 실천의지를 공식적으로 천명하는 윤리강령과 ②임직원들이 취해야 할 실천사항을 기술하는 임직원의 행동규범을 제정·선포한다.

3) ①윤리경영을 총괄하는 윤리경영 담당임원과 부서를 지정해 윤리경영의 기획과 실천의 구심점이 되도록 하고, ②윤리경영위원회를 구성해 윤리경영에 관련된 주요 정책수립·의사결정 및 부서 간 이해상충 등을 조정한다.

4) 윤리경영을 제대로 실천하기 위해 ①윤리적인 요소를 경영계획에 반영해 구체적인 경영활동으로 나타나게 하고, ②사내 임직원교육에도 윤리경영을 포함한 회사 윤리경영의 실행 방향과 임직원의 자세에 대한 반복 교육을 실시하며, ③기업문화에도 윤리적인 요소가 스며들어 투영되도록 한다.

(2) 윤리경영의 실천 조직

1) 윤리경영위원회

윤리경영과 관련된 회사의 정책수립, 의사결정 및 윤리경영의 실천과정에서 발생하는 부서 간의 이해조정 등을 위해 윤리경영위원회를 설치한다.

2) 윤리경영 담당임원(CBEO; Chief Business Ethics Officer)

윤리경영을 총괄하는 임원으로서 ①'회사 윤리강령'과 '임직원 행동규범'을 제정·보완하고, ②임직원 교육프로그램을 작성·관리하고, ③윤리강령과 행동규범에 대한 임직원의 이해 및 실행여부를 감독하고, ④임직원의 부적절한 행위에 대한 대응 조치·재발 방지 대책을 강구하는 등 회사 전반의 윤리경영을 주도한다.

3) 윤리경영 담당부서

윤리경영 담당부서를 지정하고 다음과 같은 업무를 담당하게 한다.
① 윤리경영 제도 수립, 추진계획 수립 및 시행
② 임직원에 대한 윤리경영 지도 및 감독
③ 임직원 윤리경영 교육
④ 윤리강령 및 행동규범 등 제정 · 보완 · 유권해석
⑤ 윤리경영 홈페이지 운영
⑥ 윤리경영 관련 내부신고 · 제안 접수 및 피드백
⑦ 윤리경영 과제 개발 및 사전 대처
⑧ 윤리경영 평가 등 사후관리

(3) 윤리경영의 실천 주체

1) 경영자
① 최고경영자를 비롯한 경영진의 솔선수범과 윤리경영에 대한 확고한 태도가 중요하다.
② 윤리경영 또한 사후 대책식 접근보다 사전 예방식 접근방법이 중요하다.

2) 관리자
① 중간관리자는 경영진과 종업원 간의 의사소통이 올바로 원활하게 되도록 가교역할을 충실히 한다.
② 모든 임직원이 윤리강령 및 행동규범을 주기적 · 반복적으로 암송 또는 낭독하도록 유도함과 동시에 윤리강령이나 행동규

범에 부합되지 않는 사안이 발생하거나 혼자서 해결할 수 없는 문제에 직면할 경우 지체 없이 보고하게 한다.

3) 실무자
① 일반종업원은 회사의 소중한 인적 자산으로 존중받고 공정한 대우를 받는 반면, 공정한 직무수행은 물론 회사 내 윤리강령 및 행동규범 등을 준수하고 주어진 사명을 완수할 책무를 진다.
② 경우에 따라 이해상충하는 문제나 윤리적인 모순이 발생할 때에는 직속상사나 윤리경영 담당부서와 협의하는 열린 자세로 임한다.

(4) 윤리경영의 일상화
윤리경영이 기업문화로 자리 잡을 수 있도록 일상화하는 노력이 매우 중요하므로, 윤리경영 담당부서는 이를 위해 주기적인 캠페인이나 실천 이벤트 등을 지속적으로 실시해, 윤리경영이 조기 확산 및 정착되도록 한다.

[테마 예시]
① 윤리강령 · 행동규범 암송 및 사례 발표
② 협력사와 파트너십 향상
③ 에너지(물자) 절약 및 자연보호 캠페인
④ 위생 · 안전예방 · 안전점검
⑤ 사업장별 자연보호 · 환경개선 캠페인

⑥ 호국보훈 감사 캠페인
⑦ 사랑의 책·쌀 등 보내기
⑧ 사랑의 동전 모으기
⑨ 사랑의 헌혈 캠페인
⑩ 건전한 소비생활 캠페인
⑪ 부패방지 실천 캠페인
⑫ 이웃사랑 나누기

1. 9 윤리경영의 교육

(1) 윤리경영 교육의 목표와 목적

1) 윤리경영 교육의 목표

21세기에는 기업 경쟁력을 결정짓는 핵심요소 중의 하나가 윤리경영임을 인식하고 이를 바탕으로 기업구성원의 윤리경영 의식 및 실행력을 체계적으로 배양함으로써, 글로벌 기업문화 및 사업경쟁력을 확충해나가는 데 윤리경영 교육의 목표점을 두어야 한다.

윤리경영은 '구성원의 행동이나 의사결정에 영향을 미치는 기준임과 동시에 신념체계'라고 할 수 있는 기업의 핵심가치 속에 융화되게 함으로써, 기업문화로 확실하게 자리 잡아야 성공적으로 실현될 수 있으므로 이러한 점에 유의해 윤리경영 교육내용이 설계되고 실시되도록 해야 한다.

2) 윤리경영 교육의 목적

윤리경영 교육은 급변하는 윤리적 경영환경의 변화에 임직원이 능동적·동태적으로 대응할 수 있도록 하기 위해 ①새로운 패러다임 인식 및 선진 기업문화의 구현, ②윤리경영 의식의 함양 및 실천역량의 습득, ③핵심가치의 발전적 공유 및 실천 촉진에 목적을 두도록 한다.

(2) 윤리경영 교육의 대상 및 내용

1) 윤리경영 교육의 대상

윤리경영은 기업문화로 정착되도록 하는 것이 매우 중요하므로 윤리경영 교육은 특별 계층 및 또는 특정 업무에 국한하지 않고 구성원 전체를 대상으로 지속적·반복적으로 실시하여야 한다.

2) 윤리경영 교육의 내용

이와 같은 측면에서 윤리경영 교육은 다음과 같은 구성에 의해 설계되는 것이 바람직하다고 할 수 있다.

①윤리경영에 관한 기본교육은 올바른 기업관과 직업관을 바탕으로 하는 윤리경영 의식함양 교육이 되도록 하고, ②윤리경영 의식함양 후에는 계층별 혹은 기능별 윤리경영 실천역량 습득교육이 되도록 한다. ③그렇게 하여 조직상에서의 구성원 자신의 위치 및 업무와 연계된 구체적인 사례를 통해 윤리경영 실천지침을 습득하고 이를 구체화하도록 한다.

[교육내용 예시]

① **기업 본질에 대한 이해를 바탕으로 한 올바른 기업관의 확립**

우리 사회에 팽배해 있는 반기업 정서의 문제점을 살펴보고, 기업구성원으로서 올바른 기업관 확립을 바탕으로 초일류 기업으로 도약하기 위한 지향점을 명확히 인식하도록 한다.

② **올바른 직업관 함양을 위한 직업윤리의식 고취**

직장인의 업무수행 및 의사결정에 대한 사례 학습을 통해, 임직원이 간과하기 쉬운 직업에 대한 소명의식을 고양하고, 이를 바탕으로 한 윤리적 판단기준과 바람직한 직업윤리관을 정립하도록 한다.

③ **윤리경영의 이해와 실천방향 정립**

글로벌 스탠더드로 부상하고 있는 윤리경영의 국내외 환경과 추세를 이해하고, 격변의 시대에 개인 및 조직의 비윤리적 행위가 기업경영에 미치는 영향과 윤리경영이 경영성과 및 가치창출에 기여하는 요소를 학습하고 실천방향을 정립하도록 한다.

④ **핵심가치를 기반으로 한 윤리경영 실천방향 공유**

윤리경영이 기업의 본질적인 목적 수행에 배치되는 것이 아니라, 기업의 핵심가치를 올바로 이해하고 실천하는 것이 바로 기업과 기업문화의 성장·발전의 엔진 역할을 하는 것임을 이해하도록 한다.

⑤ **윤리경영 수행체계 · 실천과제 · 구체적 행동기준의 학습**

윤리경영의 ①기본정신과 ②수행체계 ③실행 방향 및 ④실천 과제를 숙지하고, ⑤윤리강령 및 ⑥행동규범을 철저히 습득·실행하도록 한다.

제 2 장
윤리강령(예시)

전문(前文)

  우리는 위대한 기업(Great Company)의 구현을 위해 ①주주 측면에서 '우량기업'으로 ②종업원 측면에서 '좋은 직장'으로 ③고객 및 사회적 측면에서 '신뢰받는 기업'으로 성장하고 발전할 수 있도록, 투명성·합리성·이타성을 바탕으로 하여 합법적·윤리적인 정도경영을 추구한다.

  고객·주주·지역사회 등 모든 이해관계자의 공동 이익을 도모하며, 언제 어디에서든 고객에게 최고의 상품과 서비스를 제공하는 것을 사명으로 한다. 자유경쟁 시장의 질서를 존중하며 주주가치·종업원가치·사회적 가치의 창출을 통해 세계적인 초일류 기업(World-class Excellent Company)으로 도약한다.

  이에 모든 임직원이 지켜야 할 올바른 가치판단의 기준과 행동원칙이 되는 윤리강령을 제정하고 이를 철저히 실천한다.

2.1
고객에 대한 책임과 의무

1-1. 고객 최우선 경영

- 신의와 성실을 바탕으로 고객의 신뢰를 얻을 수 있도록 끊임없이 노력한다.
- 항상 고객의 입장에서 생각하고 행동하며, 고객을 위한 봉사자 세를 견지함으로써 고객만족을 실천한다.
- 고객이 회사의 성장과 존립의 원천임을 명심하고 고객에게 평생토록 최고의 상품과 서비스를 제공한다.

1-2. 고객의 권익보호 및 가치증대

- 고객의 불만이나 제안을 적극 수용하고, 민원 및 분쟁은 적절하게 해결할 수 있는 투명하고 효과적인 절차를 마련한다.
- 전문화·차별화된 상품과 서비스 제공을 통해 고객의 풍요로운 미래를 보장한다.
- 선진회사의 최고 사례를 벤치마킹해 고객의 자산가치 증대 및 권익보호에 최선을 다한다.
- 고객 관련 정보는 고객의 사전 동의 없이 외부에 유출하거나 다른 용도로 사용하지 않는다.

2.2
주주에 대한 책임과 의무

2-1. 주주의 신뢰 확보

- 책임경영체제를 구축하며 경영의사 결정 시 필요한 절차를 준수함으로써 주주의 신뢰를 확보하고 모든 주주에게 공평한 의결권을 부여한다.
- 국제적인 회계기준에 따라 재무상태를 기록·관리해 투명하고 신뢰성 있는 회계처리를 하며 이를 정기적으로 공개한다.
- 위험관리체제와 내부통제제도를 갖춰 효율적이고 합리적인 투자와 관리를 할 수 있도록 한다.

2-2. 주주의 권익 존중 및 가치 극대화

- 주주의 정당한 요구를 존중하며, 주주의 권익과 투자가치를 적극 보호한다.
- 기업가치에 상응하는 시장의 평가를 받기 위해 적극적인 기업 홍보 및 IR 활동을 전개한다.
- 주주가치는 고객가치를 기반으로 함을 인식하고 고객을 중심으로 한 주주가치 극대화에 전력을 다한다.

2.3
임직원에 대한 책임과 의무

3-1. 개인존중

- 개개인을 하나의 독립된 인격체로 대하며, 근로자의 권리를 존중하고 회사의 가장 소중한 자산으로 여긴다.
- 주인의식과 자긍심을 가지고 일할 수 있는 근무환경을 조성하고, 직무수행상 건강과 안전을 보장하기 위한 적절한 조치를 취하며, 삶의 질 개선을 위해 적극 노력한다.
- 개개인의 적성을 존중하고 전문성과 핵심역량을 갖춘 인재로 성장할 수 있도록 다양한 인사제도 및 교육 프로그램을 시행한다.

3-2. 공정한 대우

- 고용·업무·승진 등에 있어 국적, 인종, 피부색, 성별, 종교, 정치적 견해, 사회적 신분 및 장애 등을 이유로 차별하지 않는다.
- 개인의 능력과 성과에 대한 공정한 평가와 합리적인 보상을 통해 성취동기를 고취한다.
- 경영성과를 제대로 이해할 수 있도록 주기적으로 정보를 제공한다.

2. 4
지역사회 및 국가에 대한 책임과 의무

4-1. 정치 및 자선단체의 기부금

- 회사가 제공하는 정치 기부금 및 자선단체 기부금은 반드시 관련 법령과 사규에 따라 시행한다.

4-2. 공정 거래질서 확립을 위한 국내외 협약 및 법규준수

- OECD 국제상거래에 있어 외국 공무원에 대한 뇌물방지협약, 국제상거래에 있어 외국 공무원에 대한 뇌물방지법, 독점규제 및 공정거래에 관한 법률, 부패방지법 등 국내외의 부패 관련 법규를 준수하며 공정한 경쟁질서 확립에 기여한다.

4-3. 기업의 사회적 책임 수행

- 사회적 가치·관습·문화를 존중하고 건전한 문화 통합에 적극 노력한다.
- 국내외 천연자원의 보존과 환경보호를 위해 기업시민으로서 사회적 책임과 역할을 다한다.
- 국가 및 지역의 조세 법규를 준수하며, 해당 법규의 규정 및 취지에 따라 행동한다.

2.5
임직원의 기본윤리

5-1. 기업이념의 공감

- 회사의 기업이념을 공감하고, 직무 수행 시 이를 최우선 원칙으로 삼는다.
- 일상적인 의사결정과 행동이 회사의 이미지와 신뢰에 직결됨을 인식하여 윤리적 가치관을 정립한다.

5-2. 직무 기본윤리 및 책임귀속

- 모든 임직원은 고객·주주·임직원·협력회사 및 공공기관에 대해 정직과 성실로 임하며, 업무수행에 관련된 제 법령·규정 및 업무절차를 준수한다.
- 개인의 사적인 이득 때문에 윤리에 어긋나는 행동을 하지 않으며, 옳은 것이 무엇인지를 판단하고 행동한다.
- 임직원의 불법·비윤리적 행위는 비록 회사를 위해 한 것이라 할지라도 그 개인이 책임진다.

5-3. 회사 재산의 보호

- 사업상의 문서, 업무방법 및 기타 회사의 모든 재산, 지적재산권은 개인의 목적을 위해 사용하지 않는다.
- 회사의 재산에 부정적 영향을 미칠 경우, 모든 직·간접 정보를 제3자에게 제공하지 않는다.

5-4. 타업 종사 및 개인적 지분 참여

- 회사는 회사의 이익과 충돌할 가능성을 배제하기 위해 임직원이 타업에 종사하는 것을 엄격히 금지하고 있음을 알고 이를 준수한다.
- 회사의 승인 없이는 다른 사업체에 특별한 직위(임원, 자문위원 등)를 가지지 않는다.
- 본인 또는 그 배우자를 포함한 직계가족이 협력회사 혹은 경쟁사의 지분을 획득해 회사와 이해관계가 상충될 가능성이 있을 경우 이를 즉시 회사에 보고한다.

5-5. 내부자 거래 및 불공정거래 금지

- 회사 주식가격에 상당한 영향을 미칠 수 있는 민감한 정보와 대외적으로 알려지지 않은 내부정보를 허가 없이 유출하거나 개인적인 주식거래 등에 활용하지 않는다.
- 임직원은 업무상 취득한 대내외 정보를 이용해 유가증권 시세조종 행위, 미공개 정보이용 행위 등의 불공정거래를 하지 않는다.

5-6. 회사의 기밀 및 보안의 유지

- 회사의 기밀 등은 반드시 보호되어야 하며, 허가받지 않고 제3자에게 개인적으로 이를 전달하거나 또는 사용하지 않는다.
- 회사의 기밀·정보 및 기록은 관계자 이외에는 반드시 적절하게 보안이 유지되어야 하며, 제3자가 회사의 기밀 등을 의도

적으로 혹은 꾸준하게 얻고자 할 경우 관련자를 즉시 회사에 알린다.

5-7. 올바른 정보 입수와 활용

- 경쟁사나 다른 회사의 정보를 구하는 경우 관계법령은 물론 윤리적으로 적합한 방법으로 획득하며, 입수된 정보를 불법 부당한 행위에 사용하지 않는다.

5-8. 제3자에 대한 금품 제공

- 업무수행 중에 금품 등을 제3자에게 직접 또는 간접적으로 제공하지 않으며, 선물은 반드시 관행적으로 허용되는 한도와 일정한 수준을 넘기지 않는다.
- 일부 국가에서는 관습에 의해 성의표시로 선물을 하는 것이 필요할 수도 있으나, 그러한 경우라 하더라도 회사와 선물 수령자 간에 실질적이거나 피상적인 협조, 유대관계 혹은 부정한 관계가 발생하지 않도록 한다.
- 국제상거래에 있어 영업, 기타 부당한 이익을 취득 또는 유지할 목적으로 직접 또는 제3자를 통해 외국 공무원에게 부당한 금전·기타 이익을 제의, 약속하거나 공여하는 행위를 엄격히 금지한다.
- 각 국가의 법규도 준수하며 의문이 있을 경우 반드시 회사의 사전승인을 구한다.

5-9. 제3자로부터의 금품 수수

- 금품 등의 수수 행위가 사업에 영향을 주거나 영향을 줄 가능성이 있을 경우, 혹은 관행적인 수준을 넘을 경우, 임직원은 업무수행 중에 자신 또는 타인을 위해 선물이나 기타 금품 사례를 요구하거나 받지 않는다.
- 가족이 대신 받더라도 직접 받은 것으로 간주하며, 의문이 있을 경우에는 반드시 회사의 해석과 사전승인을 받아 처리한다.

5-10. 임직원 상호 간의 금품 수수

- 임직원 상호 간에 금품 등을 수수하지 않는다. 다만 생일, 경조사 등 사회 통념상 인정되는 범위와 한도 내에서는 예외로 한다.
- 경조금은 상부상조 정신의 취지를 살리되 부담이 되지 않도록 하며, 과다한 경조비 수수는 서로간에 삼가한다.

5-11. 대내외 홍보정책

- 상품의 광고는 적절하게 하여, 과대·과장 광고가 되지 않도록 한다.
- 회사의 회계 및 대내외 보고사항은 사실대로 하며 공정하게 한다.
- 회사와 관련된 정보는 해당 권한을 부여받은 직원에 의해서만 언론 및 일반에게 공개한다.

5-12. 임직원에 대한 대우

- 국적·출신·종교·성별 혹은 출신지역 등을 이유로 동료 임직원들을 차별하지 않으며, 서로의 인격을 존중하고 예의를 지킨다.
- 성희롱 등 근무환경을 저해하는 행위를 일절 하지 않는다.

5-13. 임직원 윤리강령 위반 사례의 보고

- 본인 및 타인의 해당 법규 또는 윤리강령의 위반 사례는 그 사실을 관리자에게 보고하며, 내부 신고 절차에 따라 신고한다.

제 3 장

행동규범(예시)

3. 1
임직원의 행동지침

고객의 만족과 번영을 최고의 가치로 삼고, 변화와 혁신의 주체로서 초일류기업으로 성장하고 발전하기 위해 다음과 같이 행동한다.

(1) 고객의 입장에서 생각한다
(2) 완벽한 서비스를 제공한다
(3) 최고의 전문가를 지향한다
(4) 실패를 두려워하지 않는다
(5) 결과에 깨끗이 책임진다

3.2 임직원의 다짐

우리는 맡은 바 책임과 의무를 성실히 수행해 고객과 사회로부터의 신뢰를 바탕으로 세계적인 초일류기업으로 성장하고 발전할 수 있도록 다음과 같이 실천할 것을 다짐한다.

(1) 투명성 · 정도경영 관련
- 우리는 국제적인 회계기준에 따라 투명하고 신뢰성 있는 회계처리를 한다.
- 우리는 효율적 · 합리적인 위험관리와 내부통제를 위해 최선의 노력을 경주한다.
- 우리는 기업가치에 상응하는 시장평가를 받기 위해 적극적인 기업홍보 활동을 전개한다.

(2) 합리성 · 직업윤리 관련
- 우리는 주위를 청결히 하며, 철저한 자기관리 능력을 강화한다.
- 우리는 근무시간 내 업무와 관련 없는 일은 삼간다.
- 우리는 임직원 상호 간에 차별을 하지 않으며 인격과 품위를 존중한다.
- 우리는 이해관계자나 동료 간에 금품을 수수하거나 부당한 행위를 하지 않는다.
- 우리는 회사의 기밀이나 업무를 통해 취득한 정보를 누설하거나 부당하게 이용하지 않는다.

- 우리는 회사의 재산을 사적으로 이용하는 일은 일체 하지 않는다.

(3) 이타성·사회적 책임 관련
- 우리는 신의와 성실을 바탕으로 항상 고객의 입장에서 생각하고 행동한다.
- 우리는 고객을 존중하고, 고객서비스의 책임과 의무를 다한다.
- 우리는 법규를 준수하고 자유경쟁시장의 질서를 존중하며 공정한 경쟁을 추구한다.

3.3
부정행위 사례 및 행동요령

우리는 업무상의 부당 행위 및 회사에 해로운 행위 일체를 부정행위로 인식하고, 다음에 예시하는 '부정행위 사례 및 행동요령'을 참고해 윤리경영에 위반되는 부정행위를 근절하고, 청결한 조직문화의 정착을 위해 최선을 다한다.

(1) 투명성 및 정도경영 관련 행위

부정행위 사례	행동요령
1) 회계정보의 투명성	
●회사의 회계정보를 작위적으로 실제 이상 좋게 작성하는 행위	●회사의 회계정보는 기업 회계기준에 따라 정확하게 작성하며, 보수적 작성 원칙에 따른다.

부정행위 사례	행동요령
●허위영수증을 사용하거나 증빙의 하자·분실 등을 이유로 타 증빙자료로 처리하는 행위	●회사경비 사용 시 반드시 영수증을 받도록 하며, 신용카드 사용을 원칙으로 한다. ●영수증을 분실한 경우에는 해당 업체로부터 재발급받아 처리한다.
●실제 사용처와 다른 계정과목으로 경비를 처리하거나 잡수익금을 부서경비 등으로 임의 사용하는 행위	●예산은 계정과목별로 사용해야 하며, 부득이하게 계정과목 변경 시에는 회사의 회계처리 기준 및 절차에 따른다.
●회사 업무에 관한 기록을 바르지 않게 만드는 행위	●회사의 업무수행은 관련된 제 법령·지침·요령 및 절차를 준수해 올바르게 처리한다.
●변칙영업 등 인위적으로 평가 또는 실적을 높이기 위해 제도를 악용하는 행위	●지침 등의 해석 및 적용상 애매모호한 점이 있는 경우에는 주무부서의 유권해석을 받도록 한다.
●회사의 정보를 사적인 목적에 이용하는 행위	●회사의 모든 정보는 사소한 것이라도 임의 유출이나 사적 이용을 엄금한다.

2) 고효율의 내부통제체제

부정행위 사례	행동요령
●업무분장이 명확하지 않음을 기화로 하여 업무 처리 및 관리를 방치·기피하는 행위	●업무분장이 명확하지 않아 주관부서가 애매한 경우에는 회의를 통해 부서 간의 신속한 협의로 효율적인 업무분장 및 대응이 가능하도록 한다. ●업무분장을 사전에 명확히 하고, 가급적 대부(大部)·대과(大課) 등 대팀제 운영을 통해 지나친 조직 세분화에 따른 업무 및 관리의 사각지역 발생을 구조적으로 방지한다.
●주요 직무의 집행과 통제기능을 같이 수행하게 하거나, 요주의 업무에 대한 대처 소홀로 인한 위험발생 행위	●주요 직무의 집행과 통제기능은 반드시 분리 운영해 적절한 내부통제가 이루어지도록 한다. ●요주의 업무에 대해서는 이중 통제장치를 마련한다.
●경영관리·경리부서의 통제 및 감시·감독 소홀을 이용한 부정행위	●장기간의 미결계정의 점검·조사 및 처리독려를 주기적으로 실시한다.

부정행위 사례	행동요령
●주위에서 일어나는 부조리 및 부정행위에 대한 방치 행위	●업무전산화 및 RTE화로 실시간 경비사용 분석·이상징후 파악 및 실사로 위반사항을 시스템적으로 적발하고 방지한다. ●임직원의 윤리 행동기준 및 사례 교육을 주기적으로 시행한다. ●내부자 신고 등 내부 제보제도의 운영 및 내부감사 활동을 활성화한다.
●회계부서 및 회계 관련 원인 행위에 관한 제도적 미비·오류 등으로 투명하고 정확한 회계 정보의 제공을 위반하는 행위	●회계 관련 부서의 업무에 관한 내부 통제제도인 내부 회계 관리제도를 도입·정착시켜, 재무정보의 신뢰성뿐만 아니라 업무과정에서 회계부정 및 오류가 발생할 위험성을 제도적으로 예방하고 관리하도록 한다.
●윤리경영을 단순히 회계 오류나 부정 차원에서만 인식해 사업에 관한 경영위험 파악 및 예방을 소홀히 하는 행위	●업무 오류나 부정을 포함해 사업이 처한 내외부 환경 및 여건을 감안하여 경영위험 차원에서 내재하는 위험을 파악·분석하고, 이에 대한 대응 차원에서 행동 지침화하고, 내부 통제제도를 강화한다.
●경영자 및 관리자의 인식과 의지 부족으로 위험발생 환경을 제공하는 행위	●내부 통제제도의 실행 상태를 지속적으로 점검·평가하고, 작동 및 새로운 유형의 위험에 대해 즉시적으로 대응해 나간다. ●윤리경영에 관한 분명한 실천 의지를 표명하고, 구체적인 실행 프로그램을 운영한다. ●관리자에게 부하의 행동 중 유의하여 관찰해야 하는 사례를 교육하고, 부하의 윤리경영 위반 시 해당 관리자 평가에도 반영하도록 한다. ●윤리위반 사안에 대해 즉각적이고 일관된 제재를 가한다.

3) 건전한 지배구조

부정행위 사례	행동요령
●기업지배구조·주요 경영절차·재무회계정보 등의 공시누락으로 주주 및 회사에 손실을 끼치는 행위	●공시 담당부서 및 담당자의 역할과 책임을 명확히 하고, 관련 법규에 대해 숙지하도록 한다. ●집단소송 위험에 대비한 임직원 행동지침을 수립·교육하여 임직원이 숙지하도록 한다.

부정행위 사례	행동요령
	●공시사안 발생부서 및 관리자의 컴퓨터 모니터 상에 공시 체크리스트를 항상 띄워줘 누락을 방지하도록 하는 등 시스템적인 조치를 취한다. ●공시 여부 및 공시 내용 작성이 애매할 경우, 관련 전문부서 및 전문가와 협의하여 적절하게 대응한다.
●이사회를 형식적으로 운영하여 본연의 기능이 발휘되지 못하게 하는 행위	●이사회가 경영정책 결정기능은 물론 경영감시·통제 등 본연의 기능을 실질적으로 수행할 수 있도록 한다. ●효과적인 이사회 운영이 될 수 있도록 역할에 적합한 사내·외 이사를 선임하고, 활동을 지원한다.
●감사 또는 감사위원회의 전문성·독립성의 결여로 경영 감시가 부실하게 되는 행위	●이사회 산하에 다양한 전문위원회를 운영하여, 경영 역량을 보완하고 전문성을 높인다. ●감사 또는 감사위원회의 역할 수행에 적합한 전문성을 갖춘 인력을 선임한다. ●감사 또는 감사위원회의 역할을 실질적으로 수행할 수 있도록 독립성을 부여하고 지원한다.

4) 주주권익의 중시

●주주가치 중시 경영을 하지 않음으로 인해 회사의 견실 성장을 저해하는 행위	●EVA 경영을 통해 주주가치를 중시하고, 회사의 재무구조를 견실하게 한다. ●기업가치에 상응하는 적극적인 시장가치(주가) 관리로 주주이익을 보호하고, 회사의 명망을 높여간다. ●전략경영을 통한 지속적인 경쟁우위 확보를 위해 최선의 노력을 경주한다.
●주주권리 보호를 소홀히 하여 주주권리를 침해하는 행위	●관련 부서 및 담당자는 주주의 권리(기본권리·중요 의사결정 과정·주주총회 관련 권리·동등한 대우 등)에 관한 제반 법규를 숙지하고, 주주권리 침해 행위가 발생되지 않도록 행동지침을 수립·관리한다. ●내부거래·자전거래 남용을 금지하고, 이사회 구성원·경영진과 회사 간에 이해상충의 경우 명확하게 공개한다.

(2) 합리성 및 직업윤리 관련 행위

부정행위 사례	행동요령
1) 공정한 평가·보상	
●부서나 개인의 성과에 대한 불공정한 평가로 조직의 사기를 저하시키는 행위 ●평가를 보상 결정수단으로만 운영하여 평가의 본질적인 목적을 왜곡하는 행위	●상사는 부하의 능력과 성과에 대한 공정한 평가를 통해 성취동기를 고취해야 할 기본적인 의무가 있다. ●평가는 공정한 보상을 결정하는 목적도 있지만, 평가 및 피드백을 통해 부하직원들의 성과창출을 지도해줌으로써 부하를 육성하는 데 더 본질적인 목적이 있음을 교육·숙지하도록 한다. ●회계연도 중 주기적으로 여러 차례 성과를 점검·평가하고 수용하도록 한다.
●정확한 사실 관계에 입각해 평가하지 않고, 피평가자와의 친소 관계 또는 감(感)에 의한 평가로 평가 불만을 조장하는 행위 ●평가의 공정성을 확보하기 위해 스스로 할 일을 하지 않고 공정성에 관해 비방하는 행위 ●성과주의경영에 관한 이해 없이 성과주의경영을 비방하고 정착을 저해하는 행위	●평가 전에 평가자 교육 및 자기(Self) 체크리스트를 활용해 정확하고 공정한 평가가 되도록 한다. ●평가 후 평가결과 점검을 통해 평가자에 대한 평가 및 반응을 주기적으로 실시한다. ●평가의 공정성을 확보하려면 본인의 평가항목(KPI)부터 제대로 설정하고, 상하 간에 합의를 하지 않고는 이루어지지 않음을 교육·숙지하도록 한다. ●상사는 성과주의경영의 취지 및 관련 제도를 명확히 이해하고, 부하에게 이를 자세하게 이해시킬 의무가 있다.
2) 직장생활의 수준향상(GWP·QWL 구현)	
●상사에게 금품·선물을 제공하는 행위 ●상사가 부하에게 금전 차용 또는 대출보증 등을 요구하는 행위 ●상사로서의 지위를 이용해 부하에게 금품·향응을 요구하거나 사적인 일에 무리하게 부하를 동원하는 행위	●상사에 대한 선물은 인사청탁의 개연성이 있으므로 원칙적으로 금한다. ●부득이한 경우를 제외하고는 상하관계뿐만 아니라 동료 간에도 금전거래 및 보증관계를 지양한다. ●직책은 회사 일을 위해 부여된 것이므로 이에 어긋나는 행위를 해서는 안 되며, 하급자는 이러한 요구에 응할 의무가 없다.

부정행위 사례	행동요령
●사내 친목도모 차원을 벗어난 사조직을 결성하거나 그런 모임에 참가하는 행위	●사내 비공식 모임은 파벌 조장 및 위화감 조성 등의 우려가 있으므로 회사에서 인정하지 않는 모임을 결성하거나 이에 참여해서는 안 된다. ●상대방을 존중하여 평등하고 인격적으로 대우하며, 가급적 존칭어를 사용한다.
●성적 굴욕감이나 혐오감·위압감을 느끼게 하는 행위 ●성적인 시선·비난·농담·신체 접촉 등의 성희롱 행위	●성희롱의 심각성을 인식하고 이를 삼간다.
●상하 간 또는 동료 간 무분별한 언어폭력 행위	●주위에 피해사례가 있는 경우 적극적으로 조언 또는 내부 신고 절차에 따라 신고한다.
●직원들과 상습적인 도박으로 사행심을 조장하거나, 조직 분위기를 저해하는 행위	●건전한 동료관계를 해치는 일체의 행동 및 상습적인 도박행위는 엄격히 금지한다. ●여가시간을 건전하게 활용한다.
●사내에서 지위를 남용하거나 업무관계를 이용한 불건전한 남녀관계 유지 등 풍기문란 행위	●직장 내 건전한 상하·동료 관계를 해치는 일체의 비윤리적인 행위를 엄금한다. ●사내뿐만 아니라 사외에서도 불법적인 교제 및 불륜행위가 없도록 자기관리를 철저히 한다.

3) 직장윤리 · 책무확립

부정행위 사례	행동요령
●회사경비를 허위로 청구하여 착복하는 행위	●이는 명백한 부정행위이므로 엄격히 금한다.
●근무시간 중의 무분별한 채팅·음란사이트 열람·온라인 주식거래 등 부적절한 사이버 행위	●업무와 무관한 인터넷 이용은 자제한다. ●상습적인 채팅은 엄금한다.
●사이버를 통한 사적인 영업행위	●근무시간 중 사이버 주식거래는 금한다.
●근무시간 중 업무와 무관하게 상사의 승인 없이 골프를 치는 행위	●반드시 해당 상급임원의 사전 승인을 받도록 한다.
●회사의 승인 없이 겸업하거나 업무에 지장을 주는 부업활동	●회사 업무에 지장을 주는 일체의 겸업 및 부업 행위를 금한다.

부정행위 사례	행동요령
●회사와 임직원 또는 회사 재산에 손상이 초래될 수 있는 사안이나 상황을 인지하였음에도 회사에 알리지 않은 경우	●인지하고 있는 사실을 관리자에게 보고해야 하며, 만일 회사에 알리지 않음으로 인해 손상이 발생할 경우 그 책임을 면할 수 없다.

4) 주인의식 · 프로정신

부정행위 사례	행동요령
●회사의 공금을 사적으로 사용하거나 착복하는 행위	●이는 범법 행위로서 금액과 이유를 불문하고 엄금하며, 횡령에 대해서는 변상책임이 있다.
●회사의 물품 · 제품 등의 재산을 사적으로 무단반출하거나 임의로 사용하는 행위	●회사의 재산은 반드시 공적인 용도로 사용하며, 거래 관계에서 무상 취득하거나 남은 물품은 목록을 작성하여 별도 관리한다.
●사적인 경비를 회사경비로 처리하는 행위	●공과 사를 엄격히 구분하며, 사적인 경비는 개인비용으로 처리해야 한다.
●상사의 출장이나 전배 시 회사공금을 사용하거나 부하직원들이 각출하여 전별금조로 금품을 주는 행위	●필요한 경우 기념패나 가벼운 선물 전달은 가능하나, 상사에게 전별금 등을 지급하는 행위는 이유를 불문하고 금한다.
●협력회사를 선정함에 있어 상사가 특정업체와 거래하도록 압력을 행사하거나, 상사의 추천을 받은 담당자가 회사의 기준 및 절차를 무시하고 임의로 결정하는 행위	●협력회사 선정 시에는 불공정거래 및 특혜시비가 없도록 해야 하며 친인척 관계가 있는 업체는 추천을 지양한다. ●담당자는 추천자의 직위를 불문하고 원칙에 따라 거래처를 선정하고 공정하게 거래한다.
●상사의 직무유기 사실을 방관 또는 은폐하거나 부당한 지시를 그대로 따르는 행위	●상사의 직무유기 또는 지시내용이 부정 · 비리와 관련돼 있거나 회사에 중대한 영향을 끼칠 우려가 있을 경우, 내부 신고 절차에 따라 회사에 알린다.
●상사의 질문에 허위로 답하거나 의도적으로 사실을 왜곡 또는 일부 유보하고 보고하는 행위	●구성원 모두 업무수행에 정직과 성실로 임해야 하며, 관련된 제 법령 · 기준 및 절차를 준수해야 하며, 허위 보고 · 은폐 · 왜곡 행위는 처벌 대상이 될 수 있다.
●의도적으로 품질기준에 맞지 않는 상품을 생산하는 행위	●모든 임직원은 언제 · 어디에서든 고객에게 최고의 상품과 서비스를 제공할 사명을 갖고 있다.

(3) 이타성 및 사회적 책임 관련 행위

부정행위 사례	행동요령
1) 고객만족 · 고객보호	
● 업무상 취득한 고객신상정보를 회사 외부로 유출하거나, 개인적인 목적으로 이용하는 행위	● 관리 소홀로 대외 유출되지 않도록 중요 자료 및 정보를 철저히 관리한다.
● 부서나 개인 차원의 목적으로 고객의 이익에 반하여 고객에게 일방적으로 불리한 거래를 도모하는 행위	● 모든 임직원은 고객에 대해 정직과 성실로 임하며, 사적인 이득 때문에 비윤리적 행위를 해서는 안 된다.
● 고객 계좌를 이용한 부당인출 등 고객명의를 이용한 부정 행위	● 명백한 범법 행위이므로 해서는 안 되며, 변상책임이 있다. ● 고객에 대한 정기 거래조회를 통해 부정행위를 조기에 적발한다.
● 고객만족 경영을 하지 않아 결과적으로 회사에 해를 끼치는 행위	● 항상 고객의 입장에서 생각하고, 고객에 대한 책임과 서비스를 다하도록 한다. ● 회사의 상품 및 서비스의 질을 개선해 고객가치를 증진하는 데 최선을 다한다.
2) 공정경쟁 · 공정거래	
● 협력회사와의 금전거래 행위 ● 협력회사 관계자와의 도박 등 부정한 거래를 야기하는 행위	● 협력회사 및 관계자와의 금전거래 · 도박 등의 행위는 업체에 폐해를 주거나 업무처리 시 공정성을 저해하므로 이를 금한다.
● 고객이나 협력회사로부터 식사를 제공받거나 술 접대를 받는 행위	● 고객이나 협력회사와의 식사 시에는 회사의 비용부담을 원칙으로 하며, 간단한 식사비용 범위 내에서 집행토록 한다.
● 고객 · 협력회사 임직원 · 공직자 등 이해관계자에게 과분하거나 적절치 않은 방법으로 접대하는 행위	● 모든 임직원은 과분하거나 부적절한 일체의 접대를 하거나 받아서는 안 된다.
● 부서 회식 또는 접대 시 비용을 협력회사에 부담시키는 행위	● 부서 회식 · 단합대회 행사 · 사적인 골프모임 등에 협력회사 참여를 금한다.

부정행위 사례	행동요령
● 협력회사에게 접대를 암시하거나 요구하는 행위 ● 협력회사로부터 골프 접대 또는 향응을 받고 비용을 부담시키는 행위 ● 부서 단합대회 등 사내행사 시 협력회사로부터 현금·물품 등의 협찬을 받는 행위	● 협력회사에 일체의 부당한 비용부담 행위를 해서는 안 된다. ● 협력업체 신고제도를 통해 임직원들의 부정행위를 탐지하고 예방하도록 한다. ● 회사의 공식적인 업무 이외 사안으로 협력회사에 부담을 주는 행위는 일절 금한다.
● 고객이나 협력회사로부터 액수의 많고 적음을 불문하고 직·간접적으로 금전적 보상을 받는 행위 ● 국내외 정부기관이나 공직자에게 불법적으로 금품을 제공하는 행위	● 정중하게 거절하고 회사방침을 설명한다. ● 어떤 거래에 대한 음성적인 보상, 본인이나 친인척에게 주는 선물류·금융혜택 등 보상적 성격의 수혜는 일절 금한다. ● 모든 임직원은 불법적인 금품제공 행위를 일절 해서는 안 된다.
● 과분한 선물을 주고받는 행위	● 선물을 주고받는 일은 불가피한 경우를 제외하고는 이를 금한다. 불가피한 경우에도 모든 임직원은 일반적인 관습상 용인될 수 있는 지극히 상식적인 수준을 초과하는 선물을 주거나 받아서는 안 된다. ● 상식적인 수준의 선물이라 할지라도 이에 대해 개인 부담으로 보답할 게 아니라면 받아서는 안 되며, 선물을 줄 때에도 이러한 수준을 초과하는 경우에는 사전에 회사 책임자의 승인을 받도록 한다.
● 협력회사로부터 경조금을 받는 행위	● 협력회사에 공공연히 경조사를 알리지 않으며, 과다한 경조금(10만원 초과)은 반환한다.
● 시세보다 고가로 물품을 구입하거나 협력회사에 인력·장비 등을 무단 지원하는 행위	● 임의로 회사 자산을 무단 지원하거나 업체에 특혜를 주는 행위를 금하며, 회사의 기준 및 절차를 준수해 처리한다.
● 친인척·친지가 운영하는 업체와의 거래 성사를 위한 부당 행위 또는 지시·부탁하는 행위	● 친인척·친지와의 거래는 가급적 피하고, 부득이하게 거래할 경우에는 상사 보고 및 원칙에 입각하여 업무 처리한다.

부정행위 사례	행동요령
● 경쟁사와 접촉하여 가격정책이나 판매조건 등 사업상의 비밀사항에 관하여 협의하거나 담합하는 행위	● 경쟁사나 다른 회사의 정보를 구하는 경우 관계법령 및 윤리적으로 적합한 방법으로 획득하며, 불법 또는 부당하게 사용해서는 안 된다.
● 협력회사, 하도급업자, 대리점 등과의 거래에 있어서 회사의 우월적 지위를 남용하여 불공정 거래를 하는 행위	● 거래를 무기로 하여 불공정하게 거래선에 폐해를 끼치는 행위 등 부정한 거래행위를 일절 금한다.
● 회사와 거래관계에 있는 다른 회사나 경쟁사에 투자하거나 소유권을 갖는 행위	● 업무처리 시 공정성을 잃을 수 있으므로 이를 금한다. 부득이한 경우에는 이해관계가 있음을 회사에 알린다(가족이나 친인척이 해당되는 경우도 포함된다).

3) 환경친화 · 위험관리

부정행위 사례	행동요령
● 개인의 무지 및 사소한 이익이나 필요 이상의 과도한 이익 도모로 인한 환경규제 위반으로, 회사에 큰 손실을 끼치고 회사의 명예를 실추시키는 행위	● 관련 부서 및 담당자는 환경규제 법규나 기준을 숙지하고, 이에 따른 행동지침을 수립 · 관리하도록 한다. ● 환경규제준수 비용은 공익 투자로 생각하고, 공해방지기준 강화 및 재생자원 재활용을 생활화한다. ● 환경친화제품 및 기술 개발 등을 통해 사회에 기여함과 동시에 사업기회를 선점한다.
● 자원낭비 및 자연훼손으로 회사에 손실을 끼치는 행위	● IT 및 디지털화로 종이 사용 절감 · 에너지 및 수자원 사용 절감 등 자원절감 및 자연보호를 생활화하여 비용 부담을 줄이고, 사회에 기여하도록 행동 지침화하여 관리한다.
● 안전관리 및 위기 대응을 위한 준비 소홀로 회사에 손실을 발생시키거나 회사 명예를 실추시키는 행위	● 선진환경 감사제도를 적극 수용하여 환경친화 경영 강화 및 환경 비용을 감안한 수익구조를 확보한다. ● 관련 부서 및 담당자는 근무 · 작업환경 개선을 통해 임직원의 건강증진 및 생산성 향상을 위해 최선의 노력을 경주한다.

부정행위 사례	행동요령
	●근무 및 작업환경에 내재하는 위험을 사전에 파악하고, 이에 대응하는 안전수칙 제정 및 교육을 통해 임직원이 철저히 숙지·실행하도록 하고, 필요 시 안전장치·시설 등을 비롯한 안전조치를 취한다. ●유사시에 대비해 대형 사고, 재난구조 교육·훈련과 유형별 위기 대책 시나리오를 강구해 손실 및 피해를 최소화할 수 있도록 사전에 대비한다. ●회사에서 공급하는 상품·시설구조물·서비스 등의 기술안전 확보를 최우선순위로 시행한다.

4) 공공복지 · 사회봉사

부정행위 사례	행동요령
●부실경영으로 인한 고용 불안정 및 고용기회 상실 등을 초래·유발하는 행위 ●사회공헌 활동 및 봉사활동 등의 소홀로 기업 이미지·임직원 사기·지역사회와의 유대관계를 악화시키는 행위	●임직원 모두가 창의와 혁신으로 고효율의 경쟁우위를 확보하도록 하여, 기존 사업의 확대 및 신규 수익사업의 발굴을 통해 지속적인 고용 유지 및 확대에 최선을 다해 노력한다. ●우수인재 양성을 위한 장학사업·공익문화사업·불우이웃돕기·지역사회 발전 기여 등을 통해 기업의 사회적 책임을 적극적으로 수행하고 이를 통해 항상 회사의 이미지 제고 및 시장의 지속적인 신뢰 확보의 선순환 경영을 도모한다. ●임직원 자원봉사 프로그램의 실행을 회사에서 적극 지원함으로써, 임직원의 회사 및 직무 몰입도를 높인다. ●회사의 사회공헌 및 봉사활동에 관한 오해 방지와 정당한 평가를 받기 위해 적극적인 홍보 활동을 한다.

제 4 장

부정위험관리 실무요령

4. 1
부정위험관리의 의의

경영환경이 날이 갈수록 복잡·다기화(多岐化)해짐에 따라 기업이 직면하게 되는 위험요소도 매우 다양화돼가고 있다. 특히 기업 임직원의 도덕적 해이(Moral Hazard)와 부정에 의한 직·간접적인 폐해는 우려할 만한 수준에 이르고 있다.

투기 열풍 등 배금주의 사고의 팽배, 과소비 문화의 확산, 성윤리 의식의 문란 등 요즘의 사회 풍조는 이러한 부정적인 위험을 더욱 증가시킬 개연성을 높이고 있다.

기업 임직원의 부정은 직접적으로는 금전적 피해에서부터 간접적으로는 다른 임직원의 사기 저하·기업 이미지 실추에 이르기까지 기업경영 전반에 걸쳐 광범위한 손실을 야기할 수 있다.

그러므로 부정위험을 조기 및 미연에 파악하고 그 위험을 최소화하기 위한 방법을 적극적으로 강구하도록 함으로써, 조직을 항상 청결하게 유지하고 고효율의 성과를 구현해나가도록 하는 것이야말로 경영진의 기초적인 책무이자 역할이다.

4. 2
부정(不正)의 개념

(1) 사전적 의미
부정이란(不正) 단어의 사전적 의미는, 행동이나 일이 올바르지 못하거나 정당하지 않은 것이다.

(2) 경영 위험적 의미
①기업의 불법행위 ②임직원의 부정행위 ③기업 평판의 실추 ④비권한자에 의한 기업 주요자산과 기밀사항에 대한 부적절한 접근 및 오용 등 임직원의 정당하지 못한 행동으로 기업에 악영향을 미치는 위험 행위로서, 기업의 위험관리 대상으로 인식하고 접근해 예방하고 방지해야 할 해사(害社)에 해당하는 행위이다.

(3) 부정에 대한 전통적 개념과 새로운 개념

1) 전통적인 협의의 개념
회사공금 횡령 및 유용, 사리 도모 등 직접적이고 금전적인 손실에 영향을 미치는 위험을 중심으로 정의한다.

2) 새로운 광의의 개념

① 직장인으로서 기업의 본질적 목적인 이윤창출에 배치되는, 기업에 해로운 행위 및 불성실한 행위 일체를 말한다.
② 직·간접적인 폐해를 야기하는 일체의 행위로서, 전통적 개념의 부정에 더하여 근무규율 미준수·제도 악용·언어폭력·성희롱·사내 불륜·겸업 및 부업·사이버 부정 등을 포함한다.

(4) 새로운 부정 발생의 추이

① 금융·보험업에 종사하는 임직원의 경우, 남녀 간의 부적절한 관계로 인한 부정 사례가 제조·건설업보다 빈번히 발생하고 있다.
② 개인뿐만 아니라 회사의 이미지 손상 사례로 연결되고 있다.
③ 인터넷 수단을 통한 사이버 방법의 부정 사례가 급증하고 있다.

(5) 기업 임직원에 의한 부정의 특징

일반 민·형사상 범죄 행위보다 복잡하고 전문적이어서 쉽게 노출되지 않는 지능범죄(White Color Crime)의 특징을 갖는 바, 내부 감사조직에 의해서도 탐지가 어려운 경우가 많다.

4.3 부정의 폐해규모 및 영향

(1) 재무적 손실규모

2000년 미국의 ACFE(Association of Certified Fraud Examiner) 설문조

사 결과에 의하면, 재무적 손실규모는 다음과 같다.
① 미국의 경우 기업 임직원의 부정으로 인한 1년간 직접적인 금전 손실액은 4,000억 달러(약 400조 원)로 추정된다. 이 수치는 미국 기업의 연 매출액에서 6%에 달하는 금액으로, 종업원이 하루에 9달러씩 회사공금을 횡령한 것과 같다.
② 도산기업의 30%가 임직원 부정의 결과이다.

(2) 기업에 미치는 기타 영향
① 부정 발생 시 문제 해결을 위한 시간적 손실과 인적자원의 비생산적 활용으로 인한 조직의 비효율성이 유발된다.
② 부정 예방과 조사를 위해 외부전문가에게 지급되는 비용이 발생할 수 있다.
③ 윤리 및 도덕성 측면에서 기업 평판 실추로 인한 금전적 또는 비금전적 손실을 입을 수 있다.
④ 성실하게 일하는 다른 임직원의 사기를 저하시킬 수 있다.
⑤ 불건전한 기업풍토로 우수한 인력의 이직 가능성이 있다.
⑥ 경영진과 종업원 간의 상호 불신을 가져올 수 있다.

(3) 국내 상황

1) 끊임없는 부정사례 발표
고위 공직자의 부정·비리에서부터 기업 경영진의 분식회계 및 임직원의 부정·비리 등이 끊임없이 발표되고 있어 우리 사회와 기업문화에 암적 요소가 될 우려가 있다.

2) 금융사고 규모

① 금융감독원의 자료에 의하면, 1999년부터 2002년 6월까지 금융감독원에 보고된 금융사고는 모두 1,055건이고, 사고금액은 8,311억원에 달한다.
② 이 밖에 금융회사가 자체 해결하고, 금융감독원에 신고하지 않은 사고도 상당수 있어 실제 발생한 금융사고는 이보다 훨씬 많을 것으로 추정된다.

4.4
부정의 발생원인과 유형

(1) 부정의 범행동기

부정은 일반적으로 ①과중한 압박(Pressure), ②범행 기회(Opportunity) 및 ③자기합리화(Rationalization)의 3가지 동기에 의해서 이뤄진다고 보고 있다.

1) 과중한 압박

금전적인 압박, 조직에서의 처우 및 업무 분장, 과도한 목표 등에서 오는 스트레스 등으로 인해 부정이 발생한다.

2) 범행 기회

내부통제 시스템이 취약하거나 이직률이 높고, 회계법인의 빈번한 교체, 필요 이상으로 은행과 거래 관계를 갖고 있거나, 부정행위에 대한 회사의 징계 미약 등이 범행 동기 및 기회로 작용하게 된다.

3) 자기합리화

자기 합리화에 해당하는 경우는 다음과 같다.

① 회사 공금의 유용을 일시적인 대출로 간주한다거나 자신의 부정행위가 회사를 위한 것으로 생각하는 경우
② 과도한 재량 행위로, 상위 경영진에서 해오던 부정적인 관행을 하위계통에서 단순히 모방하는 경우
③ 회사의 부당한 처우를 부정에 의한 금전적 이익으로 보상받고자 하는 경우
④ 자신의 부정행위에 따른 피해자가 없다고 보는 경우

(2) 부정의 발생원인

부정의 발생원인은 2002년 호주·뉴질랜드에서 실시한 기업의 부정 발생원인 설문조사에 의하면 다음 순서와 같다.

① 내부통제 시스템의 취약성(40%)
② 경영진의 내부통제 시스템의 무시 및 간과(32%)
③ 임직원의 제3자와의 공모
④ 책임의식의 미흡
⑤ 물리적 보안장치의 취약
⑥ 산업의 특성
⑦ 임직원의 윤리·도덕성 상실
⑧ 인력채용 시 확인 절차 미흡

(3) 부정의 유형

1) 제조업의 전형적인 부정 유형
- 사전·사후 매출 할인의 임의 변경 및 적용으로 판가 조작
- 자금횡령을 위한 가장된 전략적 제휴
- 가공 매출로 경영실적 왜곡
- 부외 자산·채무의 누락
- 거래선 정보의 허위등록 및 부당한 변경
- 외상매출금 유용 후 부실 채권화하여 대손 처리
- 금액의 과대계상 또는 이중으로 지급 후 반환금 횡령
- 자금 시재 금액의 조작으로 공금 유용
- 주가 조작을 위해 회사의 유휴자금 사용
- 회사 주요 자산의 사적 이용
- 판관비 관련 증빙의 이중 사용, 허위신고 및 위·변조
- 위장된 전문용역(세무·경영 컨설팅·법무)을 통한 공금 횡령
- 주요 사업 기밀사항 유출 및 지적재산권의 절도
- 불량품·반품·폐기품에 대한 부당한 처리
- 구매 및 검수 조직과 공모, 구매 관련 리베이트 수수
- 공급업체와 공모, 입찰정보의 사전 유출 및 형식적인 입찰
- 재고자산 및 집기 비품의 절도
- 구매 정보의 허위등록 및 부당한 변경
- 전산 데이터의 조작으로 기존 부정 은폐

2) 유통업의 전형적인 부정 유형
- 가공 매출로 성과급을 지급받고, 기간 경과 후 반품 처리

- 현금 매출을 외상 매출로 보고·유용
- 매출 대금의 변경 입금(어음 vs 수표·현금)
- 백화점의 경우 현금 매출을 취소하고 카드 할부 매출로 전환
- 재고품을 반품 처리하여 현금 수취(재고실사의 취약점 악용)
- 공급업체와 공모 제품 등급을 임의 변경하고 리베이트 수수
- 반품·파손품을 파기하지 않고 등급 판매

3) 금융업의 전형적인 부정 유형
- 무자원 전산 입금을 통해 거액의 부당 인출
- 고객의 장기 휴면구좌로부터 부당 인출
- 고객명의로 마이너스 대출 통장 불법개설 후 횡령
- 대출 권한 한도에 맞도록 대출금을 임의 분리 조정
- 공과금 미입금 처리로 유용
- 고객정보 관리 시스템에 임의 접근, 관련 정보 변경
- 고객 증권 계좌를 통한 임의 매매
- 기업 투자분석 정보의 사전 유출
- 허위 혹은 과대 투자 정보 게재
- 금융자산 운영에 있어 외부와 공모(투자위험 분석의 왜곡)
- 고액 보험료의 일시납을 월납으로 변경해 유용
- 보험계약자 승인 없이 해약환급금의 자동이체로 보험료 유용
- 영수증, 청약서, 보험증서 위·변조
- 부당한 재보험 가입으로 리베이트 수수
- 허위로 약관대출 받아 유용

4.5
부정의 탐지방안

(1) 설문조사 결과

1) 2000년 미국의 설문조사
① 부정의 약 70%는 내부 제보자와 내부통제 시스템을 통해서 탐지되며, 이중 일부는 우발적 사건 발생으로 감지된다고 한다.
② 나머지 30%는 내외부의 감사인에 의해 탐지되는 것으로 조사·보고되고 있다.

2) 2002년 호주·뉴질랜드의 설문조사
임직원의 제보와 내부통제 시스템에 의해 약 50%가 탐지되는 것으로 나타나고 있다.

(2) 효과적인 부정 탐지 방안의 모색

1) 기업경영 활동 전반에 걸쳐 영향을 미칠 수 있는 부정위험을 정확하게 파악·분석 및 행동 지침화
① 기업의 각 사업단위별, 비즈니스 프로세스별로 어떤 유형의 부정위험이 내재하고 있는지 파악하고, 각 부정 유형별로 대응지침을 정해 모든 임직원이 숙지하고 준수하도록 한다.
② 이것은 기업의 위험이상 징후(Red Flags)가 무엇인지에 대한 공통 언어를 형성하는 것이며, 모든 임직원이 공통 언어를 인지

토록 함으로써 부정의 탐지를 용이하게 할 뿐 아니라 부정 예방 및 방지에도 효과적이다.

2) 실효성 있는 내부제보 시스템의 구축

제보자가 보호될 수 있도록 익명성이 철저히 보장되는 제3자 제보 시스템을 구비한다.

① 부정 탐지 및 방지를 위해 내부제보 시스템은 매우 유효한 제도이나 그 실효성이 미흡하다.
② 요즘 기업에서 운영되고 있는 제보 시스템은 내부제보자에 대한 익명성 보호장치가 불완전하고, 부정 적발 전담조직에 대한 신뢰 및 독립성의 문제, 임직원 상호 간의 인간적인 유대관계 등으로 인해 임직원의 부정을 인지하고 있음에도 불구하고 실질적인 제보는 극히 제한적으로 이루어지고 있어, 기업 내 임직원의 부정이 줄어들지 않고 오히려 증가하고 있다.

3) 내부통제절차의 정기 모니터링

① 부정위험이 높은 비즈니스 프로세스에 대해서는 정기적으로 모니터링하여 내부통제절차 준수 상태를 확인한다.
② 정기적인 모니터링을 위해서는 선진기업에서 채용하고 있는 부정위험 자가진단 시스템의 도입도 적극 고려할 필요가 있다.

4) 내부감사 업무의 IT(정보화) 능력 제고 및 활용 확대

기업활동이 확대되고 대규모의 경제 체제로 전환되면서 거래규모도 과거와 달리 방대해지고 있다. 방대한 거래규모를 몇몇 표본검사로 부정 위험을 탐지하기란 쉽지 않다.

따라서 내부감사 조직은 이런 문제의 해결을 위해서 데이터 및 거래유형에 있어서 이상 징후를 탐지할 수 있는 IT(정보화) 능력을 확보, 제고하고 적절한 검증·실사 프로그램 등을 개발해 실무에 활용해야 한다.

4. 6
부정의 예방 및 방지

(1) 부정위험통제 세부 지침 및 절차의 운영과 실태 진단

① 부정위험의 사후적인 관리보다는 사전적인 대응을 위해 부정위험 통제 정책을 수립하고, 이의 실질적 수행을 위한 세부적인 운영 지침과 통제 절차를 만든다.

② 부정위험통제 정책의 수립과 세부 운영지침을 수행할 전담조직에 의해 부정위험관리 수준 및 취약점 등 현상과 문제점을 파악한다. 부정위험관리 현상 파악 작업으로는 부정위험관리 전략·기업 차원의 부정위험 평가·비즈니스 프로세스 차원의 부정위험 평가·내부통제 시스템 진단·직접적인 통제 방안·부정행위에 대한 조치·부정위험에 대한 대응력과 같은 항목 등을 선진 우수사례(Best Practice)와 비교·분석함으로써 정확한 현재의 수준을 파악하도록 한다.

③ 부정위험관리 실태에 대한 현황을 파악한 후, 문제가 되는 부

분에 대해 세부적인 부정위험 진단작업을 수행하고 구체적인 대응 방안을 마련한다.

[표 1-1] 부정위험 진단 프로세스

부정위험 파악	통제시스템 평가	변화 관리
●핵심 부정위험의 파악 ●부정위험의 출처 확인 ●부정위험 규모·발생 가능성·영향력 분석 ●부정위험 유형별 관리 우선순위 결정 ●각 위험별 대응 기준 결정	●보유 부정위험에 대해 내부통제 시스템의 작동 여부 진단 ●통제시스템의 적정성, 유효성 분석 ●선진업체·우수사례와 비교분석(To Be Model 도출) ●기업에 적합한 통제시스템 디자인 ●새로운 통제시스템의 설치	●새로운 통제시스템에 대한 변화관리교육 ●강화 필요 시 추가적인 통제시스템 설치 (자가진단 시스템, 모니터링 시스템, 조기경보 시스템, 제3자 제보 시스템 등)

(2) 부정위험방지 및 예방의 유의사항

1) 최고경영자의 부정척결에 대한 강한 의지

① 부정위험방지의 가장 중요한 핵심은 전담조직도 아니고, 내부통제 시스템도 아니며, 제보 시스템도 아닌, 최고경영자의 부정척결에 대한 강한 의지이다.

> 2002년 호주·뉴질랜드에서 실시된 부정 설문조사에 의하면, 부정위험관리의 책임자로 첫 번째가 최고경영자이고, 그 다음이 각 조직 단위 부서장이라고 한다.

② 기업 임직원에 의해서 발생하는 부정의 예방·방지는 최고경영진의 강한 추진 의지로부터 비롯된다. 최고경영자의 부정척결 의지가 없으면 부정을 유발시킬 범행동기나 임직원의 윤리·도덕성을 저하시키는 여러 환경요인으로 기업 내 부정위험이 줄어들지 않고 암적인 요소로 기생하게 되며, 이것은 지속적으로 경영활동 및 경영혁신의 걸림돌로 악영향을 미치게 된다.

2) 임직원이 직면할 수 있는 상황변수를 충분히 고려한 내부통제 시스템의 마련

① 기업은 일반적으로 우수인력 채용 원칙으로 인성·적성·능력·조직과의 화합력·윤리·도덕성까지 고려하여 채용하므로, 상호신뢰의 기반에서 자율준수 위주의 내부통제 시스템을 채택하는 경우가 많다. 특히 인간존중의 경영이념을 표방하는 기업문화에서는 더욱 그러하나 여기에 간과해서는 안 될 위험이 내포되어 있다.

② 임직원의 부정비리는 그들의 윤리·도덕성까지 저하시키는 막중한 정신적 압박과 범행이 용이한 기회 및 자기합리화란 상황변수가 결국 부정을 야기하는 동기로 작용하므로, 임직원이 직면할 수 있는 상황변수를 충분히 고려해 그 수준에 상응하는 내부통제 시스템을 고안하도록 한다.

3) 부정위험의 예방·방지를 위한 끊임없는 교육

① 부정위험의 예방·방지 교육은 단순히 알리는 수준이 아니라

함께 공감하고 실천할 수 있도록 한다.
② 차원 높은 윤리 및 도덕성을 강조하는 것도 중요하지만, 구체적으로 각 비즈니스 프로세스별로 내재하는 부정위험 유형을 파악하고, 그런 위험이 감지됐을 때는 어떻게 행동해야 하는지에 대한 구체적인 행동 지침을 수립하고 교육하도록 한다.

4.7
부정위험관리의 방향

(1) 구호가 아닌 실질적인 부정위험관리의 실행

기업의 윤리·도덕성 및 경영의 투명성이 그 어느 때보다 강조되고 있는 글로벌 경제체제에서 생존을 영위하고 지속적으로 성장·발전하기 위해서는 기업의 최고경영진을 포함한 모든 임직원이 부정위험관리를 단순한 구호가 아닌 실질적인 업무의 한 부분으로 인식하고, 구체적인 실행계획을 수립하고 이를 이행하도록 한다.

(2) 내부감사 조직의 역할 재정립

실무 실행주체의 역할을 새롭게 정립하고 강화해 회사의 부정위험을 철저하게 파악하고, 이에 따른 내부통제 시스템의 적절성 및 유효성을 검토·분석하여 구체적 대응방안을 강구한다.

특히, 관계기관 등 외부의 요구에 의한 조직보다는 내부 감사조직 활동의 강화가 부정위험의 탐지 및 예방·방지에 보다 효과적이다.

(3) 시스템에 의한 지속적인 관리

상시 모니터링·조기경보·자가진단·내부제보·예방교육 등 적절한 내부통제 및 부정위험 방지 시스템을 구축하고, 지속적으로 관리함으로써 효율성이 높은 청결한 조직을 유지하도록 한다.

제 5 장
윤리경영 진단 및 평가

5. 1 진단 및 평가의 개요

(1) 윤리경영 진단 및 평가의 목적

윤리경영은 기업 내에서 상시적인 경영활동의 일환으로 운영·정착되어야 바람직한 효과를 얻을 수 있다. 이러한 의미에서 윤리경영의 정착을 위해 주기적으로 윤리경영의 실행수준을 진단하고 평가할 필요가 있다. 윤리경영을 진단하고 평가하는 주요 목적은 ①조직 내에 윤리경영 실천문화의 신속한 정착을 위한 촉매역할을 함과 동시에 ②윤리경영 실천과제 수행을 체질화해 윤리문화의 정착을 조기 유도하기 위함이다.

이러한 목적으로 기업의 윤리경영 진단 및 평가를 수행하기 위해서는 ①기업 자체가 실시하는 주관적 진단과 ②외부 전문가에 의한 객관적 진단 등의 여러 가지 방법을 사용할 수 있다. 이러한 윤리경영의 진단 및 평가는 ①윤리경영의 수행주체, ②윤리경영 관리프로세스, ③윤리경영 지원시스템 등의 기업 내부영역과 ①1차 외부영역 및 ②2차 외부영역의 기업 외부영역을 고려해 수행해야 한다. 윤리경영 진단 및 평가영역은 [그림 1-3]과 같다.

(2) 윤리경영 진단 및 평가의 영역

윤리경영 진단 및 평가의 영역이라 함은 기업의 윤리경영 수행과 제인 투명성·합리성·이타성 및 실행 인프라에 대한 세부 평가항목을 진단하기 위한 대상을 의미한다.

윤리경영의 진단 및 평가의 영역에는 기업내부의 관점에서 진단과 평가를 수행하는 ①기업내부 윤리와 기업외부의 관점에서 진단하고 평가하는 ②기업외부 윤리가 있다.

기업내부 영역은 ①수행주체, ②관리프로세스, ③지원시스템으로

[그림 1-3] 윤리경영 진단 및 평가영역

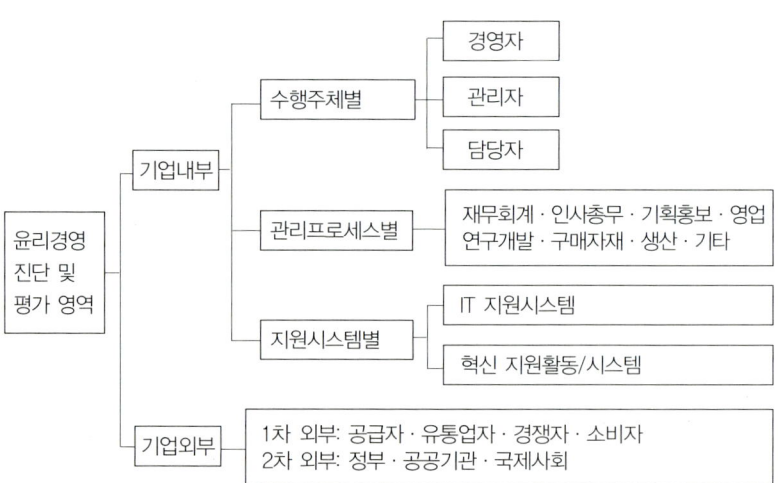

구분하며, 기업외부 영역은 공급자·유통업자·경쟁자·소비자 등의 관점에서 윤리를 진단해보는 ①1차 외부와 정부·공공기관 및 국제적 윤리와 관련된 ②2차 외부로 구분한다.

1) 윤리경영의 수행 주체: 경영자·관리자·담당자

윤리경영을 수행하는 주체는 사람이다. 기업을 구성하는 사람은 ①경영자, ②관리자, ③담당자의 세 축으로 구분할 수 있다. 윤리경영의 실천은 최고경영자의 의지가 가장 중요하며, 기업의 각 단위별 기능을 책임지고 운영하는 관리자, 그리고 실제 현업을 책임지고 실행하는 담당자가 각자 윤리경영을 충실하게 실행해야 한다.

윤리경영에 대한 전반적 수준을 점검하기 위해서는 최고경영자 이외에 임원·간부 및 실무자를 대상으로 하여, 기업의 형태나 상황에 따라 전원 또는 부분적으로 선별해 세부 윤리경영 운영실태를 진단·평가할 수 있다.

2) 윤리경영 관리프로세스: 재무회계·인사총무·기획홍보·영업·연구개발·구매자재·생산 등 프로세스

윤리경영의 세부 평가항목을 진단·평가하기 위해서는 해당 부문이나 기능을 대상으로 점검을 실시해야 한다. 그리고 관리프로세스는 기업의 단위 업무기능을 표현한 것으로, 기업의 상황에 따라 달리 정의될 수 있다.

일반적으로 기업의 프로세스를 구성하는 단위 기능은 대표적으로 재무회계·인사총무·기획홍보·영업·연구개발·구매자재·생산 등으로 분류할 수 있다.

윤리경영이 정착되도록 하기 위해서는 이들 관리프로세스가 윤리적 관점에서 실행될 수 있도록 해야 한다. 즉, 각각의 단위업무프로세스에서 윤리과제가 철저히 실행돼야 전사적 차원의 윤리경영이 가능해지는 것이다.

3) 윤리경영 지원시스템: IT시스템 · 혁신활동/시스템

①윤리경영의 정착을 위해서는 IT를 활용한 윤리경영 지원시스템이 반드시 필요하며, ②윤리경영의 일상생활화를 위해서는 혁신활동이나 혁신 시스템이 윤리경영에 초점을 맞춰 전개되도록 해야 한다.

지원시스템의 구체적인 대상과 진단 및 평가방식은 이 책의 '제2편 윤리경영 지원시스템' 내용에 따라 수행할 수 있다.

4) 1차 외부영역: 공급자 · 유통업자 · 경쟁자 · 소비자

기업의 윤리경영 수준 점검 및 평가를 외부의 시각이나 입장에서 수행한다. 1차 외부는 협력기업 · 경쟁자 · 유통관련자 · 소비자를 대상으로 선정할 수 있다.

협력기업과 경쟁자의 경우에는 불공정 거래행위 등을 포함할 수 있으며, 소비자의 불공정 약관 · 고발건수 · 리콜건수 · 구제건수 · 허위광고 관련 항목이 평가에 포함될 수 있다.

5) 2차 외부영역: 정부 · 공공기관 · 국제사회

국내의 정부 · 공공기관이나 국제적 환경을 고려한 기업의 윤리경영 진단 및 평가를 수행하는 것이다.

건전한 사업보고서 발표 · 분식회계 · 환경법 위반 · 뇌물 · 탈

세·사회복지 기부·환경보호·국제화 규정(현지법) 등의 내용이 2차 외부 평가영역에 포함될 수 있다.

5. 2
윤리경영 평가지표

윤리경영의 평가항목은 앞서 정의한 윤리경영 수행체계에 따라 정의한다. 윤리경영을 실행하는 기본정신은 투명성·합리성·이타성에 근거한다. 따라서 윤리경영의 평가는 ①투명성 평가항목 ②합리성 평가항목 ③이타성 평가항목 이외에, 윤리경영 실행을 지원하기 위한 기본적인 공통항목으로 ④실행인프라 평가항목을 추가한 4대 평가항목으로 구성해 진행한다.

위의 4대 평가항목은 윤리경영 평가의 4대 지표로서 다음과 같이 구성된다.

① 투명성지표 : 회계정보의 투명성·내부통제 체제·건전한 지배구조·주주권익 중시와 관련된 기업내부 및 외부 평가지표

② 합리성지표 : 공정한 평가 및 보상·직장생활 수준향상(GWP/QWL)·직장윤리 책무확립·주인의식 및 프로정신과 관련된 기업내부 및 외부 평가지표

③ 이타성지표 : 고객만족, 고객보호·공정경쟁과 공정거래·환경친화와 경영위험관리·공공복지 및 사회봉사와 관련된 기업내부 및 외부 평가지표

④ 실행인프라지표: 윤리제도·윤리조직·교육훈련·윤리 프로

그램·외부 인지도·공헌도 등과 관련된 기업내부 및 외부 평가지표

여기에서는 윤리경영의 진단 및 평가를 위해 윤리경영 평가항목 및 윤리경영 평가영역을 다음 [표 1-2]와 같이 구분해 진행한다.

[표 1-2] 윤리경영의 평가영역 및 평가항목(예시)

평가항목 평가영역	기업내부			기업외부	
	수행주체	관리프로세스	지원시스템	1차외부	2차외부
투명성지표	√	√	√	√	√
합리성지표	√	√	√		
이타성지표	√	√	√	√	√
실행인프라지표		√			√

(표의 √는 평가영역별 세부 평가항목의 해당사항을 예시한 표시임)

위의 윤리경영 평가영역과 평가항목 구분에 따라 수행하는 진단 및 평가는 다음과 같은 조건에 따라 진행하게 된다.
① 각 지표별 세부 평가항목을 만들어 수행한다(√ 표시).
② 기업 내부관점의 평가·기업 외부관점의 평가를 수행하고, 중요도에 따라 가중치를 부여해 평가한다.
③ 4대 평가항목(투명성·합리성·이타성·실행인프라)별 지표는 가중치를 조정해 평가를 수행한다.
④ 세부 평가항목은 평가영역 및 항목의 특성에 따라 해당되는 사항만 점검하게 된다.

5.3 윤리경영 평가지침

앞 장에서 윤리경영의 발전단계를 다음과 같이 5단계로 분류한 바 있다.
- 제1단계: 무도덕단계(Amoral Stage)
- 제2단계: 준법단계(Legalistic Stage)
- 제3단계: 대응단계(Responsive Stage)
- 제4단계: 윤리관 태동단계(Emerging Ethical Stage)
- 제5단계: 윤리적 선진단계(Developed Ethical Stage)

윤리경영의 5단계 중에서 윤리경영의 진단 및 평가를 수행하기 위해서는 최소한 제1단계의 무도덕단계 기업은 평가대상에서 제외해야 할 것이다. 따라서 윤리경영 평가 및 진단은 제2단계 기업부터 해당한다고 판단해, 앞에서 설명한 윤리경영 평가항목별 최종평가 점수가 산정되면, 해당기업의 윤리경영 수준은 윤리경영 성숙도 단계와 연계하여 최종 평가결과가 도출된다.

> **윤리경영 평가결과 = 윤리경영 성숙도 + 윤리경영 평가점수**
> (예시: 평가결과 = 윤리관 태동단계, 340점)

위의 윤리경영 평가점수와 성숙도는 상호 연관성이 있는 항목으로, 여기에서는 윤리경영의 평가점수를 앞의 4대 평가지표별로 평가점수를 부여하여 윤리경영 성숙도와 연계해 평가하고자 한다.

윤리경영 4대 평가지표는 회사의 경영환경과 발전단계에 따라 가중치가 다르게 부여될 수 있으나, 여기에서는 4대 평가지표별로 각각 100점을 부여해 총점을 400점으로 하여 산정하고자 한다.

> 윤리경영 평가점수 = 투명성지표 + 합리성지표 + 이타성지표
>   + 실행인프라지표

그리고 각 평가지표별로 구성되는 기업내부 및 외부지표 가중치는 다음의 [표 1-3]과 같이 부여하고자 한다. 그러나 이상의 평가영역 및 평가항목별 가중치 부여는 회사의 현실적 상황과 중요도 관점에 따라 다르게 조정해 사용할 수 있다.

최종적으로 이 책에서 제시하는 윤리경영의 평가결과는 다음과 같이 윤리경영 성숙도 단계와 평가점수를 고려해 수행한다. 일례로 총평점 380점이 계산된 기업은 [표 1-4]처럼 5단계(380점)의 수준으로 평가하는 것이다.

[표 1-3] 평가영역 및 평가항목별 가중치 부여(예시)

평가영역 \ 평가항목	점수	기업내부			기업외부
		수행주체	관리프로세스	지원시스템	
투명성지표	100	(20)	(50)	(20)	(10)
합리성지표	100	(20)	(60)	(20)	—
이타성지표	100	(10)	(50)	(20)	(20)
실행인프라지표	100	(80)			(20)
합계	400	(50)	(240)	(60)	(50)

[표 1-4] 윤리경영 평가결과(예시)

윤리경영 성숙도 단계	윤리경영 평가점수(예시)	윤리경영 평가결과(예시)
5단계(윤리적 선진단계)	350~400	5단계(380점)
4단계(윤리관 태동단계)	300~349	4단계(340점)
3단계(대응단계)	200~299	3단계(280점)
2단계(준법단계)	200점 이하	2단계(150점)
1단계(무도덕단계)	해당 없음	해당 없음

5. 4
윤리경영 평가방법론

(1) 평가절차

윤리경영의 평가절차는 준비단계·진단단계·평가단계의 3단계로 진행된다. 준비단계에서는 진단 및 평가를 위한 향후 전략을 수립하고, 평가항목 및 영역을 결정하는 업무를 수행한다.

진단단계에서는 평가영역 및 항목별로 기업내부 및 외부의 관련 항목을 분석하는 업무가 진행된다. 최종단계인 평가단계에서는 2단계에서 진단한 내용을 근거로 해당 기업의 윤리경영에 대한 최종평가를 수행하게 된다.

3단계 윤리경영 진단 및 평가절차는 [그림 1-4]와 같이 구성해 진행한다.

[그림 1-4] 윤리경영 진단 및 평가절차

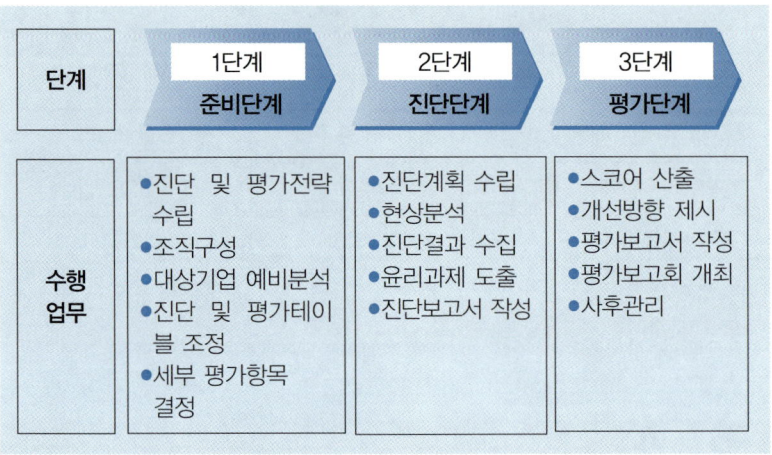

(2) 1단계: 준비단계

준비단계에서는 진단 및 평가전략 수립 · 조직구성 · 대상 기업 예비분석 · 진단 및 평가테이블 조정 · 세부 평가항목 결정 등의 5가지 업무가 진행된다. 각각의 수행 업무별 진행활동은 다음 [그림 1-5]와 같다.

[그림 1-5] 준비단계 프로세스

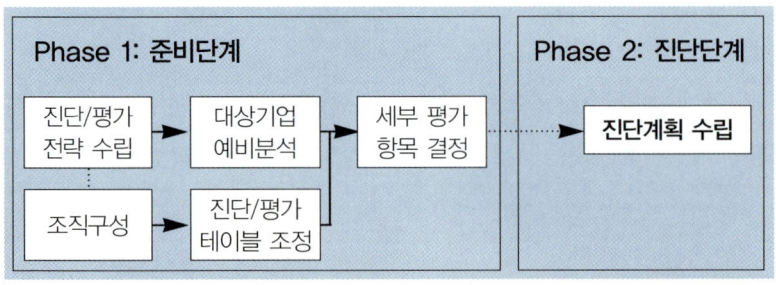

① 진단 및 평가전략 수립
- 진단 및 평가의 목적 및 목표 확정
- 평가를 위한 수행 전략 확정
- 일정 및 자원계획 결정
- 진단 및 평가 수행 전략계획서 작성
- 승인

② 조직 구성
- 진단 및 평가 내부조직 구성
- 외부 전문가 확보(필요 시)
- 외부 조직 구성(필요 시)

③ 대상기업 예비분석
- 최고경영자 윤리경영 지침 및 의지 확인
- 윤리경영 제도 및 방침 확인
- 기업현황 이해(자료 및 보고서)

④ 진단 및 평가테이블 조정
- 진단 및 평가테이블은 앞에서 설명한 [표 1-2] 윤리경영 평가영역 및 평가항목(예시), 그리고 [표 1-3] 평가영역 및 평가항목별 가중치 부여(예시)에 대해 해당 기업의 윤리경영 진단 및 평가에 적합한 평가테이블을 작성(윤리경영 진단 및 평가테이블은 뒤에서 구체적으로 예시).
- 4대 평가지표 결정: 투명성지표·합리성지표·이타성지표·실행인프라지표의 적용 확정
- 평가영역 결정: 기업내부-수행주체·관리프로세스·지원시스템·기업외부-1차·2차

- 가중치 결정: 4대 평가지표별 가중치 · 평가영역별 가중치
⑤ 세부 평가항목 결정
  - 평가영역별 세부 대상 결정: 기업내부의 평가 수행주체 · 평가관리프로세스 · 지원시스템에 대한 실제 적용대상을 결정
  - 4대 평가지표별 세부 평가항목 결정: 4대 지표별로 세부 평가항목을 결정(세부 평가항목별 점수평가는 특수항목을 제외하고 5단계 척도 점수를 도입함)
  - 세부 가중치 결정: 평가영역 및 평가지표별 세부항목에 대한 가중치를 결정

(3) 2단계: 진단단계

진단단계에서는 진단계획 수립 · 현상분석 · 진단결과 수집 · 윤리과제 도출 · 진단보고서 작성 등의 5가지 업무를 진행한다. 각각의 수행 업무별 진행활동은 다음 [그림 1-6]과 같다.

① 진단계획 수립
  - 윤리진단 실천을 위한 실행계획 수립

[그림 1-6] 진단단계 프로세스

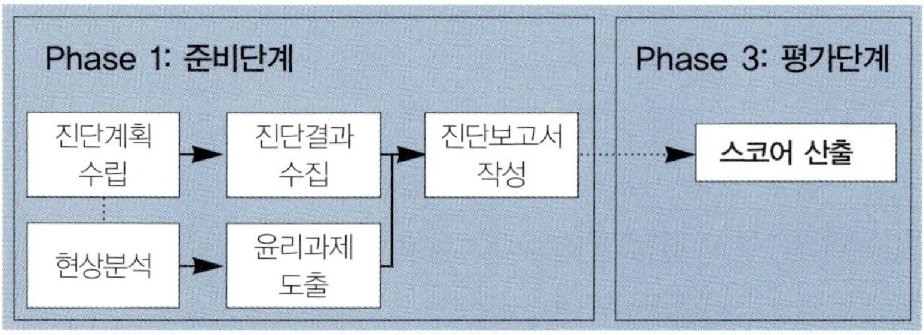

Phase 1: 준비단계
- 진단계획 수립
- 현상분석
- 진단결과 수집
- 윤리과제 도출
- 진단보고서 작성

Phase 3: 평가단계
- 스코어 산출

- 실행계획 배포 및 공고
- 진단자 · 대상자 결정 및 일정 확정

② 현상분석
- 설문서 작성 및 배포
- 인터뷰 실시
- 보충 분석
- 기업내부 및 외부 분석

③ 진단결과 수집
- 설문서 수집(응답률 산정)
- 인터뷰 결과 정리
- 보충분석 결과 정리

④ 윤리과제 도출
- 윤리경영 관련 문제점 및 이슈 도출
- 핵심 개선과제 구체화

⑤ 진단보고서 작성
- 진단보고서 작성 및 확정

(4) 3단계: 평가단계

평가단계에서는 스코어 산출 · 개선방향 제시 · 평가보고서 작성 · 평가보고회 개최 · 사후관리 등의 5가지 업무를 진행한다. 각각의 수행 업무별 진행활동은 다음 [그림 1-7]과 같다.

① 스코어 산출
- 세부 항목별 5점 척도기준 평가: 5점 척도기준이 불가한 항목은 주관적 평가척도 개발 운영

[그림 1-7] 평가단계 프로세스

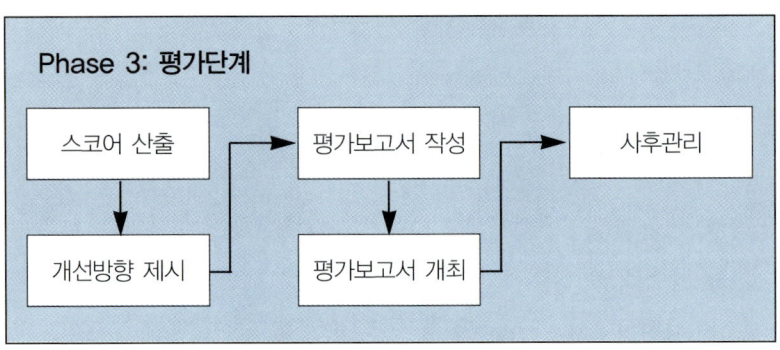

- 평가영역: 기업내부(수행주체·관리프로세스·지원시스템)·기업외부(1차·2차)별 세부 평가항목 점수 산정
- 윤리경영 성숙도 및 평가점수 산출

② 개선방향 제시
- 윤리과제 해결대안 수립
- 핵심 개선과제 선정
- 우선순위 부여

③ 평가보고서 작성
- 평가보고서 작성
- 평가보고서 승인

④ 평가보고회 개최

⑤ 사후관리
- 평가결과 관련자 공유
- 평가 사후관리 및 주기적 진단 연계

5. 5
윤리경영 평가테이블

기업의 윤리경영 수준을 진단하고 평가하기 위해서는 평가를 위한 구체적인 항목을 도출해야 하며, 평가항목별 점수를 산정하기 위해서는 기업의 실정에 적합한 가중치를 결정해야 한다. 앞서 윤리경영 진단 및 평가 프로세스에서 설명한 바와 같이 윤리경영 1단계인 준비단계에서 평가테이블의 조정 업무가 수행돼야 한다.

여기서 필요한 평가테이블은 윤리경영을 진단하기 위한 대상으로 평가영역별 투명성지표, 합리성지표, 이타성지표, 실행인프라지표의 평가항목을 결정하고 가중치를 조정하는 것이다. 평가 세부 항목을 결정하기 이전에 평가테이블을 활용해 윤리경영 평가영역과 평가항목을 선정하고, 가중치를 결정하는 것이 진단 및 평가테이블을 작성하는 목적이 된다.

다시 정리하면, 윤리경영 평가테이블의 작성 순서는 다음과 같이 진행한다.

① 평가영역의 결정: 평가대상을 위한 영역을 기업내부 및 외부로 분류해 어떤 것을 평가대상으로 할 것인지를 결정
② 평가항목의 결정: 평가대상별 평가항목을 결정하며, 진단 및 평가테이블에서 표준화된 평가항목을 활용(테이블에 표현된 평가항목별 세부 평가내용은 다음 절에서 설명하는 평가항목별 세부 내역을 참조해 구체화 항목을 도출)
③ 평가영역별 가중치 결정: 백분율에 따라 평가영역별 가중치를 결정

④ 평가항목별 점수 결정: 4대 평가지표는 각 100점으로 하여, 상기 평가영역별 가중치에 의해 점수를 배분(총점은 400점)

(1) 윤리경영 투명성지표 평가테이블(예시)

투명성지표는 정도경영을 위한 투명성과 관련된 회계정보 투명성, 내부 통제체제, 건전한 지배구조, 주주권익 중시의 윤리적 실천과제 수행 여부를 판단하기 위한 평가지표이다.

다음 페이지의 [표 1-5]는 정도경영의 투명성지표를 평가하는 테이블로써, 투명성지표의 상위 평가항목인 표준 평가항목만을 작성했다. 그러나 실제 활용 시에는 다음에 설명되는 표준 평가항목별 평가내역을 참조해 각 평가영역별 세부 평가항목을 결정해 진단을 수행해야 한다.

(2) 윤리경영 합리성지표 평가테이블(예시)

합리성지표는 직업윤리의 합리성과 관련된 공정한 평가와 보상, 직장생활 수준향상, 직장윤리 및 책무확립, 주인의식·프로정신의 윤리적 실천과제 수행 여부를 판단하기 위한 평가지표이다.

다음 페이지의 [표 1-6]은 직업윤리의 합리성지표를 평가하는 테이블이다. 합리성지표 진단 및 평가테이블도 앞에서 설명한 투명성 테이블과 마찬가지로 실제 활용 시에는 다음에 설명되는 평가항목별 세부 내역을 참조해 각 평가영역별 세부 평가항목을 결정하여 진단을 수행해야 한다.

[표 1-5] 투명성지표 평가테이블(예시)

평가항목 [표준평가항목]	평가영역	평가지표 점수 조정	기업 내부										기업 외부	
			수행주체		관리프로세스						지원시스템			
			최고경영자	임직원	재무회계	인사총무	기획홍보	영업	연구개발	구매자재	생산	IT지원	혁신지원	1차외부	2차외부
평가영역 가중치 조정		[100]	[20]				[50]					[20]		[10]
투명성지표	회계정보 투명성	25												
	회계정보 신뢰성		(항목수)			(항목수)								
	회계정보 목적 적합성											(항목수)		
	경영·관리자 정직성		(항목수)- 항목별 5점척도에 의한 점수평가, 특수항목은 별도 점수 부여함.											(항목수)	
	내부 통제체제	25												
	내부통제기준 확립					(항목수)								
	통제와 균형의 조화		평가영역 가중치, 평가지표 점수 조정 예시 영역별 투명성 세부 평가 항목 결정												
	내부감사 기능													
	건전한 지배구조	25												
	경영절차 투명성		(항목수)									(항목수)		
	이사회 효율성/효과성													
	감사의 독립성					(항목수)							(항목수)	
	주주권익 중시	25												
	주주가치 중시		(항목수)											
	주주권리 보호											(항목수)		
	주주 평등대우						(항목수)							
투명성 지표 합계		100												

[표 1-6] 합리성지표 평가테이블(예시)

평가항목 [표준평가항목]	평가영역	평가지표 점수 조정	기업 내부										기업 외부	
			수행주체		관리프로세스						지원시스템			
			최고경영자	임직원	재무회계	인사총무	기획홍보	영업	연구개발	구매자재	생산	IT지원	혁신지원	1차외부	2차외부
평가영역 가중치 조정		[100]	[20]				[60]					[20]		[-]
합리성지표	공정한 평가/보상	25												
	평가항목 적정성													
	평가기준 합리성				(항목수)									
	평가역량의 수준		(항목수)- 항목별 5점척도에 의한 점수평가, 특수항목은 별도 점수 부여함.												
	직장생활수준향상(GWP/QWL)	25												
	경영진 신뢰도						(항목수)							
	업무수행 긍지													
	함께 일하는 즐거움		평가영역 가중치, 평가지표 점수 조정 예시 영역별 합리성 세부 평가 항목 결정												
	직장윤리/책무확립	25												
	직장인 기본임무 정립						(항목수)							
	윤리령·행동규범 내용수준				(항목수)									
	기원안전과 건강고려							(항목수)						
	주인의식/프로정신	25												
	몰입·헌신					(항목수)						(항목수)		
	직무책임 수행					(항목수)								
	전문성/자율성 존중							(항목수)						
합리성 지표 합계		100												

(3) 윤리경영 이타성지표 평가테이블(예시)

이타성지표는 사회적 책임의 이타성과 관련된 고객만족, 고객보호·공정경쟁, 공정거래·환경친화, 위험관리·공공복지, 사회봉사의 윤리적 실천과제 수행 여부를 판단하기 위한 평가지표이다.

다음 페이지의 [표 1-7]은 사회적 책임의 이타성지표를 평가하는 테이블이다. 이타성지표 진단 및 평가테이블도 실제 활용 시에는 다음 절에서 설명하는 평가항목별 세부 내역을 참조해 각 평가영역별 세부 평가항목을 결정하여 진단을 수행해야 한다.

(4) 윤리경영 실행인프라지표 평가테이블(예시)

실행인프라지표는 기업의 윤리경영 실천을 위한 윤리제도·윤리실행 조직·교육훈련·내부 윤리프로그램·외부에서의 윤리경영 인지도·기타 윤리경영 공헌도 수준을 전반적으로 진단해 평가하는 지표이다.

다음 페이지의 [표 1-8]은 기업의 윤리경영 실행인프라가 얼마나 잘 구축됐는가를 점검하는 실행인프라지표의 평가테이블이다. 실행인프라지표 진단 및 평가테이블도 실제 활용 시에는 다음에 설명되는 평가항목별 세부 내역을 참조해 각 평가영역별 세부 평가항목을 결정하여 진단을 수행해야 한다.

5.6
세부 평가항목 선정

윤리경영 평가항목은 투명성, 합리성, 이타성, 실행인프라의 4대 평가지표를 기준으로 세부 평가항목이 결정된다. 앞에서 설명한 진

[표 1-7] 이타성지표 평가테이블(예시)

평가항목[표준평가항목]	평가영역	평가지표 점수 조정	기업 내부									기업 외부	
			수행주체		관리프로세스					지원시스템		1차외부	2차외부
			최고경영자	임직원	재무회계	인사총무	기획홍보	영업	연구개발	구매자재	생산	IT지원	혁신지원		
평가영역 가중치 조정		[100]	[20]					[40]				[20]		[20]
이타성지표	고객만족/고객보호	25												
	고객가치 창조				(항목수)									
	고객정보 · 이익존중											(항목수)		(항목수)
	소비자 보호활동													
	공정경쟁/공정거래	25												
	공정한 거래					(항목수)			(항목수)					
	법규 준수		평가영역 가중치, 평가지표 점수 조정 예시											
	공존공영 추구		영역별 이타성 세부 평가 항목 결정											
	환경친화 · 경영위험관리	25												
	사회적비용 감축							(항목수)						
	자원절약 · 자연보호												(항목수)	(항목수)
	안전관리 · 위기대응		(항목수)– 항목별 5점척도에 의한 점수평가, 특수항목은 별도 점수 부여함.											
	공공복지 · 사회봉사	25												
	고용안정 · 창출					(항목수)								
	사회공헌활동									(항목수)		(항목수)		(항목수)
	사회봉사활동													
이타성 지표 합계		100												

[표 1-8] 실행인프라지표 평가테이블(예시)

평가항목[표준평가항목]	평가영역	평가지표 점수 조정	기업 내부	기업 외부
평가영역 가중치 조정		[100]	[80]	[20]
실행인프라지표	윤리제도	20		
	윤리헌장			
	윤리강령/규범		(항목수)	
	세부 실천지침/행동강령			
	윤리조직	10		
	전담/겸임 조직		(항목수)	
	전담/겸임 인력			
	윤리위원회		평가영역 가중치, 평가지표 점수 조정 예시	
	교육훈련	20	영역별 인프라 세부 평가 항목 결정	
	교육계획 수준			
	교육체계 수준			
	교육실행 수준			(항목수)
	내부 윤리 프로그램	20		
	윤리 캠페인 실행 수준			
	윤리 프로그램 운영수준		(항목수)	
	고발제도 운영 수준			
	윤리 사례집			
	외부 윤리경영 인지도	20		
	대외기관 수상/평가			
	베스트프랙티스 선정		(항목수)	
	사회 공헌 활동			
	국제화 윤리			
	기타 윤리경영 공헌도	10		
	기타 특기사항			(항목수)
인프라 지표 합계		100		

단 및 평가테이블에서는 4대 윤리경영 진단 및 평가지표에 대해 표준적인 상위 평가항목만을 제시했으나, 실제 적용 시에는 기업의 형태와 현 상황에 맞도록 적합한 세부 평가항목을 선정해야 한다.

진단 및 평가테이블의 표준 평가항목에 포함될 세부 평가항목은 다음과 같은 내용을 고려해 결정하게 된다.

(1) 윤리경영 표준 평가항목의 세부 평가내용 결정

1) 윤리경영 4대 지표별 평가항목의 하위 평가항목은 이 책의 제1편, 제1장 '1. 7 윤리경영의 수행체계'의 (5) 윤리경영 실행방향 및 실천과제'를 참조해 결정할 수 있다.

2) 따라서 첫 번째 대안은 기업의 상황에 맞게 앞의 실행방향 및 실천과제를 참조해 구체적 표준 평가항목으로 수정하고, 보다 구체화된 표준 평가항목별 세부 평가내용을 결정해 사용할 수 있다.

3) 두 번째 대안으로는 상기 표준 평가항목이 복잡할 경우에는 진단 및 평가테이블에서 제시한 표준 평가항목을 그대로 사용하고 하위 세부 평가내용을 별도로 선정해 사용할 수 있다.

(2) 프로세스별 투명성·합리성·이타성지표의 세부 평가항목(예시)

1) 진단 및 평가대상 기업의 현재 상황에 적합하도록 평가대상을 최고경영자·관리자·담당자로 구분해 세부 평가항목을 선정하여

점검한다.

2) 4대 평가지표 중에서 투명성지표 · 합리성지표 · 이타성지표에 해당하는 기업 프로세스별 세부 평가항목은 다음의 평가항목을 참고해 기업상황에 적합한 내용으로 선정한다.

① 재무회계 윤리경영 평가항목(예시)
- 각종 재무제표의 정확성 · 투명성
- 각종 적립금과 준비금에 의한 불합리한 이익 조정
- 거래처와의 판매에서 리베이트 수수 등의 부정행위
- 금융기관과 우호적 관계 유지
- 불합리한 자금 유통 및 운영
- 소유구조에 관련된 윤리문제
- 취약한 재무구조
- 제반 경비 처리 규정 준수
- 탈세 행위
- 회계 처리 제도 개선을 위해 투명성 제고 노력
- 회사의 경리회계 금전 처리 투명성 여부
- 효율적 자금관리 실천
- 기타 재무회계 윤리 관련 항목

② 인사총무 윤리경영 평가항목(예시)
- 개인의 프라이버시를 보호하는 회사의 정보관리
- 합리적인 인사평가 및 제도

- 고용(외국인 · 장애자 · 성차별)상의 차별 행위
- 기본권 · 인격 · 프라이버시 침해
- 부당한 내부정보를 이용한 주식거래
- 합법적인 근로조건 유지, 부당 노동행위
- 부당한 스카우트 행위
- 소액주주 무시 행위
- 적절한 최적의 근로조건과 근로환경 유지
- 종업원의 저임금 · 장시간 노동행위
- 기타 인사총무 윤리 관련 항목

③ 기획홍보 윤리경영 평가항목(예시)
- 자사 제품 과장 광고 및 홍보 여부
- 주가 조작 시도
- 창의적 광고 및 홍보 실행
- 가격 · 품질 차별화와 적정한 제품 및 서비스 가격 산정
- 견본이나 사은품의 적정한 선택
- 적정한 홍보 및 판매활동비 책정 및 사용
- 기타 기획홍보 윤리 관련 항목

④ 영업 윤리경영 평가항목(예시)
- 가짜 상표 부착 · 외국상표 도용
- 경쟁사와의 정당한 가격정책
- 고압적 강매 행위
- 국제시장에서의 뇌물공여 및 금품수수 여부

- 사은품에 대한 고객과의 약속 이행
- 소비자단체의 문제제기에 대한 대응
- 소비자와 고객의 권익증진 노력
- 수출제품의 덤핑 여부
- 임직원의 자사 제품 장단점 숙지도 및 고객 소개
- 입찰 때 입찰 담합 및 덤핑 행위
- 부당한 입찰경쟁 사례
- 제품의 고객평가 수준
- 폭리 취득, 바가지요금 부과
- 기타 영업 윤리 관련 항목

⑤ 연구개발 윤리경영 평가항목(예시)
- 제품 사용상의 경고·배상책임 표시 여부
- 제품의 국제적 현지 환경 수용 여부
- 고객에 대한 자사 제품 규격 명확 기재
- 고객을 위한 충실한 제품설명
- 자사 제품의 위험 및 안전문제 명시
- 기술습득 과정에서 도용과 모방
- 회사 기술문서 유출
- 지적재산권 침해 행위
- 기타 연구개발 윤리 관련 항목

⑥ 구매자재 윤리경영 평가항목(예시)
- 거래선의 부당한 제한 및 일방적 관계 체결

- 물품 공급업체와의 불공정한 금품수수
- 적절한 재고 유지
- 불합리한 재고 처리
- 불합리한 공급업체 선정
- 부당한 물품거래 및 유통
- 부당 금품수수 및 공여
- 기타 구매자재 윤리 관련 항목

⑦ 생산 윤리경영 평가항목(예시)
- 공해물질의 배출 및 수출
- 산업폐기물 또는 폐수 불법 처리
- 소음·매연·진동·분진 등 산업공해 배출
- 애프터서비스 약속과 실제 서비스와의 차이
- 원가절감을 위한 부적절한 자재 또는 부품 사용
- 유해·결함 상품 생산 및 판매
- 자사 제품의 실물과 규격 일치도
- 작업장의 안전규칙 준수
- 종업원의 생산 품질 관심 소홀과 무시
- 환경기준 위반
- 기타 생산 윤리 관련 항목

⑧ 공통 및 기타 윤리경영 평가항목(예시)
- 감사·검사 등에 대한 방해
- 구성원들의 환경친화적 경영활동 노력

- 기업비밀 누출 등 보안관계
- 기업윤리 실천의 감시와 통제
- 대·중·소 기업 간의 협력과 동반자적 관계 유지
- 이해관계자와 모든 기업구성원의 이익 향상 노력
- 종업원의 권리와 의무 적정성
- 지역사회의 불만 유발
- 컴퓨터 및 IT 관련 윤리교육 실시
- 컴퓨터 피해
- 컴퓨터 정보의 보안대책
- 해외 진출 기업의 현지 법률과 문화·노동·거래관행 존중 및 준수
- 환경투자 계획 지속 실시
- IT 범죄예방을 위한 법적 대책 마련
- 기타 윤리 관련 항목

(3) 실행인프라지표의 세부 평가항목(예시)

실행인프라지표에 해당하는 세부 평가항목은 다음의 평가항목을 참고해 기업 상황에 적합한 내용으로 선정한다.

① 윤리제도 운영 관련 평가항목(예시)
- 투명경영 선언 여부
- 윤리헌장·윤리강령, 규범·세부 실천지침, 행동강령 보유 여부
- 합리적 제정 여부
- 실천 여부
- 윤리 수준 평가의 인센티브 적용 여부

- 기타 윤리제도 관련 항목

② 윤리조직과 인력구성 관련 평가항목(예시)
- 윤리전담조직 존재 여부
- 조직 및 인력규모 적정성
- 윤리위원회 구성 여부 및 적정성
- 전문경영인에 의한 윤리경영 이행
- 기타 윤리조직 및 인력 관련 항목

③ 윤리경영 교육훈련 관련 평가항목(예시)
- 윤리교육 계획의 수립
- 윤리교육 체계의 적정성
- 윤리교육 추진 실적 및 적정성
- 기타 교육훈련 관련 항목

④ 기업내부 윤리경영 프로그램 관련 평가항목(예시)
- 윤리경영 사내 캠페인 계획 수립
- 내부 윤리프로그램 운영 종류 및 내용
- 고발제도 운영 여부
- 위법사례 집계 및 홍보
- 윤리 관점의 혁신활동이나 회의 등 이벤트
- 기타 윤리경영 프로그램 관련 항목

⑤ 외부 윤리경영 인지도 관련 평가항목(예시)
- 대외기관 수상 실적
- 대외기관 윤리경영 수준 평가 결과
- 우수, 모범 윤리기업 선정 사례
- 사회적 공헌활동
- 국제화 윤리 준수
- 지역사회 발전 기여도
- 기타 외부 인지도 관련 항목

⑥ 윤리주체의 윤리수준 관련 평가항목(예시)
- 최고경영자의 윤리경영 실천의지
- 경영층의 윤리관
- 경영층의 윤리경영 실천 공약 및 실천
- 임직원 윤리서약서 서명 및 실천 여부
- 임직원의 비윤리적 행위 고발
- 윤리행동에 대한 의식수준 점검(돈, 선물, 커미션 등)
- 부하가 보는 상사의 윤리수준
- 윤리적 노사문화
- 종업원 복리후생제도의 만족도
- 기타 윤리주체 관련 항목

⑦ 기타 윤리경영 공헌도 관련 평가항목(예시)
- 윤리 실행인프라지표에 반영할 수 있는 기타 제도나 사례

5.7
윤리경영 사후관리

윤리경영 수준을 진단하고 평가하는 것은 궁극적으로 회사 내에 윤리경영을 조기에 정착하도록 유도하기 위한 방안이다. 그러나 윤리경영이 기업내부에서 체질화되고 안정적으로 정착된다는 것은 결코 쉬운 일이 아니다. 지속적인 윤리경영 추진과 사후관리가 필요하기 때문이다.

윤리경영의 정착을 위한 사후관리는 다음의 4가지 활동이 상호 유기적으로 연계되어 지속적인 활동으로 전개돼야 성공적인 윤리기업으로의 성장이 가능하게 된다.

(1) 윤리경영에 대한 주기적 진단과 평가

① 윤리 담당부서는 반기별 혹은 연간 윤리경영의 계획대비 실천내용을 평가기준에 따라 점검한다. 정기적인 윤리경영 진단 및 평가는 제시된 절차에 따라 수행토록 하며 회사의 상황에 따라 [표 1-9] 윤리경영 간이 평가표(예시)를 활용해 간이 평가를 수행할 수 있다.

② 구성원의 윤리경영 생활화 정착을 위해 일 단위의 윤리경영 행동지침을 기업 인터넷 포털(Portal)을 활용해 윤리행동지침으로 삼도록 한다.

['가나' 기업의 윤리경영 일일 행동지침 평가(예시)]

- ☑ 고객과의 약속을 지켰습니까? (네, 아니오)
- ☑ 어제의 업무에 최선을 다했으며, 자기 분야에서 최고의 프로가 되었음을 자신합니까? (네, 아니오)
- ☑ 회사의 자산과 정보를 개인의 목적으로 사용하지 않았습니까? (네, 아니오)
- ☑ 업무와 관련해 개인적 이익을 도모하지 않았습니까? (네, 아니오)
- ☑ 법규를 준수하고, 규정과 절차를 지켰습니까? (네, 아니오)
- ☑ 투명성, 합리성, 이타성에 의한 업무처리를 했습니까? (네, 아니오)

③ 구성원의 윤리경영 실천에 대한 전반적인 점검을 위해 기업은 적합한 윤리경영 실천 자가진단 설문지를 작성해 활용하는 방법도 효과적이다. 다음은 자가진단 설문지를 예시한 내용이다.

[윤리경영 실천 자가진단 설문지(예시)]

① 회사의 윤리경영 규정과 내용을 모두 알고 계십니까?
  [매우 잘 알고 있음 · 알고 있음 · 보통 · 조금 알고 있음 · 전혀 모름]

② 회사의 윤리강령 내용에 공감하십니까?
  [매우 공감 · 공감 · 보통 · 공감 안함 · 전혀 다름]

③ 임직원 윤리행동 지침에 대해 공감하고 계십니까?
  [매우 공감 · 공감 · 보통 · 공감 안함 · 전혀 다름]

④ 회사의 윤리경영의 수준은 어느 정도라고 생각하십니까?
  [선진 수준 · 발전 수준 · 시작 단계 · 없음]

⑤ 윤리경영 실천이 회사의 장기 발전에 기여할 것으로 판단하십니까?
[매우 그렇다 · 그렇다 · 보통 · 아니다 · 전혀 아니다]

⑥ 회사의 윤리경영 장애 요인은 무엇입니까(3순위까지 선택)?
[경영진의 의지 부족 · 단기 실적 저하 · 부족한 보상 체계 · 구성원 무관심 · 윤리경영 자부심 · 관련 정보 및 노하우 부족 · 기타]

⑦ 회사의 내부 통제시스템을 제대로 이해하며 실행하고 계십니까?
[매우 그렇다 · 그렇다 · 보통 · 아니다 · 전혀 아니다]

⑧ 자신이 알고 있는 회사의 윤리경영 시행 프로그램 모두를 체크바랍니다.
[윤리준법 서약제도 · 윤리위원회 · 사이버 감사실 · 내부제보자 보호제도 · 인사고과 반영 · 협력업체 윤리경영 확산 · 기타]

⑨ 윤리행동 지침에 서명하고 매일 실천하고 계십니까?
[매우 그렇다 · 그렇다 · 보통 · 아니다 · 전혀 아니다]

⑩ 최근 한 달 동안 회사의 윤리경영 관련 프로그램을 몇 번 접하셨습니까?
[5회 이상 · 2~4회 · 1회 · 없다]

⑪ 최근 1년 동안 윤리경영 관련 교육을 받은 시간은 얼마입니까?
[10시간 이상 · 4~9시간 · 1~3시간 · 없다]

⑫ 최근 3년 동안 이해관계자로부터 부당한 선물을 받은 적이 있습니까?
[있다 · 없다]

⑬ 최근 1년 동안 경영진으로부터 윤리경영에 대해 교육이나 훈시를 받은 적이 있습니까?
[5회 이상 · 2~4회 · 2회 이하 · 없음]

⑭ 귀하의 윤리지수는 어떻다고 판단하십니까?
[최상위 수준 · 상위 수준 · 보통 수준 · 미흡 수준 · 매우 미흡 수준]

⑮ 동료가 규정을 초과한 선물을 받은 사실을 인지했을 때 어떻게 처리하시겠습니까?
[신고한다 · 충고한다 · 모른 척한다]

(2) 경영평가 및 보상 반영

회사 경영실적 및 CEO 평가에 윤리경영 실천과정과 성과를 반영하며, 임원 성과평가에도 담당부문의 윤리경영 실천내용을 반영한다.

(3) 인센티브 및 처벌

윤리경영 담당부서는 ①윤리경영 실천에 공로가 있거나 모범이 되는 개인 및 부서는 윤리경영위원회에 포상을 건의하고, ②윤리강령이나 행동규범에 위배되는 행위를 한 임직원은 처벌을 건의해 실효성 있는 윤리경영을 추진한다.

(4) 지침 등의 수정 · 보완

윤리강령이나 임직원 행동규범을 비롯한 회사가 제정한 윤리경영 관련 세부 지침 및 세부 요령 등은 경영환경의 변화에 맞게 적시에 수정하고 보완한다.

[표 1-9] 윤리경영 간이 평가표(예시)

실행방향 평가항목 및 세부 항목	평가지표	가중치	평가등급별 평점					평점
			A	B⁺	B⁰	B⁻	C	
1. 투명성/정도경영/주주가치		24	24	18	12	6	0	
(1) 회계정보의 투명성 1) 회계정보의 신뢰성 2) 회계정보의 목적적합성 3) 경영관리자의 정직성	외부감사 및 감리결과 (정성평가)	(6) 2 2 2	6.0 2.0 2.0 2.0	4.5 1.5 1.5 1.5	3.0 1.0 1.0 1.0	1.5 0.5 0.5 0.5	0 0 0 0	
(2) 고효율의 내부통제 1) 내부통제기준 확립 2) 통제와 균형의 조화 3) 내부감사(監査) 기능	내부통제 시스템 및 내부감사 수준 (정성평가)	(6) 2 2 2	6.0 2.0 2.0 2.0	4.5 1.5 1.5 1.5	3.0 1.0 1.0 1.0	1.5 0.5 0.5 0.5	0 0 0 0	
(3) 건전한 지배구조 1) 경영절차 투명성 2) 이사회 효율성·효과성 3) 감사(監事)의 독립성	이사회 및 감사활동 수준 (정성평가)	(6) 2 2 2	6.0 2.0 2.0 2.0	4.5 1.5 1.5 1.5	3.0 1.0 1.0 1.0	1.5 0.5 0.5 0.5	0 0 0 0	
(4) 주주권익 중시 1) 주주가치 중시 2) 주주권리 보호 3) 주주 평등대우	주가 상승률 (상장사) 또는 EVA개선율 (비상장사)	(6) 2 2 2	6.0 2.0 2.0 2.0	4.5 1.5 1.5 1.5	3.0 1.0 1.0 1.0	1.5 0.5 0.5 0.5	0 0 0 0	
2. 합리성/직업윤리/종업원가치		24	24	18	12	6	0	
(1) 공정한 평가·보상 1) 평가항목 적정성 2) 평가기준 합리성 3) 평가역량의 수준	성과평가의 수준 (정성평가)	(6) 2 2 2	6.0 2.0 2.0 2.0	4.5 1.5 1.5 1.5	3.0 1.0 1.0 1.0	1.5 0.5 0.5 0.5	0 0 0 0	
(2) GWP·QWL 구현 1) 경영진의 신뢰도 2) 업무수행의 긍지 3) 함께 일하는 즐거움	종업원 만족도 개선율	(6) 2 2 2	6.0 2.0 2.0 2.0	4.5 1.5 1.5 1.5	3.0 1.0 1.0 1.0	1.5 0.5 0.5 0.5	0 0 0 0	
(3) 직장윤리·책무확립 1) 직장인의 기본임무 정립 2) 윤리강령·행동규범의 　내용 수준 3) 직원의 안전과 건강고려	임직원 부정건수 개선율	(6) 2 2 2	6.0 2.0 2.0 2.0	4.5 1.5 1.5 1.5	3.0 1.0 1.0 1.0	1.5 0.5 0.5 0.5	0 0 0 0	
(4) 주인의식·프로정신 1) 몰입·헌신(Commitment) 2) 직무책임 수행 3) 전문성·자율성 존중	인당생산성 개선율 (매출액/부가가치 /영업이익)	(6) 2 2 2	6.0 2.0 2.0 2.0	4.5 1.5 1.5 1.5	3.0 1.0 1.0 1.0	1.5 0.5 0.5 0.5	0 0 0 0	

실행방향 평가항목 및 세부 항목	평가지표	가중치	평가등급별 평점					평점
			A	B⁺	B⁰	B⁻	C	
3. 이타성/사회적 책임/고객가치·공익가치		24	24	18	12	6	0	
(1) 고객만족·고객보호	고객만족도 개선율	(6)	6.0	4.5	3.0	1.5	0	
1) 고객가치 창조		2	2.0	1.5	1.0	0.5	0	
2) 고객정보·이익존중		2	2.0	1.5	1.0	0.5	0	
3) 소비자 보호활동		2	2.0	1.5	1.0	0.5	0	
(2) 공정경쟁·공정거래	법규위반 건수 또는 협력회사 만족도 개선율	(6)	6.0	4.5	3.0	1.5	0	
1) 공정한 거래		2	2.0	1.5	1.0	0.5	0	
2) 법규의 준수		2	2.0	1.5	1.0	0.5	0	
3) 공존·공영 추구		2	2.0	1.5	1.0	0.5	0	
(3) 환경친화·경영위험관리	환경친화활동 수준(정성평가) 또는 산업재해개선율	(6)	6.0	4.5	3.0	1.5	0	
1) 사회적 비용 감축		2	2.0	1.5	1.0	0.5	0	
2) 자원절약·자연보호		2	2.0	1.5	1.0	0.5	0	
3) 안전관리·위기대응		2	2.0	1.5	1.0	0.5	0	
(4) 공공복지·사회봉사	사회공헌비용 및 봉사활동 개선율	(6)	6.0	4.5	3.0	1.5	0	
1) 고용안정·창출		2	2.0	1.5	1.0	0.5	0	
2) 사회공헌활동		2	2.0	1.5	1.0	0.5	0	
3) 사회봉사활동		2	2.0	1.5	1.0	0.5	0	
4. 실행점검·보완사항		28	28	21	14	7	0	
(1) 윤리경영 실행인프라	윤리경영 실천 인프라 수준 - 지침정비 및 전담조직 유무 등 (정성평가)	(8)	8.0	6.0	4.0	2.0	0	
1) 행동규범 등 세부 지침정비수준		2	2.0	1.5	1.0	0.5	0	
2) 전담조직·인력수준		2	2.0	1.5	1.0	0.5	0	
3) 윤리경영 관리시스템 수준		2	2.0	1.5	1.0	0.5	0	
4) 윤리경영지원 IT시스템		2	2.0	1.5	1.0	0.5	0	
(2) 윤리경영 실행의지	실천의지 수준 - 윤리경영선포 및 임직원 평가 반영 여부 등 (정성평가)	(8)	8.0	6.0	4.0	2.0	0	
1) 관련법규의 준수		2	2.0	1.5	1.0	0.5	0	
2) 활동규범 등의 준수		2	2.0	1.5	1.0	0.5	0	
3) 잘못된 제도관행 청산		2	2.0	1.5	1.0	0.5	0	
4) CEO 실천의지·솔선수범		2	2.0	1.5	1.0	0.5	0	
(3) 윤리경영 교육 및 관리	윤리경영교육 인시 개선율	(8)	8.0	6.0	4.0	2.0	0	
1) 윤리경영교육체계 수준		2	2.0	1.5	1.0	0.5	0	
2) 윤리경영교육계획 수준		2	2.0	1.5	1.0	0.5	0	
3) 윤리경영교육실행 수준		2	2.0	1.5	1.0	0.5	0	
4) 윤리경영캠페인 실행수준		2	2.0	1.5	1.0	0.5	0	
(4) 특기사항/기타	우수회사 선정 실적 등	(4)	4.0	3.0	2.0	1.0	0	
1) 윤리경영실행 자부심		1	1.0	0.75	0.5	0.25	0	
2) 대외기관 수상·평가		1	1.0	0.75	0.5	0.25	0	
3) 베스트프랙티스로 선정		1	1.0	0.75	0.5	0.25	0	
4) 기타 특기사항		1	1.0	0.75	0.5	0.25	0	
합계		100	100	75	50	25	0	

제2편

윤리경영 지원시스템

기업이 윤리경영을 실천하는 데에는

물론 사람이 중요한 요소이긴 하지만,

어떤 면에서는 사람, 즉 조직의 구성원보다는

오히려 잘 만들어진 원칙과 시스템이

더 중요하다는 견해도 있다.

그런 면에서 볼 때 윤리경영의 기초는

기본과 원칙에 충실한 경영을 할 수 있도록

뒷받침하는 지원시스템에

달려 있다고 볼 수 있다.

제 1 장

윤리경영 지원시스템 개요

1. 1
윤리경영과 시스템경영

(1) 시스템

1) 시스템(System)은 그리스어 'systēma'에서 유래한 것으로, 각 구성요소가 서로 일정한 관계를 가지면서 형성하는 하나의 '전체'를 의미하며 '복수의 요소로 구성된 어떤 전체'를 가리키는 개념이다.

시스템은 인지(認知) 대상의 성질에 따라 ①계(系)·계통·체계, ②조직·제도·체제, ③순서·방법·규칙, ④군(群)·집합(集合)·전체(全體) 등으로 지칭된다.

2) 사전적인 의미의 시스템은 체계(體系)로 해석하여, 하나의 통일적 전체를 구성하는 과학적 혹은 철학적 명제의 집합으로 정의하고 있다. 한편 시스템은 '예정된 기능을 협동으로 수행하기 위해 설

계된 상호작용 요소들의 유기적인 집합체'로 정의되기도 한다(R. E. Gibson).

3) 다시 말해 시스템은 ①'공통의 목표를 추구하면서 하나의 실체로 활동하는 상호 관련된 부분들의 집합' 개념이다. ②이러한 시스템은 어떤 원리에 의해 조직된 통일적 전체로서, 단순히 부분들이 모여 만들어진 집합이 아닌, 전체는 부분과 그리고 부분은 부분끼리 서로 유기적인 관계를 갖는 조직적 구성을 의미한다.

4) 이와 같이 상호 관련된 부분들의 집합개념인 시스템은, ①학문체계·사고체계·논리체계·법률체계 등과 같이 종속적인 개념이나 생각들의 정돈된 배열적 의미인 '개념적 시스템' 과 ②오디오시스템·교통시스템·행정시스템 등과 같이 공통의 목적이나 기능을 위해 상호작용하는 요소들의 집합적 의미인 '물리적 시스템' 으로 구분해 설명할 수 있다.

5) 요컨대, 시스템이란 공통의 목표나 목적·기능을 달성하기 위해 상호작용하는 요소 또는 실체들로 구성된 집합체의 개념으로써, 단순 집합체인 '합' 의 개념이 아니고, 복합적인 상호작용 과정의 '승' 의 개념, 즉 시너지 개념($a+b+c < a \times b \times c$)으로 설명할 수 있다.

(2) 시스템경영

1) 시스템경영이라 함은 ①시스템에 의한 경영(Management by Systems)과 기업경영을 시스템적 관점에서 바라보고 접근하는 경영,

즉 ②시스템적 사고에 의한 경영(Management by Systems Thinking)의 복합적인 의미라 할 수 있다.

예를 들면, ①경영의 대상을 '작업효율성'이나 '인간관계'처럼 경영의 단편적인 어느 한 부분만을 보는 것이 아니라, 회사 전체 또는 경영 전체를 대상으로 해 시스템의 관점에서 바라보고, ②기업경영을 변화하는 경영환경에 대응하여 시간의 흐름에 따라 진화·발전하는 것으로 보는 견해이다.

R&D부서가 구매부서나 마케팅부서의 협조나 상의 없이 개발 관련 문제를 독단적·단편적으로 접근하지 않고, 기술 및 시장 상황이나 환경변화에 능동적·효과적·효율적으로 대응해나가기 위해 서로 간에 긴밀하게 협의하고 조율하면서 회사 전체나 경영 전체 차원에서 접근하는 방식을 예로 들 수 있다.

이와 같이 기업을 하나의 시스템으로 보면, 구매·생산·판매·R&D·경영관리 등과 같은 하위 시스템이 회사의 경영목표 달성을 위해 상황에 맞게 실시간 지향·성과 지향으로 상호작용하는 집합체라고 할 수 있다.

2) 하나의 시스템으로서의 기업이 시스템의 특성을 경영에 접목해 경영목표를 성공적으로 달성하기 위해서는 ①일관된 원칙에 따라 ②제반 경영활동을 상호유기적으로 수행함과 동시에 ③환경 변화에 능동적으로 대응해 나감으로써 지속적으로 고성과를 창출하도록 하는 경영방식을 시스템경영이라고 할 수 있다.

여기에서 ①'일관된 원칙'이라 함은 '조직 내에서 합의한 공통의 기준과 절차', '일반적으로 용인되는 기준과 절차', '시스템적 사고에 바탕을 둔 가치판단'을 포괄하는 의미이다. 그리고 ②'제반 경영 활동을 유기적으로 수행' 한다 함은 기업목적을 추구하기 위해 제반 경영활동이 경영전략을 중심으로 목적적합성을 가지고 상호연계해 시너지를 창출한다는 의미이다. 또한, ③'경영환경 변화에 능동적으로 대응' 해나간다 함은 환경변화에 동태적으로 대응할 수 있도록 전략을 변화하고, 변화된 전략에 따라 제반 경영요소를 혁신하여 지속적으로 진화·발전한다는 의미이다.

3) 이러한 시스템경영은 기업을 경영함에 있어 시스템의 특성을 경영활동에 접목해 조직의 운영구조와 제도·관행 및 업무처리 절차를 비롯한 일련의 경영관리 과정을 '조직 내에서 합의한 공통의 기준과 절차(Common Principles & Processes)'로 체계화해 경영하는 것이라고 할 수 있으며, 다시 말해 경영활동에 관련된 모든 것을 전부 시스템화하여 경영하는 것을 의미한다고 할 수 있다.

그러나 조직 내에서 합의한 공통의 기준과 절차가 조직 내에 구비되어 있지 않은 경우에는, '일반적으로 용인되는 기준과 절차'(Generally Accepted Principles & Processes)에 의해 경영하는 것이다. 또 '일반적으로 용인되는 기준과 절차' 조차 없는 경우에는 목적지향·관계지향·미래지향·전체지향·중점지향의 이른바 '시스템적 사고'와 이에 바탕을 둔 가치판단에 의해 경영하는 것을 시스템경영이라고 일컫는다.

4) 특히 오늘날의 경영은 모두 속도에 의해 좌우되는 '속도의 경쟁' 이므로, 결국에는 이러한 시스템적 사고에 의한 경영을 실시간

(Real Time)으로 수행하지 않으면 경쟁에서 이길 수 없다.

그러므로 결국 ①체계화된 '공통의 기준과 절차'가 조직 내의 핵심목적 및 핵심가치와 접목되어 업무 행동기준이나 업무 행동양식의 기본 바탕으로 수용되어, ②구성원의 시스템적 사고에 의해 화합적으로 공유되고 실시간으로 실행되도록 하는 경영을 시스템경영이라고 정의할 수 있다.

그러나 현실적으로는 조직 내의 모든 구성원이 모든 경영활동을 전부 시스템화해 수행하거나 모두 다 시스템적 사고에 의해 실시간으로 수행할 수만은 없는 것이다. 그러므로 성과 및 실효성 있는 시스템경영이 이루어지도록 하려면 ①우수한 인재·②탁월한 시스템·③진취적인 기업문화와 이를 바탕으로 하는 ④성과주의경영을 통해, 조직구성원 모두가 하나같이 주인의식을 가지고 고효율의 자율경영을 실행하도록 하는 것이다. 또한 지속적으로 고성과를 창출하여 주주 측면에서는 우량기업(Blue Chip Company), 임직원 측면에서는 좋은 직장(Great Place to Work), 사회적 측면에서는 신뢰받는 기업(Highly Respected Company)인 초일류기업(Excellent Company)을 실현하는 것이 바로 시스템경영이 지향하는 방향이자 목표이다.

(3) 윤리경영 차원의 시스템경영

1) 윤리경영의 지향 방향과 목적

이러한 시스템경영을 윤리경영의 차원에서 바라보면 시스템경영의 기본요소인 ①윤리적으로 무장한 우수인재가 ②윤리경영을 바르게 준수하도록 지원해주는 시스템 속에서 ③윤리적 측면이 강조되는 진취적인 기업문화를 바탕으로, ④시스템경영의 운영 메커니즘인 성과주의 경영을 통해, ①주주 측면에서는 정도경영을·②종업원 측면에서는 직업윤리를·③사회 측면에서는 사회적 책임을 수행하는 방향으로 경영해나감으로써, ①주주가치·②종업원가치·③사회적 가치의 극대화를 이뤄 종국엔 지속적인 고성과를 창출하려는 것이 우리가 추구하고 실행하려는 윤리경영의 지향 방향이요, 목적이라고 할 수 있다.

2) 윤리경영 지원을 위한 IT시스템과 혁신활동/시스템

윤리경영 차원에서 바라본 시스템경영의 기본요소에는 ①우수한 인재 ②탁월한 시스템 ③진취적 기업문화가 있다. 윤리경영에서의 우수한 인재란 윤리적·도덕적으로 자질을 갖춘 사람이 필요함을 의미하는 것이며, 회사로서는 윤리적인 인재 육성을 위한 지속적인 교육과 훈련이 필요하다. 그러나 무엇보다 중요한 것은 윤리경영이 자연스럽게 조직 속에 내재되어 기업문화로 승화되는 제도적 장치가 필요한 점이다.

이처럼 조직 구성원이 윤리경영을 제도적으로 실천할 수 있는 체계를 갖추기 위해서는 윤리경영의 시스템화가 필수적이다. 고도의 윤리경영을 실현하기 위한 시스템화를 추구하기 위해서는 IT기술을 활용한 시스템화, 그리고 윤리경영 실천을 위한 혁신활동 및 혁신시스템과의 연계가 필요하다. 이를 위해 ①윤리경영을 직·간접으로 지원하는 IT시스템의 연계 및 보완, ②윤리경영 수준 제고를 위한 경영혁신, 즉 윤리경영 혁신활동의 강화 및 시스템적 지원이 대단히 긴요한 과제라고 할 수 있다.

이러한 의미에서 윤리경영 차원에서 바라본 시스템경영을 도식화하면 다음의 [그림 2-1]과 같다.

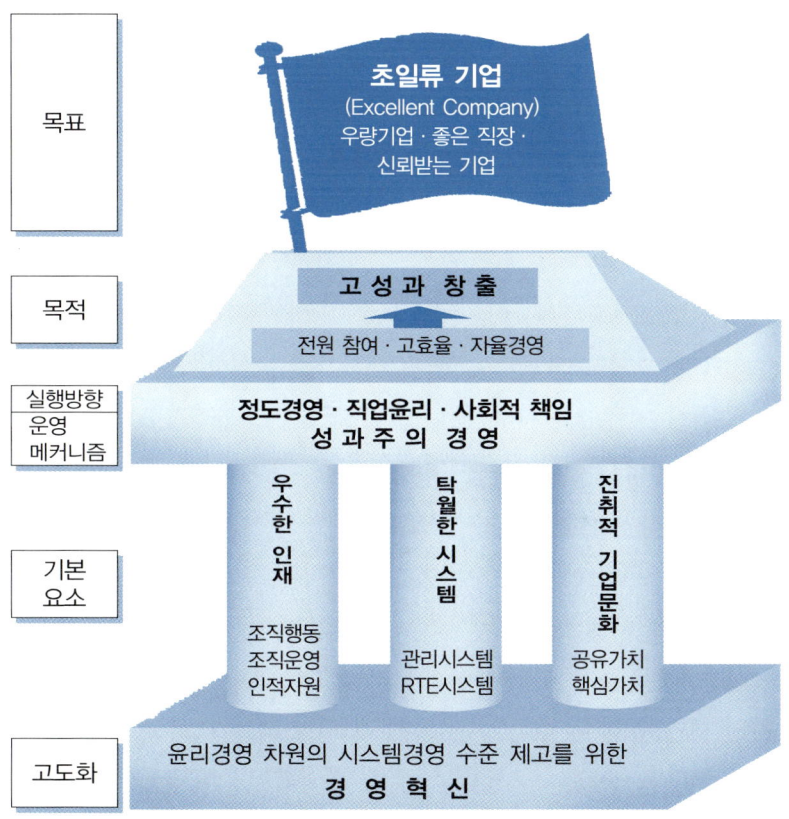

[그림 2-1] 윤리경영 차원의 시스템경영

1.2
윤리경영 지원시스템의 의의

(1) 윤리경영의 등장 배경

기업에 대한 사회적 책임과 신뢰가 강조되면서 윤리경영의 실천이 강조되기 시작한 것은 2001년부터 잇따라 터진 미국 기업의 회계부정 사건 이후부터이다. 이러한 사례로 인해 우리는 아무리 기업의 경영성과가 좋다 하더라도 윤리경영 의식이 없거나 희박하면 사회로부터 신뢰를 잃게 되고, 결국 시장과 고객을 잃어버리게 됨을 알 수 있다.

세계의 정치·경제·사회 지도자들의 모임인 2003년 다보스포럼 총회에서는 "신뢰(Trust)는 지구촌에서 지속 가능한 성장과 발전을 가져올 수 있는 핵심이다. 신뢰 없이 세계는 안전하지도 않고, 번영할 수도 없다."는 선언문을 채택했고, 전 세계를 대상으로 신뢰를 더욱 강조하기 위해 '신뢰 구축(Building Trust)'이라는 주제로 포럼을 개최한 바 있다. 이로 인해 기업 입장에서는 신뢰를 바탕으로 한 윤리경영의 중요성을 더욱 강조하는 계기가 되었다.

바야흐로 기업은 극단적으로 현실적인 단기이익만을 추구하는 집단이 아니라, 설령 일시적으로는 손실이 난다 하더라도, 이를 감수하고 사회의 건강한 일원이 되어 사회적 책임을 다하는 '기업시민(Corporate Citizen)'의 일원이 되어야 한다는 의식이 확산되고 있다. 세계 각 지역에서 경영윤리와 투명성 및 사회적 공헌이 강조되면서 윤리경영은 이제 기업의 당면과제가 됐고, 윤리경영을 진정으로 실천하며 발전시키는 기업만이 사회로부터 존경받고 고객의 신뢰를 확보할 수 있는 시대가 되었다.

(2) 윤리경영 지원시스템의 필요성

이러한 윤리경영을 실천하기 위해서 기업의 구성원인 사람의 문제로 국한해 윤리경영을 전개하기에는 그 실천 성과에 한계가 있어 보인다. 윤리경영을 지원하기 위한 각종 제도적·시스템적 지원이 뒤따르지 않으면 윤리경영이 경영현장에서 제대로 실행되기 힘들 것이다. 기업이 윤리경영을 실천하는 데에는 물론 사람이 중요한 요소이긴 하지만, 어떤 면에서는 사람, 즉 조직의 구성원보다는 오히려 잘 만들어진 원칙과 시스템이 더 중요하다는 견해도 있다.

그런 면에서 볼 때 윤리경영의 기초는 기본과 원칙에 충실한 경영을 할 수 있도록 뒷받침하는 지원시스템에 달려 있다고 볼 수 있다. 그러므로 기본과 원칙에 충실한 경영이 뿌리내리도록 하기 위해서는 현재의 업무관행과 프로세스를 효율적으로 혁신하고 표준화해 누구라도 지킬 수 있도록 시스템화하는 것이 무엇보다 중요한 과제라고 할 수 있다.

이러한 차원에서 윤리경영을 정착·심화시키기 위한 지원시스템의 필수 요인으로 ①변화·개선된 업무프로세스를 효율적·효과적으로 처리하기 위한 IT시스템과 ②이를 뒷받침하고 지속적으로 개선·발전시키기 위한 혁신활동/시스템이 준비되어야 한다.

컴퓨터와 정보통신 기술의 지속적인 발전으로 IT시스템은 이제 기업의 변화와 혁신을 주도하는 핵심적인 시스템으로 자리 잡아가고 있으며, 특히 윤리과제를 실천하고 체계화하는 데 있어 IT시스템은 더욱 긴요한 윤리경영 지원시스템으로 정착돼가고 있다. 더불어 기업의 종합적인 경쟁력 강화수단으로 추진되고 있는 경영혁신 활동 및 시스템도 이제는 윤리과제의 해결과 윤리제도의 정착화에 활동의 초점이 맞추어져야 할 것이다.

1. 3
윤리경영 지원시스템의 개요

(1) 정도경영 수행 지원시스템 개요

1) 주주가치를 극대화하기 위한 관점에서 투명성에 기초한 정도경영의 실행을 위해서는 ①회계정보의 투명성, ②고효율의 내부통제, ③건전한 지배구조, ④주주권익 중시에 중점을 두어야 할 것이다.

2) 먼저 윤리경영의 투명성을 기초로 정도경영의 실행을 지원하는 주요 IT시스템으로는 기업 회계정보의 투명성을 뒷받침해주는 ①공인된 ERP시스템을 대표적인 예로 들 수 있다. 업무의 효율화를 지원하고 내부통제를 강화하는 기능에는 업무프로세스를 혁신하기 위해 사용하는 ②BPM(Business Process Management) 시스템, 그리고 업무프로세스별로 업무와 윤리규정(Rule)이 포함되어 관리될 수 있는 ③BRM(Business Rules Management; 비즈니스 규정 관리) 시스템이 있다.

또한 고효율의 내부통제를 위한 ④내부통제 IT시스템, 기업 내 물적자산을 효과적으로 실시간 통제 지원하는 ⑤RFID/USN*(Radio Frequency Identification; 전파식별 / Ubiquitous Sensor Network; 유비쿼터스 센서 네트워크)이 있다.

* RFID/USN
- RFID : '전파식별'로 번역되며, 사물의 정보와 주변 환경정보를 무선주파수로 전송해 처리하는 비접촉식 인식 시스템으로 각종 물품에 소형 칩을 부착해 사용한다.
- USN : '유비쿼터스 센서 네트워크'로 번역되며, RFID 등 유비쿼터스 환경을 지원하는 각종 센서를 사용해 구성한 네트워크망을 의미한다.
- RFID/USN : 물류제어를 위해 각종 물건에 RFID 또는 센싱 기술을 초소형 무선장치에 접목해 이들 간의 네트워킹과 통신을 실시간으로 실행해 정보를 획득·처리·활용하는 시스템이다.

최근 들어 기업윤리가 강조되면서 집단소송법 등이 도입되고, 기업으로서는 주주를 위한 투명한 경영정보의 공지가 일반화되면서 회사 홈페이지를 통한 경영정보의 주기적 공지, 투자 정보에 대한 공개를 실시하고 있다. 회사정보의 통합 관문(關門)인 EP(Enterprise Portal)는 주총 및 이사회 관련 정보 등을 관리해 궁극적으로 주주권익의 중시를 위한 정보를 관리할 수 있게 된다.

3) 다음으로 윤리경영의 투명성을 기초로 정도경영을 지원하는 혁신활동/시스템에는 다양한 활동과 시스템이 기업에서 추진되고 있다. 기업 내에서 실시되는 대부분의 혁신활동이 기존의 관습과 틀을 버리고 혁신적인 업무를 수행하기 위해 실천하고 있는 변화관리 활동이지만, 변혁(Transformation)의 초점이 윤리과제에 맞추어 진행된다면, 이들 변화관리 활동은 윤리관점의 혁신활동 및 시스템으로

변환되어 진행·관리될 수 있게 된다.

기업에서 윤리관점의 혁신활동/시스템은 다양한 형태의 종류와 내용으로 전개될 수 있다. 그러나 여기에서는 최근 기업에서 활발히 전개되고 있는 주요 혁신활동/시스템만을 중심으로 소개하고자 한다.

우선 정도경영을 지원하는 혁신활동/시스템에는 회계정보의 투명성과 관련해 원가관리 측면에서 활용이 가능한 ABC(Activity Based Costing; 활동기준 원가) 등의 원가관리 활동, 그리고 주주권익을 보호하고 기업의 가치를 높이기 위한 VBM(Value Based Management; 가치창조경영) 등이 있다. 또한 고효율의 내부통제를 위해 전체 업무프로세스를 재검토해 개선·혁신하는 BPR/PI(Business Process Reengineering/Process Innovation; 비즈니스 프로세스 재설계/프로세스 혁신)가 있다.

RTE 대시보드는 기업의 재무 및 경영과 관련된 주요 성과지표인 KPI(Key Performance Indicator; 핵심성과지표)를 실시간으로 관리하기 위해 사용하는 시스템으로, 회계정보의 투명성뿐 아니라 내부통제, 더 나아가 주주의 권익까지 보호해줄 수 있는 RTE(Real Time Enterprise; 실시간 기업화)의 최상위 핵심 시스템이다. RMS(Risk Management System; 위험관리 시스템)는 불확실한 경영환경에서 재무적 예측을 통해 효율적으로 내부통제를 강화할 수 있는 시스템으로 활용할 수 있다.

업무프로세스가 정형화되어 정해진 규칙에 따라 업무가 제대로 잘 처리되면 경영자원과 관심을 핵심역량에 집중하고, 정형화할 수 있는 비핵심 업무는 외부에 아웃소싱(Outsourcing)이 가능하게 된다. 정형화되어 있는 비핵심 업무에 대한 아웃소싱(BPO: Business Process Outsourcing; 비즈니스 프로세스 아웃소싱)뿐만 아니라, 변화와 혁신까지를 포함한 아웃소싱을 추구하는 BTO(Business Transformation Outsourcing; 비즈니스 변혁 아웃소싱)는 아웃소싱을 통해 자사(自社)의 업무를 수행하는 외부조직을 자연스럽게 통제할 수 있는 혁신활동/시스템의 일부로 활용할 수 있다.

4) 윤리경영의 투명성에 기초한 정도경영을 실천하기 위한 과제와 이를 지원하기 위한 시스템으로 IT시스템과 혁신활동/시스템의 관계를 도식화하면 다음의 [그림 2-2]와 같다.

[그림 2-2] 정도경영 지원시스템 연관 관계도

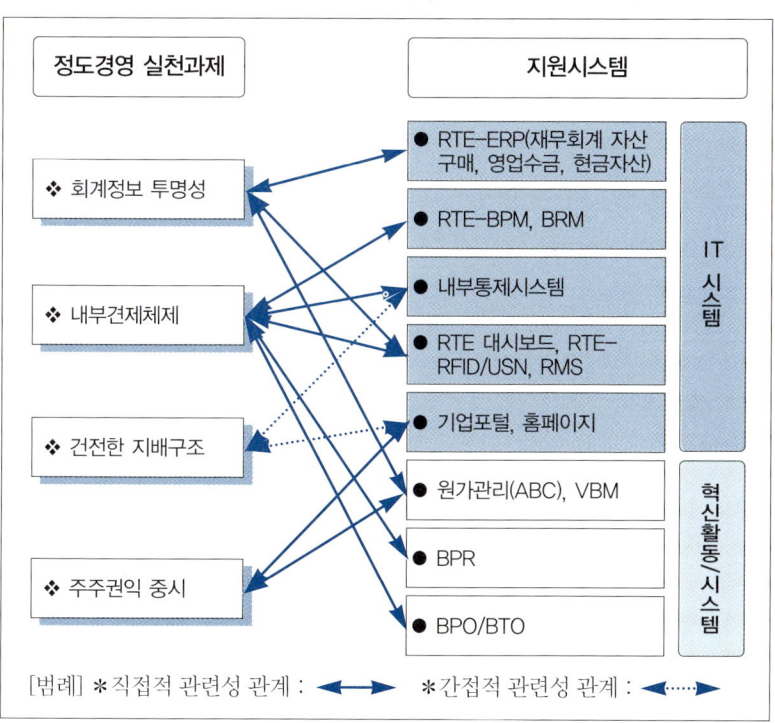

(2) 직업윤리 수행 지원시스템 개요

1) 종업원가치를 극대화하기 위한 관점에서 합리성에 기초한 직업윤리의 실천을 위해서는 ①공정한 평가와 보상, ②직장생활의 질적 수준향상, ③직장윤리와 책무의 확립, ④주인의식과 프로정신의 함양에 중점을 두어야 한다.

2) 먼저 윤리경영의 합리성을 기초로 직업윤리 수행을 지원하는 주요 IT시스템으로, 공정한 평가와 보상을 지원하는 BSC(Balanced Score Card; 균형성과관리표) 근간의 성과경영 시스템, 직장생활의 질적 수준향상을 위한 지원시스템으로 기업포털 시스템인 EP, SEM(Strategic Enterprise Management; 전략적 기업경영) 등의 활용이 필요하다.

종업원의 주인의식을 고취시키기 위해 책임과 권한을 명확히 하고, 공정한 평가와 더불어 인재육성을 지원하는 시스템으로 ERP 구성 시스템인 HR(Human Resource; 인적자원 관리)이 필요하다. 그리고 구성원의 경험과 지식을 향상시키고 공유하는 KMS(Knowledge Management System; 지식관리 시스템)는 프로정신 함양을 지원하는 IT 시스템이다.

3) 다음으로 윤리경영의 합리성을 기초로 직업윤리의 수행을 지원하는 혁신활동/시스템에는 공정한 평가와 보상을 지원하는 BSC가 연관되며, 품격 높은 직장생활과 업무수행의 긍지를 위해서는 고객지원에 대한 공정한 평가와 대응을 위한 CSI(Customer Satisfaction Index; 고객만족도지수)가 필요하다. CoP(Community of Practice; 실행공

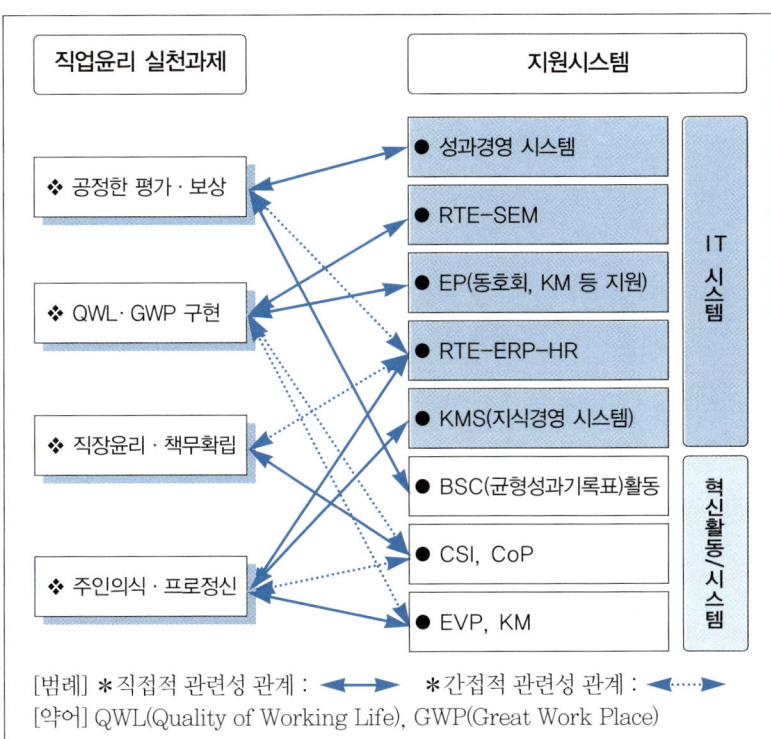

[그림 2-3] 직업윤리 지원시스템 연관 관계도

동체)는 조직 내에서 공통의 목표달성을 위해 상호 관심사 교류와 경험 및 정보를 교환하는 기업 내의 비공식적 모임으로 품격 높은 직장 구현을 위해 필요한 혁신활동의 일환이 된다.

또한 종업원의 주인의식을 함양시키는 차원에서 EVP(Employee Value Proposition; 종업원가치제안)는 조직구성원에게 핵심가치를 제공하고 다양한 측면에서 분석해 대응하게 된다. 더불어 지식경영(KM: Knowledge Management)은 조직 내 우수인력의 지식을 공유하고 새로운 지식가치를 창조하는 지식의 축적과 재생 및 활용의 사이클이다.

4) 윤리경영의 합리성에 기초한 직업윤리를 실천하기 위한 과제와 이를 지원하기 위한 시스템으로 IT시스템과 혁신활동/시스템의 관계를 도식화하면 앞의 [그림 2-3]과 같다.

(3) 사회적 책임 수행 지원시스템 개요

1) 기업의 사회적 가치를 극대화하기 위한 관점에서 이타성(利他性, Reciprocal Altruism)에 근거한 사회적 책임을 수행하기 위해서는 ①고객만족과 고객보호, ②공정경쟁과 공정거래, ③환경친화와 경영위험관리, ④공공복지 및 사회봉사 과제를 실천하는 것이 중요하다.

2) 먼저 윤리경영의 사회적 책임과 관련된 IT시스템을 살펴보면, 고객만족과 고객보호를 위한 시스템으로는 CRM(Customer Relationship Management; 고객관계 관리), 고객이 원하는 제품의 물류를 총괄하는 SCM(Supply Chain Management; 공급망 관리)이 필요하다. 특히 협력회사와 물류 및 재무에 대한 공정한 거래와 경쟁을 유도하기 위해서는 실시간 거래가 가능한 SCM이 필요하다.

또한 사회적 비용 감축을 위한 환경친화 정책에 부응하고 지구환경을 보호하기 위해서는 환경관리 시스템이 필요하며, 천재지변 및 재해로부터의 보호를 위한 재난관리 시스템, 위험관리 및 대응을 위한 RMS(Risk Management System; 위험관리 시스템)가 필요하다.

3) 다음으로 윤리경영의 사회적 책임과 관련된 혁신활동을 살펴보면, 고객만족을 위한 CS(Customer Satisfaction)활동, 그리고 고객만족과 함께 고객보호의 종합적 관점에서 고객이 느끼는 기업의 종합

적 품질을 6시그마 수준(100만 개 중 평균 3.4개 정도의 결함)으로 유지하기 위한 6시그마 혁신활동이 있다.

기업포털 시스템(EP: Enterprise Portal)은 기업의 요구와 상황에 따라 공공복지와 사회봉사를 수행하는 지원시스템으로도 활용이 가능하다.

4) 윤리경영의 이타성에 기초한 사회적 책임을 실천하기 위한 과제와 이를 지원하기 위한 시스템으로 IT시스템과 혁신활동/시스템의 관계를 도식화하면 다음의 [그림 2-4]와 같다.

[그림 2-4] 사회적 책임 지원시스템 연관 관계도

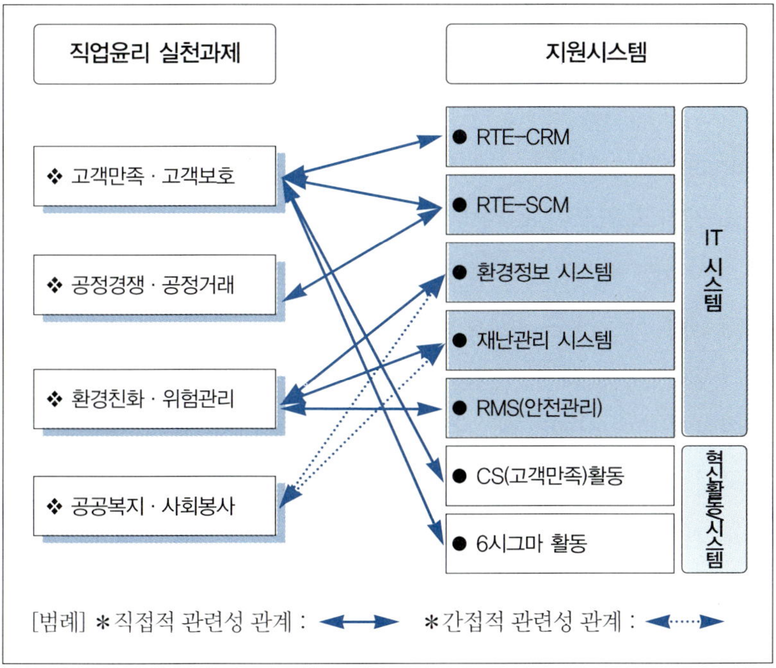

직업윤리 실천과제	지원시스템
❖ 고객만족·고객보호	● RTE-CRM
❖ 공정경쟁·공정거래	● RTE-SCM
❖ 환경친화·위험관리	● 환경정보 시스템
❖ 공공복지·사회봉사	● 재난관리 시스템
	● RMS(안전관리)
	● CS(고객만족)활동
	● 6시그마 활동

[범례] *직접적 관련성 관계 : ◄──► *간접적 관련성 관계 : ◄┄┄►

1.4
윤리경영 지원시스템 체계

(1) 윤리경영의 경영성과 기여

　전국경제인연합회 발표에 의하면 윤리경영은 조직에 대한 자긍심과 몰입도를 높여 직무 만족도를 높이고 이직률을 낮춰주므로 종업원의 동기부여 수단으로 활용할 수 있다고 한다. 미국의 경우 〈포춘〉지가 선정한 500대 기업의 90% 이상이 기업윤리 시스템을 구축하고 있으며, 윤리경영을 도입한 존경받는 10대 기업의 투자 수익률은 그렇지 않은 일반 기업 평균 수익률의 2배를 초과하는 등, 윤리경영의 효과가 입증되고 있다.

　미국 경제주간지 〈포춘〉이 2005년에 발표한 미국에서 가장 존경받는 기업의 1순위는 델컴퓨터, 2위는 제너럴 일렉트릭(GE), 3위는 스타벅스였다. 델컴퓨터는 미국의 대표적 자선기업이고, GE는 "성공적이고 존경받는 기업은 곧 사회적 책임감이 높은 기업"이라는 경영철학을 가지고 있으며, 스타벅스는 다국적 기업으로서 세계적 차원에서 실시하는 윤리경영 보고서를 매년 웹사이트에 공개하고 있다.

　이 같은 사실은 존경받는 기업이 되려면 투명경영은 기본이고, 기업의 높은 혁신 의지, 직원들의 윤리수준 제고, 건전·투명한 재무상태와 더불어 사회적 책임감도 높아야 함을 시사하는 것이다.

　국내 500대 상장기업을 대상으로 전국경제인연합회에서 조사한 '국내기업의 윤리경영 실태조사 결과'에 따르면, 98.7%에 해당하는 대부분의 기업이 윤리경영의 필요성에 대해 긍정적으로 응답했으며, 윤리경영은 사회적 책임완수·수익성 및 생존전략 차원에서 필수적이라고 분석하고 있다. 그리고 윤리경영은 기업 여건·이미지·매출액·주가 등에 밀접한 영향을 미치는 것으로 조사, 보고되고 있다.

이러한 분석 결과는 윤리성이 높은 기업일수록 사회로부터 존경받게 되며, 경영의 투명성과 기업의 이미지를 제고시켜 경영성과로 연결될 수 있음을 보여주는 것이다. 또한 높은 윤리의식을 가지고 주주 중시 경영·책임경영·투명경영을 실천하고, 사회적으로 존경받는 기업일수록 시장가치가 높다는 사실을 입증하는 것이라고 할 수 있다.

경영성과를 중시하는 성과주의 경영에서는 경영의 목표를 재무·고객·프로세스·학습과 성장의 4가지 관점에서 균형 있는 목표 지표로 관리하고 있다. 다음의 [표 2-1]은 윤리경영이 기업의 경영목표와 어떻게 연관되는지를 분석하기 위해 작성한 내용으로 기업의 상황에 따라 달리 분석될 수는 있으나, 일반적인 관점에서 분석하면 윤리경영의 실천과제가 기업의 경영목표에 직·간접적으로 기여하고 있음을 판단할 수 있는 자료로 활용할 수 있다.

(2) 윤리경영 실천과제와 지원시스템

1) 윤리경영 실천과제와 IT시스템 연관성 분석

① 윤리경영 지원 주요 IT시스템

윤리경영의 기본정신과 실행 방향을 기준으로 ①투명성의 정도 경영, ②합리성의 직업윤리, ③이타성의 사회적 책임과 연계된 윤리경영 실천과제별 주요 IT시스템은 일반적으로 다음의 [표 2-2] 와 같다.

[표 2-1] 윤리경영과 경영목표의 연관성 분석

구분		실천과제	재무적 관점				고객 관점				내부 프로세스 관점					학습과 성장관점			기업경영 실천과제 달성정도		
			기업가치 극대화	매출 증대	수익성 제고	투자수익률(ROI)/제비용	사회안전성 욕구/고객감동	대응능력/서비스	능률성 및 경쟁력 고도		지식재산관리 강화	사내프로세스 효율성	신규사업 진출	매출 및 수익 제고	사회공헌 유지확장	브랜드/품격 강화	내부역량 강화	기업문화 정착	H(높음)	M(중간)	L(낮음)
윤리경영	투명성 - 정도경영	회계정보투명성	H	L	M	L	L	L			M	H	H	H			H		5	3	4
		내부통제체제	L	M	L	H	L	L			M	H	H			L		M	3	3	5
		건전한 지배구조	L	L	M	L	L	L				H	H			L	M		1	2	2
		주주권익중시	H	H	L	L	L	L	L								H		1	0	4
	합리성 - 직업윤리	공정한평가/보상	L	L	L	L		L						M	H		H	H	2	1	5
		직장생활수준향상(GWP/QWL구현)	L											H	H	H	H	M	2	2	1
		직장윤리/책무확립	L		L			L				H		H			M	H	2	1	3
		주인의식/프로정신	M	L		L	L	L			M	L	L				L	H	3	2	6
	이타성 - 사회적 책임	고객만족/고객보호	L	L	L	L	H	L	L				L	H			M		2	3	5
		공정경쟁/공정거래	L	M	H	M	M				H	H					L		2	4	4
		환경친화/위험관리	L	L	L	M	M				L	H		L			L		1	2	5
		공급복지/사회봉사	L	L	L	L	H				L	L					L	H	1	0	3

분석조건 : 윤리경영과 경영목표 연관성 관계분석
☞ H(High, 높음) : 윤리경영 실천과제가 기업경영목표 달성에 높게 기여함.
☞ M(Medium, 중간) : 윤리경영 실천과제가 기업경영목표 달성에 부분적으로 기여함.
☞ L(Low, 낮음) : 윤리경영 실천과제가 기업경영목표 달성에 간접적으로 기여함.

[표 2-2] 윤리경영 실천과제와 IT시스템 연계표

윤리경영 실행방향	윤리경영 실천과제	주요 IT시스템 예시

투명성 →
정도경영
	● 회계정보 투명성
	  - 고효율 내부통제
	
	  - 건전한 지배구조
	  - 주주 권익 중시
		● ERP
		  - BPM, 내부통제 시스템, RFID/USN,
		    RMS(위험관리 시스템), RTE-대시보드
		  - ERP
		  - EP(기업포털), 홈페이지

합리성 →
직업윤리
	● 공정한 평가 · 보상
	  - 직장생활 수준향상
	    (QWL, GWP 구현)
	  - 직장윤리 · 책무확립
	  - 주인의식 · 프로정신
		● EPM(성과경영 시스템)
		  - EP, SEM(전략기업경영)
		
		  - ERP
		  - HR(인적자원관리), KMS(지식경영 시스템)

이타성 →
사회적
책임
	● 고객만족 · 고객보호
	  - 공정경쟁 · 공정거래
	  - 환경친화 · 위험관리
	  - 공공복지 · 사회봉사
		● CRM, SCM
		  - SCM
		  - EHS(환경건강보건 시스템), 환경정보 시스템
		  - EP

② 윤리경영과 IT시스템 긴밀도 검토

    윤리경영 실천과제를 지원하는 IT시스템은 기업의 상황과 요구에 따라 여러 가지가 있겠으나, 여기에서는 기업의 주요 IT시스템이 윤리경영 실천과제를 지원해 얻을 수 있는 효과 정도를 분석함으로써 상호 간의 긴밀도를 검토하고자 한다. 본 분석방법은 해당 기업이 보유하고 있는 IT시스템의 지원기능이 기업마다 다르게 개발될 수 있으므로, 기업의 상황에 따라 검토결과의 차이가 얼마든지 발생할 수 있음을 전제로 한 것임을 밝혀둔다.

    다음의 [표 2-3]은 일반적으로 기업의 주요 IT시스템이 윤리경영의 실천과제를 지원해 얻을 수 있는 윤리 효과와 달성 수준의 정도를 3단계로 분리해 정리한 것이다. 표의 상단부분에 위치한 ERP의 경우에는 윤리경영과 밀접한 관계가 있는 주요

[표 2-3] 주요 IT시스템의 윤리경영 지원효과 분석표

ERP : 재무/구매/영업/자산/HR		투명성 - 정도경영				합리성 - 직업윤리				이타성 - 사회적 책임			
		회계정보 투명성	내부 통제체제	건전한 지배구조	주주권익 중시	공정한 평가/보상	직장생활 수준향상 (GWP/QWL)	직장윤리/ 책무확립	주인의식/ 프로정신	고객만족/ 고객보호	공정경쟁/ 공정거래	환경친화/ 위험관리	공공복지/ 사회봉사
ERP	재무회계	●	◐	●	◐	●		●		●	●		○
	구매자재	●	●					○			●	●	
	영업수금	●	●		○	○		○		●	●		
	자산관리	●	●		○								
	HR		●			●	◐	●	●				○
ERP합계(세부합계 기준)		4●	4●, 1◐	1●	1◐, 3○	1●, 1◐, 1○	1◐	1●, 3○	1●	1●, 1◐	2●, 1◐		1○
ERP합계(상위연관 기준)		●	●	●	◐	●	◐	●	●	●	●		○

NO	주요 IT 시스템	투명성 - 정도경영				합리성 - 직업윤리				이타성 - 사회적 책임			
		회계정보 투명성	내부 통제체제	건전한 지배구조	주주권익 중시	공정한 평가/보상	직장생활 수준향상 (GWP/QWL)	직장윤리/ 책무확립	주인의식/ 프로정신	고객만족/ 고객보호	공정경쟁/ 공정거래	환경친화/ 위험관리	공공복지/ 사회봉사
1	ERP:재무/구매/영업/자산/HR	●	●	●	◐	●	◐	●	●	●	●		○
2	기업포털(EP)/그룹웨어	●	●	◐	○		●	◐		◐			◐
3	내부통제시스템	●	●	◐	○			●			●		
4	EPM(기업성과관리)	◐	◐		●	●	○	◐	◐	●			
5	Dashboard	●	●		○					●			
6	SCM	◐	●		○			○	○	●			
7	전자조달시스템	●	◐		○					●	●		
8	BPM	●	●		○	◐	◐	◐	◐	○	○		
9	EHS(환경/보건안전)				○	◐	●		○			●	◐
10	원가시스템(ABC 외)	●	●		◐		◐	○					
11	RMS(위험관리시스템)		◐		○					○	◐	●	
12	RFID/USN	◐	◐							●	◐		
13	홈페이지			◐	●				○	●			○
14	SRM(공급자관계관리)	○	○			○		●		◐			
15	EIS(경영자정보)	◐	●		○	○		◐					
16	SEM	◐	●		○			●					
17	KMS						◐	○	●	○	○		
18	PRM(파트너관계관리)	○			○			○		◐	●		
19	PLM(제품수명주기관리)									○	◐	●	○
20	VBM	◐			●					○			
21	CRM				○					●	◐		
22	재난관리시스템											●	○

범례: ●(높음)- IT시스템이 윤리경영 실천과제를 지원하여 직접적인 효과를 달성하는 경우
◐(중간)- IT시스템이 윤리경영 실천과제를 지원하여 부분적인 효과를 달성하는 경우
○(낮음)- IT시스템이 윤리경영 실천과제를 지원하여 부수적인 효과를 달성하는 경우

모듈인 재무회계·구매자재·영업수금·자산관리·인적자원관리(HR) 하위 시스템을 별도로 정리한 후, ERP(재무/구매/자재/영업/자산/HR) 전체를 하나의 단위 시스템으로 정리해 분석하고, 표 아랫부분에는 ERP를 하나의 주요 시스템으로 정리했다.

앞의 표에서 정리한 22개의 주요 IT시스템이 윤리경영 실천과제를 지원하는 효과의 정도를 종합해 IT시스템과 윤리경영의 긴밀도를 분석하기 위한 지표를 산출하고, 분석 결과는 다음에 나오는 [표 2-4]와 같이 정리했다.

- **실천과제 지원 개수:** IT시스템이 윤리경영의 실천과제를 지원하는 효과의 3단계(높음 : ●, 중간 : ◐, 낮음 : ○) 정도에 따른 지원 개수
- **환산점수:** 과제지원 3단계 효과별로 가중치(● : 5점, ◐ : 3점, ○ : 1점)를 부여해 과제 지원 개수를 곱한 수치
- **윤리경영 지원긴밀도:** 윤리경영의 실천과제를 지원하는 긴밀도 정도가 높은 IT시스템은 A군(群), 중간은 B군, 낮은 것은 C군으로 분류

결과적으로 기업의 주요 IT시스템을 윤리경영 지원긴밀도 분류(A

[표 2-4] 주요 IT시스템의 윤리경영 지원긴밀도 분석표

NO	주요 IT 시스템	실천과제 지원개수 ●	◐	○	윤리경영 실천과제 지원개수	환산점수 (H: 5, M: 3, L: 1)	윤리경영 지원긴밀도 (A,B,C)
1	ERP:재무/구매/영업/자산/HR	7	3	1	11	45	A
2	기업포털(EP)/그룹웨어	3	5	0	8	30	A
3	내부통제시스템	5	1	0	6	28	A
4	EPM(기업성과관리)	3	3	2	8	26	A
5	Dashboard	4	1	2	7	25	A
6	SCM	2	3	2	7	21	A
7	전자조달시스템	2	3	1	6	20	A
8	BPM	1	3	4	8	18	B
9	EHS(환경/보건안전)	1	3	3	7	17	B
10	원가시스템(ABC 외)	2	2	1	5	17	B
11	RMS(위험관리시스템)	1	3	2	6	16	B
12	RFID/USN	1	3	1	5	15	B
13	홈페이지	1	2	3	6	14	B
14	SRM(공급자관계관리)	1	1	5	7	13	B
15	EIS(경영자정보)	1	2	2	5	13	B
16	SEM	1	2	1	4	12	B
17	KMS	1	1	3	5	11	B
18	PRM(파트너관계관리)	1	1	3	5	11	B
19	PLM(제품수명주기관리)	1	1	3	5	11	B
20	VBM	1	1	1	3	9	C
21	CRM	1	1	1	3	9	C
22	재난관리시스템	1	0	2	3	7	C

[표 2-5] 윤리경영 실천과제와 혁신활동/시스템 연계표

윤리경영 실행방향	윤리경영 실천과제	주요 혁신활동/시스템 예시
투명성 → 정도경영	● 회계정보 투명성 ● 고효율 내부통제 ● 건전한 지배구조 ● 주주 권익 중시	● 원가관리(표준, ABC 등) ● BPR/PI, BPO/BTO ● 내부통제, 정보감사 ● VBM(가치창조경영)
합리성 → 직업윤리	● 공정한 평가 · 보상 ● QWL · GWP 구현 ● 직장윤리 · 책무확립 ● 주인의식 · 프로정신	● BSC, MBO(목표관리) ● 멘토링, EVP, 기업문화 ● 정보보안, 변화관리 ● EVP, KM, CoP
이타성 → 사회적 책임	● 고객만족 · 고객보호 ● 공정경쟁 · 공정거래 ● 환경친화 · 위험관리 ● 공공복지 · 사회봉사	● CS, 6시그마 ● 전자거래, 목표예산 관리 ● BCP(사업연속성계획), 안전관리 ● 기업문화(노사화합), 커뮤니티

군 · B군 · C군)에 따라 열거하면 다음과 같다.

- **윤리경영 지원 A군 IT시스템**: ERP(재무/구매/영업/자산/HR), 기업포털(EP)/그룹웨어, 내부통제 시스템, EPM(기업성과관리), 대시보드(Dashboard), SCM(공급망 관리시스템), 전자조달 시스템

- **윤리경영 지원 B군 IT시스템**: BPM, EHS(환경/보건 안전), 원가 시스템(ABC 외), RMS(위험관리 시스템), RFID/USN, 홈페이지, SRM(공급자 관계관리), EIS(경영자정보), SEM(전략기업정보시스템), KMS(지식경영 시스템), PRM(파트너 관계관리), PLM(제품수명 주기관리)

- **윤리경영 지원 C군 IT시스템**: VBM(가치창조경영 시스템), CRM(고객관리 시스템), 재난관리 시스템

2) 윤리경영 실천과제와 혁신활동/시스템 연관성 분석

① 윤리경영 지원 주요 혁신활동/시스템

윤리경영을 지원하는 혁신활동/시스템은 기업에 따라 다양한 여러 가지 형태와 이름으로 존재하고 있으나 여기에서는 윤리경영의 기본정신과 실행 방향을 기준으로 ①투명성의 정도경영, ②합리성의 직업윤리, ③이타성의 사회적 책임과 연계한 윤리경영 지원 주요 혁신활동/시스템만을 정리하고자 한다.

② 윤리경영과 IT시스템 긴밀도 검토

윤리경영 실천과제를 지원하는 혁신활동/시스템의 경우에도 앞에서 설명한 IT시스템과 같이 기업의 상황과 요구에 따라 여러 가지가 있겠으나 기업의 주요 혁신활동/시스템이 윤리경영 실천과제를 지원해 얻을 수 있는 효과 정도를 분석함으로써 상호 간의 긴밀도 관계를 검토하고자 한다.

[표 2-6] 주요 혁신활동/시스템의 윤리경영 지원효과 분석표

NO	주요 혁신 활동/시스템	투명성 - 정도경영				합리성 - 직업윤리				이타성 - 사회적 책임			
		회계정보 투명성	내부 통제체제	건전한 지배구조	주주권익 중시	공정한 평가/보상	직장(생활) 수준 향상 (GWP/QWL)	직장윤리/ 책무확립	주인의식/ 프로정신	고객만족/ 고객보호	공정경쟁/ 공정거래	환경친화/ 위험관리	공공복지/ 사회봉사
1	프로세스 혁신		●	○	○	●	○	●	●	●	●	○	○
2	BSC(균형성과 관리표)	○	○	○	●	●	○	○	○	●	○		
3	6시그마	○	○		●	●	○	●	●	●	●	○	
4	정보통제/감사	●	●	●	○	○		○	○	○	○	○	
5	EVP(종업원가치제안)					○	●	○	●	○			○
6	멘토링		○				●	○	●	○		○	○
7	CS경영(CSI 등)			○	○	○	○	○	●	●	○		○
8	기업문화					●	●	●	○				○
9	원가관리(표준,ABC,실제 등)	●	●		●				○				
10	아웃소싱(BPO/BTO)		○		○	○		○	○	○	○	●	
11	EVA(경제적부가가치)	○	○	○	●	○		○	○	○			
12	MBO(목표경영)				●	●			○	○			
13	직무순환		●				●	○	○				
14	협력사 경영지도							○	○	○	●		○
15	BCP(업무연속성계획)		○		○	○		○	●	○		●	
16	KM(지식경영)					●	○	○	●				
17	사무환경개선(Green Office)					●	●					○	
18	CoP(실행공동체)					●		●	●				○
19	콜센터									●	○		

범례: ●(높음) - 혁신활동/시스템이 윤리경영 실천과제를 지원하여 직접적인 효과를 달성하는 경우
  ◐(중간) - 혁신활동/시스템이 윤리경영 실천과제를 지원하여 부분적인 효과를 달성하는 경우
  ○(낮음) - 혁신활동/시스템이 윤리경영 실천과제를 지원하여 부수적인 효과를 달성하는 경우

[표 2-6]은 기업의 주요 혁신활동/시스템이 윤리경영의 실천과 제를 지원해 얻을 수 있는 윤리 효과 및 달성 수준의 정도를 3단계로 분리해 정리한 것이다.

앞의 [표 2-6]에서 정리한 19개의 주요 혁신활동/시스템이 윤리경영 실천과제를 지원하는 효과의 정도를 종합해 혁신활동/시스템과 윤리경영의 친밀도를 분석하기 위해 다음과 같은 지표를 추출했고, 분석 결과는 다음에 나오는 [표 2-7]과 같다.

- **실천과제 지원 개수:** 혁신활동/시스템이 윤리경영의 실천과제를 지원하는 효과의 3단계(높음 : ●, 중간 : ◐, 낮음 : ○) 정도에 따른 지원 개수
- **환산점수:** 과제지원 3단계 효과별로 가중치(● : 5점, ◐ : 3점, ○ : 1점)를 부여해 과제 지원 개수에 가중치를 곱한 값

[표 2-7] 주요 혁신활동/시스템의 윤리경영 지원긴밀도 분석표

NO	주요 혁신 시스템	실천과제 지원개수 ●(높음)	◐(중간)	○(낮음)	윤리경영 실천과제 지원개수	환산점수 (●: 5, ◐: 3, ○: 1)	윤리경영 지원긴밀도 (A,B,C)
1	프로세스혁신(PI/BPM)	1	5	6	12	26	A
2	BSC(균형성과관리표)	3	1	6	10	24	A
3	6시그마	2	3	5	10	24	A
4	정보통제/감사	3	0	7	10	22	A
5	EVP(종업원가치제안)	2	0	5	7	15	A
6	멘토링	1	1	6	8	14	B
7	CS경영(CSI 등)	1	1	6	8	14	B
8	기업문화	1	1	4	6	12	B
9	원가관리(표준, ABC, 실제 등)	1	2	1	4	12	B
10	아웃소싱(BPO/BTO)	0	1	8	9	11	B
11	EVA(경제적부가가치)	1	0	6	7	11	B
12	MBO(목표경영)	1	2	0	3	11	B
13	직무순환	0	2	3	5	9	C
14	협력사 경영지도	1	0	4	5	9	C
15	BCP(업무연속성계획)	1	0	4	5	9	C
16	KM(지식경영)	1	1	1	3	9	C
17	사무환경개선(Green Office)	0	2	1	3	7	C
18	CoP(실행공동체)	0	2	1	3	7	C
19	콜센터	1	0	1	2	6	C

- **윤리경영 지원긴밀도:** 윤리경영의 실천과제를 지원하는 긴밀도가 높은 혁신활동/시스템은 A군, 중간은 B군, 낮은 것은 C군으로 분류한다.

결과적으로 기업의 주요 IT시스템을 윤리경영 지원긴밀도 등급(A군·B군·C군)에 따라 분류하면 다음과 같다.

- **윤리경영 지원 A군 혁신활동/시스템:** 프로세스 혁신(PI/BPM), BSC(균형성과 관리표), 6시그마, 정보통제/감사, EVP(종업원가치 제안)
- **윤리경영 지원 B군 혁신활동/시스템:** 멘토링, CS경영(CSI 등), 기업문화, EVA(경제적 부가가치), 원가관리(표준, ABC, 실제 등), 아웃소싱(BPO/BTO), MBO(목표경영)
- **윤리경영 지원 C군 혁신활동/시스템:** 직무순환, 협력사 경영지도, BCP(업무연속성 계획), KM(지식경영), 사무환경개선(Green Office), CoP(실행공동체), 콜센터

(3) 윤리경영 지원시스템의 체계

윤리경영을 지원하는 시스템, 즉 ①IT시스템과 ②혁신활동/시스템을 다음 [그림 2-5]와 같이 종합해 정리할 수 있다. 윤리경영 지원시스템에는 윤리경영 추진과제의 구분에 따라 다양한 ①IT시스템과 ②혁신활동/시스템으로 구분해 추가할 수 있으나, 여기에서는 지금까지 정의한 윤리경영의 실천과제에 따른 주요 IT시스템과 혁신활동/시스템만을 정리하고자 한다.

따라서 본 체계는 회사의 입장과 요구에 따라 현재 상황에 맞게 수정하고 정의해 활용할 필요가 있다.

[그림 2-5] 윤리경영 지원시스템 체계(예시)

```
                    윤리경영  지원시스템 체계(예시)
                    ┌─────────────┴─────────────┐
              윤리경영 지원                윤리경영 지원
               IT시스템                   혁신활동/시스템
```

■ A군 IT시스템
- ERP: 재무/구매/영업/자산/HR
- 기업포털(EP)/그룹웨어
- 내부통제 시스템
- EPM(기업성과관리)
- 대시보드(Dashboard)
- SCM(공급망 관리시스템)
- 전자조달 시스템

■ B군 IT시스템
- BPM
- EHS(환경/보건안전)
- 원가시스템(ABC 외)
- RMS(위험관리 시스템)
- RFID/USN
- 홈페이지
- SRM(공급자 관계관리)
- EIS(경영자정보)
- SEM(전략기업 정보시스템)
- KMS(지식경영 시스템)
- PRM(파트너 관계관리)
- PLM(제품수명 주기관리)

■ C군 IT시스템
- VBM(가치창조경영 시스템)
- CRM(고객관리 시스템)
- 재난관리 시스템

■ A군 혁신활동/시스템
- 프로세스 혁신(PI/BPM)
- BSC(균형성과 관리표)
- 6시그마
- 정보통제/감사
- EVP(종업원 가치제안)

■ B군 혁신활동/시스템
- 멘토링
- CS경영(CSI 등)
- 기업문화
- EVA(경제적 부가가치)
- 원가관리(표준, ABC, 실제 등)
- 아웃소싱(BPO/BTO)
- MBO(목표경영)

■ C군 혁신활동/시스템
- 직무순환
- 협력사 경영지도
- BCP(업무연속성 계획)
- KM(지식경영)
- 사무환경개선(Green Office)
- CoP(실행공동체)
- 콜센터

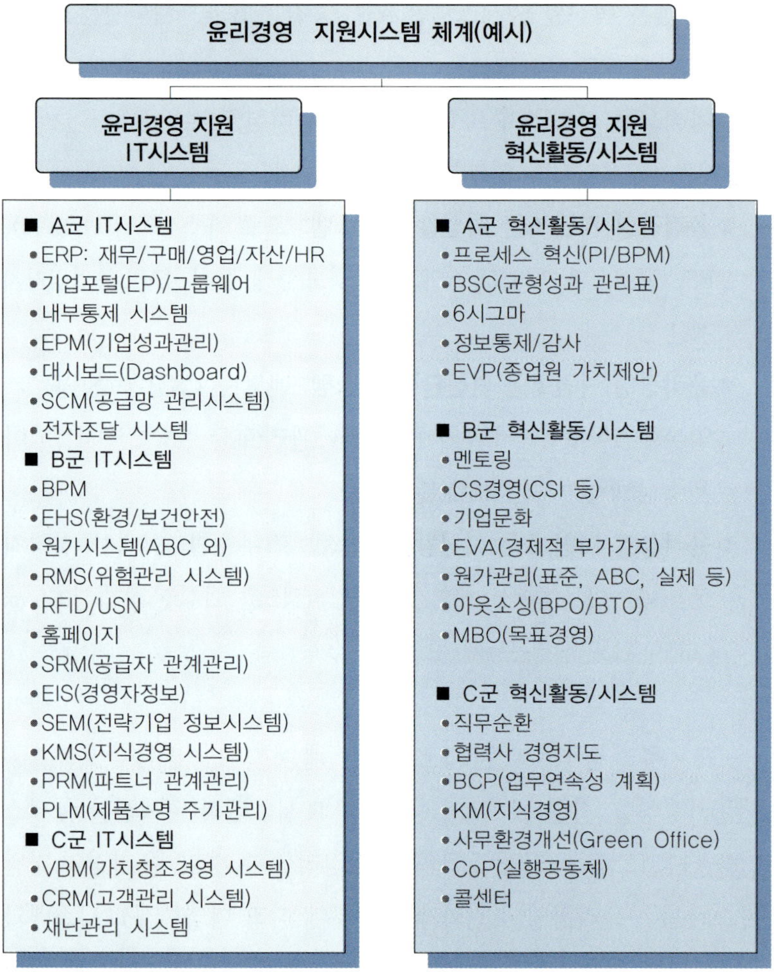

(4) 윤리경영 지원시스템의 성숙도 점검

윤리경영의 수준을 점검하는 것은 거시적 관점에서 현재의 윤리

경영 단계를 알아보기 위한 것이다. 또한 기업의 윤리경영 실천에 대한 구체적 평가를 위해서는 윤리경영 평가항목 및 지표를 통해 구체적으로 윤리경영 수준을 진단하고 평가해야 한다.

여기에서는 기업의 윤리경영에 대한 성숙도를 점검하기 위해 윤리경영 지원시스템인 IT시스템과 혁신활동/시스템의 2가지 측면에서 어떠한 지원시스템이 기업에 구축되어 윤리경영을 지원하고 있는지, 그리고 지원시스템의 성숙도 수준은 어느 정도인지를 검토하기 위한 점검 자료로 제시하고자 한다.

다음의 [표 2-8]은 기업의 윤리경영 지원시스템 성숙도를 점검하기 위해 사용할 수 있는 표이다. 여기에서는 지원시스템의 성숙도 점검을 위해 IT시스템과 혁신활동/시스템의 2가지로 분리했으나, 기업의 상황에 따라 통합해 하나의 표로 관리할 수도 있다.

성숙도 점검 리스트는 기업이 보유한 지원시스템별 윤리경영 실천과제를 점검하고 표의 우측 상단에 있는 윤리경영 지원 IT시스템 또는 혁신활동/시스템의 성숙도를 점검하기 위해, 실천과제별 지원 개수를 계산하고, 아래와 같이 환산점수와 성숙도 종합점수를 산출하는 것이다.

- **환산점수:** 과제지원 3단계 효과별로 가중치(● : 5점, ◐ : 3점, ○ : 1점)를 부여해 과제 지원 개수별로 가중치를 곱한 값
- **성숙도 종합점수:** 환산점수를 100점 기준으로 변환한 값(12개의 윤리경영 실천과제를 모두 높음[●]으로 지원할 경우의 값으로, 12×5=60)을 100점 기준으로 환산

이상의 성숙도 점검 리스트는 연도별 변화 추이와 회사별 상호 비교분석을 통한 상대적 성숙도 점검에 활용할 수 있다.

[표 2-8] 윤리경영 지원시스템 성숙도 점검 리스트(예시)

윤리경영지원 IT시스템 성숙도 점검 리스트

NO	IT시스템	투명성 – 정도경영			합리성 – 직업윤리			이타성 – 사용자 책임			윤리경영지원 IT시스템 성숙도 점검				
		회계정보투명성	내부통제체제	건전한지배구조	주주권익중시	공정한평가/보상	직장생활수준 향상(GMP/QM등)	직장윤리/책무확립	주인의식/프로정신	고객만족/고객보호	공정경영/공정거래	환경친화/위험관리	공공복지/사회봉사	실천과제지지개수 (H) (M) (L)	윤리경영실천과제지원개수	환산점수 (●=5, ◐=3, ○=1)	성숙도종합점수 (100점 기준)
1	ERP(재무/구매/영업/자산)/HR	●	●	●	●	●	●	●	●	●	○			7 3 1	11	45	75
2	기업포털(EP)/그룹웨어	●	●	◐	●	●	●	●						3 5 0	8	30	50
3	내부통제시스템	●	●		●	●	●	●	●					5 1 0	6	28	47
4	EPM(기업성과관리)	●	◐		○	●	○		●	●	●			3 3 2	8	26	43
5	Dashboard	●	◐		○	◐	○		●	●	●			4 1 2	7	25	42
6	SCM	●				◐		●	○	●	●			2 3 2	7	21	35
7	전자조달시스템	●			○	◐			○	●	●			2 3 1	6	20	33
8	BPM		●		○		◐		●	○	◐	◐		1 3 4	8	18	30
9	EHS(환경/보건안전)		○		○				◐	◐	◐	●	◐	1 3 3	7	17	25
10																	
11																	
12																	
13																	
14																	
15																	
22																	

범례: ● (높음) – IT시스템이 윤리경영 실천과제를 지원하여 직접적인 효과를 달성하는 경우
◐ (중간) – IT시스템이 윤리경영 실천과제를 지원하여 부족적인 효과를 달성하는 경우
○ (낮음) – IT시스템이 윤리경영 실천과제를 지원하여 부수적인 효과를 달성하는 경우

윤리경영지원 혁신활동/시스템 성숙도 점검 리스트

NO	혁신시스템	투명성 – 정도경영			합리성 – 직업윤리			이타성 – 사용자 책임			윤리경영지원 혁신활동/시스템 성숙도 점검				
		회계정보투명성	내부통제체제	건전한지배구조	주주권익중시	공정한평가/보상	직장생활수준 향상(GMP/QM등)	직장윤리/책무확립	주인의식/프로정신	고객만족/고객보호	공정경영/공정거래	환경친화/위험관리	공공복지/사회봉사	실천과제지지개수 (H) (M) (L)	윤리경영실천과제지원개수	환산점수 (●=5, ◐=3, ○=1)	성숙도종합점수 (100점 기준)
1	프로세스혁신(PI/BPM)	○	●		●	●	●	●	●	○	○			5 6 1	12	26	43
2	BSC(균형성과관리표)	●	●	○	●	●	●		◐	●	●			3 1 6	10	24	40
3	6시그마	○	○			●	●	●	●	●	●			2 3 5	10	24	40
5	정보통제/감사	●	●		○		○		●	●	●	○		3 0 7	10	22	37
6	EVP(종업원가치제안)	●				●	●	●	●					2 0 5	7	16	25
7	멘토링		○			●	●	●		○	○		●	1 2 6	8	14	23
8																	
9																	
10																	
11																	
12																	

범례: ● (높음) – 혁신활동/시스템이 윤리경영 실천과제를 지원하여 직접적인 효과를 달성하는 경우
◐ (중간) – 혁신활동/시스템이 윤리경영 실천과제를 지원하여 부족적인 효과를 달성하는 경우
○ (낮음) – 혁신활동/시스템이 윤리경영 실천과제를 지원하여 부수적인 효과를 달성하는 경우

제 2 장

윤리경영 실천방향과 IT시스템

2. 1 정도경영 실천과제와 IT시스템

(1) 회계정보의 투명성 지원을 위한 IT시스템

회계정보의 투명성을 제고하기 위한 실천과제는 ①회계정보의 신뢰성(Reliability), ②회계정보의 목적적합성(Relevance), ③경영자의 정직성(Honesty)과 관련돼 있다. 이 중에서 IT시스템과 연관되어 관리해야 할 과제를 분석하면, 회계정보의 투명성을 지원하는 대표적인 IT시스템으로는 국내외적으로 공인·활용되고 있는 ERP시스템이 있다. 특히 실시간 관리가 가능한 RTE-ERP시스템은 기업 회계정보의 투명성에 대한 신뢰를 더욱 높여주고 있다.

회계정보의 투명성과 관련해 세부적인 실천과제를 분석적으로 살펴보면 회계정보의 신뢰성 확보를 위해 RTE-ERP시스템의 핵심 하부 시스템인 재무회계·구매 및 자재 관리·영업 및 수금 관리·현금 및 자산 관리시스템이 상호 유기적으로 통합되어 실시간으로 정보가 처리됨으로써, 기업의 돈과 물류에 대한 투명한 관리가 보장되는 것이다. 회계의 준법성·정당성을 인정받기 위해서는 국내외적으로 공인되는 RTE-ERP시스템의 구축과 운영이 필요하다.

또한 사전·사후 원가 분석을 통해 회계의 흐름을 예측 관리하는 원가시스템이 필요하게 된다. 원가관리를 지원하는 IT시스템으로는 기업의 원가활동(Activity)에 근거해 원가를 관리하는 활동기준 원가(ABC: Activity Based Costing) 방법과 이를 지원하는 IT시스템인 활동기준 원가관리(ABM: Activity Based Management) 시스템 등 여러 유형의 원가관리 IT시스템이 존재하며, 해당 시스템은 기업의 요구에 맞게 적절한 것으로 선택해 사용할 수 있다.

회계정보의 투명성을 제고하기 위한 실천과제와 관련된 주요 IT시스템은 다음의 [표 2-9]와 같다.

[표 2-9] 회계정보의 투명성 지원을 위한 주요 IT시스템(예시)

윤리경영 실행방향	윤리경영 실천과제	주요 IT시스템
투명성 → 정도경영	●회계정보 투명성 - 회계 신뢰성 - 준법성 및 정당성 　(국내외 공인) - 원가분석 및 예측	● RTE-ERP - 재무회계, 구매자재, 영업수금, 자산관리 - 공인 ERP 시스템 - 원가관리 시스템(ABC/ABM 등)

(2) 고효율의 내부통제 지원을 위한 IT시스템

고효율의 내부통제를 지원하기 위한 실천과제는 ①내부통제 기준의 확립, ②통제와 균형의 조화, ③내부감사 기능 강화 등이 있다. 구체적인 실천과제로는 직무의 역할과 책임을 명확히 정의하고 직무 순환 등의 제도적 방법을 통해 내부적 통제를 지원하는 IT시스템으로, 인사 관리를 담당하는 ERP의 HR시스템이 대표적이다. ERP-HR 역시 실시간 기업의 필요조건을 준수하는 RTE-ERP-HR 시스템이 요구된다.

고효율의 내부통제를 강화하기 위한 수단으로 구성원의 담당 업무에 대한 처리 체계를 명확히 하기 위해서는, 전체 프로세스를 혁신적으로 재정의해 개선하는 BPM(Business Process Management; 비즈니스 프로세스 관리) 시스템이 필요하다. 최근에는 규정된 업무처리 준수를 위해 조직이나 구성원이 정해진 규정이나 규칙에 의해 자동적으로 일을 할 수 있도록 IT시스템으로 업무의 규칙관리를 지원하는 BRM(Business Rule Management; 비즈니스 규칙 관리) 시스템도 활용하고 있다.

고효율의 내부통제를 통한 부정방지를 위해서는 윤리적 관점에서의 업무처리가 요구되고 있다. 기업의 내부통제 시스템은 조직구성원이 정해진 업무를 윤리규정에 의해 제대로 처리하고 있는지를 점검하는 시스템이다. 또한 기업의 중요 자산인 물적 자산의 실시간 통제·관리를 위해서 RTE-RFID/USN을 활용한다.

RMS는 불확실한 경영환경하에서 닥칠 수 있는 여러 가지 경영 위험을 사전에 분석하고 대응체계를 구축함으로써 기업가치의 극대화를 추구하기 위한 기반 시스템이다. 이러한 RMS는 회계정보 예측을 통해 고효율의 내부통제 체계를 지원함으로써 정도경영을 실현하기 위한 회계정보의 투명성을 직·간접적으로 제고할 수 있도록 해준다. 한편, 기업경영에 필요한 각종 주요지표인 KPI(Key

Performance Indicator; 핵심성과지표)는 RTE-대시보드를 통해 경영관리자의 내부통제 기능을 지원하게 된다.

넓은 의미로는 기업경영의 위험요인인 시장상황 및 재무적 변화에 대응하기 위한 시뮬레이션 시스템을 포함하기도 하지만, 고효율의 내부통제를 직접적으로 실현하기 위한 실천과제와 관련된 주요 IT시스템은 [표 2-10]과 같다.

[표 2-10] 고효율의 내부통제 지원을 위한 IT시스템(예시)

윤리경영 실행방향	윤리경영 실천과제	주요 IT시스템
투명성 → 정도경영	●고효율의 내부통제 - 역할 및 책임, 직무순환 - 업무처리체계 명확화 - 부정 방지 - 물류통제 실시간관리 - 회계정보 예측 가능성 - 주요 경영지표 실시간 관리	●BPM/BRM, HR, RTE-대시보드 - RTE-ERP-HR - BPM/BRM - 내부통제 시스템 - RTE-RFID/USN - RMS(위험관리 시스템) - RTE-대시보드

(3) 건전한 지배구조 지원을 위한 IT시스템

건전한 지배구조 조성을 위한 실천과제는 ①경영절차의 투명화, ②이사회 효율성 제고, ③감사 독립성 강화 등을 통해 가능하다. 해당 IT시스템으로는 먼저 경영절차의 투명화를 실천하기 위해 기업지배구조 및 경영절차의 공시가 기업 홈페이지를 통해 수행된다. 그리고 재무회계 정보는 RTE-ERP를 통해 생성되지만, 이 정보는 기업의 홈페이지 등을 통해 공시되고 있다.

감사의 독립성을 유지하고 전문성을 제고하기 위해서는 감사 조직 및 제도의 체계화가 필요하지만 IT시스템 차원에서는 기존의 정보시스템이 올바로 구축되고, 각종 데이터가 처리되는지를 확인할 필요가 있으며, IT 감리 도구를 활용해 정보시스템 감사나 감리 기능을 수행하게 된다. 그리고 감사와 관련해 내부통제가 제대로 이루어지고 있는지를 지원하기 위해서는 내부통제 시스템이 관련 기능을 지원하고 있다.

건전한 지배구조 지원을 위한 실천과제와 관련된 주요 IT시스템은 [표 2-11]과 같다.

[표 2-11] 건전한 지배구조 지원을 위한 IT시스템(예시)

윤리경영 실행방향	윤리경영 실천과제	주요 IT시스템
투명성 → 정도경영	●건전한 지배구조 - 재무회계정보 공시 - 지배구조, 경영절차 공시 - 감사 독립성, 전문성 - 내부통제 적절성	●RTE-ERP, 홈페이지 - RTE-ERP, 홈페이지 - 홈페이지 - IT Audit Tool - 내부통제 시스템

(4) 주주권익의 중시 지원을 위한 IT시스템

주주권익을 중시하기 위한 실천과제로는 ①주주가치 중시 및 향상, ②주주권리 보호, ③주주에 대한 평등한 대우를 들 수 있으며, 기업의 모든 IT시스템은 광의적으로 해석하면 주주 권익을 중시하기 위한 것으로 해석할 수 있다. 그러나 여기에서는 좁은 의미로 해석해 주주가 알아야 할 중요 경영활동 및 정보를 공지함으로써 주주의 알 권리를 보호하는 IT 지원시스템으로 인터넷 홈페이지나 EP(기업포털)만을 제시했다.

한편 주주가 보유한 기업의 가치를 높이기 위해서는 부가가치를 높이는 경영 기법이 필요하며, VBM(가치창조경영)을 지원하는 IT시스템은 주주가치 향상에 기여하게 된다.

주주권익을 중시하기 위한 실천과제와 관련된 주요 IT시스템은 [표 2-12]와 같다.

[표 2-12] 주주권익의 중시 지원을 위한 IT시스템(예시)

윤리경영 실행방향	윤리경영 실천과제	주요 IT시스템
투명성 → 정도경영	●주주권익 중시 - 주주가치 향상 - 주주권리 보호 - 주주에 대한 평등한 대우	●VBM, EP, 홈페이지 - VBM 시스템 - 홈페이지, EP

2.2 직업윤리 실천과제와 IT시스템

(1) 공정한 평가·보상 지원을 위한 IT시스템

공정한 평가·보상 지원을 위한 실천과제에는 ①평가항목의 적절성, ②평가기준의 합리성, ③평가역량의 수준 제고가 있다. 먼저 공정한 평가·보상을 위해서는 직업윤리 세부 실천과제인 업무성과관리가 필요하다.

이를 위해 재무·고객·프로세스·교육 관점에서 균형 있게 업무성과를 관리할 수 있는 IT화한 BSC 시스템이 필요하다. 또한 기업의 존속과 번영은 지속적 성과를 도출함으로써 가능하게 된다. 기업에서 성과를 올바르게 평가하고 보상해주는 성과평가 문화의 정착은 IT를 활용한 기업성과관리(EPM: Enterprise Performance Management)

시스템이 있어야 한다.

공정한 평가·보상을 실현하기 위한 실천과제와 관련된 주요 IT 시스템은 [표 2-13]과 같다.

[표 2-13] 공정한 평가·보상 지원을 위한 IT시스템(예시)

윤리경영 실행방향	윤리경영 실천과제	주요 IT시스템
합리성 → 직업윤리	●공정한 평가·보상 - 업무성과 관리 - 성과평가 문화 정착	●성과경영 시스템 - BSC 시스템 - EPM(Enterprise Performance Mgt.) 시스템

(2) 직장생활 수준향상 지원을 위한 IT시스템

직장생활 수준향상, 즉 GWP(Great Work Place; 훌륭한 일터)·QWL(Quality of Working Life; 노동생활의 질)의 구현을 지원하기 위한 실천과제로는 ①경영관리자의 신뢰도, ②업무수행의 긍지, ③함께 일하는 즐거움이 있다.

인간은 기계와 다르기 때문에 직장생활의 질을 향상시켜야만 일에 대한 헌신과 창의성을 발휘하게 된다. 직장생활의 질을 높이기 위해서는 자신이 하는 일에 대한 만족감이 선행돼야 한다.

직장생활의 만족감이란 여러 대안을 통해 성취할 수 있으나, 그 중에서도 회사 전반을 이해하고 상호 간의 커뮤니케이션을 원활하게 할 수 있는 제도적 장치로 기업포털이나 그룹웨어(Groupware) 시스템을 활용하게 된다.

특히 조직구성원의 직장에 대한 적극적 참여를 유도하기 위해서는 사내 경영정보의 공유가 필요한 바, 경영층을 포함한 주요 인력에 대한 경영정보 공유의 수단으로 EIS(Executive Information System; 경영자정보 시스템), SEM(Strategic Enterprise Management; 전략적 기업경영), RTE-대시보드 등의 시스템이 활용된다.

GWP · QWL의 구현을 실현하기 위한 실천과제와 관련된 주요 IT시스템은 [표 2-14]와 같다.

[표 2-14] 직장생활 수준향상 지원을 위한 IT시스템(예시)

윤리경영 실행방향	윤리경영 실천과제	주요 IT시스템
합리성 → 직업윤리	●GWP · QWL 구현 - 의사소통 활성화 - 경영정보공유	●EP, SEM, RTE-대시보드 - EP, 그룹웨어 - EIS, SEM, RTE-대시보드

(3) 직장윤리 · 책무확립 지원을 위한 IT시스템

직장윤리 · 책무확립 지원을 위한 실천과제는 ①직장인의 기본 임무 정립, ②윤리강령 · 행동규범의 수준 제고, ③임직원의 안전 · 건강 고려가 있다. 회사의 영업비밀을 보호하고, 윤리규범에 따라 회사의 이익을 생각하는 보안정신은 실시간 통제된 ERP시스템을 이용해 사용자의 적정 권한 관리 부여 기능을 통해 이루어진다.

또한 임직원의 안전과 건강을 고려해 안전수칙을 제정하고 안전조치를 강구하는 기능은 보건 · 안전 시스템을 통해 수행된다. 최근에는 환경과 보건 · 안전을 통합한 EHS(Environment Health and Safety; 환경 건강 안전) 시스템으로 통합 운영되고 있다.

직장윤리 · 책무확립 지원을 위한 실천과제와 관련된 주요 IT시스템은 다음의 [표 2-15]와 같다.

[표 2-15] 직장윤리 · 책무확립 지원을 위한 IT시스템(예시)

윤리경영 실행방향	윤리경영 실천과제	주요 IT시스템
합리성 → 직업윤리	●직장윤리 · 책무확립 - 회사 기밀 보호 - 안전 · 건강 고려	●RTE-ERP, 보건 · 안전 시스템 - RTE-ERP(권한 관리) - EHS 시스템(보건 · 안전)

(4) 주인의식 · 프로정신 지원을 위한 IT시스템

주인의식 · 프로정신 지원을 위한 실천과제는 ①몰입과 헌신, ②직무책임 수행, ③전문성 · 자율성 존중이 있다. 이 중에서 구성원에 대한 주인의식과 프로정신 고취를 위해서는 기업 차원의 조직구성원에 대한 직무수행능력 개발 및 강화를 위한 프로그램이 운영되어야 한다.

ERP의 하위 시스템인 인사관리(HR)시스템에서는 HRM(Human Resource Management; 인적자원 관리)과 HRD(Human Resource Development; 인적자원 개발)로 구분해 운영된다. 여기서 HRM은 인적자원의 획득 · 개발에 관한 활동으로, 기업의 인적자원 수요를 예측해 기업전략 실현에 필요한 인적자원을 확보하기 위해 필요한 IT시스템이다. 그리고 HRD는 인력의 채용 · 선발 · 배치부터 조직 설계 · 개발, 교육 · 훈련까지를 포괄하는 광범위한 직무수행능력 개발 및 강화 프로그램을 지원하는 IT시스템으로, 윤리경영의 실천과제인 직무수행능력 개발 및 강화와 가장 직결되는 시스템이다.

한편 기업에서 업무전문가 육성을 위한 기본과제로 구성원에 대한 프로정신을 강조하기 위해서는 전문가를 양성하고 존중하는 분위기가 필요하다. KMS(Knowledge Mamagement System; 지식경영 시스템)는 조직 내의 지식 창출 · 교환 및 공유 · 활용에 관한 전체 사이클을 지원하는 IT시스템으로서, 조직구성원의 전문지식 함양을 지원해 지식전문가를 양성하는 데 직·간접적으로 기여하는 시스템이다.

주인의식·프로정신의 구현을 실현하기 위한 실천과제와 관련된 주요 IT시스템은 [표 2-16]과 같다.

[표 2-16] 주인의식·프로정신 지원을 위한 IT시스템(예시)

윤리경영 실행방향	윤리경영 실천과제	주요 IT시스템
합리성 → 직업윤리	●주인의식·프로정신 - 직무수행 능력 개발·강화 - 전문가 양성·존중	●HR, KMS - HR·HRD, HRM - KMS

2. 3
사회적 책임 실천과제와 IT시스템

(1) 고객만족·고객보호 지원을 위한 IT시스템

고객만족·고객보호 지원을 위한 실천과제로는 ①고객가치창조, ②고객정보·고객이익 존중, ③소비자 보호활동이 있다. 윤리경영의 사회적 책임을 실행하기 위해서는 ①고객만족·고객보호, ②공정경쟁·공정거래, ③환경친화·위험관리, ④공공복지·사회봉사가 필요하다.

이 중에서 사회적 책임의 첫 번째 과제인 고객만족·고객보호는 기업 입장에서는 고객만족 경영이 실현되어야 한다. 고객만족 경영이란 경영의 모든 부문을 고객의 입장에서 생각하고 진정한 의미에서 고객을 만족시켜 기업의 생존을 유지하고자 하는 경영전략이다. 특히, 고객 중심의 생각을 기업경영에 실천하고, 고객의 편익을 극대화하기 위해서는 IT시스템 차원에서 CRM(Customer Relationship Mamagement; 고객관계관리) 시스템의 지원이 필요하게 된다.

또한 고객이 요구하는 납기와 약속을 준수하고, 판매 제품의 사후관리(A/S)까지 지원하기 위해서는 실시간 기업 조건을 준수하는 RTE-SCM 시스템의 하부 시스템으로 출하 관리시스템의 지원이 필요하게 된다.

고객만족·고객보호를 실현하기 위한 실천과제와 관련된 주요 IT시스템은 다음의 [표 2-17]과 같다.

[표 2-17] 고객만족·고객보호 지원을 위한 IT시스템(예시)

윤리경영 실행방향	윤리경영 실천과제	주요 IT시스템
이타성 → 사회적 책임	●고객만족·고객보호 – 고객 중심, 고객편익 극대화 – 고객 약속 이행(납기준수, A/S)	●CRM, RTE-SCM – CRM – RTE-SCM(출하관리)

(2) 공정경쟁·공정거래 지원을 위한 IT시스템

공정경쟁·공정거래를 실천하기 위한 실천과제는 ①공정한 거래, ②법규의 준수, ③공존공영 추구이다. 기업이 사회적 책임을 다하기 위해서는 우선 경쟁기업과의 공정 경쟁과 협력업체와의 공정거래 질서를 확립하고 준수해야 한다.

협력기업과 공정한 거래질서를 확립하고 규범을 준수하기 위해서는 모기업의 노력이 선행돼야 하는 것이다. 이를 위해 모기업을 중심으로 원자재나 제품의 공급망(Supply Chain)을 공정하게 관리 지원해줄 수 있는 실시간 기업지원의 RTE-SCM 시스템이 필요하다.

그리고 청결한 거래풍토 조성을 위해서는 거래와 관련된 모든 정보가 실시간으로 전산화 처리되는 것이 필요하다. e-Procurement는 인터넷을 통한 전자조달 시스템으로, 물품의 선택·구매 요청·승인·주문·운반 결재 및 수령까지의 구매 프로세스 전체를 인터넷을 통해 자동화하는 것으로, 청결한 거래풍토 확립에 기여한다.

지금까지 기업의 고객 개념은 최종 고객만을 인지했다. 그러나 유통망이 복잡하면서 최종 고객 이전에 중간단계로 기업의 사업 파트너인 대리점·지점·지사 등 기존의 유통망이 존재하게 된다. 이러한 사업 파트너는 본사의 하위구조가 아닌 파트너로서 서로 간의 유대를 강화해야 한다. PRM(Partner Relationship Management; 파트너 관계 관리)은 본사 입장에서 유통망을 관리하기 위한 IT시스템이다.

기업이 PRM을 구축할 경우에는 주문 에러 감소·재고 감소·매출액 증가 등 직접적인 효과와 함께, 사업 파트너로서는 고객이 본사와 인터넷 직접 구매를 통한 사업의 피해를 줄일 수 있는 혜택을 가질 수 있게 된다. 따라서 PRM은 사업 파트너의 사업 피해를 줄일 수 있는 기회를 제공하게 돼, 궁극적으로는 사업 파트너의 경영관리 지원 및 공정한 거래 풍토 확립에도 기여하게 된다.

SRM(Supplier Relationship Management; 공급자 관계관리)은 기업이 수익 창출을 위해 제품 공급업체를 어떻게 관리해야 하는가를 제시해주는 공급자 관계관리 시스템이다. SRM은 협력기업의 제품공급 현황·수요 예측·재고 관리 등을 효율적으로 처리하는 역할을 함으로써, 궁극적으로는 협력회사의 경영관리를 지원하는 역할을 담당하게 된다.

공정경쟁·공정거래를 실현하기 위한 실천과제와 관련된 주요 IT 시스템은 [표 2-18]과 같다.

[표 2-18] 공정경쟁·공정거래 지원을 위한 IT시스템(예시)

윤리경영 실행방향	윤리경영 실천과제	주요 IT시스템

이타성 →
사회적
책임
	●공정경쟁·공정거래
	  - 공정한 거래규범 준수
	  - 청결한 거래풍토
	  - 협력회사 경영관리
		●RTE-SCM, SRM, PRM
		  - RTE-SCM
		  - e-Procurement, PRM
		  - SRM

(3) 환경친화·경영위험관리 지원을 위한 IT시스템

환경친화·경영위험관리를 실천하기 위한 실천과제로는 ①기업의 사회적 비용 감축, ②자원절약·자연보호, ③안전관리·위기대응을 들 수 있다.

기업의 사회적 책임에서 강조되는 점은 환경친화와 경영 위험요소에 대한 사전관리이다. 특히 환경오염의 사전예방(Pollution Prevention)이나 근원적 해결을 위해, 기업은 정부나 사회로부터 환경친화정책 동참을 요구받고 있다. 환경관리의 선진화 요구, 하천·호수의 수질개선 참여, 깨끗하고 쾌적한 대기환경 조성 기여, 자연친화적 제품 개발, 폐기물 감량, 지구환경 보호는 기업이 윤리경영 차원에서 준수해야 할 산적한 과제이다.

이러한 환경친화·공해방지에 기여하는 기업 시스템으로는 환경관리 시스템이 있다. 일본의 도요타는 자동차 생산의 전 과정에서 환경을 고려한 단계별 환경관리 시스템을 채용해 실천하고 있다. 도요

타의 환경관리 시스템은 환경친화 개발 및 설계 시스템 구현, 제조 작업장에서 유독물질·폐기물 절감 프로그램 실행 등을 실천하고 있다.

PLM(Product Life cycle Management; 제품 수명주기 관리)은 제품 설계를 위한 아이디어 단계부터 생산 이전까지 관련된 모든 정보를 효율적으로 관리하는 IT시스템으로, 제품의 개발·생산·판매·폐기에 이르는 제품 수명 전체에 걸쳐 산출되는 데이터를 관리하고, 이를 각 부문 간에 실시간으로 공유해 협업을 지원하는 도구이다. 따라서 PLM의 올바른 활용은 환경친화 제품 개발의 커다란 역할을 담당하게 된다.

산업재해는 기업뿐 아니라 사회적으로도 손실이 큰 결과를 초래한다. 기업 내부의 각종 재해로부터 보호하기 위해서는 재난관리 시스템이 필요하며, 지리 정보를 기초로 한 GIS(Geographic Information System; 지리정보 시스템) 기반의 재난관리 시스템은 사업장의 시설보호·매설물 관리 등의 산업재해 예방 기능을 수행한다.

또한 기업 내외부의 위험요인에 대한 감지 및 대응 기능을 수행하는 IT시스템으로 RMS(Risk Management System; 위험관리 시스템)가 있다. RMS는 광의적인 의미로 기업경영의 위험요인인 시장 상황 및 재무적 변화에 대응하고 모의실험을 통해 경영 위험상황을 대처해 나가는 시스템으로 해석할 수 있다. 그러나 여기에서는 협의의 의미로 해석해 사업장의 각종 산업재해에 대한 대응 및 사후관리 시스템으로 해석하여 검토했다.

환경친화·경영위험관리를 실현하기 위한 실천과제와 관련된 주요 IT시스템은 [표 2-19]와 같다.

[표 2-19] 환경친화·경영위험관리 지원을 위한 IT시스템(예시)

윤리경영 실행방향	윤리경영 실천과제	주요 IT시스템

이타성 →
사회적
책임
	●환경친화·위험관리
	  - 환경친화 제품 개발
	  - 환경친화, 공해방지
	  - 산업재해 예방
	  - 위험 감지 및 대응
		●PLM, 환경재난관리 시스템, RMS
		  - PLM
		  - 환경관리 시스템
		  - 재난관리 시스템
		  - RMS(안전관리)

(4) 공공복지·사회봉사 지원을 위한 IT시스템

공공복지·사회봉사 지원을 위한 실천과제는 ①고용안정·창출, ②사회공헌활동, ③사회봉사활동 등을 통해 가능하다.

IT시스템으로는 노동생산성을 개선하기 위해 업무처리를 자동화하는 ERP의 지원이 필요하다. 조직구성원에 대한 고용을 유지하고 새로운 인력 수요를 창출하기 위해서는 각종 IT시스템을 통한 기업 종합 생산력 향상으로 경쟁우위를 확보함으로써 가능하게 될 것이다.

그리고 기존 인력의 고용 유지와 확대를 위해 체계적 인적자원관리를 지원하기 위한 ERP-HR 시스템이 필요하게 된다. 기업의 사회공헌활동, 사회봉사활동은 기업포털 시스템을 통해 사회봉사 커뮤니티 형성이 가능하고, 이를 통해 관련 정보를 주고받아 기업의 사회공헌 및 봉사활동이 체계적으로 진행될 수 있도록 지원하고 있다.

공공복지·사회봉사 지원을 위한 실천과제와 관련된 주요 IT시스템은 다음의 [표 2-20]과 같다.

[표 2-20] 공공복지 · 사회봉사 지원을 위한 IT시스템(예시)

윤리경영 실행방향	윤리경영 실천과제	주요 IT시스템
이타성 → 사회적 책임	● 공공복지 · 사회봉사 – 노동생산성 개선 – 고용 유지 및 확대 – 사회공헌 활동	● RTE-ERP, EP – RTE-ERP – ERP-HR – EP(기업포털)

제 3 장

윤리경영 실천방향과 혁신활동/시스템

3. 1
정도경영 실천과제와 혁신활동/시스템

(1) 회계정보의 투명성 지원을 위한 혁신활동/시스템

회계정보의 투명성을 제고하기 위한 실천과제는 ①회계정보의 신뢰성(Reliability), ②회계정보의 목적 적합성(Relevance), ③경영자의 정직성(Honesty)과 관련돼 있다. 회계정보의 투명성과 관련된 혁신활동/시스템은 다양하지만 주요 내용만 분석하면, 제품 원가의 정확성을 확보하기 위한 기준을 설정하고 관리하기 위해 표준원가 관리활동이 존재한다.

기업 원가에 대한 최소 단위의 활동기준을 마련해 처리하는 ABC(활동기준 원가)는 원가의 향후 예측 정도를 향상시켜주며, 적시에 현재의 원가정보 제공을 위해서는 실제원가제도를 도입하는 것이 바람직하다.

회계정보의 투명성을 제고하기 위한 실천과제와 관련된 주요 혁신활동/시스템은 [표 2-21]과 같다.

[표 2-21] 회계정보의 투명성 지원 주요 혁신활동/시스템(예시)

윤리경영 실행방향	윤리경영 실천과제	주요 혁신활동/시스템
투명성 → 정도경영	●회계정보 투명성 - 원가정확성 확보기준 강화 - 미래예측 가능성 - 적시성 원가정보 제공	●원가관리활동 - 표준원가 - ABC(활동기준 원가) - 실제 원가

(2) 고효율의 내부통제 지원을 위한 혁신활동/시스템

고효율의 내부통제를 지원하기 위한 실천과제는 ①내부통제기준의 확립, ②통제와 균형의 조화, ③내부감사 기능 강화 등이 있다. 고효율 내부통제와 관련된 필요한 주요 혁신활동/시스템으로는 조직 구성원의 업무 역할 및 책임을 명확히 하고 적정 업무를 효율적으로 할당하기 위해 프로세스 혁신 시스템인 BPR/PI(비즈니스 프로세스 재설계/프로세스 혁신)가 필요하다.

효과적 의사결정 정보의 전달체계를 지원하기 위해서는 기존의 업무시스템이 IT기술의 도움을 받아 전자적으로 정보가 전달되고 결재되는 혁신적 활동이 필요하게 된다. 기업에서는 주요한 업무를 이중적으로 통제해 부정을 방지하기 위해 내부통제활동이 있어야 한다. 그리고 기업의 업무를 핵심역량과 비핵심역량으로 구분해 핵심역량에 기업 자원을 집중하고, 비핵심역량에는 효율적 업무처리가 가능하게 하는 활동이 필요하다. BPO/BTO(비즈니스 프로세스 아웃소싱/비즈니스 변혁 아웃소싱)기법은 비핵심역량 업무에 대한 혁신과 효율화를 추구하는 혁신활동/시스템의 한 방법이다.

고효율의 내부통제 지원을 위한 실천과제와 관련된 주요 혁신활동/시스템은 [표 2-22]와 같다.

[표 2-22] 고효율의 내부통제 지원 주요 혁신활동/시스템(예시)

윤리경영 실행방향	윤리경영 실천과제	주요 혁신활동/시스템
투명성 → 정도경영	●고효율의 내부통제 - 역할 및 책임, 임무 명확화 - 의사결정 정보전달 체계 - 주요업무 이중통제, 부정방지 - 비핵심역량 업무혁신, 효율화	●프로세스 혁신, 아웃소싱 - BPR/PI - 전자결재 - 내부통제 - BPO/BTO

(3) 건전한 지배구조 지원을 위한 혁신활동/시스템

건전한 지배구조를 실현하기 위한 실천과제는 ①경영절차의 투명화, ②이사회 효율성 제고, ③감사 독립성 강화 등을 통해 가능하다. 건전한 지배구조와 관련해 경영절차 공시를 투명하게 하기 위해 관련 정보를 감사하는 기능이 필요하며, 정보감사(IT Audit)는 기업 지배구조나 재무회계 정보의 기본적 투명성뿐 아니라, 정확한 정보의 정기적 공시를 감시하게 된다. 그리고 기업내부의 통제 적절성을 평가하고 유지하기 위해 내부통제활동이 있어야 한다.

건전한 지배구조 지원을 위해 관련된 주요 혁신활동/시스템은 [표 2-23]과 같다.

[표 2-23] 건전한 지배구조 지원 주요 혁신활동/시스템(예시)

윤리경영 실행방향	윤리경영 실천과제	주요 혁신활동/시스템
투명성 → 정도경영	●건전한 지배구조 - 통제 적절성 유지 - 경영절차 공시 투명화	●정보감사, 내부통제 - 내부통제 - 정보감사

(4) 주주권익을 중시하기 위한 혁신활동/시스템

주주권익을 중시하기 위한 실천과제로는 ①주주가치 중시 및 향상, ②주주권리 보호, ③주주에 대한 평등한 대우가 있다.

주주가치 중시와 관련해 주주가치를 높이기 위해서는 기업가치를 결정하는 요인들(Value Driver)의 실행에 집중해 경영활동을 전개하는 VBM을 실천해야 한다.

기업가치를 극대화하기 위해 선진 기업은 기존 사업의 구조조정과 신규 사업의 선택, 그리고 업무 흐름을 재구축하는 경영활동을 전개하고, 그 성과를 EVA(Economic Value Added; 경제적 부가가치)·DCF(Discounted Cash Flow; 경제적 이익)·CFROI(현금흐름 수익률) 등의 측정지표를 이용해 기업의 부가가치 창출과 성과를 관리하고 있다.

기업은 자본시장에서 정당한 평가를 얻기 위해 주식 및 사채투자자들을 대상으로 체계적이고 주기적인 홍보활동이 필요하다. 기업가치(주식)에 대한 적극적인 홍보로 시장가치를 관리하기 위한 혁신활동/시스템에는 IR(Investor Relation; 투자자관계) 활동이 있다.

주주권익을 중시하기 위한 실천과제와 관련된 주요 혁신활동/시스템은 다음의 [표 2-24]와 같다.

[표 2-24] 주주권익 중시 지원 주요 혁신활동/시스템(예시)

윤리경영 실행방향	윤리경영 실천과제	주요 혁신활동/시스템
투명성 → 정도경영	●주주권익 중시 - 주주가치 창조경영 - 적극적 시장가치 관리	●VBM, IR - EVA, VBM - IR

3.2
직업윤리 실천과제와 혁신활동/시스템

(1) 공정한 평가·보상 지원을 위한 혁신활동/시스템

공정한 평가·보상 지원을 위한 실천과제는 ①평가항목의 적절성, ②평가기준의 합리성, ③평가역량의 수준 제고가 있다. 공정한 평가와 보상의 가장 중요한 요인은 평가자와 피평가자 간에 이견이 발생하지 않고, 상호 합의된 내용으로 목표를 설정하고 평가해야 한다.

목표중심 경영기법인 MBO(Management By Object)는 '목표에 의한 관리'라고도 부르며, 합의에 의한 목표 수립이 가능해 공정한 평가와 보상이 뒤따르게 된다. 그리고 평가의 적정성·합리성을 유지하기 위해서는 객관적 관점에서 균형 있는 평가기준을 설정하는 것이 중요하다. BSC(균형성과 관리표)는 평가항목의 적정성을 지원하는 혁신도구이다.

공정한 평가·보상을 실현하기 위한 실천과제와 관련된 주요 혁신활동/시스템은 다음의 [표 2-25]와 같다.

[표 2-25] 공정한 평가·보상 지원 주요 혁신활동/시스템(예시)

윤리경영 실행방향	윤리경영 실천과제	주요 혁신활동/시스템

합리성 → 직업윤리	●공정한 평가·보상
	  - 합의에 의한 목표수립
	  - 평가항목의 적정성
		●BSC, MBO
		  - MBO
		  - BSC 경영기법

(2) 직장생활 수준향상을 위해 GWP · QWL을 구현하기 위한 혁신활동/시스템

직장생활의 수준향상을 위해 GWP · QWL을 구현하기 위한 실천과제는 ①경영관리자의 신뢰도, ②업무수행의 긍지, ③함께 일하는 즐거움이 있다. GWP · QWL의 구현을 지원하기 위한 실천과제로 조직구성원 또는 신규 입사자의 직업관 · 직장관을 정립하는 것은 멘토링(Mentoring) 제도를 통해 많은 효과를 거둘 수 있다.

그리고 업무만족도를 향상시키거나 성취감을 높이기 위해서는 종업원이 직장에서 느끼는 여러 항목을 점검해 제도적으로 개선해나가는 EVP(Employee Value Proposition; 종업원가치 제안) 제도가 있어야 하고, 직무에 적합한 순환배치제도가 주기적으로 시행돼야 한다. 또한 자기가 제공한 제품이나 서비스의 고객만족도는 상대적으로 자기 업무에 대한 만족도를 높여주는 직접적 요인이 된다.

GWP · QWL이 지속적으로 실현되도록 하기 위해서는 기업문화가 정착돼야 한다. 기업문화 혁신활동은 GWP · QWL 정착을 위해 기업 내의 관습을 바꾸는 활동이다.

GWP · QWL의 구현을 실현하기 위한 실천과제와 관련된 주요 혁

[표 2-26] GWP · QWL 구현 지원 주요 혁신활동/시스템(예시)

윤리경영 실행방향	윤리경영 실천과제	주요 혁신활동/시스템
합리성 → 직업윤리	●직장생활 수준향상을 위한 GWP, QWL구현 - 직업관 · 직장관 정립 - 업무만족도 · 성취감 - 진취적 기업문화	●멘토링, EVP, 기업문화 혁신 - 멘토링(Mentoring) - EVP, 직무순환, CSI - 기업문화 혁신

신활동/시스템은 앞의 [표 2-26]과 같다.

(3) 직장윤리 · 책무확립 지원을 위한 혁신활동/시스템

직장윤리 · 책무확립을 지원하기 위한 실천과제는 ①직장인의 기본임무 정립, ②윤리강령 · 행동규범의 수준 제고, ③임직원의 안전 · 건강 고려가 있다. 회사 구성원의 책무를 명확히 정립하고, 주어진 책임과 권한에 따라 자신이 보유한 회사의 주요 기밀(영업기밀 등)을 보호하기 위해서는 정보통제와 감사를 통한 철저한 정보보안 활동이 필요하다.

또한 기업 운영의 기본자세인 선공후사(先公後私)의 원칙 준수는 지속적인 변화관리를 통해 기업문화로 정착돼야 한다. 종업원의 근무환경 개선을 통한 임직원의 안전과 건강을 고려하기 위해 사무환경 개선 추진 시스템도 필요하다.

직장윤리 · 책무확립 지원을 위한 실천과제와 관련된 주요 혁신활동/시스템은 다음의 [표 2-27]과 같다.

[표 2-27] 직장윤리 · 책무확립 지원 주요 혁신활동/시스템(예시)

윤리경영 실행방향	윤리경영 실천과제	주요 혁신활동/시스템
합리성 → 직업윤리	●직장윤리 · 책무확립 - 회사 기밀 보호 - 선공후사(先公後私) 원칙 - 근무 · 작업 환경 개선	●정보통제 · 감사, 변화관리 - 통제감사(정보보안) - 변화관리 - Green Office

(4) 주인의식 · 프로정신 지원을 위한 혁신활동/시스템

주인의식 · 프로정신 지원을 위한 실천과제는 ①몰입과 헌신, ②직무책임 수행, ③전문성·자율성 존중이 있다. 종업원이 회사에 대한 신뢰 기반을 조성함으로써, 업무에 몰입과 헌신을 하도록 지원하기 위해서는 EVP활동이 제도적으로 활성화돼야 한다. 그리고 책임 있는 직무수행을 유도하기 위해 MBO나 BSC에 의한 공정한 업무 배분과 평가가 있어야 하고, 직무수행을 위한 전문지식을 배우고 전수해줄 수 있는 자발적 분위기 조성을 위해서는 지식경영 체계가 정착돼야 한다.

　기업의 중요 자산인 전문인력 양성은 중단 없이 진행돼야 하며, 이를 위한 전문가 육성 교육 프로그램과 CoP가 운영돼야 한다.

　주인의식·프로정신 구현을 실현하기 위한 실천과제와 관련된 주요 혁신활동/시스템은 다음의 [표 2-28]과 같다.

[표 2-28] 주인의식·프로정신 지원 주요 혁신활동/시스템(예시)

윤리경영 실행방향	윤리경영 실천과제	주요 혁신활동/시스템
합리성 → 직업윤리	●주인의식·프로정신 　- 회사 신뢰기반 조성 　- 직무책임 수행 명확화 　- 직무 수행능력 배양 　- 전문인력 양성 프로그램	●MBO, BSC, KM, CoP 　- EVP 　- MBO, BSC 　- KM(지식경영) 　- 전문가 프로그램, CoP

3.3 사회적 책임 실천과제와 혁신활동/시스템

(1) 고객만족·고객보호 지원을 위한 혁신활동/시스템

　윤리경영의 고객만족·고객보호 지원을 위한 실천과제는 ①고객가치 창조, ②고객보호·이익 존중, ③소비자활동 보호가 필요하다. 기업은 고객의 가치를 보호하기 위해 고객중심의 경영체제로 전환이 필요하다. CS(고객만족) 경영은 고객의 만족감을 극대화하고 차별화된 고객가치를 제공하기 위해 기업이 추진하는 경영혁신 활동이자 기법이다.

또한 고객의 불편사항을 최소화하고 고객 측면에서 문제점에 대응하기 위해서는 고객과의 접점 역할을 수행하는 콜센터나 고객신고센터 기능을 보유해야 한다. 소비자는 항상 완벽한 품질을 가진 제품과 서비스를 원한다. 그러므로 기업은 6시그마 혁신기법을 통해 최상의 품질을 고객에게 제공할 수 있어야 한다.

고객만족·고객보호를 실현하기 위한 실천과제와 관련된 주요 혁신활동/시스템은 다음의 [표 2-29]와 같다.

[표 2-29] 고객만족·고객보호 지원 주요 혁신활동/시스템(예시)

윤리경영 실행방향	윤리경영 실천과제	주요 혁신활동/시스템
이타성 → 사회적 책임	●고객만족·고객보호 - 고객중심 의식전환 - 고객편익 극대화 - 소비자 보호(품질보증)	●CS, 6시그마 - CS경영 - 고객접점(콜센터) - 6시그마

(2) 공정경쟁·공정거래 지원을 위한 혁신활동/시스템

공정경쟁·공정거래 지원을 위한 실천과제로는 ①공정한 거래, ②법규의 준수, ③공존공영 추구가 필요하다. 시장경쟁 질서를 확립하는 데 기여하고 과도한 접대나 금품 제공을 금하는 기업문화 정착을 위해 윤리규범에 따른 기업경영 실행과 함께 제도적으로 한도 목표

예산을 운영하는 장치가 필요하다.

글로벌 경쟁시대에 국제적 규범을 존중하며 회사의 손실을 최소화하기 위해, 해당 기업의 해외거래선 국가에 대한 법규를 이해하고 대응하는 글로벌 경영체제 도입도 필요하다. 또한 모기업으로서는 협력회사와 공존공영을 추구하는 노력이 필요하며, 이를 위해 협력회사를 대상으로 기술 및 경영을 지도하고 지원하는 제도적 시스템이 구비돼야 한다.

공정경쟁·공정거래를 실현하기 위한 실천과제와 관련된 주요 혁신활동/시스템은 다음의 [표 2-30]과 같다.

[표 2-30] 공정경쟁·공정거래 지원 주요 혁신활동/시스템(예시)

윤리경영 실행방향	윤리경영 실천과제	주요 혁신활동/시스템
이타성 → 사회적 책임	●공정경쟁·공정거래 - 과도한 접대·금품 엄금 - 국제규범 준수 - 협력회사 공존공영	●목표예산, 글로벌경영 - 목표예산관리 - 글로벌 경영 - 협력회사 경영지도/혁신

(3) 환경친화·경영위험관리 지원을 위한 혁신활동/시스템

환경친화·경영위험관리 지원을 위한 실천과제에는 ①사회적 비용 감축, ②자원절약·자연보호, ③안전관리·위기대응이 있다. 급변하는 경영환경에서 기업은 예측할 수 없는 많은 위험요인에 노출돼 있다. 이러한 상황에서 업무의 연속성을 기대하고, 이를 충족시키기 위해 BCP(Business Continuity Planning; 업무 연속성 계획)라는 개념이 필요하다. BCP란 재난 발생 시 비즈니스 연속성을 유지하기 위해 추진하는 방법론이다. 이는 고객서비스의 지속성 보장, 핵심

업무기능을 지속시키는 환경을 조성해 기업가치를 최대화하는 것을 말한다.

사회적 비용 감축을 위한 자원의 재활용은 기업내부의 리사이클 운동 정착이 필요하며, IT화를 통한 자원절약, 환경친화 분위기 조성을 위해 디지털 경영자세가 요구된다. 기업의 재산과 인적자원의 생명을 보호하는 산업재해 예방은 지속적 안전관리 활동과 교육이 선행돼야 한다.

환경친화·위험관리를 실현하기 위한 실천과제와 관련된 주요 혁신활동/시스템은 다음의 [표 2-31]과 같다.

[표 2-31] 환경친화·경영위험관리 지원 주요 혁신활동/시스템(예시)

윤리경영 실행방향	윤리경영 실천과제	주요 혁신활동/시스템
이타성 → 사회적 책임	●환경친화·위험관리 - 유형별 위기대책 강구 - 재생자원 재활용 - 자원절약 IT화 - 산업재해 예방	●BCP, 리사이클, 안전관리 - BCP - 리사이클 운동 - 디지털경영 - 안전관리

(4) 공공복지·사회봉사 지원을 위한 혁신활동/시스템

공공복지·사회봉사 지원을 위한 실천과제는 ①고용안정·창출, ②사회공헌활동, ③사회봉사활동 등을 통해 가능하다. 사회적 책임은 조직구성원의 안정적 고용유지와 신규 고용창출을 통해 이루어진다. 고용유지와 확대를 위해 기업은 지속적인 성장과 발전이 필요하며, 이를 위해 기업의 높은 부가가치를 창출할 수 있는 경영기법으로 부가가치경영(VBM)이 실천돼야 할 것이다. 특히 노사 간의 화합분위기 조성을 위한 각종 혁신적 시스템이 정착되는 것도 고용유지와 확대에 기여하게 된다.

　기업의 자원봉사 프로그램·지역사회 봉사·불우이웃 돕기 등의 행사는 기업내부의 봉사 커뮤니티가 활성화될 수 있는 기업문화를 정착시켜야 하며, 이를 위해 회사는 제도적 지원 장치 마련이 필요하다. 기업의 사회적 공헌과 봉사는 궁극적으로 기업의 브랜드 이미지와 가치를 향상시켜 장기적으로 기업 이익을 최대화하는 데 기여하게 된다.

　공공복지·사회봉사 지원을 위한 실천과제와 관련된 주요 혁신활동/시스템은 다음의 [표 2-32]와 같다.

[표 2-32] 공공복지·사회봉사 지원 주요 혁신활동/시스템(예시)

윤리경영 실행방향	윤리경영 실천과제	주요 혁신활동/시스템
이타성 → 사회적 책임	●공공복지·사회봉사 　- 고용유지 및 확대 　- 사회봉사활동	●VBM, 봉사 커뮤니티 　- VBM, 노사화합의 기업문화 　- 봉사 커뮤니티

제 4 장

윤리경영 지원시스템의 지향 방향

4. 1
내부통제 시스템 강화

(1) 내부통제제도의 도입 배경

미국 유수의 에너지 기업이었던 엔론은 2001년 11월 8일 과거 5년간 5억 8,600만 달러의 분식회계를 인정함에 따라, 한때 90달러를 호가하던 주가는 32센트까지 하락했고, 신뢰 상실로 인해 기업 인수조차 거부되어 최종 부도처리됐다.

또한 2002년에는 미국 제2의 통신회사인 월드컴을 비롯한 타이코 인터내셔널·글로벌크로싱·아델피아 등 대기업의 연이은 회계 부정으로 세계 5대 회계법인의 하나였던 아더앤더슨이 회계 부정 스캔들에 휘말려 분할 매각됨에 따라, 미국 기업과 주식시장에 대한 신뢰가 무너져 미국 증시가 대폭락하기도 했다.

따라서 미국 정부는 회계장부의 정확성을 보증하고 분식회계에 대해 CEO를 형사 처벌할 수 있는 강력한 회계 개혁법인 '사베인스-옥슬리(Sarbanes-Oxley)' 법을 제정했다.

이 법의 특징은 내부통제제도의 한계를 뛰어넘는 최고경영자가 행한 부정회계는 최고경영자와 대등한 독립 이사회의 감시를 필요로 한다는 기업지배구조(Corporate Governance)가 대두된 점이다. 내부통제제도의 충실한 강화를 기초로, 독립이사회에 의한 감사위원회, 임원의 보수를 결정하는 보수위원회, 이사의 선임·해임안을 제시하는 지명위원회 등의 강화가 요구된 것이다.

대형 기업의 회계 부정은 유럽에까지 파급되어, 자국의 제도를 기초로 기업지배구조(Corporate Governance)의 원칙을 확립해가고 있다. 영국에서는 2003년 7월에 'Corporate Governance 통합규범'을, 독일은 동년 5월에 'Corporate Governance 기업통치 규범'을 제정했다. EU는 EU 규정으로 제정하려고 검토 중이다. 일본에서도 '신회사법'(2006년 5월 시행 예정)을 제정해 이사회에서의 내부통제 시스템의 구축을 의무화하고 있다.

국내에서는 1997년 외환 위기 이후 대우·기아차 부도, 한보 사태와 2003년 SK글로벌 회계 부정 사건을 계기로 금융시장이 마비돼 경제활동이 위축됨에 따라 기업회계의 투명성이 절실히 요구됐다. 그리하여 2003년 말부터 4대 회계개혁 법안(증권거래법·외부감사에 의한 법률·증권관련집단소송법·공인회계사법)을 제정했다.

(2) 내부통제제도의 주요내용

회계개혁 법안을 중심으로 국내 내부통제제도의 주요 내용을 개략적으로 살펴보면 다음과 같다.

1) 사업보고서 등에 대한 CEO · CFO 인증

(증권거래법 2003.12.31)

- 신고서 기재내용 직접 확인 및 검토
- 외부감사에 관한 법률에 따라 내부회계 관리제도의 효율적 운영 · 평가 확인
- 감사위원회에 재무전문가 포함
- 주주 · 임원에 대한 금전거래 금지
- 사업보고서에 CEO · CFO 인증 의무화

2) 내부회계 관리제도 운영실태의 외부 감사인 검토

(외부감사에 관한 법률 2003.12.11)

- 내부회계 관리자는 운영실태를 이사회 및 감사에게 분기별 보고
- 감사는 이사회에 운영실태 평가 보고
- 외부 감사인은 운영실태를 검토해 감사보고서에 종합 의견 표명
- 부정행위 신고자 보호 및 위반행위 공시

3) 허위보고에 대한 집단소송

(증권관련집단소송법 2004.1.20)

- 소송 대상: 유가증권신고서 허위기재, 미공개 정보 이용, 시세조작
- 요건: 피해집단 구성원 50명 이상, 발행주식의 1만분의 1 이상

4) 공인회계사의 독립성 강화

(공인회계사법 2003.12)

- 감사업무를 공정하고 성실하게 수행하며, 고의로 진실을 감추거나 허위보고해서는 안되며 독립성을 유지해야 한다.

(3) 내부통제제도 목적

1) 내부통제의 정의

내부통제란 일반적으로 기업 등의 조직 내부에서 위법 행위나 부정·실수·에러 등이 발생하지 않고, 조직이 건전하고 효과적·효율적으로 운영되도록 각 업무에서 소정의 기준이나 절차를 정해 그에 준하는 관리·감시·보증을 하는 것을 말한다. 이를 실행하기 위한 일련의 방법을 내부통제 시스템이라고 한다.

내부통제는 맥락에 따라 다양하게 정의돼왔다. 종래의 내부통제는 재무회계분야 시점만으로 정의돼 재무보고의 적정성 확보를 목적으로 하는 활동으로 인식돼왔다.

그러나 1990년대에 들어와서는 회계 통제 이외에도 준법감시(Compliance)나 경영방침·업무규칙의 준수, 경영 및 업무의 유효성·효율성의 향상, 리스크 관리 등 보다 넓은 범위로 대상이 확대되어 기업 지배구조(Corporate Governance)를 위한 기능과 역할의 측면을 강조하고 있다.

그 계기가 된 것이 미국의 회계·재무·감사 분야 전문가들로 구성된 COSO(Committee of Sponsoring Organizations of the Treadway Commission)가 1992~1994년에 공표한 보고서 'Internal Control-Integrated Framework(COSO 리포트로 불림)' 로서, 이 리포트에서 새로운 내부통제 프레임워크(COSO Framework)가 제창되었다. COSO

리포트에서는 내부통제를 다음과 같이 정의하고 있다.

"내부통제는 업무의 효율성, 재무제표의 신뢰성, 관련 법규의 준수 등과 같은 목적을 달성하기 위해 합리적인 보증(Reasonable Assurance)을 제공하는 것을 의도로 이사회·경영자 및 조직원들에 의해 지속적으로 수행되는 하나의 프로세스이다."

2) 내부통제제도의 목적

내부통제는 조직을 관리하기 위한 핵심이다. 내부통제는 조직의 목표달성 가능성을 제고함과 동시에 목표달성에 영향을 주는 제반 위험을 관리하기 위한 계획·수단·절차로서, 기업의 재산을 보호하며 오류와 부정을 예방하고 적발하기 위한 기본이 되는 것이다. 또한 자원관리에 대한 책무를 보다 강화함으로써 경영목표를 달성하는 데 긍정적인 역할을 수행한다.

COSO가 제시하고 있는 내부통제제도의 목적은 다음과 같다.

① 효과적이고 효율적인 업무수행(Effectiveness and Efficiency of Operation): 기업이 업무를 수행함에 있어 자원을 효과적이고 효율적으로 사용한다.

② 정확하고 신뢰성 있는 재무 보고 체제의 유지(Reliability of Financial Reporting): 대내외 보고서에 대한 정확하고 신뢰성 있는 보고 체제를 유지한다.

③ 관련 법규, 내부정책 및 절차의 준수(Compliance with Applicable Laws and Regulations): 기업의 모든 활동은 관련 법규, 감독 기준, 자체 내부정책 및 절차를 준수한다.

효과적인 내부통제제도는 경영진의 업무 성과 측정, 경영 의사결정의 수행, 업무프로세스의 평가, 그리고 리스크 관리 등에 기여함으로써 기업이 조직목표를 효율적으로 달성하고 리스크를 회피 또는 관리하는 데 기여한다. 그리고 직원의 횡령·배임 등 위법 부당 행위 또는 내부 정책 및 절차의 고의적인 위반행위뿐만 아니라 개인적인 부주의·태만·판단상의 착오 또는 불분명한 지시에 의해 야기된 문제점들을 신속하게 포착함으로써 기업이 시의 적절한 대응 조치를 취할 수 있게 한다.

(4) 내부통제제도의 구성요소

COSO는 내부통제의 구성요소로서 통제환경·리스크 평가·통제활동·정보 및 의사소통·모니터링의 5가지를 제시하며, 이 구성요소들을 내부통제 평가 시의 기준으로 삼고 있다.

1) 통제환경

내부통제 구조의 기본 토대로써 경영진의 윤리적 가치에 따라 임직원이 준수해야 할 윤리기준을 제시하고, 문서화된 정책과 절차·윤리강령 및 행동준칙 등을 효과적으로 의사소통함으로써 조직의 통제환경에 영향을 미치게 된다.

- 청렴성 및 도덕성(Integrity & Ethical Values): 경영진의 청렴성 및 윤리적 가치는 타협할 수 없는 것이라는 메시지를 전달해야 하며, 모든 임직원이 이를 이해하고 있어야 한다.
- 조직의 역량(Commitment to Competence): 특정 직무에 요구되는 역량의 수준이 명확하게 정의돼야 하며, 임직원은 적절한 자질

을 보유해야 한다.
- 지배구조(Board of Directors or Audit Committee): 이사회 또는 감사위원회는 경영활동에 대한 지침을 제공하며, 적극적인 감독 활동을 수행한다.
- 경영진의 철학 및 운영방식(Management's Philosophy & Operating Style): 경영진의 리스크 및 내부통제에 대한 인식은 조직의 통제 문화에 중요한 영향을 미칠 수 있다.
- 조직구조(Organizational Structure): 조직구조는 회사의 경영활동을 효과적으로 모니터링하고, 조직 내외부의 의사소통이 원활하게 이루어지도록 설계돼야 한다.
- 권한과 책임의 배분(Assignment of Authority and Responsibility) : 책임 할당, 권한 위임, 관련 정책의 수립은 관리 및 책임의 토대가 되며, 각 개인의 역할을 제공한다.
- 인사 관련 정책 및 절차(HR Policies & Practices): 인사정책은 회사의 목적을 달성하기 위해 유능한 인력을 채용하고 유지하는 것과 관련된다.

2) 리스크 평가

조직의 목적달성과 영업성과에 영향을 미칠 수 있는 내외부의 관련 리스크를 식별하고 분석하는 활동을 의미하며, 전사적 수준 및 업무프로세스 수준으로 이루어진다.
- 리스크 평가(목표설정)
- 리스크 식별
- 리스크 분석 : 식별된 리스크를 분석, 평가하고 우선순위를 결

정하는 과정

3) 통제활동

식별된 리스크를 허용 가능한 수준으로 감소하기 위한 정책과 절차로서, 회사 일상업무의 일환으로 수행된다.

- 독립적인 검토(Independent Review): 자료 작성자와는 독립적인 제3자가 수행된 업무를 분석·감독하는 업무
- 비교 및 일치(Comparison & Reconciliation): 서로 다른 원천 자료를 비교해 일치 여부를 확인하고, 차이가 발생한 경우 그 원인을 분석하고 이를 해결하기 위해 적절한 후속조치를 취하는 활동
- 접근통제(Physical Controls): 자산에 대한 접근을 승인된 자에게만 허용하기 위한 통제로, 자산의 횡령 및 유용뿐만 아니라 자산이 지식과 경험을 보유한 직원에 의한 충분한 고려를 거친 후에 사용된다는 것을 담보하기 위함
- 업무분장(Segregation of Duties): 잠재적인 이해 상충이 발생할 수 있는 업무에 대한 권한과 책임을 구분함으로써 부정이나 오류가 발생하는 것을 방지하거나 적시에 발견할 수 있도록 하기 위함
- 정보처리 관련 통제(Information Systems Controls): 전산 시스템을 통해 입력, 처리 및 보고되는 정보의 정확성·적정성 및 완전성을 담보하기 위한 통제

4) 정보 및 의사소통

각각의 구성원이 자신에게 부여된 업무를 적절히 수행할 수 있도록 회사가 적절한 정보를 적절한 사람에게 적시에 수집 및 제공하기

위한 절차와 체계, 그리고 의사소통의 체계 및 방법으로 구성된다.

5) 모니터링

회사에서 수행돼야 할 절차가 실제로 수행되고 있는지를 확인하고, 수행되지 않은 경우 그 사실을 적시에 인지해서 필요한 조치를 취하기 위해 수립된 체계로, 기업 또는 업무 단위의 자체 평가와 자체 감사의 모니터링 및 사후관리가 포함된다.

(5) 내부통제 시스템의 구축 및 운영

1) 구축 절차 및 방법

내부통제 시스템의 구축은 각 회사에 적합한 내부통제의 정의 및 설계와 운영의 적정성을 평가한 후 내부통제 추적(Tracking) 시스템을 구현하게 된다. 내부통제 시스템은 일반적으로 내부통제에 대한 진단 및 설계업무를 수행하고, 이를 정보화 시스템으로 구현하는 과정을 거쳐 추진하게 된다.

내부통제 시스템을 구축하는 일반적인 단계는 ①프로젝트 전략 수립, ②내부 관리제도 현상 분석, ③내부 관리제도 평가체제 구축, ④인증 IT시스템 구축, ⑤개통 및 사후관리의 5단계를 거쳐 진행하게 된다.

다음의 [그림 2-6]은 내부통제 시스템을 구축하기 위한 절차 및 주요 내용을 정리한 것이다.

2) 내부통제 시스템 구축의 주요 내용

내부통제 시스템은 앞에서 소개한 5단계 과정을 거쳐 구축하게

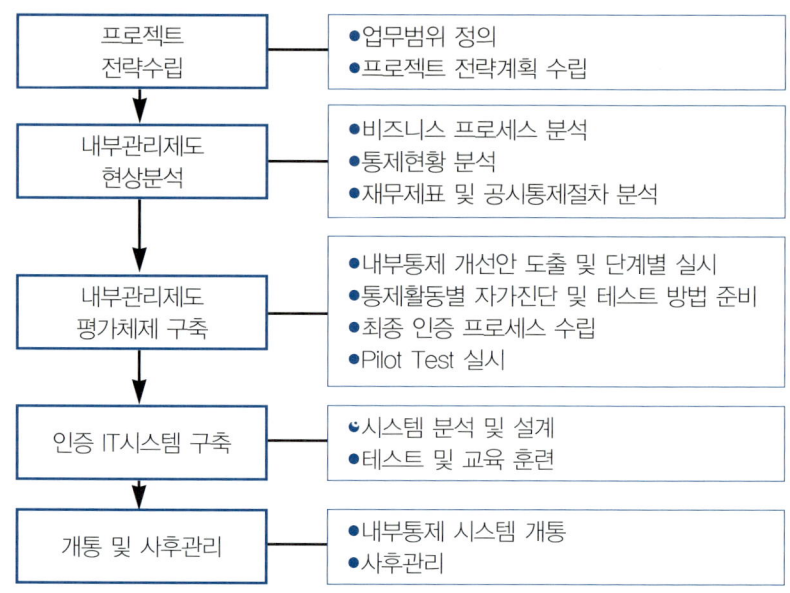

[그림 2-6] 내부통제 시스템 구축 절차 및 주요 내용

되지만, 여기에서는 5단계 활동 중에서 내부통제 시스템 구축 과정의 주요 내용을 중심으로 설명하기로 한다.

① 비즈니스 프로세스 분석
- 회사가 속한 산업의 특성과 회사의 업무환경을 고려해 내부 회계 관리제도의 수행대상이 되는 업무프로세스를 각각의 영역과 조직별로 구분하여 분석한다.
- 파악한 중요 하위 프로세스를 중심으로 업무기술서·흐름도 및 통제 매트릭스(Control Matrix)를 작성한다.

② 통제현황 분석

- 내부통제활동 정의서 수립 : 프로세스 명과 그 하부 프로세스·통제 목적명과 통제 위험·통제활동명과 설명·통제활동 카테고리·테스트 절차·현황기술 참고란 등을 기술한 내부통제활동 정의서를 작성한다.

③ 내부통제 개선안 도출 및 단계별 실시
- 개선 업무 보고서 : 인증자는 개선 업무 보고서를 통해 해당 평가기간 중에 파악한 개선 업무 내용과 개선 계획을 확인할 수 있으며, 기한 내에 개선 계획을 수행하고 있는지도 확인할 수 있다.
- 경영진 요약 보고 : 인증자는 경영진 요약 보고서를 통해 평가지별로 선택해 평가결과를 비교하며 확인할 수 있다.

[그림 2-7] 내부통제활동 정의서(예시)

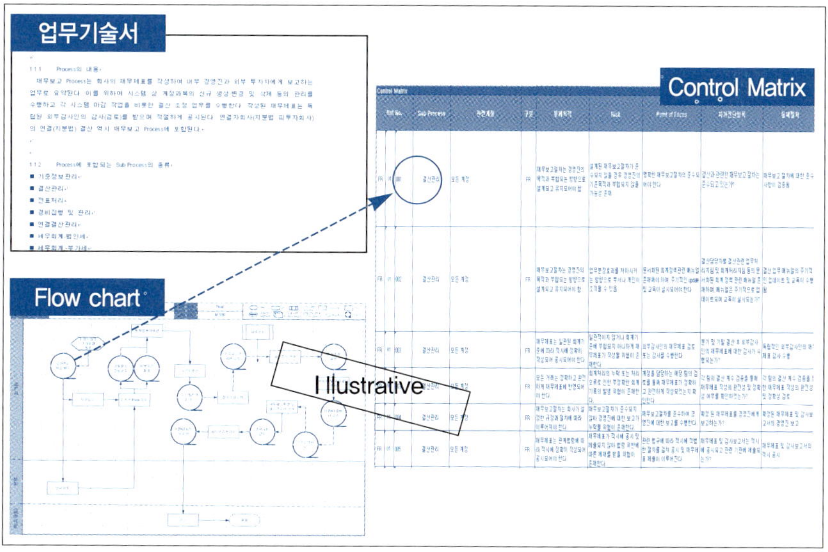

④ 평가체제 및 시스템 구축 주요 내용 예시
● **내부통제 정의서 관리**

시스템에 등록된 내부통제 정의서는 [통제구조-프로세스 정의] 메뉴를 통해 확인할 수 있으며, 추가·수정·삭제가 발생하면 본 화면을 통해 관리한다. 본 화면에 등록된 통제 구조는 평가지 생성 시 문제은행의 역할을 수행한다.

● **평가지 생성**
- 관리자 또는 코디네이터가 평가를 수행할 조직을 선택한 후 평가지를 생성한다.
- 평가지 예제 : [경영지원실-재무관리팀-회계 파트- '052Q_경영지원실_재무관리실 회계파트']
- 평가지 구성 및 역할 지정 : 평가지를 구성하고 Assessor·Tester·Reviewer의 역할을 지정한다.
- 설계평가 요청 : 평가지를 생성하고 역할을 지정한 후 Assessor에게 설계평가 요청을 수행한다. [설계평가 요청]을 하면 평가자인 ○○○에게 메일로 설계평가를 수행하라는 통보를 한다.

● **설계평가**
- 평가지 선택 : 설계평가는 [052Q_경영지원실_재무관리실 회계파트] 평가지를 예로 진행한다. 메일을 받은 평가자 [○○○:사원번호]가 시스템에 로그인한다. 기본 정보인 마이 페이지에서 설계평가를 수행해야 할 평가지를 선택한다.

- 설계평가 수행 : 통제활동에 대한 설계평가를 수행한다. [현황기술참고]를 클릭하면 현황기술 등록 시 참고할 수 있는 내용을 볼 수 있다. [테스트절차 참고]를 클릭하면 본 통제활동에 대한 테스트 수행 절차를 볼 수 있다. [자가진단 참고]를 클릭하면 본 통제활동과 관련 있는 자가진단 항목을 확인할 수 있다.
- 운영평가 요청 : 설계평가가 완료되면 [운영평가 요청]을 한다. 운영평가 요청을 하면 테스터인 ○○○에게 메일을 통해 운영평가를 수행하라고 통보 메일을 보낸다.

● 운영평가
- 평가지 선택 : 메일을 받은 평가자 ○○○가 시스템에 로그인한다. 마이 페이지에서 운영평가를 수행해야 할 평가지를 선택한다.
- 운영평가 수행 : 통제활동에 대한 운영평가를 수행한다. '위 통제활동을 테스트하시겠습니까?'를 체크인하면 테스트 결과를 입력할 수 있다. 테스터는 테스트 절차에 따라 테스트를 진행하며 테스트에 필요한 자가진단 항목의 경우 [자가진단 참고]를 클릭하면 해당 통제활동에 대한 테스트에 도움이 될 수 있는 자가진단 항목을 확인할 수 있다. [재무 자가진단 항목 조회](EX-20)→(EX-20-30)→(EX165)를 선택
- 검토 요청: 운영평가가 완료되면 [검토요청]을 한다. 검토요청을 하면 검토자인 ○○○ 과장에게 메일을 통해 검토를 수행하라고 통보 메일을 보낸다.

- **검토**
  - 평가지 선택 : 메일을 받은 평가자 ○○○ 과장이 시스템에 로그인한다. 마이 페이지에서 검토를 수행해야 할 평가지를 선택한다.
  - 검토 수행 : 평가자가 수행한 설계평가 내역과 테스터가 수행한 운영평가 결과에 대해서 설계평가의 적정성과 운영평가의 적성성에 대해 검토를 수행한다. 설계평가 결과와 운영평가 결과에 대한 검토자 의견이 존재할 경우 [Reviewer 의견]에 검토자의 의견을 등록한다.
  - 평가 반려·완료 : 검토자가 검토를 완료한 후 평가결과에 대해 반려 또는 완료할 수 있다. 설계평가 내용에 대해 문제가 있을 경우 [설계평가 반려]를 통해 평가자에게 다시 평가하도록 반려할 수 있다. 운영평가 내용에 대해 문제가 있을 경우 [운영평가 반려]를 통해 테스터가 다시 평가하도록 반려할 수 있다. 평가결과에 대해 문제가 없을 경우 검토자는 [완료]를 선택하고, 이후 경영자 인증으로 진행된다.

- **인증**
  - 인증은 [기획팀](○○○:사원번호)→CFO(○○○:사원번호)→CEO(○○○:사원번호) 순으로 진행된다.
  - 대시보드 : 인증자는 대시보드를 통해 설계평가 결과와 운영평가 결과를 한눈에 확인할 수 있다. 조직별로 조회할 경우 드릴다운(Drill-Down)을 통해 최하위 조직까지 평가결과를 확인할 수 있다.

3) 관리운영체제

① 이사회 및 감사위원회

이사회는 경영진이 설계·운영하는 내부통제 시스템 전반에 대한 감독 책임을 가지고 있으며, 감사위원회는 경영진과는 독립적으로 내부통제 시스템에 대한 평가기능을 수행함으로써 시스템의 적정한 운영 및 개선 활동을 수행한다.

② 경영진

대표이사는 효과적인 내부통제 시스템의 설계 및 운영에 대한 궁극적인 책임을 지며, 내부통제 시스템 운영을 담당할 내부회계 관리자를 지정해야 한다.

③ 시스템 관리자

내부통제 시스템이 원활히 작동하는 데 필요한 제반 조치를 강구해야 하고 내부통제 시스템을 문서화·공식화해 회사의 각 계층 및 기능별로 시스템상의 역할과 통제 절차를 명확히 이해하고 수행할 수 있도록 해야 한다.

④ 운영자

시스템 관리자에게 평가결과를 보고하고 시스템의 전반적인 사항에 대해 처리하며, 업무처리 상황을 모니터링한다.

⑤ 승인자

할당된 통제활동에 대해 담당자를 지정하고 활동결과에 대해 검토하고 승인한다.

⑥ 평가 담당자

할당된 통제활동에 대해 자료를 입력하고 프로세스 미이행 시 이슈를 제기하고 사후 관리한다.

(6) 내부통제 시스템과 윤리경영

1) IT의 지원

IT에 의해 구축된 정보시스템은 성공적인 내부통제의 시행 및 운영을 좌우하는 결정적 요소로 작용한다. 종래의 내부통제에서는 어떤 담당자의 작업을 다른 담당자가 점검하는 소위 '사람을 통한 상호견제'가 전제였지만, ERP · BPM · Work Flow 등의 비즈니스 프로세스 계통의 툴을 사용하면 정보시스템에 입력 혹은 정보시스템을 통한 권한자의 승인 없이는 업무를 진행시킬 수 없으며, 업무수행 기록을 보존하기도 한다.

이외에도 업무의 기록 및 보고나 참조를 지원하는 BI 및 콘텐츠 관리 · 문서관리 툴 · 부정 액세스나 정보 누출 등을 방지하는 보안제품이나 액세스 제어시스템 · 회계 등의 업무시스템의 입력치의 정확성을 확보하기 위한 각종 체크 기능 등을 들 수 있다. 게다가 내부통제의 진단이나 관리를 위해 특화된 전문 소프트웨어도 등장했다.

이러한 IT 그 자체도 시스템 다운이나 부정 침입 등의 리스크가 존재하며, 업무의 유효성과 효율성, 재무제표의 신뢰성, 그리고 관련 법규의 준수를 확보하기 위해서는 내부통제의 대상으로서 고려할 필요가 있다. 이를 IT 거버넌스(Governance)라 하며, 미국회계사협회와 캐나다회계사협회에서는 그 기준을 공표하고 있다.

2) 내부통제 시스템을 통한 윤리경영의 실천

윤리경영의 기본정신인 투명성·합리성·이타성에 기초해 정도경영·직업윤리·사회적 책임을 구현하기 위해 윤리경영을 실천함에 있어서 내부통제 시스템의 역할과 책임은 아무리 강조해도 지나치다고 할 수 없다. 특히 투명성에 기초한 정도경영을 구현해 주주가치의 극대화를 달성하기 위해서는 내부통제 시스템의 구축과 유지가 필수불가결하다.

윤리경영을 실천하는 과정에서 내부통제 시스템이 제공하는 구체적인 기능은 다음과 같다.

① 회계정보의 투명성

내부통제 시스템을 구성하는 회계관리 시스템의 구축을 통해 보수적 회계방침을 채택하고 객관적 검증 가능성·표현의 충실도를 확보할 수 있으며 회계정확성 확보 기준 강화가 가능하다. 이는 회계정보의 신뢰성(Reliability)을 제고한다. 또한 적시성 있는 정보를 제공해 정보이용자의 의사결정에 유의적 가치를 제고함으로써 회계정보의 목적 정합성(Relevance)에 이바지한다. 이와 같이 내부통제 시스템을 통해 국제적인 회계기준에 따라 재무 상태를 기록·관리해 투명하고 신뢰성 있는 회계 처리를 하여 이를 정기적으로 공개하면 주주의 신뢰를 확보할 수 있다.

② 고효율 내부통제 체제

업무분장·책임한계·임무의 명확화, 경영의사결정 정보전달 체계의 구축, 그리고 내부통제 기준 위반 시의 처리기준 설정을 통해 내부통제 기준을 확립한다. 또한 내부통제 시스템을 통해 내부통제 제도의 실행상태를 지속적으로 점검·평가하고 작동 및 새로운 위험에 대해 즉시적으로 대응하며, 그 적절성을 확보해 견제와 균형 시스템을 구축함으로써 재무 정보의 신뢰성뿐만 아니라 업무과정에서 회계 부정이나 오류가 발생할 위험성을 제도적으로 관리할 수 있다.

3) 부정위험관리

부정이란 회사공금의 횡령 및 유용을 비롯해 직접적이고 금전적인 손실에 영향을 미치는 행위로부터 기업의 본질적 목표인 이윤창출에 배치되는 해로운 행위 및 불성실한 행위 일체, 나아가서는 직·간접적인 폐해를 야기하는 일체의 행위까지를 일컫는다.

이러한 부정은 내부통제 시스템이 취약한 회사에서 빈번히 발생하는 경향이 있다. 실제로 2002년 호주·뉴질랜드에서 실시한 기업의 부정 발생원인 설문조사에 의하면 내부통제 시스템의 취약성 혹은 경영진의 내부통제 시스템의 무시와 간과로 인해 발생하는 경우가 72%에 달한다는 결과가 발표됐다.

부정의 금전적 피해 규모나 영향은 상상을 초월할 정도로 막대하여, 부정발생 시 문제해결을 위한 금전적·비금전적 손실뿐만 아니라 조직원 간의 상호 신뢰 붕괴, 기업 평판의 급격한 실추를 야기한다. 실제로 도산기업의 30%가 임직원 부정의 결과라는 조사결과도 있다.

이러한 부정의 과반수 이상은 내부통제 시스템을 통해 탐지하고 방지할 수 있다. 부정위험이 높은 비즈니스 프로세스에 대해서는 정기적인 모니터링을 통해 내부통제절차의 준수 상태를 확인하며, 통제 시스템의 적정성과 유효성을 분석해 기업에 적합한 통제 시스템을 그리고 임직원이 직면할 수 있는 상황변수를 충분히 고려해 그 수준에 상응하는 내부통제 시스템을 디자인함으로써 미연에 예방할 수 있다.

이를 요약 정리하면, 부정 예방 및 방지는 상시 모니터링·조기경보·자가진단·내부제보·예방교육 등 적절한 내부통제 및 부정위험방지 시스템을 구축하고 지속적으로 관리함과 동시에 경영자와 임직원의 윤리경영에 대한 의지로 기업문화를 정착시킨다면 내부통제 시스템은 윤리경영의 구현을 가속화하는 주요인이 될 수 있다.

〈참고자료〉 내부통제 체크리스트(COSO)

효과적인 내부통제 시스템은 주요 리스크를 관리하고, 회계 및 업무정보의 신뢰성과 완전성의 모니터링을 가능하게 한다. 감사위원회는 이 시스템을 통해 회사의 자주 규제를 위한 강력한 사전 대책의 강구가 가능하다. 미국의 COSO위원회는 상급임원 및 이사가 스스로의 조직관리 시스템을 보다 더 이해하도록 하기 위해 다음과 같은 질문서를 개발했다.

[윤리적 환경]
- 이사회와 상급임원은 일상활동에 있어서 성실하고 윤리적인 행동을 하고 있는가?
- 종업원을 위해 서면으로 작성된 행동규범이 있는가? 그것은 트레이닝이나 Top-down 커뮤니케이션 및 종업원으로부터 준거할 만한 사항이 정기적으로 서면으로 보강되고 있는가?
- 업적과 장려적 보수 목표는 합리적이면서 현실적인가? 혹은 단기적인 결과 때문에 과도한 압력을 주고 있지는 않는가?
- 어떤 수준과 형식이더라도 부정한 재무 보고가 누락되지 않도록 명확히 되어 있는가?
- 개인 및 사업단위의 업적평가에 사용되는 기준에 윤리가 포함되어 있는가?
- 부하나 사업부로부터 나쁜 소식을 들었을 때 경영진은 적절하게 대응하고 있는가?
- 윤리적 요구에 가까운 해결을 하기 위한 프로세스가 존재하는가?
- 비즈니스 리스크를 식별하고 이를 이사회에서 공정하게 논의하고 있는가?

[리스크 평가와 통제활동]
- 적절하고 신뢰할 수 있는 내부 및 외부 정보는 적시에 식별하고 편집되어 실행자에게 전달되고 있는가?
- 리스크를 식별하고 분석해, 그 리스크를 완화하기 위한 행동

을 취하고 있는가?
- ☐ 경영자의 의사결정이 올바르게 실행되는 것을 확실히 하는 통제가 있는가?
- ☐ 경영자가 조직의 업무수행 과정의 통제를 정기적으로 모니터링하고 있는가?
- ☐ 컨트롤 시스템의 정기적·조직적인 평가가 실시되고 문서화되어 있는가?

[감사위원회의 유효성]
- ☐ 이사회는 서면으로 된 감사위원회의 헌장을 최근에 리뷰했는가?
- ☐ 감사위원회의 위원은 경영자로부터 독립된 기능을 가지고 있는가?
- ☐ 위원은 업무와 재무통제에 관한 전문적 지식을 가지고 있는가?
- ☐ 위원회는 이사회의 조직적인 통제환경을 이해하고, 이사회를 모니터링하고 있는가?
- ☐ 위원회는 투자가와 다른 외부 이해관계자와 같이 이사회에의 업무 및 재무 보고의 적절함과 신뢰성을 감시하고 있는가?
- ☐ 위원회는 윤리적인 기준이 존재함과 동시에 윤리적 규정에 준거하고 있음을 감시하고 있는가?

> [내부감사 기능의 유효성]
> □ 내부감사는 최고경영 관리자·감사위원회와 이사회의 지지를 얻고 있는가?
> □ 내부감사인과 상급 경영자와의 조직적 관계는 적절한가?
> □ 내부감사는 커뮤니케이션이 솔직하게 실시되고 있으며, 모든 상급임원 및 감사위원회와 개인적으로 만나고 있는가?
> □ 내부감사 책임을 기술하고 있는 내부감사 계획(감사위원회가 리뷰한 것)이 있는가?

4. 2
시스템 통제 및 시스템 감사 강화

(1) 정보시스템 통제

통제란 조직의 목표를 달성하는 데 있어 바람직하지 않은 사건들을 예방·탐지·수정하는 기능을 수행하는 것이다. 정보시스템 통제란 정보자산의 안전한 보호, 경영 및 재무 관련 정보의 정확성 유지와 신뢰성 확보, 그리고 시스템의 효율성과 효과성 증진을 위해 수행하는 모든 방법·정책·절차들을 말한다.

이와 같은 정보시스템 통제의 종류에는 ①예방통제(Preventive Control), ②탐지통제(Detective Control), ③수정통제(Corrective Control)가 있으며 구체적 내용은 다음과 같다.

① 예방통제
- 바람직하지 않은 사건이 발생하기 전에 이를 막기 위한 통제
- 오류·누락 등 인위적 발생 요인의 차단
- 잠재적 문제의 예측·조절, 상시 운영 모니터링
- 예시 : 직무의 분리·바이러스 방지 소프트웨어 설치

② 탐지통제
- 발생된 오류의 탐지 및 보고
- 인위적 발생결과의 통제
- 바이러스 소프트웨어 작동 등을 통한 탐지통제
- 예시 : 부정 적발을 위한 강제휴가 실시

③ 수정통제
- 이미 발생한 후에 피해 확산과 재발 방지를 위한 것
- 탐지통제에 의해서 발견된 문제에 대한 교정 조치
- 문제의 원인을 파악하여 발생되는 오류를 교정
- 예시 : 재해복구 계획

이와 같은 통제기능을 바람직하게 사용하기 위해서는 한 가지 목적으로만 통제를 사용하는 것이 아니라, 복합적 통제기능을 사용해야 효과가 극대화된다. 즉, 예방통제이면서 수정통제인 경우도 있고, 탐지통제이면서 수정통제를 병행해야 올바른 정보시스템의 통제가 가능하게 되는 것이다.

예를 들어, 직원들의 직무기능을 분리하는 직무분리는 대부분의

경우 부정행위를 방지하기 위한 예방통제이다. 그러나 직무분리는 발생한 부정행위를 찾아내고, 부정행위의 책임 소재를 가리고 처벌하기 위한 탐지 및 수정통제의 목적에도 기여하게 된다. 그러나 직무분리는 예방통제의 목적이 가장 강하므로 예방통제로 구분해 실천하는 것이다.

정보시스템의 통제행위는 IT의 발전과 더불어 조직 내 정보시스템의 위상이 더욱 높아지고 중요해지는 가운데, 합리적인 관리와 통제의 필요성이 도출됨에 따라 중요성이 대두된 것이다. 특히 국내외적으로 기업윤리에 대한 요구가 강해지면서 올바른 정보시스템의 통제가 구성원의 윤리경영 실천에 기여하는 바가 크게 되므로써, 정보시스템 통제의 역할이 더욱 중요시되고 있는 상황이다.

완드(Wand & Weber)가 말하는 통제(Control)란 비합법적인 사건을 예방하고 탐지·수정하는 시스템으로, 전통적인 의미로는 내부회계통제(Internal Accounting Controls)·운영통제(Operating Controls) 및 관리통제(Administrative Controls)를 포함하고 있다. 따라서 기업의 윤리경영 추세에 맞춰 시스템의 신뢰 확보를 위해서는 정보시스템에 대한 효과적 통제를 수행하는 것이 무엇보다 중요한 전제조건이 되는 것이다.

(2) 정보시스템 감사

정보시스템 감사(Information System Audit)는 ①정보자산의 보호, ②정보의 무결성 유지, ③시스템 효과성 확보, ④시스템 효율성 달성의 4가지 목적 달성을 위해 수행하는 것이다. 따라서 정보시스템 감사는 윤리경영 차원에서 강조하는 정보의 투명성 유지와 위험관리 측면에서 정보자산 보호와 정보의 정확도를 제고하는 효과가 있다. 더불어 정보시스템 감사를 통해 기업은 고효율의 내부통제와 균형 시스템을 유지하게 되고, 이에 따라 기업의 전반적인 경영관리체제 효과성과 효율성 확보 효과도 거두게 된다.

IT시스템이 기업의 업무와 경영활동 수행의 기본적인 도구로 활용되고 있는 추세에 발맞춰 IT 악용(IT Abuse)을 통한 피해가 점차 늘어나는 추세이다. 해킹(Hacking)·바이러스 감염·비합법적이고 물리적인 접근 시도·사용권한의 남용에 따라 기업에서는 자산의 파괴와 도난 등의 피해가 늘고 있다. 또한 정보의 임시적 조작에 따라 엄청난 손실이 발생하는가 하면, 구성원의 개인정보나 회사의 비밀정보가 노출되어 막심한 정신적·물리적 피해를 입는 경우도 다발하고 있다.

따라서 기업에서는 윤리경영 차원에서 회사의 중추적 업무를 수행하는 IT업무 시스템에 대한 주기적인 감사활동을 통해, 각종 부작용 및 문제발생 요인을 사전 예방하고 조기에 적발해 위험을 제거할 수 있는 적극적인 활동이 필요하게 된다.

(3) ISACA ITGI의 COBIT

국제정보시스템 감사통제협회(ISACA: Information Systems Audit and Control Associations)의 산하기관인 ITGI(IT Governance Institute; IT거버넌스 협의회)에서는 2005년 12월 국제적으로 인정된 IT의 통제구조(IT Control Framework)인 COBIT(Control Objectives for Information and related Technology; 정보관련 기술 통제 목적) 4.0판(Edition)을 개발해 발표했다.

COBIT은 기업 전사적으로 IT거버넌스 구조를 실행할 수 있도록 하는 국제적으로 인정된 IT 통제구조(IT Control Framework)이다. COBIT에서 말하는 IT거버넌스란 컴퓨터 자원은 물론 인력과 조직까지도 총괄 관리하는 새로운 개념의 IT자원 관리 방안을 의미하는 것이다. 즉, IT거버넌스는 기업에서의 IT전략을 수립, 추진하는 데 있어 비즈니스와 IT를 융합해 궁극적으로 기업의 전략과 목표를 달성하기 위해 갖춰야 할 조직 구조·프로세스와 리더십을 포함하는 포괄적 개념으로 사용되는 용어이다.

COBIT은 기업에서 경영자 및 관리자들이 정보기술의 가치를 향상시키고, IT와 관련된 위험을 줄이는 데 실질적으로 필요한 국제적 수준의 가이드를 제공하고 있다. 특히 COBIT 4.0판은 IT투자를 최적화하고, 가치제공을 보장하며, 투명한 방법으로 IT위험을 최소화하기 위한 내용을 제공한다. 이러한 사유로 COBIT은 기업회계의 책임 및 투명성 강화와 투자자 보호를 위한 법안으로, 미국 의회와 감독기관에서 2002년에 제정한 사베인스-옥슬리법 이행을 위한 도구로도 널리 이용되고 있다.

사베인스-옥슬리법은 회계법인에 대한 감독을 강화해 기업의 부정행위를 단속하고, 투자자들의 신뢰회복과 경영자의 도덕적 해이를 방지하며, 기업 외부감사 시스템이 제대로 운영될 수 있도록 하는 데 목적을 두고, 최고경영자(CEO)·재무책임자(CFO)·감사의 기업 책임에 대해 기술하고 있다. 사베인스-옥슬리법에 의해 만들어진 미국 상장기업 회계감독위원회(U.S.Public Accounting Oversight Board)에서는 기업이 사용하는 IT기술의 특성에 따라 기업 재무보고와 내부통제 시스템에 많은 영향을 미치게 되므로, 투명경영을 위해서는 IT시스템이 투명해야 한다는 것을 강조하고 있다.

COBIT 4.0에서 설명하는 IT거버넌스 중점 분야는 전략적 연계(Strategic Alignment)·가치제공(Value Delivery)·성과측정(Performance Measurement)·위험관리(Risk Management)·자원관리(Resource Management)의 5가지로 구성돼 있다. 각각의 5가지 중점 분야의 구체적 내용은 다음과 같다(COBIT 4.0의 IT거버넌스 중점 5분야 [그림 2-8] 참조).

① 전략적 연계(Strategic Alignment)는 비즈니스와 IT계획 연계에 초점을 맞춘 것으로, IT가치 제안을 명확히 정의하고 유지하는 것이며, 경영과 IT를 연계하는 것이다.

② 가치제공(Value Delivery)은 전략에 대한 효과를 제시하고, 비용 최적화와 IT 본연의 가치를 제공해, 전체 사이클을 통해 가치

[그림 2-8] IT거버넌스 중점 5분야와 IT지원 기술표

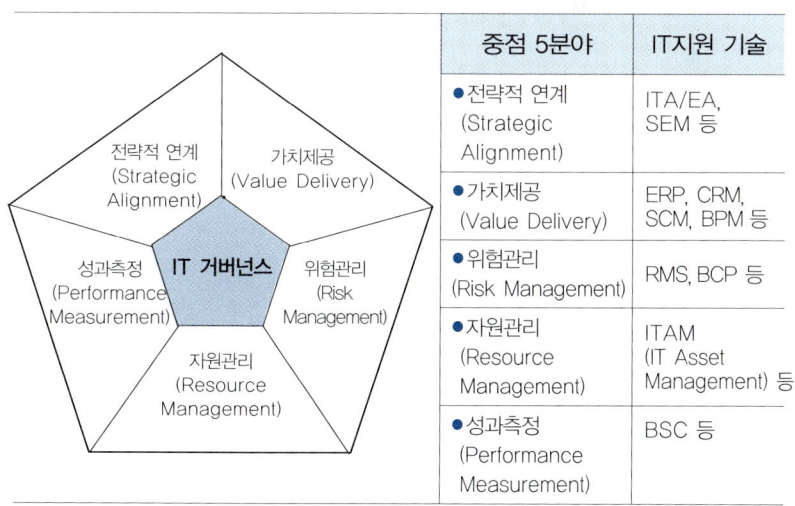

제안을 실행하는 것이다.

③ 성과측정(Performance Measurement)은 BSC와 같이 전략 실행 · 프로젝트 수행 · 자원 사용 · 프로세스 성과 · 서비스 제공 등 관련 내용을 모니터링하고 추적한다.

④ 위험관리(Risk Management)는 기업 상위층에 위험을 인지시키는 것으로, 위험을 분명히 이해하고 조직에 위험관리 책임을 부여하는 것이다.

⑤ 자원관리(Resource Management)는 애플리케이션 · 인프라 · 사람 등의 IT자원에 대한 최적의 투자와 적정 관리 수준에 관한 것이다.

ITGI의 COBIT 4.0은 경영자 개요 · 프레임워크 · 4대 핵심 프로세스 · 부록의 4개 부문으로 구성되어 있다. 이 중 4대 핵심 프로세스

[그림 2-9] COBIT 프레임워크 개괄도

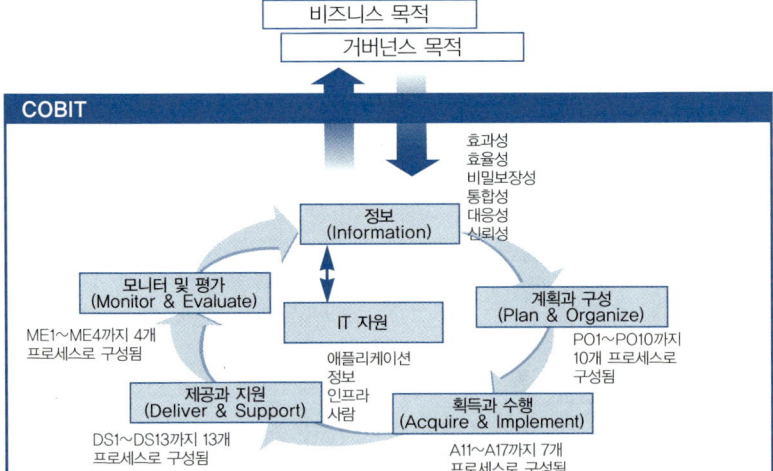

에는 계획과 구성·획득과 수행·제공과 지원·모니터링 및 평가라는 총 34개의 프로세스로 구성돼 있다. COBIT 4.0에서 제시하는 COBIT 프레임워크의 전반적인 구성은 앞의 [그림 2-9]와 같다.

그리고 핵심 프로세스별로는 세부 통제 목적, 성숙도 모델(Maturity Model), 그리고 관리를 위한 가이드라인을 제공하기 위해 입출력 요소, 각 활동별 기능에 대한 RACI(Responsible·Accountable·Consulted·Informed) 차트, 마지막으로 활동목표에 대한 핵심성과지표(KPI), 프로세스 핵심목표지표(PKGI) 등이 정의돼 있다.

(4) 정보시스템 감리

기업의 윤리경영 실천 의지가 점차 확대되면서, 정도경영의 핵심 수단으로 인식되고 있는 IT시스템은 지속적으로 투자비용 및 규모의 증대가 이뤄지고 있다. 국가에서도 국가 정보화의 규모와 투자가 날로 증가 추세에 있어, 투자의 효율화와 더불어 구축 시스템의 안정성·투명성을 제고하기 위한 방안 마련이 절실함을 느끼게 되었다. 이에 따라 정보통신부에서는 2005년 12월에 국가 '정보시스템의 효율적 도입 및 운영 등에 관한 법률'을 제정해, 정보기술 아키텍처 의무 도입 및 정보시스템 의무감리 법률을 제정하게 됐다.

동 법률의 핵심내용은 2가지로, 첫째는 정부 및 공공기관을 대상으로 ITA(IT Architecture; 정보기술 아키텍처) 도입을 의무화하며, 둘째는 공공분야 정보시스템의 감리를 의무화하는 내용이다. 먼저 ITA 도입 의무화를 위해 관련기관에서는 IT재원 조달 및 운영·기술지원·제도개선 등과 관련된 내용을 포함한 정보기술 아키텍처 기본계획을 3년마다 수립해 시행토록 하고 있다. 그리고 규모 및 특성면에서 국민의 생명과 재산 등에 미치는 파급효과가 큰 일정한 공공 IT시스템에 대해서는 의무적으로 IT시스템 감리를 받도록 법제화한 것이다.

이와 같이 IT시스템의 감리는 국가기관의 효율성과 안정성 측면에서 필요할 뿐 아니라, 기업에서도 투명경영 차원에서 필요한 제도이다. IT시스템과 관련된 감리는 감리수행 주체·감리의 내용·법률적 강제성·감리 분야·감리의 대상·감리수행 시점·감리 영역에 따라 여러 가지로 분류가 가능하다. 이 책에서는 IT시스템 감리와 관련해 수행할 수 있는 감리의 유형을 다음의 [표 2-33]과 같이 7개로 분류하고 유형별로 감리의 종류를 설명하기로 한다.

1) 감사 주체별 분류

[표 2-33] IT시스템 감리유형 및 종류

감리유형	IT시스템 감리 종류
1. 주체별 분류	외부감리, 내부감리
2. 내용별 분류	회계감리, 운영감리, 준거감리
3. 법률적 분류	법정감리, 임의감리
4. 분야별 분류	기술감리, 비용감리, 성과감리
5. 대상별 분류	기획감리, 개발감리, 운영감리
6. 시점별 분류	사전감리, 진행감리, 사후감리
7. 영역별 분류	프로젝트 관리 감리, 응용 시스템 감리, 데이터베이스 감리, 기술 아키텍처 감리, 보안 및 비상계획 감리, 유지보수 및 사후관리 감리

① 외부감리 : 제3자에 의한 감리 수행으로 공인된 전문가에 의해 기업회계 기준에 따라 재무제표가 적정하게 작성됐는지를 확인하는 과정에서 수행하는 정보시스템에 대한 감리
② 내부감리 : 조직 내의 감리부서에 의해 행해지는 것으로 기업의 전반적 업무처리와 정보시스템 활용에 대한 감리

2) 감리 내용별 분류
① 회계감리 : 회계정보에 대한 효과성·효율성·기밀성·무결성·가용성·준수성·정보의 신뢰성에 대한 감리
② 운영감리 : 경영감사·경영과 정보시스템 운영의 효과성·효율성에 대한 감리
③ 준거감리 : 규정된 방침과 법규의 준거성 검증에 대한 감리

3) 법률적 감리 분류
① 법정감리 : 법령에 의해 감리를 수행하는 것으로 감리 결과에 따른 책임과 권한이 규정되어 있다. 공인회계사·정보시스템감리사·설계감리사 등에 의해 수행되는 감리로 강제성을 가진 경우에 해당
② 임의감리 : 조직 내 최고 의사결정권자의 판단에 따라 경영에 도움이 되도록 자발적으로 실시하는 감리

4) 분야별 감리 분류
① 기술감리 : 정보시스템을 구축하는 데 활용한 정보기술의 품질·타당성·활용성 등에 대한 기술 중심의 감리

② 비용감리 : 정보시스템 구축 및 운영 사업에 소요되는 제반 비용의 타당성·경제성 등의 금액을 위주로 한 감리
③ 성과감리 : 정보시스템의 구축결과에 대한 평가로서 시스템 구축 범위·목적·목표를 기준으로 한 사후결과를 분석하는 감리

5) 대상별 감리 분류

① 기획감리 : 정보시스템 구축을 위한 전략계획·실행계획 수립에 대한 타당성을 점검
② 개발감리 : 정보시스템 개발단계에 따라 수행하는 감리
③ 운영감리 : 정보시스템 개통 이후 운영 시의 제반 항목을 점검하는 감리

6) 시점별 감리 분류

① 사전감리 : 정보시스템 프로젝트 착수 이전부터 시작까지 관련 항목을 점검하는 감리
② 진행감리 : 정보시스템 프로젝트 시작부터 완성 후 고객 인도까지 관련 항목을 점검하는 감리
③ 사후감리 : 정보시스템 프로젝트 완성 후 개통 시점부터 일정 기간 동안 관련 항목을 점검하는 감리

7) 영역별 감리 분류

① 프로젝트 관리 감리 : 프로젝트 관리에 필요한 9개의 지식영역(PMBOK)에 대해 적절히 관리되고 있는지에 대한 감리
② 응용 시스템 감리 : 개발 또는 사용 중인 소프트웨어 응용 시스

템의 기능성·사용성·무결성·신뢰성 등을 점검하는 감리
③ 데이터베이스 감리 : 요구 정보의 적시 확보·데이터의 가용성과 무결성·보안 및 접근통제·비상 복구대책 등 조직의 정보에 대한 관리 상태를 점검하는 감리
④ 기술 아키텍처 감리 : 정보시스템 구조(Architecture)·네트워킹·IT 적용기술(응용 소프트웨어·미들웨어·하드웨어) 상호작용 등에 대한 감리
⑤ 보안 및 비상계획 감리 : 정보시스템과 관련된 각종 위험요인으로부터 물리적·논리적 보안에 대한 감리를 수행한다. 물리적 보안은 컴퓨터 시스템과 관련된 시설 및 장치에 대한 물리적 안전을 의미하며, 논리적 보안은 소프트웨어를 이용한 논리적 안전 대책이다. 비상계획에 대해서는 재해에 대한 시스템 복구나 데이터의 백업 및 복구대책 감리
⑥ 유지보수 및 사후관리 감리 : 개발한 정보시스템의 인계 및 개통 후에 발생하는 각종 재해나 문제점에 대한 지원 대책 및 사후관리 대책에 대해 수행하는 감리

감리의 수행과정을 체계화하는 것은 추진 회사나 인력에 따라 다르게 표현할 수 있으나 일반적으로는 감리 계약·감리 계획·감리 착수 회의·본 조사·감리 종료 회의·감리 후속조치의 절차를 거치도록 하고 있다. 이 책에서는 IT시스템의 감리 수행단계를 ①준비, ②계획, ③실시, ④보고의 4단계로 나눠 설명하기로 한다.

먼저 ①준비단계는 정보시스템의 감리 요구 도출부터 시작해 감리계약을 체결하기까지를 의미한다. 그리고 ②계획단계에서는 감리

수행을 위한 전략 확정·조직 구성·일정 계획을 구체화한다. 세 번째 ③실시단계는 감리 대상이 되는 IT시스템을 여러 가지 방법이나 기법을 활용해 평가를 수행하는 과정이다. 끝으로 ④보고단계에서는 감리 과정에서 수집한 결과로 최종보고서를 작성하고 감리 종료 회의를 개최하며, 감리 지적 사항에 대한 사후 조치 과정으로 넘어가는 것이다.

아래의 [표 2-34]는 IT시스템의 감리를 수행하는 일반적인 4단계를 표로 정리한 것이다.

[표 2-34] 일반적 IT시스템 감리수행 단계

감리유형	단계별 추진 활동
1. 준비단계	◎ 요구도출 및 협의 ◎ 감리제안서 작성 ◎ 감리 계약 체결
2. 계획단계	◎ 감리 전략 구상 ◎ 감리 조직 구성 ◎ 감리 계획 수립
3. 실시단계	◎ 감리 개시 회의 ◎ 관련 정보 및 자료 사전검토 ◎ 감리 실시: 조사·증명·제안 ◎ 예비보고서 작성 및 검토
4. 보고단계	◎ 최종보고서 작성 ◎ 감리 종료 회의 ◎ 사후 조치

4.3
실시간기업화(RTE)

(1) RTE 등장배경

최근 경영환경의 급속한 변화와 미래에 대한 불확실성으로 인해 기업은 시장과 고객의 요구 변화에 대한 신속한 의사결정과 민첩한 대응, 조직과 조직 간의 긴밀한 정보와 지식공유 및 업무협조를 필요로 하게 됐다. 즉, 기업이 내부적으로 비즈니스 프로세스에 참여하는 직원들이 실시간으로 정보를 획득할 수 있도록 하고, 외부적으로 고객·공급자 및 비즈니스 파트너들에게 필요한 정보를 즉시 제공하거나 공유할 수 있는 체계를 마련해 경쟁력을 갖춰야 함을 의미한다.

많은 기업이 경쟁력 강화 및 지속적인 성장·발전을 위해 다양한 기술을 이용해 IT시스템을 구축하고 꾸준히 프로세스 개선을 위해 노력해왔음에도 불구하고, 부분적인 통합과 비연결성으로 인해 IT투자 효과를 제대로 거두지 못하고 있다.

이에 가트너는 전사적 차원에서 IT를 사용해 조직 전체에 걸쳐 발생하는 주요 이벤트나 업무처리 주기를 단축하고, 이를 통해 비즈니스 환경변화에 조직이 신속하게 대응할 수 있도록 하기 위해 RTE(Real Time Enterprise)를 제시한 바 있다.

(2) RTE 이해

1) RTE 기본정의

가트너는 RTE를 '비즈니스 환경에 영향을 주는 근본적인 문제나 잠재적인 기회를 제때에 모니터링해 발견하고, 그 원인과 결과를 분석한 최신의 정보를 이용해 경영층을 포함하는 모든 계층이 지연시간을 점진적으로 줄여나가면서 중요한 프로세스를 실행하여 경쟁하는 기업'이라고 정의하고 있다. RTE 개념을 정립한 가트너에 의하면 RTE는 특정 기술을 지칭하는 것이 아니라 다양한 IT나 인터넷 기술을 이용해 업무프로세스를 실시간(Real-Time)으로 구현하는 것이라 할 수 있다. 즉, RTE는 새로운 기술이나 시스템이라기보다 경영혁신 및 경쟁우위 획득을 위한 전략(Value to Advantage)인 것이다.

기업경영에 있어서 상위경영층이 어떠한 문제에 대해 의사결정을 내리면, 그에 따라 중간경영층이 신속하게 처리 방안을 마련해 이를 실무담당자가 처리하는 데까지 걸리는 시간을 최소화하여 실시간 또는 실시간에 가깝게 이루어지도록 하는 것이 바로 RTE화하는 것이다.

2) RTE 사이클론 모델

가트너는 기업에서 발생하는 이벤트에 대한 주요 업무처리 사이

[그림 2-10] RTE 개념

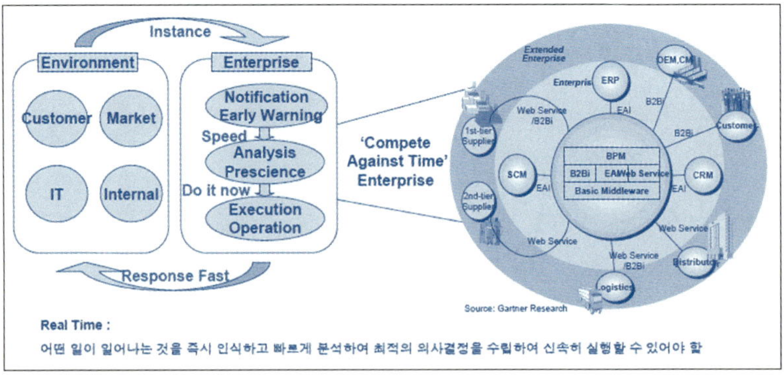

(출처: RTE 추진전략과 IT 활용, 삼성SDS)

클, 즉 End-to-End 사이클을 파악할 수 있게 해주는 공통의 프레임워크로써 다음의 [그림 2-11]과 같은 RTE 사이클론 모델을 제시하고 있다.

RTE 사이클론 모델은 크게 지휘(Lead)→관리(Manage)→운영(Operate) 레벨의 순으로, 상위 프로세스의 결과가 다음 단계의 프로세스에 계속적으로 반영되어 부적절한 활동 및 업무를 결합하거나 제거함으로써 프로세스의 점진적인 개선과 변화를 이끌어 RTE를 구현한다.

3) RTE 비즈니스 프로세스

기업의 RTE화는 IT를 포함한 기반 기술뿐 아니라 프로세스, 그리

[그림 2-11] RTE 사이클론 모델

레벨	기대효과 및 방법
지휘단계	●기대효과: 전략의 신속한 실행과 비즈니스 역량 개발 ●방법: 조직의 역량 창출, 경영의 투명화, 조직원들의 합의점 도출
관리단계	●기대효과: 새로운 기회의 신속한 포착, 손해의 최소화, 위협과 변화의 대응에 관한 기민성 증대 ●방법: 관리프로세스 재설계, 비즈니스 활동 모니터링 구현, 협업적이고 분산된 문화 조성
운영단계	●기대효과: 고객서비스 개선, 재고감축, 위험축소, 낮은 프로세스 비용 ●방법: 실시간 데이터 처리, 프로세스 간소화, 애플리케이션 통합

(출처: Gartner)

[표 2-35] RTE 사이클론 모델의 레벨별 프로세스 및 활동

수준	사이클론	End-to-End 프로세스 및 활동
지휘단계	자본 → 경쟁력	기업과 자본시장 간의 상호작용에 관한 사이클로 재무성과·인수합병·매각·벤처캐피털 활동·스핀오프·구조조정 등과 같이 자본시장에서 발생하는 이벤트를 경쟁력으로 변환시키는 프로세스
	자극 → 전략	시장의 새로운 아이디어·경쟁자·경제 사이클과 같은 외부 환경의 변화에 대해 비즈니스 전략을 수립하거나 조정하는 프로세스
관리단계	위협 → 대응	갑작스러운 사고·법률 및 규제 변경·정부 정책의 변화·예상치 못한 위협에 대응하는 일련의 활동
	목표 → 조직화	내부과제의 선결과제를 해결하기 위해 사람·기업문화·기술기반·조직구조·직무구조에 관한 변화 프로그램을 조직하고 실행하는 활동
	개념 → 구체화	연구개발·신상품 개발·브랜드 혁신 등과 같이 시장조사 또는 혁신이나 사건을 통해 발생한 새로운 개념을 평가하고 구현하는 활동
	결과 → 반응	연속적인 정보의 수집·비즈니스 활동 모니터링·효과적인 비즈니스 운영을 위한 대응지침 및 신속한 계획 조정 등 내부 계획 및 보고와 관련된 활동
운영단계	발주 → 대금 지급	수요예측 또는 실제 수용에 초점을 맞춘 자재의 구매 및 제품·서비스의 판매와 관련된 활동
	고객주문 → 수금	고객 주문처리·판매·제품 발송 및 운송·요금청구·대금관리 등의 활동
	요구사항 → 자원배분	기업 내부의 가치창출 계획·스케줄링·자원할당 및 자산사용 등의 활동
	수요 → 서비스	마케팅·가격정책·캠페인·고객유치·고객정보 및 서비스 규정 등의 활동

(출처: Gartner)

고 이 모두를 감싸고 있는 조직구조와 조직문화 등 모든 측면에서의 변화를 동반하게 된다. 프로세스 측면에서 RTE의 구현 모습을 살펴보면 ①외부 이벤트에 대한 감지(Awareness), ②합리적인 의사결정(Decision), ③실질적으로 대응하기 위한 신속한 실행(Action)의 3단계로 이루어진다.

① 감지(Awareness)단계 : 인간의 감각기관에 해당하는 영역으로서 이벤트에 대한 지각(Sensing)과 정보의 여과(Filtering)를 통한 인지(Recognition)로 이루어진다.
② 의사결정(Decision)단계 : 인간의 두뇌활동에 해당하는 영역으로서, 획득된 정보를 적절히 여과한 후에 실질적인 의사결정을 위한 정보분석 작업이 이루어진다.

[그림 2-12] RTE 비즈니스 아키텍처

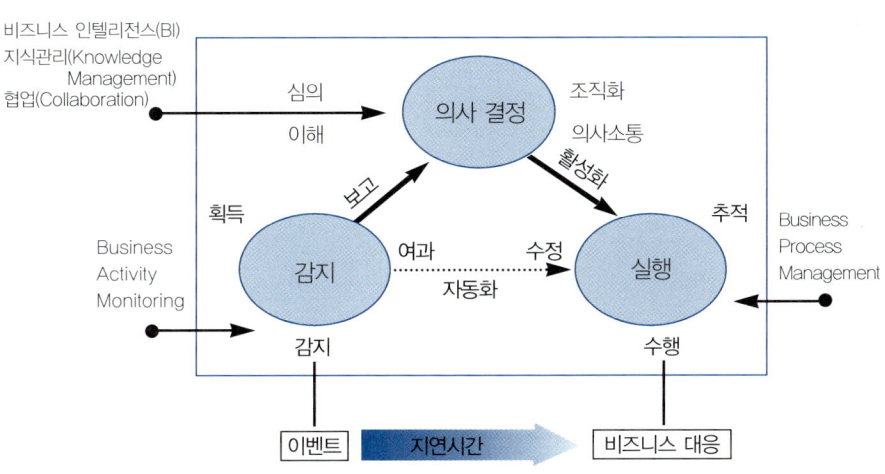

(출처 : Gartner, Gassman (2004)

[그림 2-13] RTE 체계도

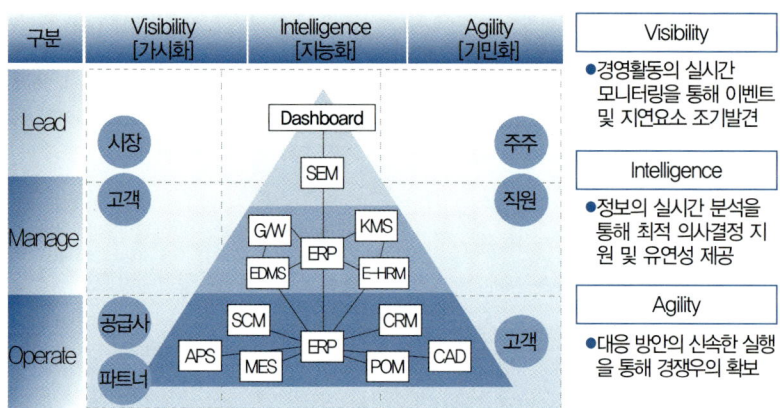

(출처: ≪초고속시대의 경영전략 실시간기업≫, 이명환 외)

③ 실행(Action)단계 : 인간의 육체행위에 해당하는 영역으로서, 의사결정단계에서 생성된 사항이 실질적으로 가치사슬상에서 실시간으로 실행되는 단계이다.

(3) RTE 관련 IT체계

RTE를 구현하기 위해서는 다양한 IT기술을 접목해야 한다. 현재 RTE 구현을 위한 주요 기술요소로는 기업의 가치사슬을 관리하는 ERP · SCM · CRM 등과 핵심 프로세스 통합관리를 위한 BPM, 주요 의사결정을 위한 SEM 등이 있다.

(4) RTE의 기대효과 및 성공요인

1) RTE의 기대효과

기업은 경쟁이 심화될수록 고객과 환경의 변화에 신속히 대응해야 한다. RTE 구현을 통해 얻을 수 있는 기대효과는 다음과 같다.
① 고객의 수요변화, 경쟁사 동향의 신속한 파악으로 잠재적 문제점 조기 발견
② 프로세스 라이프사이클에 대한 관리·통제를 통해 프로세스에 대한 가시성 확보
③ 소비자의 신속한 소비성향을 파악함으로써 소비자 기호와 니즈를 충족시킬 수 있는 제품과 고객서비스 개발로 인한 경쟁력 강화
④ 의사결정의 효율성 및 투명성 제고
⑤ 기업 내의 모든 조직과 업무가 IT로 통합돼 실시간으로 정보를 통합처리

2) RTE의 주요 성공요인

RTE는 기술이 아닌 언제 어디에서나 실시간 정보를 제공하고 비즈니스 프로세스를 가속화시키는 데에 중점을 둔 비즈니스 모델이다. 기업은 성공적으로 RTE를 도입하기 위해 다양한 측면을 고려해야 하며, 다음은 RTE로 전환하기 위한 10가지 주요 성공요인이다.

① 프로세스에 대한 실시간 시각화
기업이 전사적으로 비즈니스 프로세스의 속도를 높이려면 프로세스들이 실시간으로 시각화돼야 한다. 보이지 않는 것은 관리되지 않으며, 개선의 여지도 없다.

② 변화에 대한 실시간 관리
기업이 비즈니스 환경의 변화 및 기회와 위협에 신속하게 응

답하기 위해서는 혁신적인 경영관리가 필요하다. 이를 위해서는 실시간으로 프로세스를 분석하고 변화시키는 관리능력이 필요하다. 이러한 관리능력은 BAM(Business Activity Monitoring)을 통해 실현 가능하다.

③ 비즈니스 프로세스의 최적화
기업은 프로세스를 최적화함으로써 잠재적인 지연시간과 비효율성을 제거해 비즈니스 프로세스를 가속화할 수 있다.

④ 프로세스 자동화
많은 프로세스를 자동화할수록 비즈니스 프로세스는 가속화된다.

⑤ 새로운 솔루션의 신속한 배치
RTE는 변화하는 조건에 맞는 솔루션을 신속하게 전개함으로써 비즈니스 환경에 신속하게 대응한다.

⑥ End-to-End 통합
새로운 솔루션의 신속한 전개는 통합된 인프라를 필요로 하며, 여기에서 통합이란 컴퓨팅 플랫폼·애플리케이션·사람·협력업체 그리고 이와 관련된 모든 프로세스들의 광범위한 End-to-End 통합을 의미한다.

⑦ 유연한 인프라
RTE 기술 인프라에 있어서 가장 중요한 점은 새로운 콤퍼넌

트·비즈니스 솔루션·애플리케이션 그리고 비즈니스 프로세스를 유연하고 신속하게 전개해나가기 위해 유연한 인프라가 필요하다.

⑧ 서비스 기반 아키텍처
비즈니스 민첩성을 극대화시키는 유연한 인프라는 서비스 기반 아키텍처를 통해 가능하다.

⑨ 표준 준수
비즈니스와 시스템 간의 상호작용이 증가함에 따라 표준 채택이 가속화된다.

⑩ 조직의 민첩성
기업이 광범위한 통합을 통해 실시간으로 비즈니스 프로세스를 모니터링하고 관리한다 할지라도, 조직구성원이 변화를 가치있게 생각하지 않는다면 RTE로의 전환은 실패할 것이다. 조직의 민첩성은 모든 구성원이 비즈니스 프로세스를 최적화시키고 비즈니스 변화에 재빠르게 대응하려고 할 때 이루어진다.

(5) 윤리경영과 RTE와의 관계

기업의 윤리경영 실행의 3가지 방향은 ①정도경영, ②직업윤리, ③사회적 책임의 수행이라 할 수 있다.

먼저 정도경영을 수행하기 위해서는 회계정보의 투명성·고효율의 내부통제·건전한 지배구조·주주권익 중시를 통해 '우량기업'

으로 발전해나가도록 해야 한다.

두 번째 윤리경영 실행 방향은 직업윤리이다. 이를 위해서는 공정한 평가와 보상·훌륭한 일터 및 노동생활의 질을 향상시키고, 직장윤리·책무확립·주인의식 및 프로정신의 발현을 통해 실천해가도록 해 '좋은 직장'을 구현해야 한다.

세 번째 방향은 사회적 책임으로, 이를 위해서는 고객만족·고객보호·공정경쟁·공정거래·환경친화·위험관리·공공복지·사회봉사를 통해 실천해나가도록 해 '신뢰받는 기업'으로 변신해야 한다.

이상의 3가지 윤리경영 실천 방향과 RTE와의 직·간접적 연관관계를 살펴보면 다음과 같다.

1) 정도경영과 RTE와의 연관성

윤리경영의 실행 방향인 정도경영은 제일 먼저 회계정보의 투명성을 요구한다. 이러한 회계정보의 투명성을 지원하기 위해서는 기업의 재무회계·구매자재·영업수금·현금 및 자산관리 등이 상호 유기적으로 통합되어 실시간으로 처리됨으로써 기업의 돈과 물류에 대한 투명한 관리가 보장되는 것이다. 특히 현재는 회계의 준법성·정당성을 국내외적으로 인정받는 것이 기업 생존을 위한 필수사항이다.

또한 회계정보의 투명성을 확보하기 위해서뿐만 아니라 건전한 지배구조 및 주주권익을 보호하기 위해서도, 기업의 재무 및 경영과 관련된 주요성과지표인 KPI(Key Performance Indicator)를 실시간으로 관리하고, 경영층에 실시간으로 제공하는 것도 반드시 구현되어야 할 기능이다. 이를 위해서는 RTE의 가시성 영역의 실시간 경영현황 속보 제공 기능·맞춤형 정보전달·실시간 정보 트래킹 기능의 구현이 필수적이다.

고효율의 내부통제를 위해서는 기업의 프로세스를 혁신하고 혁신된 프로세스를 자동화해 가능한 한 사람에 의한 자의적 판단을 지양해야 한다. 이와 같은 기능은 프로세스를 분석·관리하고 프로세스의 성과를 모니터링하는 RTE시스템의 구현을 통해서만 달성할 수 있다.

이와 같이 정도경영이 기업에서 구현되기 위해서는 RTE시스템의 구현이 필수적이며, 개별 시스템으로는 ERP·BPM·대시보드 등의 시스템 구축을 통해 실현할 수 있다.

2) 직업윤리와 RTE와의 연관성

종업원의 가치를 극대화하기 위한 관점에서 합리성에 기초한 직업윤리의 실천을 위해서는 공정한 평가와 보상·직장생활의 질적 수준 향상·주인의식과 프로정신 함양에 중점을 둬야 할 것이다. 이러한 직업윤리 실천을 시스템적으로 지원하기 위해서는 조직 전략의 구체화·조직원과의 공감대 형성 및 체계적인 실행관리가 필요하다. 이것은 RTE시스템의 지능화(Intelligence) 영역인 BSC(Balanced Score Card) 근간의 성과경영 시스템을 통해 효과적으로 구현 가능하다.

또한 직장생활의 수준향상·직장윤리와 책무의 확립·조직구성원의 주인의식을 유도하기 위해서는 사내의 경영정보 및 사외의 유용한 정보들을 종업원들이 쉽게 접근할 수 있도록 시스템적으로 지원해야 한다. 이것은 RTE시스템의 가시화 및 기민화(Agility) 영역에서 맞춤형 정보제공·신속한 의사전달 체계 및 디지털 커뮤니케이션 등을 구현함으로써 지원할 수 있다.

이와 같은 직업윤리를 기업 내에 실천하기 위해서는 위에서 본 바와 같이 RTE시스템의 구현이 필수적이며, 개별 시스템으로는 EP(Enterprise Portal; 기업포털)·SEM(Strategic Enterprise Management; 전략적 기업경영)·DW(Data Warehousing) 등의 축을 통해 실현할 수 있다.

3) 사회적 책임과 RTE와의 연관성

기업의 사회적 가치를 극대화하기 위한 사회적 책임에는 고객만족과 보호·공정경쟁과 거래 등의 과제가 있다. 고객만족과 보호를 위해 기업은 고객의 니즈를 조기에 파악해 최적의 고객대응체제를 구축해 핵심 고객에 대한 보다 나은 서비스 제공과 보다 나은 고객관리를 실현해야 한다. 그러므로 RTE시스템을 활용하면 기업은 고객과의 친밀성을 높이고 고객의 요구에 적절히 대응할 수 있다.

즉, 친밀성을 높이기 위해 실시간으로 고객을 파악하고 분석할 수 있는 능력을 갖춰야 하며, 고객의 요구에 적절히 대응하기 위해 고객의 과거 행적을 분석해 기업 입장에서 적절한 행동결정을 하고 이를 실행에 옮기는 과정을 실시간으로 구현해야 한다.

공정경쟁과 공정거래 문제는 기업이 소비자에게 보다 빨리, 보다 효율적으로, 보다 저렴한 가격에 상품을 공급하는 데 필수적인 구매와 판매 프로세스의 투명성·공정성·신속성과 관련이 있다. 실시간 기업의 경우 기업 내외의 가치사슬상의 프로세스 및 정보를 관련 기업과 투명하고 신속하게 공유함으로써, 공정경쟁과 공정거래를 가능하게 하며 이를 통해 원가절감과 기술력 제고를 동시에 달성하고 있다.

이와 같은 기업의 사회적 책임 수행은 위에서 본 바와 같이 RTE 시스템 구현을 통해 기업 스스로의 경쟁력 강화와 더불어 이룰 수 있으며, 관련 시스템으로는 RTE-SCM · RTE-CRM 등이 있다.

(6) 향후 전망

오늘날 기업의 윤리성 문제는 기업을 평가하는 중요한 평가기준이 되고 있다. 이제 기업이 글로벌 경쟁 환경에서 경쟁우위를 확보하고 지속적으로 생존·발전하기 위해서는 유연함과 위기 대처 능력뿐만 아니라 윤리경영 실천을 통해 시장과 고객의 신뢰를 확보하는 것이 무엇보다 중요하게 되었다.

국내기업도 이러한 변화추세에 부응해 앞다퉈 윤리경영의 실천을 선언하고 있다. 그런데 윤리경영의 3가지 실행방안인 정도경영 · 직업윤리 · 사회적 책임을 다하기 위해서는 IT시스템의 지원이 필수적인 요소로 대두되고 있다. 또한 이러한 관점에서 기존의 IT시스템도 RTE라는 개념을 수용해 새롭게 진화하는 모습을 보이고 있다.

그러나 여러 가지 기술적 요소들이 융합되는 RTE를 시스템적으로 완벽하게 구현한다는 것은 기업에게 쉽지 않은 일이다. 또한 다양한 영역의 모든 기업에 적용할 수 있는 RTE의 정형화된 모습을 정의하는 것도 불가능한 일이다.

그러므로 21세기 경영환경에서 다양한 이해관계와 산재한 위험을 실시간으로 인지하고 대응하여 기업의 경쟁력을 확보하고 지속적인 성장을 도모하기 위해서는 각각의 비즈니스 특성에 맞는 RTE로의 변화가 필수적이라 할 수 있다.

제3편

윤리경영 사례

최고경영진은 변화와 혁신을

성공적으로 추진하기 위해

솔선수범하여 현장의 소리에 귀를 기울이고,

혁신에 수동적인 직원에게는 직접 설득과 교육을 통해

'혁신은 양보해서도 안 되고,

양보되어서도 안 된다' 는 경영 철칙을 전파하였다.

이러한 최고경영진의 의지는 전 직원을 하나의 목표를 향해

결집시키는 공감대 형성으로 나타났으며,

혁신을 추진하는 동안 발생되는 고통을 감내하며

헤쳐나갈 수 있는 원동력이 되었다.

제 1 장

윤리경영 실행사례

1. 1 삼성전자 사례

(1) 삼성전자의 행동규범 사례

2005년 9월 삼성전자는 '디지털 컨버전스 혁명 선도'라는 비전 아래 임직원의 행동기준을 구체화한 '삼성전자 행동규범'을 제정, 공포했다. 이는 윤리적인 경영활동을 실천하는 것이 바로 경쟁력 확보는 물론 회사의 지속적인 성장과 발전에 필수적인 핵심 원동력이라고 인식하고, 기업의 사회적 책임을 다하고자 하는 노력을 구체화한 것이다.

'삼성전자 행동규범'은 특히 투명경영·정도경영·녹색경영·나눔경영을 강조했다. 행동규범 제정의 목적은 임직원의 다양성을 존중하면서 아울러 전 세계의 삼성전자인을 하나로 아우를 수 있는 '하나 된 문화'를 완성하고자 하는 것이었다. '삼성전자 행동규범'

은 삼성전자가 이룬 외형적인 성장에 걸맞게 글로벌 스탠더드에 부합되는 윤리적 잣대를 스스로 실천하기 위해 제정했다. 여기에는 글로벌 시너지의 극대화를 위해 업무방식에 있어서 삼성전자 고유의 '초일류 7대 인자'의 철학이 내재돼 있다. 이러한 행동규범을 바탕으로 과거의 잘못된 관행으로 인한 불합리한 업무방식을 제거해 국제사회에서도 통용되는 글로벌 수준으로 업무방식을 개선하고자 했다.

삼성전자의 가치(Corporate Value)는 ①경영이념(Philosophy), ②핵심가치(Value), ③행동규범(Principles)의 3단계로 구성돼 있다.

1) 경영이념(Philosophy)

경영이념은 회사의 근본적인 존재 이유로 회사 경영을 어떻게 해 나갈 것인가의 의사결정 기준이 되며, 회사가 지향하는 궁극적인 목

[그림 3-1] 삼성전자의 가치

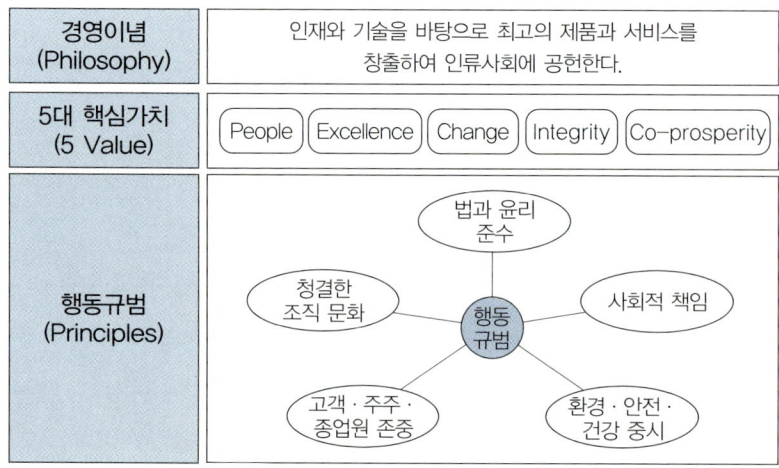

적 및 방향성을 표현한다. 삼성전자는 인재와 기술을 바탕으로 최고의 제품과 서비스를 창출해 인류사회에 공헌하는 것을 경영이념으로 삼고 있다.

2) 5대 핵심가치(5 Value)

5대 핵심가치는 경영이념을 실현하기 위해 조직 내에서 중시해야 할 조직의 가치기준으로서, 업무를 수행할 때 가치관을 형성하는 주요 키워드이며, 삼성전자 임직원으로서 지켜야 할 믿음 혹은 마음가짐(Mindset)을 나타낸다. 삼성전자의 5대 핵심가치는 다음과 같다.

① 인재제일(People) : '기업은 사람이다'라는 신념을 바탕으로 인재를 소중히 여기고, 마음껏 능력을 발휘할 수 있는 기회의 장을 만든다.
② 최고지향(Excellence) : 끊임없는 열정과 도전정신으로 모든 면에서 세계 최고가 되기 위해 최선을 다한다.
③ 변화선도(Change) : 변하지 않으면 살아남을 수 없다는 위기의식을 가지고 신속하고 주도적으로 변화와 혁신을 실행한다.
④ 정도경영(Integrity) : 곧은 마음과 진실되고 바른 행동으로 명예와 품위를 지키며 모든 일에 있어서 항상 정도를 추구한다.
⑤ 상생추구(Co-prosperity) : 우리는 사회의 일원으로서 더불어 살아간다는 마음을 가지고, 지역사회·국가·인류의 공동번영을 위해 노력한다.

3) 행동규범(Principles)

삼성전자의 행동규범은 경영이념과 핵심가치에 대한 이해를 바탕으로 작성됐으며, 임직원이 경영이념과 핵심가치를 실천하기 위해 수행해야 할 구체적인 행동을 규정하고 있다. 행동규범에는 임직원이 업무를 수행할 때 지녀야 할 일하는 자세와 방법에 대한 윤리적 기준과 조직의 구성원으로서 동료를 상호존중하기 위해 기본적으로 지켜야 할 규범과 약속을 담고 있다. 삼성전자의 행동규범은 5개의 원칙과 18개 세부항목으로 구성된다.

● 원칙 1: 법과 윤리를 준수한다

삼성전자 행동규범의 첫 번째 원칙은 임직원이 모든 경영활동에서 법과 윤리를 준수한다는 것이다. 이는 기업이 지역사회의 구성원으로서 법에 따라 행동해야 하며, 동시에 사회가 요구하는 윤리성을 가져야 한다는 기업의 기본적인 책임을 명시한다. 이 원칙에는 개인의 다양성과 존엄성을 존중하며 경영활동 시 상도의에 의거해 합법적으로 공정한 경쟁원칙을 준수할 것을 명시한다. 또한 정치에 개입하지 않고 회계의 투명성을 유지하는 투명경영을 실천하는 것이 포함된다.

① 개인의 존엄성과 다양성을 존중한다

삼성전자의 경영활동은 개인의 본질적 가치를 인정하고 존엄성과 다양성을 존중한다는 인권존중의 원칙을 바탕으로 하여 경영현장에서 실제로 실행될 수 있도록 다음과 같이 구체적인 기준을 마련해 명시하고 있다.

첫째, 모든 사람을 자주적인 인격체로 인식하고, 그들이 갖고 있는 인간으로서의 존엄과 가치를 존중한다.

둘째, 정신상 또는 신체상의 자유를 부당하게 구속하여 근로자의 자유의사에 반하는 강제노동·임금착취 및 어린이 노동을 금지하는 원칙을 준수한다.

셋째, 개인의 다양성을 존중하는 차원에서 경영활동과 관련된 모든 이해관계자에 대해 이들의 다양성을 이유로 차별하지 않는다.

② 법과 상도의에 따라 공정하게 경쟁한다

삼성전자 임직원은 법과 상도의에 따라 공정하게 경쟁해야 한다. 우리나라를 포함한 세계 각국에는 공정한 자본주의 시장경쟁 질서를 확립하기 위해 공정거래 관련 법규가 제정·적용되고 있는데, 이를 준수해야 한다. 또한 기업 경영활동의 바람직한 상도의를 준수하면서 공정한 경쟁을 해야 함을 명시하고 있다.

③ 정확한 회계처리 및 공시를 통해 회계의 투명성을 유지한다

삼성전자는 기업이 윤리적 도덕성을 확보할 수 있을 때 비로소 기업의 경영활동에 대한 신뢰를 보장받을 수 있다는 인식하에 정확한 회계 처리 및 회계의 투명성을 강조한다. 따라서 회사의 모든 거래를 각국별 회계 관련 법규 및 기준은 물론 국제적으로 통용되는 회계 기준을 준수해 정확하고 투명하게 기록하고 관리해야 한다. 또한 법규에 따른 경영정보 공시 의무를 규정해 회사의 재무적 변동 등 경영상 주요 변동사항 및 기업정보를 관련 기준 및 절차에 따라 주주를 포함한 이해관계자에게 합리적인 의사결정의 근거로 제공하도록 명시하고 있다.

④ 정치에 개입하지 않으며 중립을 유지한다

삼성전자의 행동규범은 기업 차원에서 정치에 개입하지 않을 것을 명시하고 있다. 특정 정당이나 특정 후보자를 지지하지 않으며, 특정 정치행사를 금전적·비금전적으로 후원하지 않으며, 기업 본연의 역할을 충실히 수행한다. 또한 종업원 개인의 참정권과 정치적 의사를 존중하지만, 임직원이 회사 내에서 정치활동을 하거나 회사자산을 정치적인 목적으로 사용하는 것은 금지한다.

⑤ 개인 및 사업 파트너의 정보를 보호한다

삼성전자의 행동규범은 임직원이 업무 수행과정에서 사내·고객·공급자·주주 등 여러 경로를 통해 얻은 개인이나 기업체의 정보를 소중하게 보호할 의무가 있음을 명시하고 있다. 삼성전자의 임직원은 정보의 취득·보관·활용 및 폐기의 모든 절차에서 관련 법규와 사내 규정을 준수해야 한다. 이러한 정보가 삼성전자에 대한 신뢰를 바탕으로 제공됨을 이해하며, 고객에게 더 나은 서비스를 제공하고 대상 기업과 협력적인 사업 파트너십을 제공하는 등, 상호 공존의 업무관계를 실현하기 위해서만 사용해야 한다.

- **원칙 2: 청결한 조직문화를 유지한다**

삼성전자 행동규범의 둘째 원칙은 모든 임직원이 깨끗한 조직문화를 유지하는 것이다. 이는 대외적으로 법과 윤리를 준수하는 것 이상으로 내부적으로 공정하고 합리적인 기준에 의거해 조직을 구성하고 운영하며, 건전한 조직 분위기를 유지하는 것의 중요성을 강조한다.

① 모든 업무활동에서 공과 사를 엄격히 구분한다

삼성전자는 모든 경영활동에 있어서 임직원의 공과 사를 엄격하게 구분해 깨끗한 조직문화를 유지할 것을 강조한다. 업무수행 중 개인의 사적인 친분관계나 자산 축적 등으로 인해 회사와 개인의 이해가 상충하는 경우, 회사의 명예와 합법적인 이익을 우선시해야 한다.

② 회사와 타인의 지적재산을 보호하고 존중한다

현대 지식사회에서 지적재산이 기업 경쟁력의 원천으로서 강조되며, 지적재산권은 사업경쟁력을 좌우하는 중요한 요소이다. 따라서 무형의 지적재산에 대한 조직 차원의 보호와 관리의 중요성이 한층 강조되고 있다. 삼성전자의 행동규범은 임직원이 회사의 지적재산을 보호하는 데 만전을 기하고, 타인의 지적자산을 침해하지 않도록 유의해야 함을 명시하고 있다.

③ 건전한 조직 분위기를 조성한다

삼성전자는 건전한 조직 분위기를 조성하는 것이 깨끗한 조직문화 유지의 원칙을 지키는 데 필수적인 요소라는 인식하에 조직 구성원이 건전한 조직 분위기를 조성하기 위해 노력할 것을 강조한다. 이를 위해 임직원 간에는 상호존중하는 자세를 유지하고, 사적인 부탁 등으로 동료관계에 불쾌감을 주거나 조직 내 위화감을 야기하는 파벌이나 사조직의 결성을 허용하지 않는다.

④ 외부활동 시 삼성전자인으로서의 품위를 지킨다

삼성전자는 조직구성원 개인의 말과 행동이 회사의 대표성을 가지며 삼성전자의 브랜드 이미지를 형성한다는 인식을 갖고, 임직원이 업무 외 활동에 있어서도 삼성전자인으로서 자긍심을 바탕으로 책임 있게 행동해야 함을 강조한다.

● **원칙 3: 고객·주주·종업원을 존중한다**

삼성전자 행동규범의 셋째 원칙은 경영활동의 주체이자 개체인 고객·주주·종업원에 대한 존중 정신에 입각해 기업 본연의 역할을 성실히 수행하는 것이다. 이는 고객만족을 우선 가치로 여기고, 안정적이고 장기적인 이윤창출을 통해 주주가치를 확대하는 동시에 종업원의 삶의 질 향상을 도모한다.

① 고객만족을 경영활동의 우선적 가치로 삼는다

삼성전자는 '고객이 있어 삼성전자가 존재한다'는 신념으로, 고객만족이 기업의 영속적인 경영활동을 위해서 우선적으로 고려해야 할 가치라고 인식한다. 고객 존중의 정신은 미래 트렌드의 인식 단계부터 제품 및 서비스 설계·고객 응대 및 프로세스 혁신의 모든 과정에서 중요한 원칙으로 작용한다. 이를 위해 고객과 관련된 제반 업무활동에서 고객만족을 위한 요구와 기대, 고객의 제안이나 불만 등 고객의 소리를 경청해야 하며, 이에 신속하게 대응할 것을 명시한다.

② 주주가치 중심의 경영을 추구한다

삼성전자는 회사의 주인이 주주임을 인식하고, 임직원이 주주의 입장에서 모든 경영활동과 주주이익과의 연관성을 파악해 주주가치 향상을 위해 최선을 다할 것을 강조한다. 이를 위해 첫째, 삼성전자의 임직원은 주주의 장기적인 이익을 기준으로 경영상의 의사결정과 지속적인 경영개선 활동을 수행하고, 업무수행 시 합리적인 투자와 경영효율 향상 등을 실천한다. 둘째, 삼성전자의 임직원은 건실한 경영활동을 기반으로 주주에게 안정적인 수익을 제공하며, 이를 통해 기업가치를 높일 수 있다는 인식 하에 투기나 반인륜적인 사업 참여 등 단기적인 이익 추구보다는 건실한 경영활동을 통해 주주가치를 제고하기 위해 노력한다. 셋째, 삼성전자 임직원은 주주의 신뢰를 도모하기 위해 주주의 정당한 요구와 의사를 존중하며 이러한 요구와 의사를 경영활동에 최대한 반영하도록 노력한다.

③ 임직원의 '삶의 질' 향상을 위해 노력한다

삼성전자는 종업원의 삶의 질 향상을 위해 종업원의 물질적 기대뿐만 아니라 자아실현 등 정신적 생활수준을 높이기 위한 노력을 하고 있다. 모든 종업원이 자신의 능력과 자질을 최대한 발휘할 수 있도록 공정하고 투명한 인사제도를 수립하고, 종업원에게 동등한 기회를 제공하며, 종업원의 능력과 성과에 따라 처우한다. 또한 종업원의 자아실현을 위해 자기 성장의 비전을 실천할 수 있도록 자기개발을 지속적으로 권장하며, 종업원의 역량 개발 및 향상을 위해 교육 훈련 등 다양한 지원책을 마련해 시행하고, 개인의 역량을 최대한 발휘할 수 있는 근무환경을 제공하기 위해 노력할 것을 명시하고 있다.

- **원칙 4: 환경·안전·건강을 중시한다**

  삼성전자 행동규범의 넷째 원칙은 경영활동에서 인류의 환경·안전·건강을 중시할 것을 다짐하는 것이다. 이는 환경·안전·건강의 문제가 기업 경영활동에서 인류사회의 지속적인 유지와 발전을 위한 전제조건임을 인식하고, 환경·안전·건강 관련 법규를 준수하는 것은 물론 인류의 미래 가치를 보호한다는 적극적인 취지를 강조한 것이다.

① 환경친화적 경영을 추구한다

환경친화적 경영이란 환경이 전 인류가 영원히 보존해야 할 대상임을 깊이 인식하고 깨끗한 자연을 보전하는 데 노력하는 일련의 경영활동을 의미한다. 이를 위해 삼성전자는 환경보호와 관련된 국제기준 및 관계법령을 준수하고 개발·생산·판매 등 모든 활동에 녹색경영 정신을 실천하고 있다.

② 인류의 안전과 건강을 중시한다

삼성전자는 기업의 경영활동이 인류의 안전과 건강에 영향을 미칠 수 있음을 인식해 법규 및 관련 기준의 준수와 안전예방활동을 강조하고 있다. 이를 위해 안전한 근무환경의 제공, 주변 환경요인 등 불안정 요소의 사전 제거 및 대비책 마련 등 일련의 안전예방활동을 실천한다.

● **원칙 5: 글로벌 기업시민으로서 사회적 책임을 다한다**

삼성전자 행동규범의 다섯째 원칙은 글로벌 기업시민으로서 인류사회가 요구하는 기업의 사회적 책임을 성실하게 수행하는 것이다. 기업의 사회적 책임이란 기업의 이해당사자를 고객·주주·종업원으로 국한하지 않고, 기업의 경영활동이 이루어지는 지역사회를 둘러싼 제반 기업 환경에 대해서도 기업시민으로서 관심을 갖고 지역사회의 발전에 대해 노력을 기울여야 함을 의미한다.

① 기업시민으로서 지켜야 할 기본적 책무를 성실히 수행한다

기업 또한 지역사회에서 일반시민과 마찬가지로 지역사회의 구성원인 기업시민으로서 마땅히 지켜야 할 책임과 의무를 성실히 수행해야 한다. 기업시민이 지켜야 할 기본적 책무로서 기업의 법적·경제적 책임을 수행하며, 지역사회가 필요로 하는 요구와 기대에 부응하는 것이 포함된다. 삼성전자의 행동규범은 지역사회의 일원으로서 지역사회의 발전을 위해 자발적으로 참여함으로써 궁극적으로는 삼성에 대한 신뢰를 높이는 데 최선을 다할 것을 명시하고 있다. 기업시민의 기본적 책무 수행에 대한 구체적인 실천사항으로서, 지역사회의 발전을 위해 지역사회의 요구와 기업여건을 감안해 고용 기회를 제공하기 위해 노력하고, 부과된 조세를 성실히 납부할 책임을 명문화하고 있다.

② 현지의 사회·문화적 특성을 존중하고 상생을 실천한다

삼성전자는 국가 또는 지역 간 문화와 전통의 차이로 인해 윤리

적인 갈등이 발생할 수 있음을 인식하며, 이러한 갈등을 최소화하고 올바른 해결책을 마련하기 위해 삼성전자 임직원이 현지의 사회·문화적 특성을 이해하기 위해 노력할 것을 강조한다. 삼성전자가 지속적으로 실천하고 있는 나눔경영의 정신은 현지의 발전이 삼성전자의 발전과 동일한 가치라는 것을 강조하고, 현지에서의 자발적인 봉사활동과 이익 사회환원 등을 통해 상생을 도모하고 있다. 삼성전자는 지역사회의 고유한 법과 문화와 가치관을 존중하며, 경영활동을 통해 지역주민의 삶의 질 향상에 기여하고자 노력한다.

③ 사업 파트너와 공존·공영의 관계를 구축한다

삼성전자는 경영활동과 관련해 협력관계에 있는 모든 협력회사 또는 개인과의 사업상의 업무관계에서 한쪽의 이익만을 일방적으로 강요하거나 강요받지 않으며, 서로를 전략적 파트너로 인지해 서로의 경쟁력을 강화함으로써 공존·공영의 관계를 구축하기 위해 노력한다. 이를 위해 협력업체의 제반 경영활동에 대해 합법적인 범위 내에서 공동으로 기술 개발·마케팅·교육 등을 통한 다양한 지원책을 마련하고 있다.

(2) 삼성전자의 녹색경영 사례

삼성전자는 사회와의 공존·공영을 추구하고 인류사회에 기여하는 기업이 되고자 환경·안전·보건을 중시하는 녹색경영을 실천하고 있다. 1996년 5월 녹색경영을 선언하고 환경·안전·보건 분야에 관한 영역을 경영차원으로 격상시켜 이를 경영의 핵심가치로 제시했다. 삼성전자는 제품·공정·사업장·지역사회 등 기업경영의 모든 영역에서 녹색화를 추구하고, 원가 절감·에너지효율 개선 등을 통해 경영이익 창출과 위험성의 저감을 달성하고 사고예방과 사고발생 시 피해를 최소화하기 위한 노력을 수행해왔다.

녹색경영은 제품의 개발 단계부터 폐기에 이르기까지 전 과정에 걸쳐 환경친화제품 활동, 청정기술 개발 및 오염물질 원류관리를 통한 환경영향 최소화 활동, 임직원의 건강 증진과 리스크 관리를 통한 안전보건 활동, 인류사회에 공헌하기 위한 다양한 사회공헌 활동을 전개해 인류의 삶을 보다 가치 있게 만들고 지속가능한 성장을 이뤄내는 것을 목적으로 한다.

삼성전자는 2003년 초 각 사업장 중심의 환경안전위원회를 대표이사 주관의 전사 환경안전경영위원회로 조직을 강화함으로써 환경경영의 중요성을 강조했다. 환경안전경영위원회는 삼성전자의 녹색경영 정책과 전략을 수립하고 그 성과를 주기적으로 평가하는 역할을 한다. 환경안전경영위원회는 에코 제품(Eco-Product)·에코 디자인(Eco-Design) 등 각 분과위원회를 세분화해 환경친화제품 생산지원 체제를 강화하고 각 분과위원회별 활동을 통해 환경경영을 실천하고 있다. 또한 2003년 9월에는 글로벌 환경경영에 박차를 가하고, 유럽연합의 폐전기전자제품 처리지침(WEEE, Waste Electrical and Electronic Equipment), 특정유해물질 제한지침(RoHS, Restriction of Hazardous Substances) 등 강화되고 있는 전기·전자제품에 대한 환경규제에 적극 대응하기 위해, 이탈리아 밀라노에서 '삼성 구주 환경경영 추진팀' 발대식을 개최하고 유럽 전 지역에 환경대응조직을 구축하기 시작했다.

삼성은 녹색경영 실천의 일환으로 1996년 녹색경영 선언문을 발표했다.

삼성 녹색경영 선언문

삼성은 생명외경 사상을 바탕으로 사람과 자연을 존중하는 기업활동을 통하여 인류의 풍요로운 삶과 지구환경 보전에 이바지한다. 이에 환경·안전·보건을 기업경영의 주 요소로 인식하고, 국내외 모든 경영활동에 적극 반영하여 21세기를 선도하는 녹색기업이 되고자 한다.

이를 위해 삼성 녹색경영위원회를 운영하고, 전사적으로 녹색경영(Green Management) 운동을 전개한다.

이를 구현하기 위한 행동지침으로
1. 국내외 법규와 국제협약을 준수함은 물론 더욱 엄격한 회사 내부 기준을 마련하여 지속적인 개선을 추구한다.
2. 모든 생산활동 과정에서 자원과 에너지를 절약하고 폐기물 발생을 최소화하여 지구촌의 모든 사람들이 삶의 질을 높일 수 있도록 최고의 제품과 서비스를 제공한다.
3. 종업원의 건강과 복리후생을 증진하며 작업환경을 개선하여 꿈의 사업장을 만든다. 그리고 종업원의 의식전환과 적극적 참여를 유도하는 교육과 훈련을 실시한다.
4. 소비자의 알 권리를 충족시키기 위해 정기적인 감사를 실시하여 평가개선 결과를 대내외에 공개하는 열린 경영을 실천한다.

> 5. 협력회사와 함께 녹색경영 방침을 달성할 수 있도록 동반자적인 공동체를 유지하고 지원한다.
> 6. 긴급상황에 대비한 비상조치 계획을 수립하여 지역사회에 대한 책임을 다하고, 지구환경 보전과 지역사회 발전을 위한 사업을 전개한다.
>
> 1996년 5월

또한 녹색경영 실천을 위해 경영의 녹색화·제품의 녹색화·공정의 녹색화·사업장의 녹색화·지역사회의 녹색화라는 녹색경영 5대 과제를 채택하고 실천하고 있다.

삼성은 녹색경영을 실현하기 위해 다음과 같은 세부 실천과제를 선정해 추진하고 있다.

첫째, 경영의 녹색화는 녹색경영의 성과를 가시적으로 확인하면서 지속적으로 개선해나가는 것이다. (Continual Improvement)
- 녹색경영 체제 구축
- 녹색경영 보고서 발간

둘째, 제품의 녹색화는 고객의 녹색 니즈에 부응하고 제품 폐기물을 자체적으로 회수, 처리하는 것이다. (Product Stewardship)
- 전 과정평가(LCA: Life Cycle Assessment) 실시
- 제품 폐기물의 자체 회수 및 처리

셋째, 공정의 녹색화는 원류관리를 통해 제반 문제의 발생가능성을 근원적으로 제거해나가는 것이다. (Pollution Prevention)
- 폐수 무방류 시스템 도입
- 이산화탄소 배출량의 30% 감축

넷째, 사업장의 녹색화는 작업환경 개선 및 오염물질의 완벽한 처리를 통해 사고를 근절하는 것이다. (Preventing EH&S Incidents)
- 인간 중심의 작업환경 조성
- 무공해·무재해·무질병의 3無 사업장 구현

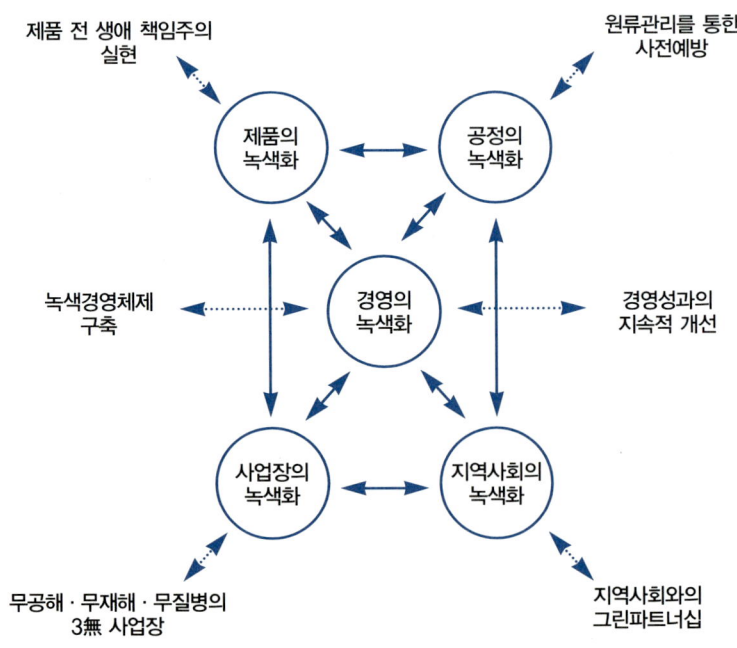

[그림 3-2] 녹색경영 5대 과제

마지막으로 지역사회의 녹색화는 협력회사 및 지역주민과 동반자 관계를 유지하면서 지역 생태계를 복원하는 것이다. (Green Partnership)
- 지역 생태계의 복원사업 추진
- 협력회사의 환경·안전관리 지원

　삼성은 또한 녹색경영 정신의 바탕 위에 에너지경영을 실천하고 있는데, 이러한 노력의 일환으로 삼성 에너지경영 선언문을 발표하고 세부 실천과제를 수행하고 있다.

삼성 에너지경영 선언문

삼성은 녹색경영의 정신을 바탕으로 산업활동의 원동력이며 인류 문명에 없어서는 안 될 에너지 자원의 중요성을 인식하고 보전과 활용의 지혜를 발휘하여 지속가능한 개발에 이바지한다.

따라서 에너지 이용 효율증대를 기업경쟁력의 원천으로 삼아 삼성 내 모든 경영활동에 적극 반영함으로써 국제경쟁력을 향상시키는 데 선도적인 역할을 한다.

이를 위해 삼성은 21세기를 향한 자원생산성 증대 운동으로 SEE21(Samsung Energy Efficiency 21) 운동을 전개한다.

1997년 6월

　삼성은 에너지경영을 구현하기 위해 다음과 같은 세부 실천과제를 선정하고 실천에 옮기고 있다.

① 경영관리 부문

에너지 원 단위 및 이산화탄소 원 단위 선진 수준 달성, 에너지 절약 캠페인의 지속적 전개

② 공정 부문

설비투자 확대, 에너지 매니지먼트시스템(Energy Management System) 구축으로 에너지 효율 최적화, 설비별 '에너지 명찰제' 실시

③ 제품 부문

에너지 저소비형 제품 공급, 에너지 소비효율 상위 등급 취득, 에너지마크 취득

④ 연구개발 부문

에너지 관련 연구기능의 시너지 효과 증대, 이산화탄소 배출저감 연구와 투자

⑤ 물류 · 광고 부문

삼성 수송 · 물류 종합정보센터 운영 검토, 광고간판용 조명 시스템의 고효율 기기 교체

⑥ 사회공헌 부문

협력회사의 에너지 진단 및 절감기술 지원, ESCO 사업 확대를 통한 절감문화 확산, 교통량 줄이기 운동 전개

1) 시스템 구축 목표

삼성전자는 생명외경 사상을 바탕으로 사람과 자연을 존중하는 기업활동을 통해 인류의 풍요로운 삶과 지구환경 보존에 이바지하겠다는 경영철학을 바탕으로, 환경·안전·보건을 기업경영의 주 요소로 인식하고, 국내외 모든 경영활동에 이러한 경영철학을 적극 반영해 지속가능한 사회발전을 선도하고자 노력하고 있다. 이를 위해 삼성전자의 녹색경영은 다음과 같은 행동방침을 가지고 실천해나가고 있다.

- **녹색경영 시스템 운영**
  회사의 모든 제품과 활동 및 서비스에서 발생하는 환경·안전·보건 영향을 지속적으로 개선하기 위해 녹색경영 시스템을 운영하고, 녹색경영성과를 정기적으로 이해관계자에게 공개한다.
- **국내외 법규 준수**
  국내외 환경안전 관련 법규와 국제협약을 준수함은 물론, 더욱 엄격한 회사관리 기준을 설정해 충실히 이행하며, 관리 수준 향상을 위해 노력한다.
- **제품과 서비스의 전 과정 책임주의 실천**
  전 과정 환경 영향과 안전을 고려한 제품 설계, 유해물질을 함유하지 않은 환경친화 자재의 우선 구매, 폐제품의 재활용 체계 운영으로 제품과 서비스의 전 과정에 대한 책임을 다한다.
- **환경영향 감소 및 지속적 개선**
  최적의 청정생산 기술 개발 및 도입으로 자원과 에너지 사용을 최소화하고 이산화탄소를 비롯한 환경영향 물질의 배출을 최소화하며 이를 지속적으로 개선한다.

- **쾌적하고 안전한 사업장 구현**

  사업장의 위험요소를 최소화해 환경안전 사고를 방지하며, 쾌적하고 안전한 사업장을 조성하고, 임직원의 건강한 삶의 질을 높일 수 있도록 추진한다.

- **협력회사와의 상생경영 및 지역사회 공헌**

  협력회사와 함께 녹색경영 방침을 달성할 수 있도록 상생관계를 유지하고 지원하며, 지구환경 보전과 지역사회 발전을 위한 활동을 전개한다.

2) 시스템을 통한 경영 혁신

삼성전자는 환경경영의 실천을 위해 체계적이고 과학적인 환경안전관리 시스템을 구축, 활용하고 있다.

① 녹색구매 시스템

삼성전자는 환경경영의 일환으로 고객에게 환경친화적인 제품을 제공하기 위해 협력사와 환경친화적인 원료 및 부품 등을 구매하기 위한 녹색구매 시스템을 개발, 운영하고 있다. 녹색구매 시스템은 제품의 개발 및 생산과정에서 발생할 수 있는 환경위험요소를 사전에 예방하고, 환경친화적인 원료와 부품의 구매를 통해 궁극적으로 고객들에게 환경친화적인 제품을 제공하는 것을 목적으로 한다.

이에 따라 2001년 녹색구매 시스템의 기본 지침을 발표하고 시범 적용을 추진했다. 2003년부터는 국내 전 협력사를 대상으로 녹색구매 시스템을 시행했으며, 2004년부터는 해외 협력사를 대상으로 확대 시행하기 시작했다. 제품의 개발 및 생산과정에서 발생할 수 있는 환경위험요소를 사전에 예방하고 환경친화적인 원료 및 부품 등의 구매를 위한 활동을 지원하는 녹색구매 시스템은 다음과 같은 목적을 수행하기 위해 체계적으로 진행됐다.

- 국내외 환경 관련 규제 및 제도에 대응하고 환경위험요소에 대한 사전예방을 통해 불필요한 비용 발생을 억제한다.
- 환경친화적인 원료 및 부품·반제품 등의 구매를 통해 환경친화적인 제품을 개발해 고객에게 제공함으로써 새로운 경쟁력을 확보한다.
- 환경친화적인 제품 개발 및 생산으로 이미지 제고와 지구 환경 보전에 기여한다.

② 녹색경영정보 시스템(GMIS)

삼성전자의 녹색경영정보 시스템(Green Management Information System)은 환경안전보건 업무를 총체적으로 지원하고, 관련 정보를 체계화해 경쟁력 향상 및 전략적 활용이 가능하도록 지원하는 시스템이다. 1998년 기흥사업장에서 녹색경영정보 시스템을 개발, 적용한 이래 화성·온양·천안·수원·구미·광주 사업장에 확산, 적용해 활용하고 있다.

녹색경영정보 시스템은 오염물질을 발생원별로 관리하고, 환경안전 목표 및 실적관리 등의 환경안전 정보를 경영자와 관련 임직원에게 제공함으로써 신속한 의사결정을 지원한다. 또한 ISO 14001의 사후관리 시스템과 에너지·화학물질과 같은 국제규제에 대한 기초 정보를 확보함으로써 체계적으로 대응하고, 환경안전보건업무를 표준화해 업무 효율성의 극대화를 지원한다.

③ EPS(Eco-Product System)

삼성전자는 RoHS·WEEE 등 국내외 환경규제에 적극적으로 대응하기 위해 제품 및 원부자재의 환경유해성을 평가하고 개선해 제품의 환경친화성을 높이기 위한 툴(Tool) 및 데이터를 지원하기 위한 시스템을 개발, 활용하고 있다. EPS는 삼성전자가 국내외 환경규제에 적극적으로 대응하고 고객에게 좀더 환경친화적인 제품을 제공하기 위해 제품 원부자재의 환경성을 평가, 개선하기 위한 총체적 환경성 평가 도구이다.

EPS 시스템은 LCA(Life Cycle Assessment; 전 과정평가)·에코 디자인·EA(Environmental Accounting; 환경회계)·GP(Green Procurement; 녹색구매)·CS(Customer Service; 고객응대)의 5개 모듈로 구성돼 있으며, 모듈은 각각의 결과를 서로 공유해 유기적으로 평가하도록 구성돼 있다. EPS에서는 기존의 내부 시스템을 통해 수집된 공정·원자재·오염물 처리 데이터를 이용한 전 과정 평가가 수행되고, 이 전 과정 평가결과는 고객응대와 에코 디자인에 사용되며, 전 과정 평가에서 사용되는 연산로직이 환경회계에 사용돼 생산원가가 계산된다.

또한 EPS는 녹색구매를 통해 수집한 공급품 재질과 유해물질 함유 정보를 가공해 고객에게 제공하며, 제품 설계자들에게는 제품 개발 시 자재의 재질과 유해물질 함유 정보를 제공한다.

④ 폐가전제품 재자원화 시스템

삼성전자는 1995년 고객신권리선언을 계기로 가전 폐기물로 인한 환경오염을 막고 자원절약과 재활용을 촉진하기 위해 폐가전제품의 회수 및 재활용 체제를 구축해 운영하고 있다. 1998년 국내 최초로 최첨단 리사이클링 센터를 건립해 가전 폐기물의 회수 및 재활용 활동을 수행하고 있다. 2000년 6월에는 환경부와 자발적 협약(Voluntary Agreement)을 체결하고 폐기물관련법에 근거해 가전 폐기물 회수처리의 책임과 의무를 명확히 정립하고, 이를 실천하기 위해 삼성전자에서 생산한 제품을 판매와 제조의 역공정을 이용해 회수하여 재자원화하고 있다. 또한 친환경적인 제품 개발을 위해 제품 전 과정평가(LCA)를 통해 확보한 정보를 생산단계부터 반영해 재자원화를 용이하게 하고 소비자에게 친환경적인 제품을 공급하기 위해 노력하고 있다.

삼성전자는 '자원순환형 경제사회'로의 발전을 위해 기존의 폐기물을 단순히 매립, 소각 처리하는 방식에서 폐기물을 최대한 새로운 자원으로 재활용함으로써 폐기물로 인한 환경오염을 근본적으로 해결하기 위한 노력을 기울이고 있다. 가전제품은 중량과 부피가 커서 매립이나 소각이 어려운 데 반해 부품을 이루는 소재의 재자원화 가치가 높은 특성을 가지고 있다. 이에 삼성전자는 폐가전제품 재자원화 시스템을 구축, 운영함으로써 가전 폐기물의 완벽한 회수와 안정적인 처리를 도모하고 있다. 이러한 활동을 통해 자원절약과 재활용 증대 등의 사회적 역할 수행과 녹색경영을 실천하고자 노력하고 있다.

삼성전자는 국내 최초의 폐가전제품 종합 리사이클링 시스템의 개발과 첨단 환경시설인 리사이클링 센터의 건립, 운영을 통해 폐가전제품을 재자원화함으로써 폐가전제품으로 인한 환경오염을 방지하는 제품의 전 생애 책임주의를 실현하고 있다. 삼성전자의 '그린물류팀'은 전국 22개소의 물류센터를 폐가전제품 회수센터로 활용하고, 폐가전제품 회수차량을 이용해 소비자가 사용하고 버리는 폐가전제품을 100% 회수할 수 있는 체계를 갖춰 무단으로 버려지는 폐가전제품으로 인한 환경오염을 방지하기 위해 노력하고 있다.

⑤ 인간공학 인증 프로그램

최근 비인간공학적 작업장 설계로 인한 직업병이 급격히 증가함에 따라 선진국에서는 인간공학을 경영에 반영하는 추세이다. 미국에서는 근골격계 질환이 급격하게 증가하고, 산업재해 피해자 중 단순·반복 작업으로 인한 근골격계 질환이 많은 부분을 차지하게 됨에 따라, 이를 예방하기 위해 미국 산업안전보건청(Occupational Safety & Health Administration: OHSA)에서 기업이 준수해야 할 인간공학 관리규정을 제정했다. 한국은 근골격계 질환이 선진국에 비해 낮은 수준이나 최근 산업재해에 대한 사회적 관심이 커짐에 따라 한국산업안전공단은 '근골격계 질환 예방 인간공학 전문팀'을 발족해 기업 규제를 위한 법률 제정 및 직업병 발생 사업장에 대한 중점 점검지도를 하고 있다. 또한 산재 인정의 범위가 확대되면서 퇴직자의 산재 신청으로 인한 기업의 부담을 줄이기 위한 노력으로 기업에서 인간공학적 작업장 구축의 필요성이 대두됐다. 삼성전자 수원사업장에

[그림 3-3] 폐가전제품 회수 흐름도

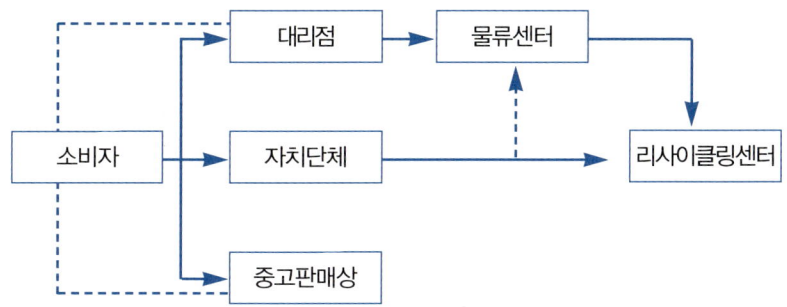

서는 전문기관과 연계해 정밀진단을 통한 인간공학적 작업장 구축을 추진했다. 이를 위해 인간공학 평가 전산 프로그램을 개발해 현장 중심의 편안한 작업장 설계 및 사업장별 자가진단 평가 및 개선을 지원했다.

인간공학 평가 전산 프로그램은 인간의 인지적 특성·신체 특성·작업도구 및 방법·신체의 근력 특성 등 총 4개 분야 50개의 체크리스트를 항목별로 계량화해 사업부별 작업라인의 분석 및 평가를 지원한다. 이에 따라 삼성전자 수원사업장에서는 작업자에게 불편을 주는 요소를 파악·분석·개선하고, 인간공학 관련 질환 또는 부상으로부터 작업자를 보호하기 위해 인간공학 규정을 정립하고, 50개의 평가시스템을 구축했다. 이 시스템은 인간공학 문제점을 효과적으로 찾아내 관리하기 위한 평가항목을 자동으로 계산하고 결과보고서를 출력, 제공한다.

인간공학 인증 프로그램은 총 4개 분야 50개의 체크리스트로 구성되며 항목별로 계량화돼 있다. 사업부별 작업라인을 분석·평가할 수 있도록 하기 위해 웹(Web)을 이용한 전사적 네트워크 작업이 가능하도록 설계했는데, 인간공학 인증프로그램은 1차적으로 라인 단위로 인증을 하고 이를 바탕으로 2차적으로 사업부 인증을 실시할 수 있도록 구성됐다.

⑥ 선진보건정보 시스템

삼성전자는 '임직원의 건강은 기업의 경쟁력'이라는 인식하에 건강을 통한 임직원의 행복 추구와 회사의 최고경쟁력 확보를 위해 선진보건정보 시스템(SHINE: Samsung Health Improvement Network for Employee)을 운영하고 있다. 건강과 관련된 8개 항

[표 3-1] 인간공학 세부 평가항목

구분	세부 항목	문항수	배점
작업장 설계상태	일반사항	5	10
	작업공간	13	26
	조명	2	4
	온도	1	2
	소음	1	2
	운송 통로	2	4
	소계	25	50
Human Error 분석	표시 및 조절장치	10	20
수공구·장비상태	수공구 및 장비	5	10
작업절차 및 방법	인력 운반	3	6
	작업자세 동작	5	10
	작업방법 및 강도	2	4
	소계	10	20
총계		50	100

목을 지수화해 목표로 한 건강예방활동을 추진하고 있다.

⑦ 시설물 관리시스템

시설물 관리시스템(Facility Management System)은 도면과 건축물 및 시설물 인프라를 기반으로 활용해 개발한 시스템으로, 건물의 수명연장 및 사고예방, 탐사비용 절감 및 시설공사 재작업 감축, 점검 이력 데이터 관리와 통계·분석을 통한 업무효율의 향상 등을 지원한다. 또한 데이터 등록조회수정 시스템으로 세무 이력 데이터베이스를 구축해 세무신고의 정확성 및 절세효과를 거두고 있다.

⑧ Safe Clinic System

삼성전자는 임직원의 컨설팅 결과를 현장에 빠르게 전달·파악·개선하기 위해 개선점 발굴 사항을 전산에 입력해 실시간으로 통보하고 조치결과가 온라인상으로 피드백되도록 지원하기 위해 Safe Clinic System을 구축, 운영하고 있다. Safe Clinic System은 위험설비와 지역별 라인과 스태프의 차별화, 점검 결과 전산화 및 피드백 시스템 체제 정립, 데이터통계 분석 툴(Tool) 적용, 통계 시스템을 통한 개인별·부서별 재발방지교육 시스템을 적용함으로써 안전하고 쾌적한 작업환경을 구현하기 위한 지원을 한다.

⑨ e-러닝 시스템의 운영

삼성전자는 e-러닝 시스템을 이용해 전 직원을 대상으로 한 환경안전교육 프로그램을 운영한다. 환경안전교육 프로그램은 계층별지식 수준에 맞게 교육 프로그램을 편성해 관리자·실무자·임직원을 대상으로 하는 교육 프로그램을 개발해 운영하고 있다. 각 사업장별로도 환경안전교육 프로그램이 시행되고 있는데 예를 들어, 반도체 부문은 반도체 특성에 맞는 사이버 환경안전교육 시스템(Learning Management System)을 구축해 활용하고 있다.

삼성전자는 환경성 평가와 개선을 위해 에코 디자인을 수행하고 있다. 이를 위해 제품 개발 단계에서부터 환경적 측면을 고려한 다양한 기법을 활용하고 있다. 제품의 개발 단계부터 환경적 측면을 고려해야 한다는 인식하에 제품의 전 과정 동안 환경에 미칠 수 있는 영향을 개선하기 위해 노력하고 있다. 제품의 에코 디자인의 수행을 위해 환경대응 설계 매뉴얼·LCA 및 DfX(DfR/S/D/A, Design for Recycle/Service/Disassembly/Assembly) 소프트웨어를 활용하여 제품의 환경성을 분석하는 등 설계 단계부터 환경친화제품이 생산될 수 있는 기반을 구축해 활용하고 있다.

또한 녹색구매 시스템을 개발해 운영함으로써 부품·원자재에 대한 유해성 정보 등을 조사하고 체계적인 환경친화적 제품 개발을 지원하고 있다. 에코 디자인 과정은 제품의 기본설계 프로세스인 상품화 기획·개발 계획·개발 구현 및 양산 과정에서 환경요소를 도출해 평가할 수 있도록 지원한다. 또한 상품기획 시 수립된 목표에 따라 평가기법이나 평가기준의 적용 및 추진이 이루어진다.

- 전 과정평가(LCA) 수행: 삼성전자는 제품의 환경성 분석과 함께 환경 부하 저감을 위해 1995년에 LCA 기법을 도입해 처음으로 전자레인지에 적용한 이후 다른 제품에도 확대, 적용하고 있다. 2001년 국내에서 환경마크 Type Ⅲ 제도가 시행됨에 따라 제품의 환경성 정보를 소비자에게 직접적으로 알리는 환경 마케팅의 일환으로 LCA 기법을 활용하고 있다.
- DfX 설계기법 적용: DfX 기법은 제품의 재활용·서비스·분해 및 조립성을 평가하고 개선하기 위해 도입한 설계 향상 기법이다. 이 기법은 1995년 처음으로 도입돼 일부 제품에 시범 적용됐고, 2002년부터는 EU의 재활용률 규제에 대응하기 위해 모든 제품에 적용하고 있다.

3) 추진결과 및 효과

삼성전자는 2003년 8월 한국능률협회 녹색경영지수(Korean Green Management Index; KGMI)에 의한 녹색소비자 설문조사, 기업실태 조사, 국내 최고의 환경전문가 그룹에 의한 정성적·정량적 환경성 평가의 다단계 검증 프로세스를 통해 녹색경영환경 부문의 월드 베스트(World Best) 환경친화기업에 시상하는 2003년 대한민국 녹색경영 활동 부문 대상을 수상했다.

삼성전자가 추진해온 녹색경영은 세부 실천과제를 수행하는 과정에서 다양한 효과를 거두었다. 2001년부터 시범 적용이 추진되었고, 2003년부터 국내 전 협력사를 대상으로 시행한 녹색구매 시스템은 크게 협력회사에 대한 환경경영 측면과 부품·원자재의 환경친화성 측면으로 구분해 추진됐으며, 효율적인 정보교환과 녹색구매의 원활한 운영을 가능하게 했다. 환경경영 측면에서 삼성전자는 원료 및 부품을 공급하는 협력회사의 환경경영평가를 통해 협력회사의 환경경영을 적극 유도하고 환경친화적인 제품 개발을 위한 체제를 구축함으로써 완제품의 환경친화성을 확보했다.

우선 협력회사의 환경경영 도입을 유도하기 위해 협력회사에 대하여 환경경영 시스템 구축 여부를 확인하기 위한 환경경영평가를 실시했다. 또한 제품생산에 사용되는 공급품을 납품하는 협력회사의 환경경영을 유도하고 유해물질 관리체제를 구축해 자사 제품의 환경친화성을 확보하기 위한 노력을 기울였다. 환경경영평가는 삼성전자에 원부자재·부품·제품 및 포장재를 공급하는 국내외 모든 협력회사를 대상으로 먼저 환경경영 자가진단을 실시하고, 삼성전자가 정한 기준을 통과한 협력회사를 대상으로 환경경영 현장 실사를 실시했다. 기준을 통과하지 못하는 협력회사는 환경경영 추진 계획서를 제출해 정해진 기간 내에 이를 통과한 협력회사들만이 삼성전자와 거래가 가능하도록 했다.

환경경영평가는 경영시스템 구축·시스템 운영·생산공정 관리 측면의 세부 항목으로 구성했다. 환경경영평가를 통해 우수한 업체로 선정되면 '삼성에코파트너' 사로 인증하고 이들 업체들에 대해서는 차별화된 지원을 제공함으로써 협력회사 간의 동기부여와 경쟁을 통한 녹색구매활동의 활성화를 유도하기 위해 노력하고 있다.

부품 및 원자재의 환경친화성 측면에서는 환경경영평가를 통해서 일정 기준을 통과한 협력회사들에 대해서만 자사(自社)와 거래자격을 줌으로써, 납품받는 원자재 및 부품 등에 대한 환경성 평가를 진행하였다. 환경성 평가는 원자재 및 부품의 인체에 미치는 유해성을 평가하고 향후 자원절약 측면과 에너지 절약 측면을 평가했다. 유해성 평가는 삼성전자의 제품을 구성하는 부품에 함유되어 있는 유해물질을 파악하고 해당 물질의 사용을 금지 또는 제한함으로써 부품 및 자재를 개선하고 제품의 환경성을 향상시키는 것을 목적으로 한다. 이러한 평가과정을 통해 제품생산 과정에서 인체에 악영향을 미칠 수 있는 요인을 제거함으로써 고객이 만족하는 제품을 생산하고자 했다.

유해물질의 사용금지 또는 제한규정은 삼성전자에서 상품화를 목적으로 개발하는 모든 제품의 구성부품에 적용하는 것을 원칙으로 하고, 해당 물질별로 적용범위를 별도 규정했다. 관리대상 유해물질에는 카드뮴·납·수은·6가 크롬·할로겐 난연재 등이 포함되며, 향후 국제적으로 규제되거나 사용이 제한되는 물질에 대해서도 지속적인 관심을 가지고 관리 대상 물질을 확대, 적용하겠다는 방침을 세우고 있다.

유해물질 관리대상 적용을 위한 지속적인 정보수집을 위해서 JEITA(일본 전자정보기술산업협회)·EICTA(유럽 정보통신기술제조자협회)·EIA(미국 전자공업회)와 공동협력하여 진행했다. 이러한 공동협력의 내용에는 전자업계 공통의 관리물질과 관련한 기준의 표준화 등이 포함된다. 부품 및 원자재에 대한 유해물질 평가는 협력회사에 의해서도 이루어지며, 삼성전자 내부에서 부품을 승인하는 단계와 실제 부품이 생산 공정에 투입되는 단계에서도 이루어진다. 삼성전자는 녹색구매 정책과 관련된 정보를 제공하고 협력회사들과 정보를 공유하기 위해 녹색구매 사이트를 운영하고 있다. 이 사이트를 통해 협력회사가 평가자료를 제출하고 검토가 가능하게 해 효율적인 정보교환과 녹색구매의 원활한 운영이 가능하게 되었다.

삼성전자는 1995년 고객신권리선언 이후 폐가전제품 재자원화 시스템을 도입함으로써 환경오염을 막고 자원절약과 재활용을 촉진하기 위해 폐가전제품의 회수 및 재활용에 노력을 기울여왔다. 또한 폐가전제품 재자원화 시스템의 도입과 함께 친환경적인 폐가전제품의 재활용 체계를 구축, 운영함으로써 국내 재활용 기술의 선진화에 기여했다. 이러한 폐가전제품 회수 및 재활용 시스템의 구축을 통한 생산자재활용 책임제도의 시행은 자원순환형 경제사회 실현에 기여하고 있다.

또한 삼성전자는 녹색경영의 일환으로 개발한 인간공학 인증프로그램의 운영을 통해 사업장별 자가진단 및 평가를 수행함으로써 자율 안전보건 관리체계를 구축했고, 평가와 개선을 용이하게 함으로써 안정성과 생산성 향상을 실현할 수 있었다. 삼성전자 수원사업장의 인간공학 인증 프로그램은 다음과 같은 긍정적 효과를 가져왔다.

① 현장 중심의 인간공학적 설계 및 관리 가능
인간공학 표준 및 지침을 제공함으로써 라인 신설 및 증설 시에 안전성을 확보하게 되었다. 또한 비전문가들이 용이하게 사용할 수 있도록 인터페이스를 설계하고 현장 중심의 실제 가능한 원칙을 제시함으로써 작업현장에서 자가진단 및 평가가 가능하게 했다.

② 산업재해 예방을 위한 체계적인 관리 가능
인간공학 인증 프로그램을 사용함으로써 작업자별 · 라인별 · 사

업부별 평가 및 개선 추진사항을 데이터베이스화하여 관리할 수 있게 돼 작업자 및 작업장 누적관리가 가능하게 되고 산업재해 발생 시 문제 대응이 쉬워졌다.

③ 정보화 사회에 작업환경의 변환에 대응 가능
작업자를 고려한 작업장 설계가 가능해짐에 따라 생산직 작업자가 부족하게 되는 경우를 대비하고 비숙련자의 안전사고를 예방할 수 있게 됐다.

④ 작업자 중심의 작업 설계로 근골격계 질환 관련 예방 가능
인간 공학적인 작업환경을 설계하여 근골격계 질환의 예방이 가능하게 됐다.

⑤ 안정성·편리성을 확보하면서 생산성에 기여
최소한 현재의 생산성을 확보하면서 작업자를 고려하는 작업환경개선을 구현함으로써 안정성 확보와 함께 생산성 향상에 기여했다.

⑥ 작업 근로자를 배려한 작업설계로 원만한 노사관계에 기여
근로자를 우선시 하는 안전보건정책으로 산업재해를 사전에 예방함으로써 선진국형 작업장 구현 및 노사가 협조해 안전한 작업환경을 만들어가는 평생건강사업장 구현이 가능하게 됐다.

1.2
포스코 사례

포스코는 1990년대 후반 이미 세계 최고의 원가 경쟁력을 갖춘 기업이었다. 하지만 새로운 환경변화의 거대한 흐름에 대한 분석과 엄밀한 자기 비판을 통해 21세기에도 세계 철강산업을 주도하고 지속적으로 성장하기 위해서는 고객 중심의 디지털 경영체제로의 혁신이 필요함을 절감했다. 이제 더 이상 하드웨어 경영자원의 효율화만으로는 글로벌 리더십을 유지하기 어렵고, 향후에는 소프트웨어 경영자원의 효율성, 즉 업무프로세스·시스템·조직 및 기업문화 등의 측면에서 베스트 프랙티스 이상의 성숙이 필요할 것으로 판단했다.

이것이 바로 포스코가 프로세스 혁신(PI; Process Innovation)을 전사적으로 추진하게 된 배경으로, 포스코는 PI를 성장전략에서 성숙전략으로 전환하는 준비과정, 즉 성숙단계의 인프라를 갖추는 작업으로 정의했다.

포스코는 PI를 통해 비정형적인 업무방식을 정형화·표준화해 고객의 관점에서 최적의 프로세스를 갖추고, ERP(Enterprise Resource Planning; 전사적 자원관리)·SCP(Supply Chain Planning; 전사적 공급망) 등 검증된 최적의 솔루션으로 정보시스템을 구축했다. 또한 의식·관행·조직을 혁신해 선진 기업문화를 정립하고, 이를 통해 베스트 프랙티스를 구현했으며, 투명경영·정도경영·책임경영을 위한 기반을 구축했다.

(1) 시스템 구축

1) 목표

포스코는 회사 전 부문에 걸쳐 비효율적이고 복잡한 조직·업무관행·제도를 완전히 청산하고 개선하는 근본적인 혁신을 이루고, 경영에 첨단 IT기술을 접목해 IT시스템에 의한 고객 중심의 효율적이고 빠른 의사결정 체제를 구현하는 것을 시스템 구축의 목표로 삼았다.

단순화·표준화·통합화 및 글로벌 표준 시스템을 강조한 디지털 비즈니스 설계, 고객 중심의 비즈니스 설계, 프로세스 조직 기반 설계, 기업문화의 혁신, e-Business를 강조한 PI를 실시했다. 이러한 PI를 통해 ①프로세스, ②정보시스템, ③기업문화 혁신을 바탕으로 기업의 경쟁력을 강화하는 핵심요소인 투명경영·정도경영·책임경영을 가능하게 해 나아가 주주가치와 고객가치를 극대화하는 것을 목표로 했다.

2) 구축범위

포스코의 PI는 크게 2개의 축으로 구성됐다. 하나는 내부 프로세스 혁신으로 프로세스 재설계를 통한 ERP·SCP의 도입이며, 다른 하나는 외부 프로세스 혁신을 위한 e-비즈니스 모델의 구축이었다.

포스코는 내부 프로세스를 생산자 위주에서 고객 중심으로 재설계하고 전 부문의 업무를 단순화하고 표준화했으며, ERP·SCP 시스템 구축과 함께 전체 업무가 일관성 있게 통합되도록 했다. 이와 병행해 내부업무와 외부 비즈니스, 즉 공급자(Supplier)와 고객

(Customer)을 관통하는 B2B e-비즈니스 통합 프로세스 모델을 구축했다.

즉, 전사적 자원관리·전사적 공급망·전략적 기업경영(Strategic Enterprise Management; SEM)·e-비즈니스(원재료 공급사-포스코-고객)로 구성되는 포스피아 (포스코의 PI 시스템, Posco+Utopia)를 구축했다.

3) 추진경과 및 조직

포스코는 지난 1999년 1월부터 프로세스혁신(PI) 활동을 통한 혁신작업에 착수했다.

일반적으로 이러한 프로젝트를 수행하기 위한 조직은 태스크포스팀을 구성한 다음 점진적으로 확대하는 방향으로 진행되는 데 반해, 포스코는 전사차원의 혁신을 추진하려면 처음부터 회사의 전 부문이 망라된 조직체계를 갖춰야 한다는 데 인식을 같이하고, PI기획팀·프로세스 1팀·프로세스 2팀·정보기술팀·표준화팀 등 1실 5개팀 30명으로 구성한 대규모 조직을 구성해, 1998년 12월 31일 PI실을 출범시켰다.

이후 PI 진행과정에 따라 몇 번의 조직개편 및 정비가 이루어졌다. 2차 조직개편은 업무프로세스 단위별로 전문성을 확보하고 업무프로세스의 시작과 끝을 관통하는 프로세스 중심으로 팀을 편성하는 것이었다. 이러한 방침에 따라 PI실은 판매·생산을 핵심 축으로 재무관리, 구매관리, 인사총무, 기술개발 및 투자, 정보기술 등으로 팀을 재편했다.

또한 PI실에서는 독립적·효과적으로 파일럿 테스트를 추진하기 위해 ERP 테스트 요원을 별도 선발했고, 테스트 완료 후에는 프로세스팀에 배치해 상세 설계와 시스템 설계 단계에서 역할을 주도적으로 수행하게 했다. 반면, 기존 PI실 요원은 To-Be 설계 및 마스터플랜 수립에 집중하도록 하고, 전사차원의 변화관리 기능을 강화하기 위해 변화관리 및 조직 재설계 기능을 분리해 변화관리팀을 만들었다. 고객 및 시장관리기능을 강화하기 위해서는 고객관리 프로세스팀을 신설했다.

상세설계 완료 후에는 통합의 중요성이 부각되자, 정보기술팀을 폐지하고 통합 차원에서 프로세스 조정, 프로젝트 추진단계별 품질점검 및 시스템 실행과 관련된 이슈 분석 및 대안 제시 등의 업무를 담당하는 통합(Integration)팀을 신설했다. 그리고 철강 e-Market에서의 글로벌 리더십을 확보하고, e-비즈니스 업무의 본격 추진을 위해 e-비즈니스팀을 신설했다.

PI 프로젝트가 진행됨에 따라 PI실 인력은 1998년 12월 31일 30명에서 시작해 최대 900여 명까지 늘어났다. 프로젝트에 참여하고 있는 멤버도 포스코 직원(PI실 요원/슈퍼 유저)·포스데이터(모듈 요원/개발요원)·PwC·오라클·i2·통역 등 각기 다양한 출신 배경과 국적을 가진 사람들로 구성됐다. 이들 모두가 한마음이 되어 각자가 맡은 분야에서 전문가로서 프로젝트 성공이라는 목표를 위해 최선을 다했기에 프로젝트가 성공할 수 있었다.

(2) 시스템 기반의 경영혁신

포스코 PI의 비전은 '고객중심 경영을 통해 주주가치를 극대화하는 가치경영 실현'이었으며, 이를 구현하기 위해 '투명경영·정도경영·책임경영'으로 정의되는 경영원칙을 정해 이들을 모든 프로세스에 적용했다. 이것이 곧 PI의 본질이며, 포스코가 심혈을 기울여 준비한 핵심역량이다.

당시 포스코 CEO는 "건강은 건강할 때 지켜야 한다"는 말을 반복했고 모든 임직원이 회사에 대한 자부심과 성공에 대한 확신으로 가득 차 있을 때 변화의 중요성을 역설하며, 포스코 PI의 비전을 실현하기 위해 혁신작업에 착수했다.

PI 추진 이후에는 BSC를 통해 회사 전체의 전략이 부서별 실행계획으로 구체화되도록 하고, 전략적 목표를 고려한 균형성과지표를 종합적 또는 부문별·부서별로 개발해 PI의 활동성과가 주기적으로 측정되고 해당 부문에 피드백되게 하는 것에 집중했다.

균형성과지표는 기존 측정지표의 부정확함을 개선하고 새로운 목표와 프로세스를 감안해 개발했기 때문에 다양한 부문의 활동을 좀 더 정확하게 평가할 수 있다는 장점을 지니고 있었고, 이러한 장점을 통해 PI의 구축 성과를 다각도에서 측정할 수 있게 됐다. 물론 BSC 도입목적이 평가를 위한 것만은 아니지만 그런 기능을 통해 경영성과를 향상시키고 결과를 중시하는 책임경영 풍토를 지원하게 됐다.

(3) 추진결과 및 효과

1) 추진 시의 어려움

① 컨설팅회사와 포스코 문화와의 차이

프로젝트 초기에 컨설팅을 수행한 PwC와 포스코 임원 간의 PI

워크숍 진행 시 양사의 문화 차이로 인해 진행이 원만치 못해, 참석 임원이 PI에 대해 부정적 시각을 가지는 상황이 발생했다. 이때 포스코 CEO는 외국인 컨설턴트와의 문화차이 등을 예로 들면서 PI추진팀에 무게를 실어주었고, 이로 인해 이후 열린 3·4차 임원 워크숍과 마스터플랜 수립 작업 등 PI추진 일정이 원만하게 진행될 수 있었다. 최고경영층의 강력한 추진 의지가 PI의 성공적 추진에 가장 큰 밑거름이 됐다.

② 이해관계자의 반발

또 다른 위기는 구매 프로세스 혁신과 관련해 발생했다. PI를 추진하기 전까지 포스코의 구매기능은 포항·광양, 국내자재·외국자재로 분산돼 있어, 동일 물품을 이중으로 등록 관리하거나 유사 물품을 중복 구매하는 등 구매관리가 효율적으로 이루어지지 못했다. 포스코는 PI를 통해 분리 운영되던 구매업무를 통합하고, e-Procurement를 통해 인터넷 기반의 전자조달 시스템을 구현하도록 혁신을 추진했다.

이러한 구매부문의 변화는 필연적으로 조직과 직제의 변화를 수반했고, 포스코는 2000년 12월 19일 포항·광양, 국내자재·외국자재로 분산되어 있는 구매조직을 품종 중심으로 통합하는 것을 골자로 한 구매조직의 미래 모습을 발표했다. 그런데 이러한 포스코 조직 개편안에 불안감을 느낀 광양시 의회는 2000년 12월 26일 'POSCO 통합 구매 백지화 촉구' 성명서를 발표하고, 광양제철소 구매계약 방식을 원상 복귀해 지역경제 활성화를 도모해달라고 요구했다.

포스코는 PI를 통해 공정하고 투명한 구매 프로세스가 구축됨에 따라 지역에 관계없이 경쟁력 있는 공급사와는 언제든지 거래할 수 있다는 점을 강조했다. 또한 전자상거래 구축을 통해 국가와 사회적인 비효율성을 제거할 수 있을 뿐 아니라 계약거래 시의 불공정을 근본적으로 차단하고 인터넷을 통해 입찰·계약 및 이에 따른 각종 문서나 정보교환도 가능해져 공급사와 회사가 함께 경쟁력을 향상시킬 수 있고, 실질적으로 지역경제에 기여할 수 있음을 설명하고, 광양시를 비롯한 지방자치단체를 설득했다.

두 달여에 걸친 기나긴 설득과 대화가 이어지자 광양 지역민들의 분위기도 절대불가에서 이해하는 쪽으로 서서히 선회하기 시작했고, 마침내 디지털 환경변화에 맞춰 혁신을 추진하는 포스코의 입장을 공감하는 것으로 매듭지어졌다.

③ 프로세스·시스템 변화와 운영자 의식 변화의 시차

프로세스와 시스템은 바꿔놓았지만 시스템을 운영하는 현업의 의식 변화가 따라오지 못해 가동 후 한동안 목표를 달성하지 못한 경우도 자주 있었다. 배선 여건을 고려하지 않은 판매계약의 체결, 고객 입장보다는 포스코의 조업 여건을 우선 고려한 납기 결정으로 인해 재고가 증가하고, 출하량의 60~70%가 월말에 집중되는 문제를 해결하고자 했던 수출 제품에 대한 출하 평준화 및 배선 단위 판매체제 구축 과제가 대표적인 예이다.

2001년 7월 PI 시스템을 가동하고 다른 부문은 점차적으로 안정되고 성과가 나타났지만, 배선체제는 8월이 가고 9월이 돼도

성과가 나타나지 않았다. 경영층에서는 변화에 저항하는 사람들로 인한 문제라고 판단하고, 9월 중순 관련 부문 임원을 포함해 판매 부문 실장급에 대한 인사이동을 단행했다. 그제야 현업에서는 위기의식을 갖고 관련 담당자를 반복 교육하고, 의식 변화를 시도해 모두가 불가능하리라고 생각했던 일을 2개월 만에 달성했다. 이 과정에서 포스코 역사상 처음으로 '수출 출하 목표 미달'과 'IMF 이후 최대 월말 재고량'이라는 명예롭지 못한 기록을 남기기도 했으나, 오히려 그것을 거울삼아 과거의 관행을 단절하며 실로 놀라운 성과를 이뤄냈다.

2) 성공요인

포스코가 1998년 12월 31일부터 2001년 6월 30일까지 30개월이라는 짧은 기간에, 7개 패키지와 64개 모듈을 적용한 세계 최대 규모의 프로젝트를 성공적으로 수행한 요인은 크게 다음과 같이 8가지로 요약할 수 있다.

① 최고경영자의 강력한 추진력과 적극적인 참여
② 업무(Business) 전문가에 의한 프로젝트 주도
③ 명확한 목표 설계 및 현업 참여
④ 바텀업(Bottom-Up) 방식의 변화관리
⑤ 전 부문 혁신을 동시 추진하는 빅뱅 전략
⑥ PI 방법론과 포스코 문화와의 조화
⑦ 홍보와 교육을 통한 내재화
⑧ 기업문화 혁신을 동시 추진

이를 구체적으로 살펴보면 다음과 같다.

① 최고경영자의 강력한 추진력과 적극적인 참여
최고경영층은 현업의 PI추진 현황을 직접 점검하고, 우수인력 확보 등 지원을 아끼지 않았으며, 운영회의나 임원회의에서 수시로 PI의 필요성을 역설하는 등 지속적이고 강력한 스폰서십을 발휘했다. '최고경영자의 철학은 혁신의 크기 그 자체'라는 말은 포스코의 변화를 가장 잘 나타낸 말이라고 할 수 있다.

② 업무(Business) 전문가에 의한 프로젝트 주도
프로젝트 추진 과정에서는 포스코 직원(PI실 요원/슈퍼 유저)들이 주도적인 역할을 했으며, 프로젝트 종료 후 프로젝트를 수행한 인력들이 현업으로 복귀해 자신이 만든 프로세스와 시스템을 직접 운영토록 함으로써 주인의식과 책임감을 갖게 했다.

③ 명확한 목표 설계 및 현업 참여
목표를 명확히 하기 위해 To-Be 모델을 설계할 때 36대 중점 혁신과제를 설정하고, 중점 혁신과제별로 현업에 오너십을 부여해 참여를 유도했다.

④ 바텀업(Bottom-Up) 방식의 변화관리
최고경영층의 확고한 추진의지와 프로젝트 리더의 탁월한 역량 및 경험이 주축이 되어, 변화 확산을 유도하는 기존의 톱다운(Top-Down) 방식의 변화관리에 관한 전 직원들의 공감대 형성

을 위해, 전 임원에게 과제중심의 오너십 제도의 실시와 사내 PI 개선 아이디어 공모를 통한 바텀업(Bottom-Up) 방식의 변화관리를 적절히 가미함으로써 변화의 수용성을 극대화했다.

⑤ 전 부문 혁신을 동시 추진하는 빅뱅 전략

PI 시스템 구축 시 지역별·부문별로 단계를 나눠 장기간에 걸쳐 프로젝트를 추진하는 것의 단점과 비효율을 없애기 위해, 전략·프로세스·시스템·조직을 동시에 그리고 단기간에 변화시키는 빅뱅 전략을 선택했다는 것도 역시 성공요인이다.

⑥ PI 방법론과 포스코 문화와의 조화

포스코는 프로젝트를 진행하는 동안 상위 레벨에서는 컨설팅사의 PI 방법론을 그대로 적용했으나, 실제 수행 레벨인 태스크(Task) 레벨에서는 포스코의 조직문화와 업무방식을 고려해 일부 태스크를 추가·변형·생략해 프로젝트를 진행함으로써, PI 방법론의 강점과 포스코 특유의 기업문화가 상호 조화를 이룸으로써 시너지 효과를 창출했다.

⑦ 홍보와 교육을 통한 내재화

PI와 관련된 뉴스를 포스코 사보인 〈포스코신문〉과 사내방송인 PBN을 통해 주기적으로 보도하고, 리플릿을 제작해 배포했으며, 외부 강사를 초청해 PI 특강을 듣는 활동을 프로젝트 기간 내내 실시하는 등, 전 사원의 PI 프로젝트에 대한 이해도를 높이기 위한 활동을 지속적으로 전개했다. 이 프로젝트의 전사적 성공은 PI 프로젝트의 필요성과 업무 레벨까지의 적용에 대한 '홍보와 반복학습'이 효과적으로 이뤄졌고, 이를 통해 업무 레벨까지의 혁신이 이루어졌기 때문에 가능했다.

⑧ 기업문화 혁신을 동시 추진

'이것만은 바꿉시다' 캠페인을 전개해 경직된 조직에 변화의 새 바람을 불어넣을 수 있었고, 관료주의적이고 무거운 기업문화를 바꿔 PI에 대한 전반적인 신뢰를 확보할 수 있었다.

3) 구축효과

① 시스템 변화

시스템 측면에서 첫째, 글로벌 스탠더드가 내장된 패키지를 이용해 베스트 프랙티스를 구현했다.

둘째, 전략부문에 SEM(Strategy Enterprise Management) 패키지를 적용했고, 계획부문에는 SCP(Supply Chain Planning) 패키지를 사용했으며, 실행부문에는 ERP 패키지를 기존의 조업 시스템과 연결함으로써, 전략에서 실행에 이르는 모든 업무를 통합해 전사 최적화를 이룩했다.

셋째, 고객사·공급사와는 스틸엔닷컴(Steel-N.com)으로 정보를 주고받는 등, 인터넷을 통해 실시간으로 업무를 처리할 수 있는 e-비즈니스 체제를 구축했다.

대부분의 선진사가 웹 기반의 시스템만을 이용해 EP를 구성한 반면, 포스코가 구축한 EP는 ERP·맥시모 등 85개 전 업무시스템을 연계해 5,000여 종의 단위 업무 처리 화면을 개인별 업무 특성에 맞게 제공했다. 포스피아의 파급효과는 계층과 직무별의 맞춤정보제공(사무생산성 10~30% 향상) · 손쉬운 정보검색(포스피아의 정보이용률 76%→96% 향상) · 언제 어디에서나 자유로운 업무수행 · 직원 관련업무 원스톱 서비스 제공 · 메일 활용체제 구축(메일 응답률 8%→85% 향상)으로 결과가 나타났다.

이와 같이 선진 IT기술과 프로세스를 활용해 구축한 포스피아 시스템은 실무담당자부터 최고경영층까지 일체의 수정 없이 업무 데이터가 흘러갈 수 있도록 함으로써, 진정한 RTE를 구현했다고 할 수 있다. 이는 ERP 데이터를 근거로 모든 의사결정이 이뤄지는 것을 감안할 때, 전 직원이 회사의 경영에 실질적으로 참여하는 것과 마찬가지의 효과가 있다. 통합 정보경영 시스템인 포스피아를 통하여 생산자 중심주의 · 관료주의적 업무관행 등의 기업문화를 능률 및 효과 중심주의, 고객 중심주의, 경제성 및 가치 중심으로 바꿨다. 또한 포스피아는 제철소 조업시스템을 표준화 · 통합화해 주주 및 고객가치를 극대화하고 전사 최적화 및 고객 편의 위주의 프로세스를 구축해 디지털 경영을 성공적으로 이끌어냈다.

② 조직 및 제도 변화

기존의 내부효율 중심의 포스코 조직은 고객중심 조직 · 프로세스형 조직 · 전사 최적화 조직으로 변화했다. 마케팅전략실을 신설해 판매정책 · 가격결정 등의 마케팅 전략기능을 강화했으며, 제품 중심으로 수출과 내수 조직을 통합했다. 제철소별 · 부문별로 운영하던 품질설계, 공정계획, 주문진행관리 업무를 오더센터(Order Center)로 통합해 고객과의 접점에 위치하도록 했다. 또 국내자재·외국자재 및 지역별 구매조직을 품종별로 통합했다.

이와 함께 자율적이고 창의적인 조직문화를 창달하기 위해 온라인 자율토론방 포스비(POS-B)를 운영하고, IT자격 제도를 도입해 사무환경을 디지털 사무환경으로 개선하는 등, 업무와 제도를 다양하게 개선했다.

③ 프로세스 변화

프로세스가 변화한 모습은 매우 다양한데 이를 크게 ①고객충족 부문, ②경영·재무 부문, ③조달·설비관리 부문, ④인사·노무 부문, ⑤투자·기술 부문 등 5개 부문으로 나눠 살펴보면 다음과 같다.

(ⅰ) 고객충족 부문

고객충족 부문은 먼저 기존에 실시한 10일 단위 주문투입체제를 1일 단위 투입체제로 전환하고 랭크(Rank) 공기를 폐지하는 등 핵심 프로세스 위주로 업무프로세스를 재편해, 열연제품의 경우 인도납기를 30일에서 14일로 단축했다. 또한 주문을 투입할 때 납기응답 시간도 2~3시간에서 3초 이내로 단축했으며, 납기준수율도 2005년 6월 말 95.5% 수준으로 향상시켰다. 이러한 포스코의 납기단축과 납기준수율 개선은 고객사의 제품 재고 감소로 이어져 30일이던 재고일수가 15일로 대폭 감소되었다.

또 마케팅의 판매계획과 제철소의 생산계획을 통합해 판매·생산계획 수립기간을 60일에서 15일로 단축함으로써, 고객은 사전에 소재 수급을 예측하고 경영할 수 있어 더욱 정확한 재고관리와 구매계획 등을 수립할 수 있게 되었다. 이와 함께 모든 판매부서와 고객사가 참여해 플래닝 아이템(Planning Item)별로 예측할 수 있게 함으로써, 시장의 수요를 더 정확히 파악할 수 있게 되었다. 인터넷을 통해 수요와 예측 결과를 국내 고객사는 물론 해외 고객사에도 실시간으로 제공함으로써, 모든 고객은 거래에 필요한 정보를 실시간에 입수할 수 있게 되었다.

PI 이전에는 출하된 제품을 운송사 하치장을 거쳐 고객사에 인도했는데, PI 이후에는 고객사가 원하는 시점과 장소에 직접 인도하는 직송체제를 구축함으로써, 출하와 운송 공기를 단축하고 고객사의 하치장 운영비를 절감할 수 있게 되었다. 수출재의 경우 배선 단위별로 수주·생산·출하 관리를 하고, 분기별 배선 스케줄을 해외 고객사에 사전에 배포하고, 제품 도착일정을 주문 투입 전에 알려주고 있다. 고객사와 공동으로 제품을 개발함으로써 종전에 신제품 개발 대상 재 선정부터 상용판매까지 4년이 걸리던 신제품 개발기간이 1년 6개월로 단축됐으며, 제품의 상용화율도 대폭 향상됐다. 또 본사와 제철소 간 품질설계 체계를 본사로 일원화해 품질을 설계함으로써, 제철소 간 품질편차를 최소화하고 고객의 요구사항을 신속하게 품질설계에 반영할 수 있게 됐다.

이와 같은 프로세스 변화를 통해 고객이 최대 8개 부서를 접촉해야 했던 마케팅 부문은 원스톱 서비스 체제를 구축해, 계약부서 담당자 한 사람을 통해서 모든 업무를 처리할 수 있게 됐다.

(ii) 경영 및 재무 부문

경영 및 재무 부문의 가장 큰 변화는 예산편성 기간을 110일에서 30일로 단축함으로써, 분기별로 예산을 편성해 경영환경 변화에 유연하고 신속하게 대응할 수 있게 된 것이다. 또 조업실적이 ERP에 연결되어 실시간에 잡 오더별 · 아이템별로 원료(Material) 및 리소스(Resource)에 의한 원가차이를 간편하고 명확하게 계산할 수 있어 일일 원가관리가 가능하게 됐다.

PI 이전에는 총원가를 계산할 때 판매비 및 본사 부문의 일반관리비를 조강량 기준으로 전 제품에 일괄 배분해 계산하던 것을 PI 이후에는 ABM(Activity Based Management) 제도를 도입해 활동기준으로 해당제품에만 배부함으로써, 고객사별 · 판매부서별 · 생산원가별로 원가를 산정할 수 있게 됐다. 이와 함께 재무부서의 검토와 승인을 거쳐 처리하던 전표를 현업 부서장 승인으로 거래가 종결되도록 해 업무효율을 높였다.

(iii) 조달 및 설비관리 부문

조달 및 설비관리 프로세스 중 자재 부문은 e-Procurement 시스템을 구축해 투명하고 편리한 구매가 가능하게 되었다. 사업장별로 서로 다른 기준으로 운영하던 59만 개의 소모성자재(MRO)를 28만 개 품목으로 줄이고 표준화해 전사 통합 구매 기반을 구축했다. 또 실제로 물건을 사용하는 현업 부서 사용자가 직접 주문하고 입고 · 정산까지의 업무를 처리함으로써 실질적인 구매가 이뤄지도록 했다.

원료 부문은 MRP(Material Requirement Planning)에 의해 구매소요량

을 자동으로 산정하고, 장기 계약품은 자동으로 구매 오더를 생성할 수 있게 됐고, GPS(Global Positioning System)를 이용한 선박 동정 모니터링 체계를 갖춤으로써, 원료수급의 정확성을 높여 원료 재고 감축의 효과를 거두고 있다. 설비관리 부문은 시스템 도입으로 작업소요인력의 편차를 평준화했고, 작업수행 그룹에 정보를 직접 전달해 작업을 하는 작업주문 수행자책임 완결형 체제를 구축했다.

(iv) 인사 및 노무 부문

인사·노무 부문은 직원 개개인의 역량을 강화하고 능력과 성과에 따라 평가하고 보상하는 체제를 구축했다. PI 이전에는 동일하고 단순한 항목으로 상사가 일방적으로 평가하는 연공서열형에서, PI 이후에는 평가항목을 차별화·세분화하고 고과면담 및 다면 평가제도를 도입했으며, 평가결과를 본인에게 알려줌으로써

구분	프로젝트 이전	PI 이후
고객회사에 판매계획 통보	분기 시작 시점	분기 시작일 45일 전
납기 응답시간	2~3시간	3초 이내
납기준수율	82.7%	95.5%
주문 리드타임(열연제품 기준)	30일	14일
고객회사 제품 재고 일수	30일	15일
신제품 출시까지 시간	4.0년	1.5년
예산편성 소요기간	110일	30일
일 자금계획 수립시간	2시간	Real Time
월 결산 소요일수	6일	1일
e-Procurement 구매비율	0%	98%
설비투자 추진기간	450일	220일

평가과정 및 결과의 객관성과 신뢰성을 높였다.

또 e-리더스 아카데미 등 변화관리 리더 육성·온라인 학습과정 확대·IT 자격취득 지원강화·매퍼스 컨퍼런스(MAPPERS Conference) 개최 등으로 학습문화를 조성하고, 리프레시 휴가 확대·교대근무 방법변경 등으로 종업원 생활의 질을 한층 높였다.

(ⅴ) 투자 및 기술 부문

투자·기술 부문은 PI 이전에는 연 1회 투자안을 수합해 사업등록부터 준공·자산대체까지 수작업으로 수행하던 것을 투자사업의 등록·심의를 수시로 할 수 있게 모든 투자업무 처리를 시스템화함으로써, 경영환경의 변화에 신속하게 대응이 가능하도록 했으며, 적기 투자와 심도 있는 투자결정이 이뤄지도록 했다. 또 사업등록·계약에서부터 고정자산 대체까지의 업무를 ERP로 처리함으로써 업무효율을 높였다.

4) 윤리경영과 외부평가

포스코는 끊임없는 경영혁신과 함께 경제적 수익성·환경적 건전성 및 사회적 책임성을 균형 있게 추구하는 지속가능경영을 추진하고 있다. PI를 통해 디지털 경영정보 시스템을 완성한 데 이어, 2002년부터는 6시그마를 도입해 전 직원이 참여하는 포스코 고유의 개선활동으로 발전시키고 있다.

민영화되기 전인 1997년에 이미 GPM(Global Professional Management)을 시행해 소유와 경영이 분리된 선진적인 지배구조를 도입했고, 이후 사외이사의 이사회 내 비중을 50%에서 60%(이사 15명 중 9명이 사외이사)까지 지속적으로 늘리는 한편, 집중투표제와 서면투표제 도입을 통해 주주의 권리 강화와 투명경영을 실천했다. 또한 2003년에는 윤리규범 선포 및 기업윤리 실천사무국을 설립해 전사적으로 윤리경영을 추진하고 있다. 사회적 책임을 실천하기 위해 사회봉사활동도 체계화해 'POSCO 나눔의 토요일', '아름다운 가게' 활동 등 다양한 사회봉사활동을 전개하고 있다.

이와 같은 사회와 환경에 대한 책임수행에 대해 외부적으로 높은 평가를 받아 2005년 〈포춘〉지 선정 '세계에서 가장 존경받는 기업' 철강사 부문 1위로 선정됐고, 전경련이 선정한 '2005 존경받는 기업 대상'을 수상했다. 아울러 중소기업과의 상생협력에 대한 기여를 인정받아 2005년 12월 대통령 표창을 수상했다.

5) 발전 방향

포스코의 투명경영·정도경영·책임경영을 실현하는 윤리경영 체제는 아직 미완성이라고 볼 수 있다. 하지만 PI를 통해 투명경영·정도경영·책임경영의 인프라를 갖췄으며, 윤리경영활동과 지속경영을 추진하고 있기에 향후 포스코의 윤리경영 체제는 점진적으로 확고하게 자리 잡아갈 것으로 예상된다.

윤리적 가치를 모든 경영활동에 구현하고 기본과 원칙을 중시하는 강하고 좋은 회사로 지속 성장해나가도록 하기 위해 경제적·사회적·환경적 책임을 다하려는 포스코의 윤리경영 체제가 완성되기 위해서는 조직 내 혁신과 윤리 마인드가 내재되어야만 한다. 이를 위해 포스코는 앞으로도 6시그마를 중심으로 하는 혁신활동과 윤리경영활동에 박차를 가하고 있다.

1.3 동부화재 사례

동부화재는 '좋은 기업(Excellent Company)'이라는 경영이념 아래 '디지털 경영을 선도하는 고객만족 최고의 종합금융서비스 회사'라는 비전을 설정하고, 이를 이루기 위해 대내적으로는 윤리적 기업문화를 갖춘 정도기업, 대외적으로는 기업시민(Corporate Citizen)으로서의 의무를 다하는 선(善)한 기업이 되기 위해 노력하였다.

먼저 최고경영진은 변화와 혁신을 성공적으로 추진하기 위해 솔선수범하여 현장의 소리에 귀를 기울이고, 혁신에 수동적인 직원에게는 직접 설득과 교육을 통해 '혁신은 양보해서도 안 되고, 양보되어서도 안 된다'는 경영 철칙을 전파하였다. 이러한 최고경영진의 의지는 전 직원을 하나의 목표로 향해 결집시키는 공감대 형성으로 나타났으며, 혁신을 추진하는 동안 발생되는 고통을 감내하며 헤쳐 나갈 수 있는 원동력이 되었다.

동부화재의 혁신활동은 모든 부문에 공통적으로 적용될 수 있는 전사 혁신과제와 주요 부문에 대한 혁신과제로 나뉘어 추진되었고, 이러한 노력은 지속가능경영을 위해 스스로 정화하고 혁신하는 과정으로 이어졌으며, 이것을 올바로 실천하지 못한 기업은 존망의 위기에 처하게 될 것이라는 위기의식 아래 회사 전반에 걸친 잘못된 관행과 제도 등을 타파하였다. 보험업은 특성상 외형 의존적 부실계약 및 리베이트 등 투명경영·정도경영을 추구하는 데 어려움이 있는 업종이다. 그러나 동부화재는 과감하고 지속적인 혁신활동으로 전 부문에서 내실 위주의 투명경영을 실천하였다.

아울러 내부적인 혁신과 함께 기업이 사회와 공생할 수 있는 방안을 모색하여, 향후 추진될 외부적인 혁신의 모태로 삼았으며, 이익 창출뿐만 아니라 고용창출·기업가치 제고 등 사회적 책임을 다하는 것을 기업의 존재 이유라고 정의하고, 장애우 상시 채용·회계 투명성·업무프로세스 혁신·공시 프로세스 혁신 등을 이루었다.

(1) 시스템 구축

1) 추진목표

동부화재는 새로운 경영환경에 대응하고, 나아가 기업의 사회적 책임을 완수하여 지속가능경영을 하기 위해, 'C&C NO.1 신경영혁신운동'을 전개하여 이를 변화와 혁신의 구심점으로 활용하였다.

특히, CEO의 강력한 의지에 따라 '진실의 문화운동'을 전개하여 보험업에 나타날 수 있는 비윤리적인 행위(부실계약·리베이트 등)를 제거하고, 구태의연한 사고를 전환하여 'Clean Company'라는 목표를 향해 모든 역량을 집중하였다. 이는 자칫 회사의 매출 감소 등 경영에 중대한 영향을 미칠 수 있는 사안이나, 최고경영진은 단기적인 경영부담을 감수하더라도 장기적인 지속가능 경영이라는 목표를 실현하기 위해 윤리경영이 뿌리내릴 수 있도록 강력하게 추진하고 있다.

동부화재의 혁신활동은 ①투명한 업무프로세스의 구축, ②기반업무의 전산화를 통한 업무효율 및 경영효율 제고, ③내실경영을 통한 이익의 극대화를 통해 고객·주주·투자자를 위한 기업가치를 극대화하는 것을 목표로 하였다.

2) 추진조직

변화와 혁신을 추진하기 위해서는 먼저 이를 일관되게 추진할 조직을 구성하는 것이 선행과제라는 인식 아래, 혁신을 총괄하여 지휘할 경영혁신팀을 신설하여 신경영혁신운동 본부로서 역할을 수행하도록 하였다. 그리고 기존의 준법감시팀에 회사의 윤리경영정책 입안·운영을 총괄할 수 있는 모든 권한을 위임하고, 변호사·공인회계사 등 전문인력과 사내 우수인력을 집중 배치하여 윤리경영을 수행할 수 있는 전위 부서로서의 역할을 담당하게 하였다. 이렇게 구성된 경영혁신팀과 준법감시팀은 회사 전체의 혁신활동과 윤리경영을 주도하여 일관되고 지속적인 활동을 추진하였다.

특히, 윤리경영 전담부서인 준법감시팀을 총괄하는 준법감시인은 내부통제제도 관련 정책의 수립과 기획, 내부통제제도의 운영실태에 대한 모니터링 및 조사, 일상업무에 대한 사전감시, 이사회 및 경영진·기타 유관부서에 대한 지원 및 자문, 임직원의 윤리강령 제정 및 운영, 고객보호 관련 업무처리의 적정성 점검, 임직원 교육, 준법감시결과의 기록유지 및 보고업무 등을 관장하였다.

또한, 본사 업무부서·영업본부(지사 및 영업부 포함)·영업지점·보상서비스센터·고객서비스센터를 단위로 하여, 각 부서에 총 133명의 준법감시 담당자를 두었다. 준법감시 담당자는 소관부서업무에 대한 준법감시, 내부통제업무·부서업무와 관련되는 법령 및 감독규정 등의 변경에 따른 내규의 정비사항 점검, 준법감시 체크리스트에 의한 직원의 법규준수 여부 점검, 부서의 준법감시계획 수립 및 실행, 직원의 법규준수 및 내부통제기준 위반사항 적발·보고, 업무 현황의 정기적인 보고(월 1회) 등을 수행하고 있다.

그리고 업무효율화를 위한 전산화 계획을 수립하고 이를 추진하는 IT혁신업무를 현업부서에서 수행하도록 하였다.

3) 추진경과

먼저 전사 공통부문에 대한 혁신으로 윤리경영의 기본원칙인 윤리규범을 정비하였고, 고객중심의 업무프로세스에 대한 혁신과 내부직원의 고충처리 시스템 혁신을 이루었으며, 경영효율화를 추진하였다. 주요부문에 대한 혁신은 회계 투명성·정도영업·보상극대화 등 3개 부문에 대한 혁신을 단행하였는데, 이는 모두 내부 프로세스 혁신과 더불어 고객·주주·투자자를 위한 혁신의 일환으로 병행되어 추진되었다.

① 전사 공통 혁신 시스템

■ 윤리규범 정비

동부화재는 2001년 10월 '윤리강령 및 윤리강령 실천지침'을 처음 제정·공표한 이후 다양한 윤리규범을 시행하고 있으며, 특히 2005년에는 윤리경영을 구체화하기 위한 전초 작업으로 회사에서 일방적으로 제정한 것이 아니라, 회사와 직원 간의 쌍방향 의사소통에 의해 직원 스스로 작성한 Self-윤리 가이드를 제정·시행하였다.

Self-윤리 가이드는 기존의 추상적인 윤리강령을 업무·직책 별로 구체화(본점 3,679항목, 영업 2,764항목, 보상 2,256항목 등 8,699개의 항목)하여 임직원의 책임감을 높이고, 윤리경영의 의지를 공유하고자 하는 목적으로 제정되었다. 이는 일방적으로 법규를 제정한 후 준수를 강요하는 기존의 톱다운(Top-down) 방식을 탈피하여, 현업 부서 및 실무담당자의 자발적인 참여에 의해 만들어진 바텀업(Bottom-up) 방식을 취했다는 점이 특징이다. 임직원 각자가 본인의 업무 진행 상황에 따라 통제 포인트를 발굴하여 작성한 자체 윤리 가이드를 유지하고 보완하면서 윤리경영의 나침반으로 활용하고 있다.

■ 고객불만 처리 시스템 혁신

인간존중 휴머니즘을 바탕으로 회사가 지속적으로 성장하기 위해서는 고객만족이 필수라는 인식하에 회사의 모든 경영정책은 고객의 입장에서 수립되었다. 최고의 고객만족을 위해 '불만고객을 감동고객으로 만들자'라는 캐치프레이즈 아래 고객감동 프로세스 혁신을 단행하였고, 체계적인 고객감동경영을 실천하기 위해 'CSI 측정 관리 및 VOC 운영 – CS교육 – 프로세스 개선 – 평가 · 보상' 활동으로 이루어진 CS 추진체계를 만들어 체계적이고 시스템적인 접근방식을 구축하였다.

또한 '고객은 불만을 가지고 있어도 적극적으로 호소하지 않는다'는 점을 파악하여, 고객불만을 수동적으로 기다리는 것이 아니라 능동적으로 수집하기 위해, 고객과 접점에 있는 콜센터의 약 200여 명의 직원이 해피콜을 실시하여 적극적으로 고객불만을 수집하였다. 수집된 고객불만은 VOC 시스템을 통해 즉시 현장 부서에 통보하여 최대한 신속하고 완벽하게 처리하도록 하였으며, 고객이 회사의 Solution을 받아들여 만족할 때까지 지속적으로 처리하는 프로세스를 가동하였다. 또한, 매년 10大 VOC를 선정하여 전사적인 해결 활동을 전개하였다. 이러한 혁신적인 VOC 처리 시스템은 단기적으로는 고객서비스 품질의 개선과 지속적인 내부혁신을 꾀하고, 장기적으로는 고객의 소리에 민감하게 반응하는 고객감동경영의 실현을 목표로 하였다.

아울러 자체적으로 조사하고 있는 고객만족도지수인 DCSI(Dongbu Customer Satisfaction Index) 조사 시스템을 활용하여 환경변화에 따른 고객의 요구사항에 신속히 대처할 수 있도록 하였다. DCSI는 고객만족을 결정하는 요소인 상품·가격·서비스·브랜드 이미지와 관련된 항목들로 구성되며, 고객이 중시하는 품질 요인을 분석하여 상품개발·프로세스 등 내부 품질에 반영하도록 하는 조사 시스템이다.

그리고 '한 사람 한 사람을 위한 금융'을 실현하고, '항상 같은 모습으로 내가 필요할 때 안심하고 의지할 수 있는, 나를 이해하는 동반자'라는 비전달성을 위해 CRM(Customer Relationship Management) 시스템 혁신을 단행하여 전사 고객정보 통합작업을 하였다. 이를 통해 고객 및 계약관리 업무효율화를 이루었으며, 고객정보에 대한 신뢰도가 향상될 수 있도록 정보 보안성을 강화하였고, 계약중심의 업무를 고객중심으로 전환하여 차별화된 서비스를 제공할 수 있게 되어 고객정보 품질이 혁신적으로 개선되었다. 이러한 고객만족을 위한 혁신활동을 도입기·정착기·심화기 3단계로 구분하여 단계별 목표를 설정하였고, 향후 고객을 1:1로 관리하는 보험사로 전환할 수 있는 기반 시스템으로 활용하였다.

■ 건전한 내부고발 시스템 혁신

혁신활동을 통한 내부통제가 원활하게 이루어지기 위해서는 항상 회사정책 및 경영활동에 대한 내부직원의 자율적인 제보가 이루어지는 문화가 정착되어야 한다. 이를 위해 헬프라인 시스템을 구축하였으며, 내부 제보 접수 시 제보자에 대한 비밀유지를 최우선으로 하여 사실관계를 확인하고, 그 결과를 감사위원회 등에 보고하고 있다. 처리결과에 따라 내용이 우수하고, 회사발전에 기여한 공로가 인정되는 사건은 포상 및 표창하고 있으며, 제보 시 제보자의 접근이 용이하도록 서면이나 전화 등의 Off-line 창구와 인트라넷 내 내부고발 시스템·홈페이지 내 윤리제보센터·인터넷 종합신고센터 등의 On-line 창구를 동시에 열어놓고 있다.

여러 기업에서 내부고발제를 시행하고 있으나 활성화되지 못하고 있는 가장 큰 이유는 내부고발자의 신원 보장이 확실하게 되지 않기 때문이다. 이런 점에 유의하여 동부화재에서는 투명경영에 대한 CEO의 강력한 의지를 바탕으로 내부고발을 외부기관(한국기업윤리경영연구원)에 아웃소싱하고 있다. 이렇게 함으로써 내부고발 발생 시 회사는 고발자의 신원을 전혀 알 수 없으며, 고발 내용만으로 업무를 처리함으로써 신원이 확실하게 보장되어, 외국 선진기업의 사례에서 볼 수 있듯이 투명경영을 하는 데 많은 도움이 될 것으로 기대하고 있다.

■ 경영효율 시스템 혁신

경영효율화 측면에서의 혁신으로 첫째, 직원이 업무처리를 신속하고 정확하게 처리할 수 있도록 전사 통합 포털시스템(Enterprise Portal)을 구축하였다. 이는 업무별로 분리되어 처리하던 시스템 방식에서 하나의 ID로 여러 개의 사이트를 이용하도록 하는

SSO(Single Sign On)방식의 통합 처리 시스템이다. EP 시스템 구축으로 인해 업무처리가 신속해지고 종업원이 유무선 방식의 웹(Web) 인터페이스를 통해, 기업 내의 정보와 업무프로세스에 접근이 가능해져 회사의 경영정책에 대한 이해도가 높아졌으며, 회사의 모든 업무처리 절차가 시스템화되어 투명한 업무처리가 가능하게 되었다.

둘째, 각 영역별로 분산되어 있던 데이터를 통합하기 위해 전사 전산데이터 통합 시스템(EDW; Enterprise Data Warehouse)을 구축하였다. EDW를 구축함으로써 기존의 단순한 정보만 제공하는 데서 벗어나 다양한 데이터 분석이 가능해졌고, 데이터 표준화 및 메타데이터 관리가 체계화되었으며, 상품/조직/채널/자산운용별 손익 및 달성도·추이·원인분석 기능과 각 부서별 주요 관리지표별 달성도 및 추이를 분석하여 임직원의 공정한 성과평가를 할 수 있게 되었다.

셋째, 기업 내에서 관리되는 다양한 형태의 문서와 자료에 대해 생성에서 폐기에 이르는 모든 단계의 생명주기를 통합 관리하는 시스템인 EDMS(Enterprise Document Management System) 시스템을 구축하였다. EDMS 시스템 구축을 통해 문서업무의 자동화로 문서업무 처리시간을 60% 개선하였고, 업무처리를 신속하게 할 수 있었으며, 문서보관 프로세스 개선을 통해 신규 발생 문서 85%를 감축하고 문서관리 비용을 절감하였다. 이처럼 주요 보고서의 Reporting을 자동화함으로써 직원들이 서류업무(Paper-working)에 매달리지 않고 창의적인 업무수행을 할 수 있게 되었다. 또한 EDMS는 최근 이슈가 되고 있는 친환경경영의 근간이 되고 있다.

마지막으로 기업경영이나 조직운영에 따르는 리스크로부터 자산, 사업수행력을 보호하기 위해 위험관리 시스템(RMS; Risk Management System)을 구축하였다. RMS 시스템과 이를 운영하는 전담부서를 통해 고객의 자산보호와 자산운용 리스크를 최소화하고 국제적 기준의 리스크 관리 툴을 확보하였다.

② 주요 부문별 혁신 시스템

■ 투명한 회계정보 시스템 혁신
동부화재는 회사 내부의 경영효율을 통해 기업가치를 극대화시키는 것이 주주에 대한 책무를 다하는 것이라는 생각으로 전 부문에 걸쳐 효율화를 위한 혁신을 전개하였다.
먼저 회사 전반에 걸친 변화와 혁신을 수행하기 위해 전사적 자원관리 시스템(ERP; Enterprise Resource Planning)을 구축하였다. ERP 시스템의 구축으로 시장에서 요구하는 정보를 신속하게 제공할 수 있었으며, 주주가치의 증대로 기업 이미지를 제고하였고, 신속하고 정확한 의사결정정보 제공을 통해 경영환경 변화에 능동적 대처하였다.
또한, 성과중심의 기업문화를 정착시킴으로써 기업의 경쟁력을 강화했을 뿐만 아니라, 업무자동화를 통한 업무비용 절감과 전사 이익기여도 및 보상에 있어 공정한 성과평가로 종업원 만족도를 증대시켰다. 그리고 경영관리의 국제 표준화·성과주의경영 시스템 구축·RTE 경영을 위한 인프라 구축 등 경영관리의 선진화 달성을 위한 초석을 마련하였다.

다음으로 주주에게 올바른 정보를 제공하고자 회계 투명성을 위한 혁신을 단행하여 재무보고 내부통제 평가 프로세스를 구축하였다. 2003년 말 회계제도 개혁법안이 국회를 통과하면서, 증권거래법상 사업보고서 등에 대한 CEO/CFO 인증·허위보고에 대한 증권 관련 집단 소송법·한시법(구조조정 촉진법)에 규정하고 있던 내부회계 관리제도를 항구법인 외감법으로 이전하는 등 대내외적으로 내부통제체제 강화 및 구축에 대한 요구가 증대되었다. 그럼에도 불구하고 국내 각 기업은 한국형 모델을 찾지 못해 내부통제체제 구축 및 적용에 어려움을 겪고 있는 것이 사실이다.

그러나 동부화재는 회계투명성 제고를 위해 많은 연구와 노력을 기울인 결과 법률에 근거한 선진기법으로 동부화재만의 투명경영 시스템을 갖추게 되었다. 대부분의 국내기업들은 회사의 재무정보를 생성하는 경리(재무)부서에서 재무보고 내부통제 평가시스템을 관장하고 있어, 실질적인 투명경영에 맞는 통제장치 운영이 어렵다(생성부서=통제부서). 재무보고 내부통제 평가시스템은 외감법상 내부회계 관리제도를 준수하고 회계정보의 투명성을 강화하기 위한 시스템으로, 회계정보 생성부서에 대한 적절한 통제를 수행할 수 있어야 한다.

따라서 윤리경영 전담부서로 하여금 재무보고 내부통제 평가시스템(ICAN)을 운영하도록 하여, 매 분기마다 점검 및 통제를 수행하게 함으로써, 회계정보 생성부서에 대한 적절한 통제를 수행하고 있다(생성부서≠통제부서=윤리경영 전담부서). ICAN은 재무보고 내부통제 평가절차 및 개선계획을 체계적으로 관리할 수 있는 웹 기반의 내부통제 Tracking 시스템엔진이다.

이러한 회계투명성을 위한 노력을 뒷받침하고, 집단소송제도 시행으로 인한 회사의 피해를 극소화하기 위해 회사의 경영정보가 이해관계자(고객·주주·투자자 등)에게 잘못 전달되는 것을 사전에 예방하는 공시 관련 법률리스크 관리프로세스를 구축하였다. 이 프로세스는 외부공시 오류를 사전에 차단하기 위해, 각 부서에서 공시전담부서로 공시할 내용을 송부함과 동시에, 윤리전담부서로 송부하여 최종 공시 전에 적정성을 검토하도록 하였다. 이를 통해 회사는 주주를 보호하고 나아가 기업의 사회적 책무를 다할 수 있도록 하였으며, 투명한 경영으로 시장에서 신뢰를 얻어 기업 가치를 극대화할 수 있는 효과를 거둘 수 있었다.

■ 영업조직 리모델링

변화와 혁신에 동참하지 못하고 노후되어 계속적으로 윤리경영에 어긋나는 영업조직은 외형에 지장을 초래하는 것을 감수하면서 신규 조직으로 대체하였다. 신규 조직은 외형에 있어서 기존 조직에 미치지 못하지만 교육을 통해 정도경영을 실천하는 정예 조직으로 성장 가능하기 때문에, 회사로서는 단기적인 손해를 감수하더라도 지속가능 경영을 위해 과감한 혁신을 단행하였다.

영업조직의 생산성과 효율성을 향상시키고, 고객에게 한층 선진화된 양질의 서비스를 제공하기 위해 기존 조직의 반발에도 불구하고 DEC(Dongbu Elite Consultant) 제도를 도입하여, 선진 영업기법과 툴을 장착한 최정예 영업조직을 구성하여 회사의 혁신에 적극적으로 동참시켜, 윤리경영 실천으로 영업활동을 성공적으로 이끈 조직으로 탄생시켰다. 결국 이러한 영업조직에 대한 혁신은 전체 영업조직에 대한 리모델링으로 확산시키는 계기가 되었다. 그리고 회사에서 실시하는 윤리경영이 고객에게 전달되게 하기 위해, 고객접점에 있는 영업조직에 대해 기존의 구태의연하고 비윤리적인 보험모집 행태를 타파하고, 정도에 맞는 보험모집 활동을 도모하고자 혁신 시스템(Prime Agent Management System)을 구축하였다. 이 시스템은 기존 PA활동관리 툴과 연계하여 시스템화함으로써, 전산화된 활동관리를 통해 업무를 효율화하고, PA활동을 효과적으로 관리하는 PA 종합 지원·관리 시스템으로 자리 잡았다.

■ 보상처리 시스템 혁신

보상은 고객에게 최종 서비스를 제공한다는 점에서 중요성을 지니고 있다. 보상 시스템이 낙후되어 고객에게 제때 보상을 하지 못하고, 제대로 된 보험금을 산정하지 못해 보험금 누수현상이 발생한다면 회사는 존립의 기반마저 위태롭게 될 것이다. 이에 보상 프로세스 혁신과 환경변화에 따른 다양한 전략을 지원하기 위해 통합보상 IT시스템인 e-Claim 시스템을 개발하였다.

이는 업계 최고의 경쟁력을 갖춘 시스템으로 선진 수준의 시스템 설계를 통해 보상업무프로세스의 일관성을 확보하였으며, 전 처리과정을 디지털화하여 업무방법의 혁신을 이뤘다. 이로 인해 고객의 요구 및 불만사항 관리가 가능하게 되었으며, 보험요율 분석을 통한 U/W(Under Wrighting) 정보를 수집할 수 있게 되었다.

또한, 사고를 당한 고객은 최대한 빨리 서비스를 받고자 한다. 이를 위해 보상 직원들이 시간과 장소에 관계없이 현장에서 업무를 신속하게 처리할 수 있는 모바일 오피스 시스템(Mobile Office

System)을 구축하였다. 이로서 오피스와 현장으로 이원화되었던 업무환경이 고객 접점인 현장으로 단일화되어 원스톱으로 업무를 완결할 수 있게 되었으며, 디지털기기와 네트워크 환경을 바탕으로 사무공간 축소 등 사업비를 획기적으로 감축하게 되었다.

전산화로 인한 업무량 감소와 직원이 불필요하게 사무실에 들어오는 시간을 줄여 직원들이 자기계발에 더욱 충실할 수 있게 하였다. 또한 서류업무보다는 본연의 손해조사·면담·심사 등 현장 업무에 매진할 수 있도록 하였다. 또한 모바일 오피스 시스템은 선진기법의 자가 통제장치가 구현되어 있어 고객서비스를 강조하다 발생할 수 있는 보험금 누수를 원천적으로 차단하고 있다.

고객의 작은 부분까지 놓치지 않기 위해 교통체증 등으로 보상 서비스가 늦어지지 않도록, 오토바이를 이용한 스피드 서비스팀을 운영하고 있으며, 고객에게 통합의료 보상 서비스를 제공하기 위해 메디컬팀을 조직하여 전문 간호사를 배치하였고, 향후 종합 의료지원 시스템의 초석을 만들었다. 또한, 메디컬팀은 업무 특성을 이용하여 휴일에는 대한사회복지회 소속 영아원을 방문하여 건강체크 및 의료서비스를 무상으로 제공하기도 한다.

(2) 윤리경영의 실천

1) 기업문화로의 정착

① 진실의 문화 운동 전개

어느 회사나 치열한 경쟁구도에서 업무를 수행하는 영업조직은 비윤리적인 영업행태가 발생할 가능성이 가장 높고, 각종 영업관리지표의 거품(Bubble)현상이 나타날 수 있다. 그러나 이러한 현상을 미연에 방지하고자 각종 제어장치를 가동하다 보면 영업실적이 하락하게 되고 회사는 정책방향의 핵심을 상실하는 경영상의 딜레마에 빠질 수 있다.

그러나 동부화재는 CEO의 의지를 반영하여 영업부문에 나타났던 고질적인 병폐를 개선시키기 위해, 영업부문 스스로 진실의 문화를 추진하는 대대적인 영업부문 혁신운동을 전개하였다. 그리고 진실의 문화가 조기 정착될 수 있도록 본점 각 부서로 하여금 영업활동 결과에 대해 매월 피드백하게 하고, 윤리경영 전담부서가 지속적으로 검증업무를 수행함으로써 한시적인 변화가 아닌 영구적인 기업문화로 체질화되도록 하고 있다.

하지만 이러한 점검·규제 위주만으로는 영업활동의 경직성 등의 문제가 발생할 수 있다. 이러한 문제점을 보완하기 위해 윤리경영 전담부서에서는 정도경영에 맞는 사례를 적극 발굴하여 전파할 뿐만 아니라, 인사상의 인센티브를 주는 정도경영실천 평가제도를 운영하고 있다. 또한 전사 KPI 및 개인 MBO 평가에 윤리부문을 주요 평가지표로 삼고 있어 정도경영에 맞는 업무처리를 권장하고 있다.

② 좋은 직장 만들기(Great Work Place) 운동

고객만족·주주만족 등의 혁신은 먼저 내부직원 만족이 선행되어야 실현될 수 있는 것으로, 아무리 좋은 제도와 시스템이 구비되었다 하더라도 실제 운영하는 직원이 제대로 관리를 하지 않으

면 소용이 없다. 따라서 직원만족을 위한 좋은 직장 만들기(Great Work Place)는 회사 경영정책 중 결코 간과되어서는 안 될 주요한 사안이다.

동부화재는 이러한 내부직원 만족을 위해 전사적인 업무효율화를 추진하여 정기적이고, 반복적인 업무수행에 대해 신규 전산 인프라를 구축하도록 하였다. 동시에 불필요한 관행에 의해 습관적으로 하던 업무를 과감하게 정리하고, 보고체계를 간소화하는 등 업무프로세스를 혁신적으로 개선하였다. 이를 통해 직원들의 업무시간이 20% 경감하였고, 이렇게 생긴 여유시간을 자기계발에 활용할 수 있도록 하였으며, 외부교육 수강 시 회사에서 적극적으로 경비를 지원하여 내부직원 만족도를 제고하였다.

아울러 일 잘하는 직원은 한 부서에서 장기 근속하는 경향이 있었으나, 해당 임원의 강력한 저항에도 불구하고 직원의 개인 경력관리와 향후 경영자로서의 자질을 키우기 위해 한 부서의 장기 근무자에 대해서는 현장경험 및 주기적인 직무순환을 시행하였다. 또한 종업원 복지의 목적으로 각종 보험·실업급여·상해 시 치료비 지원 등 다양한 보장프로그램을 운영하고 있다. 또한 문화생활을 위해 콘도·휴양소를 지원하고 동호회를 활성화하여 '1人1樂 운동'을 적극적으로 지원하고 있다. 한편 직원 고충처리 시스템을 운영함으로써 직원 고충사항에 대한 관심 및 적극적인 처리노력을 통해 회사에 대한 직원들의 신뢰와 정서회복에 주력하였고, 이는 직원 이탈을 사전에 예방하는 효과로 나타났다.

이러한 종업원 만족을 위한 혁신프로그램 외에, CEO와 직원의 스킨십을 높이기 위해 CEO 주도의 실천프로그램을 운영하고 있다. 이는 신나게 일할 수 있는 열정적이고 진취적인 기업문화를 조성하여 일하고 싶은 회사, 편하게 일할 수 있는 회사, 재미있는 회사, 일하기 좋은 회사로서 훌륭한 일터의 기반이 되었다.

CEO 스킨십 프로그램으로는 회사 정책 및 전략에 대한 이해도와 실행력을 높이기 위한 'CEO 메시지', CEO와 직원 간 주요 주제에 대하여 토론하는 '동부인 미팅', 임직원이 의사결정에 참여하는 기회를 제공하기 위한 '참여마당', 직원과 함께 호흡하는 '정상에서 만납시다' 등을 운영하고 있다.

특히 기업의 '투명한 경영' 방침을 실천하기 위해, 임원들에게만 제공되던 회사의 주요 경영현황 정보를 매월 정기적으로 직원들에게 알려주는 '경영정보 브리핑 제도'를 시행하여, 직원과 회사가 일체감을 가지고 회사의 경영에 참여할 수 있도록 하고 있다. 이는 회사를 이해하고 종업원의 애사심을 높여 좋은 기업문화로 정착되는 결과를 낳았다.

2) 체질화를 위한 교육

① 직원을 위한 신육성혁명

직원 개개인의 자발적인 자기계발을 적극 지원하고 회사의 사업목적에 맞는 인재를 체계적으로 육성하고자 신육성혁명을 추진하였다. 현재 전체 종업원이 1개 이상의 스터디 그룹에 참여하고 있으며, 전체 인원의 50% 이상이 사내외 자격증에 도전하여 자격증을 취득하였고, 200여 편의 사내 논문이 발표되었으며, 그중 우수작에 대해서는 시상하고 있다.

또한 1인1자격제, 역량별 교육·훈련을 통해 개인의 역량을 개발하고 자기계발 의욕과 성취동기를 유발시키고 있다. 뿐만 아니라 우수인력에 대해서는 속성양성체계(Fast Track)를 적용하여 차별화된 교육훈련 기회를 부여하는 동시에, 국제적인 역량 확보를 위해 장기적인 투자 안목에서 영국·미국·중국·일본 등지로 해외연수를 매년 시행하고 있다.

② 선진화된 영업조직을 위한 교육

영업현장의 잘못된 관행을 타파하기 위한 혁신적인 교육프로그램 DSP(Dongbu Sales-upgrade Program)를 도입하여, 고객 중심의 새로운 영업문화의 정착 및 습관화를 이루려 하였다. DSP의 조기 정착과 지속적인 실행을 위해, 새롭게 DSP팀 조직을 신설하여 현장에 대한 교육을 실시하고, 주요 영업지표에 대해 계속적인 피드백을 실시하였다

그리고 영업조직에 대한 혁신을 가속화하기 위해 영업조직 자격증 제도인 PA(Prime Agent) Knowledge 제도를 시행하였다. 자격증을 취득할 경우 성과에 반영함으로써 회사의 윤리경영에 적극적으로 참여할 수 있는 계기를 만들었으며, 자격증 취득과정 교육을 통해 PA의 선진화를 이루고, 회사에서 추진하는 정도영업 및 윤리적 소양을 배양하고 있다

3) 소외계층을 위한 활동

협력업체인 정비공장을 프로미 서비스업체로 지정하여 각종 인프

라를 지원하고, 협력업체 직원들에게 필요한 정비교육 등을 지원하는 등 서로 상생협력을 이루고 있다.

그리고 공정한 거래를 위해 모든 계약 시 청렴서계약서를 요구하고, 수의계약이 아닌 경쟁입찰 방식을 채택하고 있으며, 구매의 일부분을 아웃소싱하여 인터넷으로 경쟁입찰을 하고 있다. 이는 업체 간 공정거래를 이끌어내어 건전한 상거래 문화를 정착시키는 데 기여하고 있다. 그리고 사회 소외계층인 장애우와 교통사고 피해 유가족의 자녀를 상담부서에 채용하였으며, 이들은 일반직원보다 성실하게 업무를 수행하며 높은 성과를 나타내고 있다. 이는 사회와 더불어 좋은 직장 만들기를 구현해 나가는 동부화재의 이념을 실천하는 것이다.

그리고 직원들이 업무를 통해 사회에 이바지할 수 있는 기회를 만들고, 회사도 함께 어려움을 나눈다는 차원에서 특화 상품을 개발하여 판매하고 있다. 그 종류로는 사회 소외계층인 장애우를 위한 전용상품인 '곰두리 자동차보험', 정부를 대신하여 단독 사업자로 선정되어 자연재해에 의한 피해를 보상하는 '풍수해보험', 그리고 사고가 발생하지 않은 경우 고객에게 보험료 환급혜택을 주는 '카퍼레이드보험' 등이 있다.

(3) 추진 시의 어려움과 성공요인

1) 추진 시의 어려움

어느 조직이나 변화와 혁신에는 많은 고통과 인내가 따르고 변화하는 데 상당한 시간이 소요된다. 동부화재도 회계투명성을 높이기 위해 윤리전담부서에 재무보고 내부통제 평가시스템 운영을 맡기기까지는 회계정보를 관할하고 있던 부서의 심한 반대가 있었다.

회사의 재무정보는 전문적인 업무처리 결과로 '경리부서 외 제3의 부서에서 통제를 하는 것은 바람직하지 않다' 라는 게 그 이유였다. 그러나 투명경영에 대한 CEO의 강력한 의지로 윤리전담부서에 변호사·공인회계사 등 전문인력을 집중 배치하여 독자적으로 재무보고 내부통제 평가시스템을 운영할 수 있도록 하였다. 아울러 회계투명성은 시대적 요구이자 혁신만이 살 길이라는 공감대가 확산되어 윤리전담부서에서 재무보고 내부통제를 관장할 수 있도록 관철되었다.

그리고 외형 위주의 영업방식에서 탈피하여 정도영업 실천을 추진하면서 여전히 실적에 급급해 윤리경영에 어긋나는 행태가 나타나고, 혁신을 위한 새로운 시스템을 거부하며 실적을 감소시키기도 하였다. 그러나 CEO 등 최고경영진은 실적에 연연하지 않고 더욱 강도 높은 혁신을 추진하였고, 이와 병행하여 기존 조직에 대해 '혁신은 회사를 위한 것이 아니고, 우리 자신을 위한 것' 이라는 혁신이념에 대한 직접 설득과 교육을 통해 조기에 극복하였다.

또한, 윤리경영의 틀을 항구적으로 관리하기 위해 성과주의 시스템과 접목하여 인사평가제도에 반영하려는 시도는 많은 어려움이 있었다. 윤리지수 측정 자체가 객관적이지 못하다는 이유와 너무 윤리경영을 강조하다 보면 성과에 지장을 준다는 이유로 반대하는 목소리가 있었다. 그러나 윤리경영 전담부서는 독자적으로 객관적 측정이 가능한 윤리지수를 개발하여 설득하였고, 윤리경영은 단발성 구호나 일시적인 현상이 아니라 기업의 지속적인 성장을 위한 필수요건이라는 사실을 꾸준히 전파하였고, CEO의 결단으로 전 직원 성과평가에 반영되었다.

2) 성공요인

CEO 및 경영진이 변화와 혁신에 대한 강력한 의지를 가지고 솔선수범하였다. 단기적인 성과에 집착하지 않고 지속가능 경영을 하기 위해 회사의 비전을 수립하고, 나아가 앞장서서 실천한 것이 원동력이 되었다. 또한, '혁신은 혁신적으로 추진해야 한다'는 CEO의 신념에 따라 과감한 혁신을 추진함으로써 잘못된 관행을 타파하였는데, '혁신만이 미래의 성공을 보장한다'는 인식하에 전 직원이 한마음으로 고통을 감내하며 지속적으로 혁신활동을 추진한 결과라 하겠다. 이러한 혁신은 한시적인 운동으로 그친 것이 아니라 기업문화로 정착되어 전 직원이 실천하는 문화로 승화되었다.

(4) 추진결과 및 향후 추진 방향

1) 추진결과

동부화재는 영업부문에 대한 진실운동 전개와 영업조직에 대한 혁신적 리모델링을 기반으로, 외형에 치중하기보다는 내실경영·수익 위주의 경영을 펼친 결과 1,011억 원이라는 동종 업계 최고 수준의 당기순이익을 거뒀다.

그리고 이러한 성과의 결과로 주가는 2005년 12월에는 2004년 말 대비 146.4% 상승하여 기업가치가 대폭 증대되었고, 주주가치도 수정 ROE 19.7%, 수정 ROA 3.1%로 업계 1위로 올라섰다.

또한 불만고객을 감동고객으로 전환시키려는 혁신적 노력과 시스템 구축 결과, 업계에서 고객불만이 가장 적은 회사로 변모되었다. 이러한 변화는 고객만족도 분야에서 가장 공신력 있는 금융감독원 민원평가에서 8회 연속 1위를 고수해왔던 경쟁업체를 제치고 당당히 1위를 차지하는 결과로 나타났다. 이는 동부화재가 '믿고 찾을 수 있는 고객만족 최고의 회사'라는 비전을 위해 전사적으로 고객중심의 프로세스로 전환하고, 전 직원이 고객에 대한 무한한 책임을 가지고 업무에 임한 결과라 할 수 있다.

동부화재의 재무정보에 대한 투명성, 주주·고객·투자자를 위한 공시 프로세스 혁신, 종업원만족을 위한 GWP운동 등 전반적인 혁신활동이 재계의 전경련·경총·대한상의·무역협회·중기협 등 경제5단체가 주관하는 투명경영 대상과 한국기업윤리학회가 수여하는 기업윤리대상을 수상함으로써, 내부에서의 평가를 넘어 외부에서 객관적인 검증을 받을 수 있었다. 투명경영 대상은 경영투명성·노사관계·사회공헌성·환경친화성 4개 부문에 대해 1차 서류심사와 2차 현장면접 심사, 3차 최종심사위원회를 거쳐 재계에서 가장 대표할 만한 투명한 기업을 선정하는 상이다. 동부화재는 금융업, 특히 매출경쟁이 어느 업종보다 치열한 보험업에서 수상하였다는 또 다른 기록을 수립하며, 경쟁업체의 모범기업으로서 입지를 굳건히 하였다.

아울러, 동부화재 CEO는 이러한 내부역량 결집에 따른 성과를 외부역량으로 집중시키고자 윤리경영의 전도사로서 역할을 자처하며, 전경련 CEO클럽·산업정책연구원의 윤경포럼 등 외부 윤리경영 관련 모임에 초청되어 강연을 하고 있다. 또한 기업의 윤리경영

전파를 솔선수범하겠다는 의지로 2006년 윤경포럼 CEO서약식에도 참여하여 더욱 강한 윤리경영 의지를 보이기도 하였다.

이처럼 동부화재는 스스로 고통을 감내하고 역량을 집중하여 변화와 혁신에 성공한 사례를 CEO 및 최고경영진과 전 직원이 내부에 그치지 않고 사회와 함께 나누는 일에도 매진하고 있다.

2) 향후 추진 방향

동부화재는 경영환경과 기업에 대한 사회적 환경변화에 대처하기 위해서는 조직의 유연성과 우수인력이 커다란 역할을 할 것이라 강조하고 있다. 이를 위해 지속적인 인력개발과 인재확보에 총력을 기울이고 있다. 또한, 변화하는 고객의 요구를 신속하고 정확하게 파악하여 고객만족을 넘어 고객감동을 위한 선진적인 프로세스의 완성에 역점을 두고 있다.

그리고 금융감독원 자율규제 프로그램을 기존의 재무보고 내부통제 평가시스템과 연계, 통합하여 내부통제 지원시스템을 구축할 계획을 갖고 있다. 고객접점 CS를 획기적으로 개선하기 위해 한 방향 고객서비스에서 고객과 회사 양방향 고객서비스 실현을 최우선의 개선항목으로 분류하고 있다.

동부화재는 그동안 변화와 혁신을 통해 내부적인 조직과 IT를 정비하는 등 내실을 다지는 데 전력을 다하였다. 향후 투명한 사회를 위한 기업의 책임을 다하기 위해 사회와 함께 상생할 수 있는 시스템을 도입하고, 나아가 국가 경쟁력을 키우고 글로벌 스탠더드에 맞는 최고의 우량회사로 거듭나기 위해 고객·주주·종업원을 연결하는 새로운 패러다임에 매진할 계획이다.

1.4
유한킴벌리 사례

1998년 경제위기 당시 시장의 수요가 급격히 줄고, 경쟁이 치열해지면서 유한킴벌리는 6개월이 넘게 일부 생산라인을 멈춰야 하는 어려움을 겪어야 했다. 공장가동률은 50% 이하로 떨어지고, 재고는 계속 증가했으며, 구조조정의 위기 속에서 노사 간의 긴장 분위기가 고조되고 있었다. 경제상황은 좀처럼 회복될 기미 없이 날이 갈수록 악화되어가는 상황 속에서, 주요 사업장마다 여유인력 비율이 전체 직원의 40%를 넘어서고 있었다.

이때 최고경영층의 선택은 정리해고 대신에 이미 1993년부터 대전공장에서 시행하고 있던 평생학습이 적용된 4조 근무제를 통한 잡 셰어링(Job Sharing)제도를 전 공장에 확대 시행하는 것이었다. 4조 근무제의 실행은 회사 측에서는 인건비 부담이 늘어 재정악화라는 위험을 초래할 수 있는 방안이었다. 그러나 직원을 회사의 주인으로 만들어야 한다는 경영원칙을 바탕으로, 직원들의 몸이 건강하고 공부할 시간이 생겨 자기개발을 할 수 있다면 직장의 안전과 개개인의 경쟁력이 향상될 것이고, 개인의 경쟁력이 높아져야만 회사의 경쟁력이 높아질 수 있다는 유한킴벌리 최고경영층의 신념이 있었기 때문에 가능한 선택이었다.

노조에서는 실질임금이 저하된다는 이유로 4조 근무제 실행에 심하게 반발하였으나, IMF체제 이후 고용불안이 확대되고 정리해고 위험이 높아지자, 근로자들은 이를 받아들이기로 결정하여 전 공장에서 전면적으로 실시하게 되었다.

이와 함께 최고경영층은 기업구성원에 대한 책임의 중요성을 인식하고, 그들이 가진 기술이나 능력을 활용하고, 휴식 없이 달려온 사람들에게는 휴식을 준다는 의미에서 뉴웨이(Neway)라는 혁신주도형 팀을 만들어, 과감한 휴식과 평생학습의 기회를 제공하고 새로운 아이디어와 혁신주도적 사업을 수행하도록 했고, 강도 높은 경영혁신 프로그램을 가동시켰다. 뉴웨이는 정보시스템 기반의 경영혁신을 주도하면서, e-뉴웨이(e-Neway)라고 불리는 새로운 경영혁신으로 전개되었고, 이를 통해 내부혁신을 통한 역량강화는 물론 정보시스템을 기반으로 하여 외부역량 강화까지 도모하게 되었다.

최고경영층은 뉴웨이(Neway)라는 혁신주도형 팀이 가동되기 시작한 배경을 다음과 같이 설명하고 있다.

"조직구조의 혁신이 하나의 계기가 되었습니다. 우리는 디지털시대의 조직은 수평구조여야 한다고 믿었고 과감히 조직의 수평화를 추진했습니다. 하지만 그 과정에서 많은 인력이 남았습니다. 회사 입장에서 보면 내보내야 하는 인력들이었지만 기업구성원에 대한 책임의 중요성을 인식하고, 그전에는 시도하지 않았던 ①안식조, ②학습조, ③디자인조, ④혁신조를 구상하여 적극적인 인력활용을 시도했습니다. 마이클 해머(Michael Hammer)의 책에 나오는 '혁신팀'과 같이 기업의 새로운 변화를 주도해나갈 팀을 만들어야겠다는 생각이었습니다. 그들이 가진 기술이나 능력을 활용하고, 휴식 없이 달려온 사람들에게는 휴식을 준다는 의미에서 회사는 뉴웨이라는 혁신주도형 팀을 만들어 과감한 휴식과 평생학습의 기회를 제공하고 새로운 아이디어와 혁신 주도적 사업을 수행하도록 했습니다."

(1) 시스템 구축

1) 추진목표

이렇게 시작된 뉴웨이는 유한킴벌리의 조직구조를 슬림화하고 변화시키는 역할을 수행했으며, 대내외적인 혁신 활동의 구심점이 되었다. 유한킴벌리는 시장과 고객변화에 대한 대응능력이 향상되고, 시장에 근접한 수요 예측의 정확도가 높아지면서 고객서비스와 시장점유의 확대가 가능해진다는 판단으로, 뉴웨이팀의 주도로 프로세스 혁신을 통해 공급사슬 파트너 간 스피드와 응답률의 향상·재고의 감소·매출증대·자산의 최적화 등의 효과를 도모하게 되었다.

뉴웨이를 통한 유한킴벌리 혁신의 구체적인 실행은 e-뉴웨이로 추진되었다. 즉, 하나의 정보시스템으로 동시에 업무를 수행할 수 있는 전사적 자원관리 시스템(ERP)을 도입하여 제품개발의 리드타임을 줄이고, 원가를 절감하는 방안을 시도하였다. 그리고 이러한 활동을 추진하면서 구축된 시스템들의 지속적인 유지관리를 위해 e-뉴웨이라고 불리는 새로운 경영혁신팀을 조직했다. 뉴웨이가 내부역량 강화에 집중되었다면, '비전 2010'을 향한 새로운 e-뉴웨이는 외부역량까지 변화시키겠다는 목표를 가지게 되었다.

2) 추진경과

경영혁신은 정보시스템 구축과 병행하여 다음과 같은 방향으로 추진되었다.

① Cultural Development

평생학습과 효율성을 추구하는 조직문화를 구축하기 위해 우선 변화관리가 추진되었다. 변화관리를 위한 시행의 첫 단계로, 불필요한 보고라인을 삭제하여 불필요한 보고서나 효율적이지 않은 연계 업무를 줄였고, 조직의 슬림화와 업무절차의 표준화를 통해 조직원 개개인의 자율성과 권한을 적절히 부여하여 책임감을 강화시켰다.

이와 함께 선진기업에서 도입되고 있던 '고성과 작업 시스템(HPWS; High Performance Work System)'을 도입하여, 유한킴벌리만의 독특한 작업 시스템으로 재탄생시키고, 새로운 기능과 기술축적이 가능한 조직을 만들기 위해 학습조직으로서의 체제를 갖추었다. 만약 기계의 이동으로 생산라인 하나가 폐기되었을 때에는, 공장의 직원들은 다른 기계라인에서 일을 하거나 공부를 더 하여 부서를 옮길 수 있는 기회를 가지게 되었다. '고성과 작업 시스템' 도입으로 전통적인 작업방식의 획기적인 변화가 일어나면서 자연스럽게 근무구조의 변화가 일어났고, 조직 자체가 끊임없는 배움의 장으로 탈바꿈했다.

② Business Process Reengineering

1998년 SSA사의 업무기획 관리 시스템(BPCS)을 도입하여 전사적 차원의 프로세스 혁신을 단행했다. 고객·공급업체·유통업자·협력자와 경쟁자에 이르기까지 모든 업무를 재설계하고 프로세스 혁신을 위해 OTC(Order To Cash)·RTC(Requisition To Change)·CRM(Customer Relationship Management)·DTR(Design To Retire)·MRO(Maintenance Repair Operation) 등을 시도하면서 내외

부 협력업체를 구축함과 동시에 공급망 최적화를 시도했다.

③ Functional Excellence Teams(FET)

FET는 변화가 필요하다고 판단되는 부분에 대해 변화관리 계획을 수립한 후 다양한 정보분석으로 변화의 준비상태를 평가하고, 그것을 활용하여 변화관리 계획을 추진했다. 새로운 시스템 구축에 따른 프로세스 및 업무양식의 변화를 위한 조직구조 재설계와 바람직한 조직문화 형성 방안들이 새롭게 수립되었다.

또한 FET 프로젝트의 활성화를 위해 프로젝트 추진에 전념할 수 있는 환경조성과 교육 및 훈련을 제공하여 직원들이 업무변화에 적응하고 프로젝트 활용능력을 극대화하도록 했다. 이에 따라 조직 내부적으로 혁신에 대한 교육과 훈련이 자연스럽게 이루어짐으로써 경영혁신활동이 보다 활발히 진행되었다.

④ Go-to Market

생산지향적 경영 패러다임에서 고객지향적 경영 패러다임으로 전환이 필요함을 인식한 후, 내부 프로세스의 표준화로 공급사슬의 효율을 극대화하고 기업의 내외 정보를 실시간으로 공유하는 작업을 실시했다.

(2) 평생학습 시스템을 통한 경영혁신

1) 필요성 및 목표

최고경영층은 직원들의 마음을 움직여야 한다는 3H(Hand ·

Head · Heart) 이론의 경영방식을 평생학습이 적용된 '4조 2교대' 시스템을 통하여 이루고자 했으며, 그는 3H이론을 다음과 같이 표현하고 있다.

"사람의 능력은 손발에만 있는 것이 아니라 머리에도 그리고 가슴에도 있다는 것을 마음속 깊이 느꼈습니다. 그리고 그 모든 것을 경영 속에 녹여서 실천해야겠다고 생각했습니다. 직원의 능력을 100% 아니 120%까지 끌어내려면 머리와 뜨거운 가슴까지 활용해야 합니다. 그러기 위해서는 직원들이 지식혁신의 주체가 될 수 있도록 회사가 끊임없이 노력해야 합니다. 우선 직원들이 건강하게 일할 수 있는 작업환경과 공부할 수 있는 시간을 제공해야 하며, 직원들이 공부한 것을 적용해볼 수 있도록 참여경영의 장을 마련해야 합니다."

근로자들에게 마음과 머리의 건강을 위한 휴식시간과 교육환경을 제공하고, 직원들이 인간다운 삶을 영위하기 위한 재충전의 기회를 얻어서 개인과 회사의 발전을 동시에 이루도록 하는 것이 평생학습시스템의 목표였던 것이다.

2) 구축경과

대전공장에서 처음 채택했던 '4조 3교대' 방식은 3개조가 8시간씩 24시간 근무하는 동안 나머지 1개조는 휴무를 취하는 형태이다. 교대시간은 오전 7시·오후 3시·오후 11시로 주당 평균 실제 근로시간은 42시간으로 주당 2시간의 정례 교육시간을 포함하면 44시간이 된다. 직원들은 7일 동안 오전 7시부터 오후 3시까지 일한 후 2일 동안 쉬고, 다시 7일 동안 오후 11시부터 오전 7시까지 근무할 수 있었다. 2일의 휴무기간 중 하루는 근로자가 휴무와 교육 중 하나를 선택할 수 있는 날로 정례적인 교육시간을 따지면 104시간이지만 선택적인 날까지 포함하면 300시간을 상회한다.

현재 대전공장을 포함한 전 공장에서 시행 중인 '4조 2교대'는 전 직원이 4조로 나뉘어 16일을 주기로 '주간 12시간 4일 근무'·'휴무 4일'(교육 1일 포함)·'야간 12시간 4일 근무'·'휴무 4일'의 순서로 근무하는 방식으로, 교대시간은 오전 7시와 오후 7시로 1주일 평균 실제 근로시간은 42시간이고, 교육시간을 포함하면 45.5시간으로 이루어지고, 그중 1.5시간에 대해서는 잔업근무수당이 지급된다. 연간 정례 교육시간은 183시간인데, 필요시 휴무일을 이용하여 추가교육을 실시한다. 다른 기업의 3조 근무와 비교하면 사람 수가 25% 많다는 점과 교육훈련과 결합된 제도라는 특성이 있다.

교육훈련은 훈련생의 태도 개선 없이는 효과를 보기 어려운 일방적 주입식 방법 대신, 훈련생을 주체로 세우면서 태도를 개선하는 내용으로 이루어진다. 교육훈련 담당자들은 해당 주제의 전문가들로 구성되었는데, 직무수행과의 통합력이 높은 워크숍 같은 교육형태를 활용한다. 훈련 내용의 결정은 현장 감독자와 긴밀한 협력 아래 이루어지고, 현장 작업자의 판단 아래 교육훈련이 필요한 사람이 있다고 판단되면, 인력개발부에 교육훈련을 요청하는 방식으로 교육을 실시한다.

교육 내용은 직무교육·외국어교육·목표관리교육·교양교육 등으로 이루어진다.

① 직무교육

직무교육은 작업공정·보전·품질·안전·기계·문제해결 등

근로자들의 직무능력 배양을 위한 교육으로, 현장 작업과 유기적으로 결합되고, 특히 신입사원은 집중적인 교육을 받는다. 대전공장의 경우 1주일 동안 인사부서의 오리엔테이션을 받은 다음 2~3개월 동안 현장 공정교육을 이수해야 하고, 김천공장과 군포공장의 경우에는, 신입사원을 대상으로 1주일간의 오리엔테이션 · 2~3주 내외의 직무교육 · 그리고 1개월 정도의 OJT(On the Job Training)를 실시한다. 한편, 경력사원의 경우에는 직무의 다기능화를 통한 직무능력 향상에 초점을 맞춰, 개인 숙련 수준을 고려한 단계별 분리교육을 실시하고, 외부강사 등의 전문가를 통한 담당분야별 전문화 교육과 워크숍 중심의 문제해결형 교육을 실시하고 있다.

② 외국어교육

외국어교육은 영어회화와 새로운 기계에 대한 작동법을 이해하기 위한 원서의 영어강독 교육을 실시한다. 또한 사내에서 실시되는 외국어교육이 부족할 경우 사외교육 지원도 함께 하고 있는데, 전체 수강금액의 80%를 회사가 지원하며, 영어회화 교육과 더불어 일본어 · 중국어 교육도 새로이 선보이고 있다.

③ 목표관리교육

목표관리교육은 전통적인 목표관리에 더하여 성과관리의 선행요건들을 설정하여, 핵심요인과 지표를 분명히 함으로써, 기업의 비전이나 전략을 달성하는 기능을 한다. 그리고 급변하는 환경변화에 적극적으로 대처해나가도록 한다.

④ 교양교육

교양교육은 시사교양·경제일반·컴퓨터교육 등 직무와 연관성이 높은 내용들과 팀 빌딩·팀 문제진단·의사소통·운동경기·봉사활동 등으로 구성되어 있다. 또한 조직개발·리더십·사내강사 교육과 음악감상·전시회 방문·영화감상 등 자기개발에 관련된 다양한 과정들이 있으며, 교양교육의 비율은 2004년 현재 약 40% 정도이다.

이러한 교육에 대한 직원들의 만족도가 높아지고, 직원교육이 회사의 성장에 밑거름이 된다는 것이 입증되면서, 교육시간이 점차 늘어나고 있다. 군포공장의 경우 1인당 교육시간은 1998년의 연간 54시간에서 2002년 300시간으로 4년 만에 246시간이 늘어났다.

(3) 윤리경영의 실천

1) 윤리경영을 위한 시스템 기능

유한킴벌리는 윤리경영에 대한 기업문화의 중요성을 인식하고, 이러한 문화를 형성하기 위한 가장 효과적인 방법은 교육이라고 생각했다. 그래서 윤리경영 문화를 형성하기 위해, 유한킴벌리가 가지고 있는 5가지 경영방침(①인간존중, ②고객만족, ③사회공헌, ④가치창조, ⑤혁신주도)을 철저하게 인식하여 업무에 적용할 수 있도록 노력하고 지속적으로 교육과정에 포함시켰다. 신입사원 교육 3주 기간 중 마지막에는 자기 사명서를 발표하며, 발표내용은 신입사원이 소속될 부문의 상사에게 통보하여, 기업의 윤리적 가치와 개인 가치가 동일화되도록 했다.

또한, 직원들의 윤리적 가치에 대한 실제적인 행동수칙을 제시하고, 인간존중과 사회공헌을 위해 개개인이 해야 할 구체적인 행동지침을 담고 있는 '직무윤리규범(Code of Conduct)'을 발행했다. 남을 배려할 줄 알아야 진정으로 고객을 최우선으로 여길 줄 안다고 강조하는 이 책은, 직장동료·고객·공급자·경쟁사 그리고 일반대중과의 관계에 있어서 겪을 수 있는 윤리적인 문제들에 대한 행동규범과 사례를 제시하여, 전 사원의 행동기준으로 활용되도록 하였다. 이를 통해 유한킴벌리의 구성원은 윤리강령과 실제 행동 간의 차이를 방지하여 보다 현실적으로 경영윤리를 실천하게 했다.

유한킴벌리의 윤리경영교육은 상징적 의미로서 윤리경영을 제안하고 교육하는 것이 아니라, 직원들에게 윤리경영에 자발적으로 참여할 수 있는 의식구조를 구축하여, 스스로 자율적인 윤리기준을 만든 다음 윤리경영 활동을 반복하고 강화하도록 하는 것이었다. 다시 말하면 일종의 형식적인 시스템이나 캠페인으로서가 아니라, 직원들의 생활 속에 실제로 철저히 스며드는 윤리적 공감대로서 작용하도록 하는 것이었다.

직무윤리규범(Code of Conduct)은 다음과 같은 3개의 범주로 구성되었다.

① 직무에 관한 윤리

　　기업의 내부 운영활동에 관련된 윤리로 사원이 회사의 자산과 비밀정보를 보호하고, 회사 안팎의 정확한 정보를 공정하고 정직하게 보고할 책임을 명시하고 있다.

책임 있는 자산관리를 통해 기업에 투입되는 모든 자원, 예컨대 건물·기계·제품 등의 유형자산과 비밀정보·발명·사업계획·고안 등 지면이나 컴퓨터에 기록되거나 지식 상태로 있는 무형자산들이 부당한 사용으로부터 보호될 수 있도록 요구하고 있다.

또한 업무수행 과정에서 접하게 되는 비밀정보에 대한 태도도 직무윤리에 포함되어 있다. 사업계획·재무정보·특허권·제품개발·회사의 연구개발 활동 및 제조방법 등은 비밀을 요하는 정보이므로, 직원들은 회사의 정보를 개인적인 이득을 위해 사용해서는 안 되는 것이다.

뿐만 아니라 정확한 기록과 보고·허위자료 작성 금지를 포함하며, 부적절한 회계·내부통제·감사 관행 등이 행정법규나 원칙에 부합하지 않는다고 판단되는 경우에는, 그 사실을 책자 뒤에 있는 연락처로 신고하도록 하는 내부고발제도를 명기하고 있다.

② 직무활동에 대한 윤리

'직무에 관한 윤리'보다 확장된 개념의 윤리로, 자사가 제조하는 제품의 생산과 품질, 사원 개개인들의 건강과 복지, 환경보호 및 기타 이익관계자들과의 관계에 대한 윤리적 기준을 제시하고 있다.

내외부의 모든 고객의 기대에 부응하기 위해 지속적인 가치창출을 시도하고, 좋은 품질로 모든 사람에게 만족을 주며, 제품이 고객에게 안전하게 사용될 수 있도록 하는 엄격한 테스트 실시를 규정하고 있다. 또한 내부고객인 사원을 위해 인사관리에 있어 인종·성별·연령·종교·국적·신체장애 또는 법에서

정하는 모든 구분에 의한 차별을 금지하고 있다. 뿐만 아니라 직장 내 성희롱과 개인의 의사를 배려하지 않는 회식문화 등은 엄격히 제한하고 있다.

한편 환경에 대해서는, 정부의 환경대책 이상으로 자체적인 환경보존사업을 추진하고 있다. 모든 사원들이 환경에 대한 회사의 규정과 규칙을 준수하여, 책임감 있는 사회구성원으로서 모범을 보여야 함을 강조하고 있다. 정직과 신의를 중시하기 때문에 고객이나 납품업자의 실수가 명백한 경우에도, 공정한 거래에 대한 시비를 가리는 것에 치중하기 보다는 잘못을 시정하고 보다 좋은 관계를 구축하는 데 주안점을 두고 있다.

공정거래법을 위반하거나 위반할 가능성이 있는 어떠한 행위에도 관여하지 않으며, 경쟁사가 사업상 비밀을 요구하는 경우에는 이를 거부하고 그 내용을 법무담당 부서에 보고하도록 규정하고 있다. 이외에도 올바른 정보의 입수, 선물과 접대·공직자에 대한 금품수여 금지, 비용의 보상에 대한 내용이 언급되어 있다.

③ 직무 외 사항에 대한 윤리

회사가 비난의 대상이 되거나 사원이 처벌의 대상이 될 경우를 제외하고는 개인생활을 존중하는 것을 원칙으로 하고, 사원의 기업 내 역할에 더해 사회의 한 구성원으로서 지켜야 할 윤리를 제시하고 있다.

우선 회사의 이익과 상충되는 겸직 행위를 제한한다. 사원과 회사 사이에 사업상 이해관계가 상충될 가능성이 있는 경우에는 경쟁사 또는 공급업자의 임원으로 종사하는 것과 투자하는 것을 금지한다. 사원과 사원 가족이 투자하고 있거나 재무적인 이해관계가 있는 공급업체나 고객과 거래를 할 경우, 유한킴벌리에 영향을 미칠 수 있는 정도를 해당 사원의 지위나 투자회사의 중요도·투자 규모 등을 고려하여 판단하도록 한다.

또한, 사회 봉사활동과 관련하여 적극적인 참여를 권장하나, 회사가 내리는 의사결정 및 경영방침에 상반되는 공동체나 사회단체에서 봉사하는 경우는 개개인이 독립된 입장에서 행동할 수 있는지 신중히 고려해야 한다. 정치 참여와 관련해서는, 정당이나 정치인에게 불법적인 정치자금 기부나 지원을 금지하고 있다.

2) 시스템 기능 강화 '성과평가와 능력개발' (MPD)

유한킴벌리 조직구성원의 성과향상과 능력개발은 팀 리더의 책임 하에 이루어지고 회사와 사원과 팀 리더가 책임을 지는 '3자 공동책임방식'을 채택했다. 팀 리더는 사원과의 효과적인 대화를 통해 사원의 능력개발이 필요한 영역을 확인한 후 적극적인 지원을 한다. 한편 사원은 관심분야와 목표에 대한 진솔한 의견을 팀 리더와 교환함으로써 적극적인 능력개발 활동을 한다.

1996년에 MPD(Managing Performance and Development)를 도입하여 운영계획을 발표하고 임원과 관리자를 대상으로 MPD의 전반적 소개를 위한 세미나를 실시했고, 1997년에는 임원과 관리자의 MPD 지식 함양을 위해 MPD 핸드북 세미나를 개최했다. 유한킴벌리의 사원에 대한 평가는 이에 기초하여 이루어지며, 기존의 연 1회 방식에서 분기별 평가로 수정하여 그 평가결과를 성과급 결정에 활용하고 있다.

MPD 프로세스는 단순히 목표를 설정하여 그것을 중심으로 평가하는 제도라기보다는, 실행 과정 중에 코칭 작업을 병행해 보다 높은 성과를 낳을 수 있도록 유도하는 자율적이고 적극적인 시스템으로 다음과 같은 기본적인 단계들이 있다.

① 목표와 기대행동 커뮤니케이션

커뮤니케이션은 유한킴벌리에서 가장 강조하는 요소 중 하나로, '목표와 기대행동의 커뮤니케이션' 단계에서는 팀 리더와 사원이 함께 상의하여 개인의 목표와 회사의 목표가 조화를 이루도록 업무수행 목표를 설정한다. 목표설정은 회사의 경영목표에서 사업부 목표, 부서·팀 목표, 개인 업무목표에 이르는 순차적 단계로 구조화되며, 목표를 기술하는 데 있어 우선순위를 설정하여 시간·노력 및 기타 자원 등의 효과적인 관리를 요구했다. 실행계획에서는 목표를 중심으로 어떠한 장애요인이 존재하는지를 파악하고, 목표달성을 위한 기대치가 무엇이며, 필요한 주요 스킬·기대행동·필요자질 등이 무엇인지를 정확하게 체크했다.

② 관찰과 기록

업무수행 목표와 관련하여 사원의 행동을 관찰하고 기록하고 분류하는 프로세스로, 이것은 성과에 관련된 객관적인 사실 및 정보수집에 있어 기초적인 자료가 되며, 성과향상과 능력개발을 위한 코칭의 기초자료로 활용된다. 또한 개인의 특성이나 성향을 파악하는 자료로도 이용하고, 무엇을·언제·어디서·어떻게 행동했는지에 대해 구체적으로 기술하여 정확한 관찰과 기록을 남긴다.

③ 업무수행 코칭

업무수행 코칭은 업무성과를 향상시키고 효과적인 행동을 더욱 강화하도록 사원에게 행동방향을 제시하고 행동의 변화를 가져오게 하는 프로세스이다. 이의 목적은 사원의 업무수행에 대한 관심을 표현하게 하고, 성과에 대하여 지속적인 피드백을 제공함으로써 문제영역을 알아내고, 개선조치에 대한 상호 간의 협의점을 찾는 것이다. 팀 리더는 목표지향적인 행동의 강화 등을 통해 사원의 성과향상과 목표달성을 적극적으로 지원하고, 코칭의 필요성을 분석한 후 사원과 면담을 실시하여 피드백을 제공하고, 개선방안과 행동계획을 수립한다.

④ 경력개발 코칭

경력개발 코칭은 사원의 관심분야와 능력에 대한 상호이해를 공유하고, 잠재능력과 성장기회에 대해 협의하며, 장래의 성장을 위한 개발계획을 수립하는 프로세스이다. 경력개발에 대한 협의를 할 때 팀 리더와 사원은 과거와 현재의 직무경험과 장래에 수행할 직무내용 등을 비교하고 검토하여 개발계획을 수립한다. 이것은 전환배치 및 체계적인 인력육성을 위한 기초자료로도 활용된다.

⑤ 능력개발 지원

능력개발 지원은 사원이 현재의 업무나 장래에 수행할 업무에서 요구되는 구체적인 지식과 능력을 습득하고 강화하는 활동을 지원하는 프로세스이다. 업무수행을 통한 능력개발에 초점을 맞춰 현장직무지도·대역훈련·직무훈련·직무대행·배치전환·회의참여 등의 활동이 이루어진다. 이러한 활동에 대한 기대사항을 전달하여 사원의 적극적인 자세와 참여가 이루어지게 한다.

⑥ 종합평가

일정 기간 동안에 달성하기로 합의한 목표에 대한 사원의 종합적인 성과를 알려주는 프로세스로, 결과종합평가서(Employee Performance Review)는 크게 성과분석·개인역량 분석·성과향상·기타 의견 그리고 종합평가로 이루어진다. 개인의 성과평가가 아니라 부문 혹은 부서의 성과에 대한 사원의 기여도를 피드백하고, 우수한 성과는 격려를 통해 계속 유지될 수 있도록 했으며, 능력개발이 필요한 부분은 개발계획을 수립하여 적극적인 지원을 한다.

MPD는 이러한 단계들을 통해, 사원을 체계적으로 육성하고 지속적으로 경력개발을 이끌어나가도록 유도한다. 또한 기능별 교육훈련 프로그램을 통하여, 구성원 개개인이 업무·능력·목표 등을 고려한 경력개발 계획을 수립하고 능력을 체계적으로 개발하도록 한다. 목표관리를 구성원의 자율에 맡김으로써 기업은 변화하는 경영환경에 유연하게 대처하게 되어 조직구조의 변화와 관리체계의 혁신을 이끌게 되고, 구성원은 기업의 발전과 함께 개인의 발전을 함께 충족시킬 수 있다.

(4) 추진결과 및 효과

1) 결 과

유한킴벌리는 한때 주력사업의 시장점유율이 경쟁자가 없는 독자적인 시장에서 18% 이하로 떨어지는 어려운 시기를 겪었고, 13년간의 노사분규와 기업 내부의 분열을 경험했다. 그리고 한국의 재벌들만이 아니라 세계적인 생활용품 기업들과도 치열한 경쟁 관계에 내몰리게 되었다.

그러나 1995년부터 새로운 시스템 구축을 바탕으로 재도약을 시작했고, 4조 근무제를 통해 기계를 명절 외에는 1년 거의 내내 가동하게 되었다. 그리고 휴식기간 동안 신기술을 학습한 직원들에 의해 생산성이 빠른 속도로 향상되기 시작했다. 이에 1996년 3,447억 원이던 매출이 2005년 순매출 7,743억 원으로 2배 이상 뛰었고, 순이익은 같은 기간 144억 원에서 893억 원으로 6배 이상 향상되었다. 2006년 1월 현재 연간 평균 시장점유율은 기저귀 67%·생리대 59%·화장지 42%·키친타월 53% 등으로 회사 주요 전 제품이 시장점유율 1위를 차지하고 있다.

평생학습 시스템은 까다로워지는 구성원의 요구를 만족시키고, 지속적인 능력개발과 동기부여를 제공하여 직원들의 마음과 머리를 움직이게 했고, 강한 애사심과 놀라운 기업성과로 이어졌다. 연평균 150시간 특근이 없어져서, 4조 근무제 도입 첫해에는 직원들의 연봉이 7% 줄었지만, 다음해부터는 높은 성과에 바탕을 둔 특별성과급이

지급되고 수당과 임금이 올라 결국 더 많은 급여가 지급되었다.

2) 추진 시의 어려움

4조 근무제를 도입할 때, 회사 측에서는 인건비 부담이 늘어 재정 악화를 초래할 수 있기 때문에 우려를 나타내었고, 노조 역시도 실질 임금이 저하된다는 이유로 심하게 반발했다.

여유 인력으로 뉴웨이팀을 구성할 때에도 낙오되는 사람들이 가는 팀으로 오해하지 않도록, 유능한 사람들이 변화를 주도한다는 인식을 주도록 노력했다. 그러나 '내가 중요한 사람으로 알고 일을 해왔는데, 이제 필요 없다는 것인가', '회사가 어떻게 나를 6개월에서 1년씩 학습조에 편성할 수 있다는 말인가' 등 반발이 있었다. 그래서 더 큰 포지션을 주기 위한 과정이라는 점을 이해시키는 노력을 기울이고 뉴웨이팀에서 근무했던 사람들이나 해외연수를 내보냈던 사람들을 성과에 따라 승진 발령했다.

3) 성공요인

윤리경영에 대한 CEO의 의지와 실천 측면에서 살펴보면 최고경영층은 기업의 윤리성을 인식하고 먼저 솔선수범을 보였다. CEO 취임 후 겸손한 생활 유지, 스스로 선물·접대 등을 하지 않는 등 제도를 변화하여, 이에 따른 우려의 목소리가 나왔으나, 일시적 손실을 감수해야만 과거를 청산할 수 있다는 신념으로 단호하게 변화를 추진했다.

또 직원교육을 강화하여 윤리경영과 환경경영을 추구할 때, 기업 내의 신뢰와 통합을 이끌어낼 수 있다는 강한 확신을 가지고 강력한 리더십으로 조직 구성원에게 모범을 보였다. 이는 조직 내 신뢰를 구축하는 역할을 하여 결국 구성원 개개인의 실천 노력과 서로 간의 신뢰를 이끌어내고, 결국 직원이 회사를 신뢰하여 새로운 경영 패러다임에 대한 통합을 이루었다.

4) 구축효과

시스템 구축과 함께한 경영 패러다임 뉴웨이(Neway)는 전사적 차원의 혁신조직·혁신프로세스·정보기술기반의 혁신환경을 만들어나가는 혁신운동이자 도구로 다음과 같은 변화와 효과를 거두었다.

① 스피디한 경영환경

업무프로세스를 지원하도록 경영 사이클을 연 단위에서 분기 단위로 단축시키는 빠른 의사결정 시스템을 구축하고, 실행운영 전략수립·통합 판매생산계획 수립·표준원가계산 주기를 분기 1회로 변경했다. 또한 분기 1회씩 경영환경 변화를 반영하여 경영의 효율성과 위기대처능력을 강화했다.

또한 각 공장의 월말 결산을 당일에 처리하도록 개선하고, 시스템 통합과 일별 발생 데이터의 철저한 관리를 하여 물류거래가 리얼타임으로 재무정보에 반영되어 물류정보와 재무정보의 일치를 이루었다. 이로 인해 감소된 결산 소요 잔업시간은 분석업무로 전환했다.

② 고객만족 중심 경영

뉴웨이는 모든 업무방법과 프로세스를 고객의 입장에서 재편하여, 고객이 각종 서비스를 더욱 편리하고 신속하게 제공받게 하고, 각 공장은 고객사 납기 중심의 조업관리로 방향을 전환하여 기술력 향상에 힘썼다.

③ 전사적 정보관리체계 구축

전사적 관점으로 표준화 및 시스템 구축을 통해, 정보처리의 오류·불필요한 정보 연결·부문 간 커뮤니케이션의 비효율성 등의 문제를 해결했다. 정확한 정보를 얻을 수 있도록 전사적으로 공동 사용하는 판매품 분류체계를 도입하고, 담당 임원은 표준화된 데이터 항목을 활용하여 실시간으로 정보를 직접 조회하게 되어, 보고서나 정보분석에 소모되는 많은 시간을 단축했다.

④ 공급사슬 관리의 확대

기업 내외부 프로세스 동기화가 이루어져, 고객·공급사·회사가 정보를 실시간으로 공유하게 되어, 공급사슬 전체의 효율이 극대화되었다. 또한 시장과 고객 변화에 대한 대응능력이 증가하여 경험에 근거한 사전 경고를 실시했고, 시장에 근접한 수요예측과 고객서비스 및 시장점유의 확대를 이루어냈다.

공급사슬 관리는 원재료나 부품의 공급에서 최종소비자에 이르기까지 상호 관련된 가치활동을 효과적으로 관리하여, 그 결과 급변하는 환경에 신속히 대응하도록 업무처리 시간을 단축시키고, 새로운 고객에 대한 접근방법을 개발하게 하여 새로운 사업 기회를 창출했다.

⑤ 온라인 공개(Open & Fair) 실현

전사적 자원관리 시스템을 통하여 회사의 매출과 순이익 · 과거 판매 흐름 · 일별 실적 대비 · 월별 트렌드 · 현재 판매 현황 등 상세한 내역이 포함된 회사의 경영실적을 직원들이 직접 확인함으로써, 모든 직원이 주인의식을 갖도록 하여 부문이익보다 회사이익을 최우선으로 고려하여 경영자와 인식을 함께하도록 했다. 직원들은 회사 내의 근본적이고 기본적인 문제를 충분히 인식하고 이해하기 때문에 문제해결 · 원가절감 · 소비자만족에 적극적으로 동참하게 되었다.

5) 발전방향

변화하는 환경에 유연하게 대처할 수 있는 수준 높은 지식근로자의 역할이 중요하고, 또 그러한 유능한 직원이 바로 기업의 미래라고 할 수 있으므로, 평생학습 시스템은 계속 커다란 기능을 발휘할 것이다. 또한 평생학습 시스템의 구축과 함께 수행된 경영혁신인 뉴웨이(Neway)는 사람 · 프로세스 · IT를 잘 결합하여 전체 가치를 향상시키는 방향으로 나아갈 것이다.

유한킴벌리의 내부역량 강화에 집중하였던 기존의 뉴웨이를 넘어서는 e-뉴웨이(e-Neway)는 '비전 2010'을 향한 새로운 도구로, 내부역량뿐만 아니라 외부역량까지 변화시키는 패러다임으로서 e-뉴웨이의 'e'는 최신 정보시스템의 도입을 의미한다. 그러므로 회사 전체 효율을 극대화할 수 있도록 e-Technology를 활용하고, 이것은 고객 · 공급업체 · 소비자를 연결하여 효율의 극대화를 추구하게 될 것이다.

1.5
GE 사례

1878년 창립된 GE(General Electronic Company)는 항공기 엔진에서부터 발전설비·의료기기와 플라스틱 사업·금융서비스·방송프로그램에 이르기까지 다각화된 사업을 경영하는 글로벌 복합기업이다. 또한 정직과 신뢰성을 바탕으로 한 윤리경영 실천을 통해 준법성과 윤리적인 측면에서도 세계적인 명성을 쌓아왔다. GE의 윤리경영은 '윤리경영 정신과 서약서(The Spirit & The Letter)'를 통해 명확히 드러난다.

GE의 '윤리경영 정신과 서약서'는 임직원이 윤리적인 경영하에 업무를 지속하고 있다는 점을 확신시켜주는 역할을 해왔다. 또 GE의 행동강령은 GE 임직원 누구나 업무를 수행함에 있어 어느 곳에서나·언제든지 따라야 하는 일반적인 원칙을 정함으로써 이러한 정신을 명확히 하고 있다. GE의 모든 임직원은 GE가 사업을 운영하는 어느 곳에서나 회사의 명성을 지키기 위해 최고 수준의 윤리경영 행동강령을 준수하기 위한 노력을 해오고 있다.

(1) 윤리규정

GE의 모든 임직원은 GE의 경영정책을 이해하고 윤리규정을 준수함으로써 GE의 규정준수 문화에 기여해왔다. GE의 임직원은 GE 윤리규정에 대한 위반사항이 발생할 우려가 있는 경우에 여러 채널(옴부즈맨·상사·GE 변호사·GE 감시인·기타 규정준수와 관련된 자원봉사자 등)을 통해 문제를 제기할 수 있다. 그리고 제기된 문제가 해결되지 않을 경우 계속해서 문제를 제기해야 하며, 윤리경영과 관련된 회사의 조사에 협조할 의무가 있다. 간부진은 직원들이 보복에 대한 두려움 없이 문제를 제기할 수 있는 분위기를 조성해야 하고, 직원평가 및 보상 시 규정준수에 대한 노력을 고려하도록 규정하고 있다. 또한 간부 자신이 개인적으로 규정준수를 위해 노력함으로써 윤리적 행동 및 규정준수를 장려하고 있다.

> **GE 행동강령**
> 전 세계의 GE 기업활동에 적용되는 해당 법률 및 규정을 준수하십시오.
> □ 모든 GE의 활동 및 관계에서 정직·공정 및 신뢰를 지키십시오.
> □ 업무와 개인적 이해관계의 상충을 피하십시오.
> □ 공정한 고용관행이 다양한 GE 공동체의 모든 사람들에게 확산될 수 있는 분위기를 조성하십시오.
> □ 안전한 직장을 만들고 환경을 보호하기 위해 노력하십시오.
> □ 모든 직급에서 리더십을 발휘하여 모든 임직원이 윤리적인 행동을 인식하고 존중하며 실천하는 문화를 유지하십시오.

GE는 윤리규정의 준수 대상을 대단히 포괄적으로 정의하고 있다. GE는 GE 임직원은 물론 파트너·협력업체·공급자·대리인 등 GE와 관계 및 거래하는 제3자 모두에게 GE의 윤리규정 준수를 요구하고 있다.

GE는 규정을 준수하고 문제를 사전에 예방하기 위해 GE정책 및

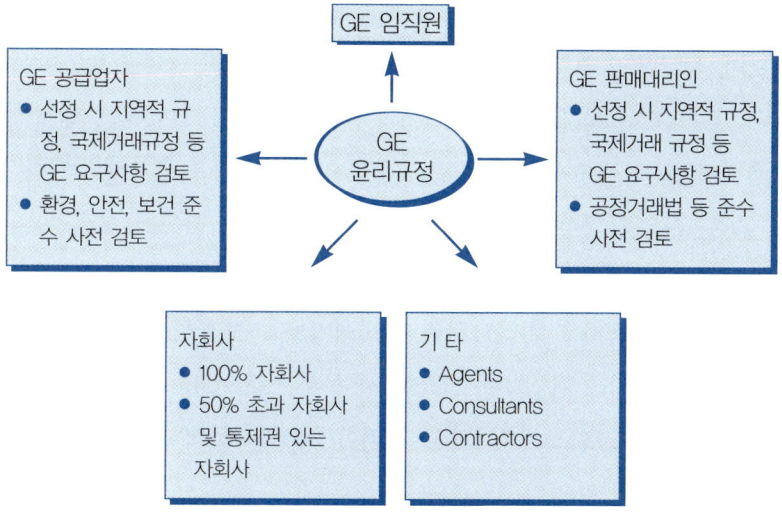

[그림 3-4] GE 윤리규정준수 대상

해당 법률·위험을 식별하고 해결하기 위해, 개발된 프로세스에 대해 많은 교육을 실시하고 있다. 규정준수 위반 가능성이 높은 문제를 찾기 위해 ① '경영 현황판' 및 '채점표' 같은 관리방법을 사용하고 있으며, ②옴부즈맨 시스템을 운영하고, 규정준수 담당자 또는 내부 감시인의 도움을 받아 ③정기적인 규정준수 검토회의를 진행하고 있다.

또한 일단 발생된 문제에 적절히 대응하기 위한 다양한 인프라를 구축하고 있다. 규정준수 문제가 발생하면 GE 법률고문과 협의하여 감독기관 및 집행기관에 적절한 방법으로 사실 여부를 신고하고, 규정준수 취약점을 해결하기 위해 신속한 시정조치 및 적절한 징계조치를 취하고 있다.

GE 공동체, 즉 회사·동료 및 투자자를 보호하기 위해, GE의 모든 임직원은 GE정책을 준수하는 데 있어서 발생 가능한 우려사항에 대해 문제제기의 책임을 부여받고 있다. 익명으로 문제를 제기할 수 있으며, 신분을 밝히는 경우에는 문제해결 처리과정과 결과를 보고받을 수 있다. GE는 문제제기자의 신분과 제공한 정보를 그 문제를 해결할 책임이 있는 '필수 관련자들' 만 공유함으로써 비밀을 보장하고 있다.

또한 윤리경영상의 문제를 제기하거나 그렇게 하도록 도움을 준 사람에 대한 보복행위를 한 다른 직원이나 간부에 대해서는, 해고를 포함한 징계조치를 취함으로써 문제제기자를 보호하고 있다. GE는 문제제기를 위해 기업내부 · GE 본사 옴부즈맨 · GE 이사회 등 다양한 채널을 제공함으로써, 가장 편리한 채널을 선택하여 이용할 수 있도록 하고 있다.

기업 내부에서는 자신의 관리자나 상사에게 윤리경영과 관련된 문제를 제기함으로써, 신속하게 해결할 수 있는 방법을 모색할 수 있다. 직속 상사를 통한 문제제기가 여의치 않은 경우에는, 준법 감시인 · 사내 법률고문 · 차상위 관리자 · 각 회사의 옴부즈맨 또는 윤리경영 상담변호사 등 다른 채널을 이용하여 문제를 제기할 수도 있다.

GE 본사 옴부즈맨 제도는 옴부즈맨 프로세스를 통하여 윤리경영 관련 질문 및 문제를 제기하고, 그에 대한 응답을 받도록 지원하고 있다. 또한 GE 이사회 또는 감사위원회를 통하여, GE의 회계 · 내부 회계관리 또는 감사 문제 및 기타 문제점에 대해서 신고할 수 있는 제도를 마련하고 있다.

윤리경영에 대한 문제가 제기된 경우에는 조사 및 징계 등의 조치가 즉시 취해진다. GE의 조사 프로세스는 ①적절한 지식을 가진 해당 분야 전문가를 선임하여 조사팀을 구성하고, ②조사팀은 면담 및 문서 검토를 통해 사실 여부를 확인하고, ③조사결과를 반영하여 필요한 경우 해당 관리자에게 시정조치를 권고하는 것을 포함한다. 또한 문제를 제기한 사람은 ④결과에 대해 통보를 받게 된다.

규정을 위반한 직원 및 간부진은 해고를 포함한 징계조치를 받게 되는데, 징계대상이 되는 위반 사항은 다음과 같다.

- GE 정책의 위반
- 다른 사람에게 GE 정책을 위반하도록 요구한 경우
- 이미 알고 있거나 의심이 되는 GE 정책의 위반사항을 즉시 알리지 않은 경우
- 정책 위반 가능성이 있는 사안에 대한 GE 조사에 협조하지 않은 경우
- 윤리경영 문제와 관련하여 신고한 다른 직원에게 보복행위를 하는 경우
- GE 정책 및 법규를 준수하는 데 있어서 리더십을 보여주지 않거나 충실하지 않은 경우

(2) 윤리경영 정신과 서약서(The Spirit & The Letter)

GE의 윤리규정은 지침의 개요·핵심 요구조건·경계대상 등으로 구분되며, 고객 및 공급업체와의 거래·대정부사업·글로벌 경쟁·GE 공동체·GE 자산보호 등 5개 분야에 걸쳐 13개의 임직원이 준수해야 할 사항을 구체적으로 규정하고 있다.

1) 고객 및 공급업체와의 거래

고객 및 공급업체와의 거래에서 임직원이 준수해야 할 사항으로

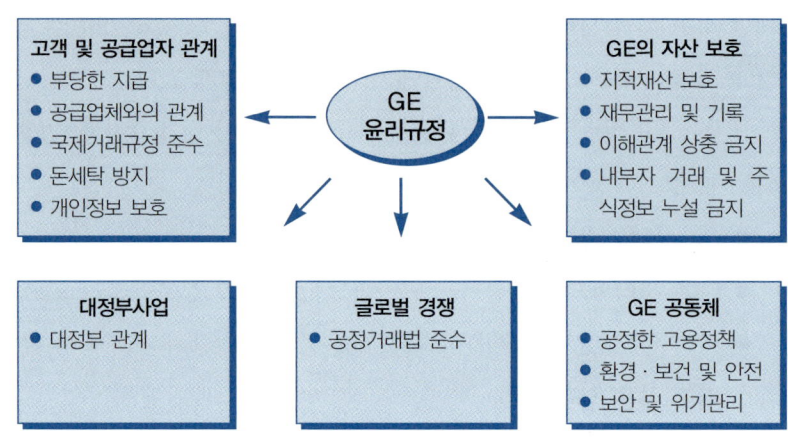

[그림 3-5] GE 윤리규정

서 부당한 지급, 공급 업체와의 관계, 국제거래규정 준수, 돈세탁 방지, 개인정보 보호에 관한 사항을 규정하고 있다.

① 부당한 지급

GE는 정부 및 민간 부문을 포함한 전 세계 모든 국가의 모든 사업 거래에서 부당한 지급을 명백히 금지하고 있다. 이의 실천을 위한 구체적인 실천사항으로는 부적절하게 보일 수 있는 상황에서의 선물이나 기부금 또는 접대와 같은 사업과 관련된 호의 표시, 부당한 이익을 얻거나 유지하기 위해 공무원 또는 거래처의 직원에게 대가(금전·물건 또는 서비스) 제공, 일상적인 업무를 신속하게 처리하기 위해서 공무원이나 임직원에게 선물이나 다른 대가를 건네는 것 등을 금지하고 있다.

또한 미국이나 미국 외의 국가에서 정치적 목적으로 회사 자금이나 기타 회사 자산을 대정부 담당 부사장 또는 국제법률 및 정책담당 부사장의 사전 승인 없이 기부하지 못하도록 하고 있다. 그리고 컨설턴트·대리인·영업 담당자·배급업체·계약업체와 같이 GE를 대리하는 사람 및 회사 역시 이와 관련하여 GE의 정책 및 관련 법률을 준수할 것을 규정하고 있다.

② 공급업체와의 관계

GE는 공급업체가 직원을 공정히 대우하고, 안전하고 깨끗한 근무환경을 제공하며, 환경을 보호하도록 규정된 법률을 준수할 것을 권고함으로써, 공급업체와의 관계가 GE의 명성을 해치지 않도록 노력하고 있다. 이를 위해 노동자·환경·보건 및 안전에 대한 GE의 지침을 준수하는 공급업체만을 선정하여 구매하고, 소규모 기업과 저소득층·소수 민족·여성·상이용사가 소유하고 있는 기업들도 공급 기회를 가질 수 있도록 경쟁기회를 제공하고 있다.

또한 비밀유지계약을 통해 GE의 기밀정보와 소유권 정보를 보호하는 동시에 비밀유지계약에 따라 보호되는 공급업체가 제공한 정보 그리고 공급업체로부터 받은 개인정보를 보호할 의무도 규정하고 있다.

③ 국제거래규정 준수

GE의 직원은 수출입과 관련된 상품·기술·소프트웨어·서비스 및 금융거래는 기업 자체의 ITC (International Trade Control) 절차와 사업을 영위하고 있는 모든 국가의 ITC 규정을 준수해야 한다고 규정하고 있다. 또한 미국 또는 해당 지역의 법률에 위배되는 어떠한 제한적 무역관행이나 불매운동에 협조하지 못하도록 규정하고 있다.

④ 돈세탁 방지

전 세계의 모든 돈세탁 방지 및 테러 방지 법률을 준수하고, 오직 합법적인 사업만을 하는 것으로 알려진 고객과 합법적인 출처의 자금으로 거래할 것을 규정하고 있다. GE를 위험에 빠뜨릴 수 있는 고객과의 관계 및 거래를 간파하는 데 실패하면, GE의 윤리경영과 명성에 치명적인 손상을 줄 수 있다는 인식하에, 각 GE 사업체가 해당 위험에 맞는 위험기반 '고객정보' 실사절차를 이행해야 하며, 허용되지 않거나 의심스러운 지급방식을 취하지 못하도록 규정하고 있다.

만일 의심스러운 징후가 보이는 경우에는 지정된 GE 돈세탁 방지 준법 감시인 또는 회사의 법률고문에게 신고하고, 거래를 더 진행시키기 전에 문제를 즉시 해결하고 해결내용을 문서화하도록 규정하고 있다.

⑤ 개인정보 보호

개인정보를 책임감 있게 처리하기 위해 노력을 기울이고 있다. GE의 직원은 합법적인 사업목적으로만 개인정보를 수집·처리·사용하고, 가능한 개인정보 대신에 이름을 식별할 수 없는 익명정보 또는 개인을 식별할 수 없도록 요약된 집합정보를 사용하도록 하고 있다. 또한 합법적인 사업목적으로 필요한 사람만 개인정보를 접할 수도 있도록 제한하고 있다.

2) 대정부사업

GE는 임직원으로 하여금 대정부사업과 관련하여 다음과 같은 준수사항을 지키도록 하고 있다. GE의 임직원이 정부 및 정부 소유 기업과 거래를 할 때, 업무진행 과정에서 정부기관·공무원 및 국제 공공기관과 빈번하게 관계를 맺게 된다는 점을 고려하여, 정부와 관련된 모든 업무에 있어 GE의 엄격한 윤리기준에 위배되지 않도록 해당 법률 및 규정을 준수할 것을 규정하고 있다. GE의 임직원은 정부기관과의 업무와 관련된 해당 법률 및 규정에 따라 처리하고, 컨설턴트·영업 대리인·배급업체 또는 공급업체처럼 GE를 대리하여 정부 프로젝트나 계약에 대한 물품이나 서비스를 제공하는 모든 제삼자는 GE의 정부기관과의 업무정책에 동의하도록 하고 있다.

3) 글로벌 경쟁

GE는 또한 윤리규정의 일부로써 공정거래법 준수규정을 두고, 사업운영 방식에 관한 해당 공정거래법 및 규정을 준수하도록 하고 있다. 아래와 같은 사항에 관하여 업체 또는 경쟁업체의 대표와 공식·비공식적 또는 구두상으로 계약 또는 협정을 체결하거나 체결할 것을 제안하거나 협의하는 것을 금지하고 있다.

- 가격
- 입찰 내용
- 영업 지역·고객 또는 제품군 배분
- 영업 조건
- 생산·영업 능력 또는 수량
- 비용·수익 또는 수익률

- 시장점유율
- 제공하는 제품이나 서비스
- 고객 또는 공급업체 등급
- 유통방식

4) GE 공동체

GE는 법적인 사항을 준수하는 것 외에 사업을 운영하는 모든 곳에서 모든 임직원을 고려하는 환경을 조성하고자 노력하고 있으며, 존중하는 문화조성을 통하여 GE 공동체 구현을 위해 노력하고 있다. 그리고 이러한 노력의 일환으로 '공정한 고용정책', '환경·보건 및 안전', '보안 및 위기관리'로 구분하여 구체적인 실천사항을 명시하고 있다.

① 공정한 고용정책

집회의 자유·사생활·단체교섭·이주·근로시간·급여 및 근무시간에 관한 법률뿐만 아니라, 강압적이고 강제적인 노동, 미성년자 노동 및 고용차별을 금지하는 법률을 준수할 것을 규정하고 있다. 그리고 직원고용에 있어 직무자격요건 및 능력을 고려하여 결정하며, 모든 고용 관련 결정 및 조치는 개인의 인종·피부색·종교·출신국·성별·성적 취향·나이·장애 여부·병역 또는 기타 법률에 의해 보호되는 개인적 특성에 의해 차별을 가하지 않을 것을 강조하고 있다. 또한 여성·소수 민족·장애인 및 일부 퇴역군인들의 고용기회를 늘리기 위해 적극적인 고용개선 조치를 취하고 있다.

② 환경·보건 및 안전

GE는 경영자의 리더십과 직원의 서약을 통해 안전한 방식으로 사업을 운영함으로써, 환경에 미치는 영향을 최소화하기 위해 노력하고 있다. 그리고 환경보전을 위해서 모든 해당 환경 보건 및 안전(EHS; Environmemt · Health and Safety) 법률과 규정 그리고 GE의 EHS 정책을 준수할 것을 규정하고 있다. GE는 폐기물을 관리하거나 방출하는 일에서부터 제품판매·회사 업무를 위한 차량 운전, 신규사업 인수 또는 고객서비스 제공 등과 모든 회사 업무에 이 정책을 적용하고 있다.

GE의 모든 사업장은 안전한 작업환경을 조성하여 산업 재해를 예방하고, 새로운 프로젝트를 시작하거나 신규사업 인수 및 위험한 사업에 참여하기 전에 EHS의 법률위반 및 평판위험성에 대해 검토하고, EHS가 GE의 제품 및 서비스의 설계 및 생산에 미칠 영향을 고려하고 있다.

③ 보안 및 위기관리

GE는 테러의 위협이 증가하는 시대에 GE의 임직원·시설·정보·IT자산 및 회사의 지속적인 운영과 관련된 안전을 위해 치밀한 계획을 수립하도록 하고 있다. 또한 GE의 모든 임직원은 안전한 작업환경의 조성 및 유지·비상계획 및 비상훈련의 참가·외부로부터의 GE 자산보호 등의 책임을 부여받고 있다. 또한 명백한 위반사항이 발견되었을 때는 상사·위기관리 담당자·또는 GE의 옴부즈맨에게 신고하도록 하는 책임까지 부여받고 있다.

5) GE의 자산 보호

GE는 '지적재산 보호규정', '재무관리 및 기록에 관한 규정', '이해관계 상충 금지 규정', '내부자거래 및 주식정보 누설금지 규정'을 통해 GE의 자산을 보호하기 위해 노력하고 있다.

① 지적재산 보호

GE는 지적자산 보호규정을 통해 모든 임직원이 GE의 특허·상표·저작권·영업비밀 및 기타 재산정보를 보호하고, 동시에 다른 사람의 유효한 지적재산권을 존중할 것을 규정하고 있다. 이를 위해 GE 직원은 외부인의 재산정보를 요구·획득 또는 사용하는 행위, GE 재산정보를 외부인에게 유출하는 행위, GE 지적재산을 외부인이 사용하도록 허락하는 행위를 하기 전에 반드시 회사 법률고문과 상담하도록 하고 있다.

② 재무관리 및 기록

GE의 재무관리 및 기록에 관한 규정은 정확하고 확실한 정보를 정부기관 및 일반에게 공개하기에 적합한 환경을 조성하기 위한 노력의 일환으로 수립되었다. 또한 이 규정은 ①거래와 잔고를 적절하게 분류하는 규정, ②자산을 보호하고 정보를 일관되고 정확하게 수집하는 시스템 및 통제, ③시의적절하고 왜곡되지 않은 재무 및 거래 보고라는 3가지 기본요소를 포함하고 있다. GE는 모든 GE의 직원에게 GE의 일반회계 절차뿐 아니라 기업회계기준, 회계 및 재무 보고를 위한 기준과 규정의 준수를 요구하고 있다. 그리고 GE의 모든 임직원은 재무 및 비재무 정보·운영지표에 대한 정확하고 시의 적절한 보고의 의무, 모든 사업상 거래를 적절히 반영하기 위해 기록 및 계산서를 완벽하게 유지할 의무, 회사 자산(물리적, 재무 및 정보 자산)의 보호의무, 시의 적절하며 거짓 없는 예상과 평가 제공의무, 적절한 프로세스 및 통제를 유지할 의무를 갖는다.

③ 이해관계 상충 금지

GE의 직원은 업무 중이나 업무 외 시간에 GE에서의 책임과 충돌하는 행동이 금지되어 있다. 또한 회사나 집에서 GE의 명성이나 평판을 해치는 행위와 GE의 자원 및 영향력을 남용하는 것이 금지되어 있다. 또한 GE는 직원의 의도에 상관없이 이해관계의 상충 가능성만으로 GE에 부정적인 영향을 줄 수 있기 때문에, 본인의 행동이 어떻게 보일 것인가를 생각해보고 이해관계의 상충이 일어나는 것을 피하도록 규정하고 있으며, 이해관계의 상충을 야기하거나 그럴 가능성이 있는 외부활동, 재정적 이익 또는 관계에 대해서 상사 및 회사 법률고문에게 서면으로 보고하도록 규정하고 있다.

또한 GE의 임직원은 잠재적인 이해관계의 상충을 야기할 수 있거나 본인의 직무 또는 GE의 이익과 충돌이 생길 수 있는 행동이나 관계를 피하고, 개인적인 이득을 위해 GE의 자원·지적재산·시간 또는 시설을 남용해서는 안 된다고 실천사항에 규정하고 있다.

④ 내부자 거래 및 주식정보 누설 금지

GE는 임직원이 내부자 거래 및 주식정보 누설에 관한 윤리규정을 준수해야 한다고 규정하고 있다. '내부정보'를 이용해서 재무거래를 하거나, 할 수 있는 다른 누구에게 이 정보를 제공하는 행위를 해서는 안 되며, 회사에 관한 내부정보를 알고 있는 동안에는 GE를 포함한 어떠한 회사의 주식도 직접 또는 가족이나 다른 개인·법인을 통한 매매도 금지하고 있다.

(3) 실천시스템(3T System)

GE는 CEO의 윤리경영에 대한 의지를 구현하는 실천시스템으로서 3T를 확립하였다. ①Training(교육), ②Testing(평가), ③Tracking(검토)을 의미하는 3T 시스템은 다음과 같이 요약할 수 있다.

1) 교육(Training)

교육은 준법에 대해 교육하는 과정이다. 1단계 교육으로서 GE의 '정직과 신뢰성'에 기초한 윤리강령 및 규정에 대한 교육을 매년 전

[그림 3-6] GE 윤리경영 실천시스템(3T System)

Training (교육)	□ 1단계 교육: 매년 전 사원과 신입사원 대상 □ 2단계 교육: 특별위험 관리담당자에 대한 특별교육 □ 정직과 신뢰성 개인서약 절차 : 매년 시행 □ 이해관계의 충돌 규정 별도 추가 서명
Testing (평가)	□ 준법·정책 준수 모델을 이용한 설문 □ 설문평가(업무·법무·재무) 및 자기평가 설문
Tracking (검토)	□ 사내 감사제도(Corporate Audit Staff) □ 준법·정책 준수 검토위원회(CRB): 분기 또는 월별 □ Session D Review: 연간 정책 준수 점검 □ 임원의 연간 목표에 Compliance 준수사항 포함

직원과 신입사원을 대상으로 시행한다. 이러한 교육은 준법감시인과 사내 변호사가 실시하며, 사내 인트라넷을 통해서도 교육을 받을 수 있다. 2단계 특별위험 관리담당자에 대해서는 특별교육이 실시되고, 윤리규정을 준수하겠다는 개인서약 절차가 매년 시행되며, 특히, '이해관계의 충돌' 규정의 경우에는 전 직원을 대상으로 별도로 추가 서명을 매년 받고 있다.

2) 평가(Testing)

평가는 전 임직원이 준법에 대한 이해 정도를 평가하는 과정이다. 준법·정책 준수 모델을 이용한 설문이 있고, 설문 평가(업무·법무·재무) 및 자기평가 설문이 있다. 부서장급 이상을 대상으로 매년 웹을 통해 eCPA(Compliance Program Assessment; 준법 프로그램 평가)를 실시한다. 오프라인에서는 준법책임자들과 전 직원이 일대일로 만나, 준법에 대한 다양한 설문(업무·법무·재무적인 질문)평가를 진행하며, 준법에 대한 이해도를 점검한다.

3) 검토(Tracking)

검토는 준법이 잘 이행되고 있는지를 점검하고 검토하는 절차로, Session D와 CRB(Compliance Review Board)가 대표적인 제도이다. 사내감사제도를 이용하며, 분기 또는 월별로 준법·정책 준수 검토위원회(CRB)가 검토를 시행한다. 연간 정책 점검인 Session D Review가 있으며, 임원의 연간목표에 윤리규정의 준수사항이 포함된다.

Session D 는 웹상에 시스템으로 구축되어 있으며, 주기적으로 회사의 윤리경영 상태 및 준법 관련 위험도를 점검하는 프로세스로 위험요소를 분석하고 문제점을 발견한 다음 보완계획을 수립한다. 통상 12개월 단위로 실시하며, 톱다운(Top-Down) 및 바텀업(Bottom-Up) 방식을 결합하여 운영한다. 또한 윤리규정을 토대로 임직원 간에 대화를 실시하여 잠재위험까지 확인한다.

시행은 각 국가의 개별 사업단위별로 실시하며, 그 결과를 지역별(아시아·유럽·미주)로 보고한다. 이후 지역별 Session-D 결과를 글로벌 차원에서 통합하여, 글로벌 본부의 법규 및 정책 준수검토 위원회에 보고한다. CRB는 전 업무과정이 GE의 전 세계적인 내부규정과 각 지역의 법률 및 규정을 100% 준수하는 것을 확인하는 회의체로 정기적(매월·매분기)으로 실시한다. 대표이사, 마케팅·재무·인사 담당 중역 준법감시인이 참여하여, 윤리규정 준수에 있어 고위경영진의 지원을 받을 수 있도록 하고 있다.

GE의 경영품질개선 도구인 6시그마 기법을 활용해서, Session-D의 효율성을 향상시키고 있다. 리더들의 '당해년도 달성 목표'에 준법수준을 포함시켜 인사고과에 반영한다. 본사 감사부서인 CAS(Corporate Audit Staff)를 통해 준법 지적사항에 대한 실천을 권고한다.

(4) 윤리규정 준수 문화(Compliance Culture)

어떠한 윤리규정이라도 제대로 목적을 달성하기 위해서는 전 임직원의 적극적인 참여가 필수적이다. GE는 이러한 임직원의 자발적인 참여를 이끌어내고, 궁극적으로는 조직 전체에 윤리규정 준수 문화가 조성될 수 있도록 관련 인프라를 구축했다.

1) 비즈니스 리더의 책임

GE는 윤리규정 준수 문화창출에 비즈니스 리더들의 책임을 특히 강조하고 있다. 즉, 사업부문 CEO가 정기적으로 윤리경영에 대한 강력한 메시지를 월간·분기별로 보내며, 윤리규정 준수의 중요성과 윤리경영창출을 주도한다. 비즈니스 리더 자신이 솔선수범하여 규정을 준수할 뿐만 아니라, '규정준수 계획표'를 만들어 실천이행을 점검하고 있다.

무엇보다 규정준수가 영업성과보다 더 중요하다는 점을 강조하고 있고, 이러한 점은 인사평가의 기준이 되고 있다. 인사평가에서 영업성과가 높더라도 윤리가치관이 낮은 평가를 받으면 당장은 아니지만 장기적으로 조직을 파괴할 우려로 인해 교체가 된다. 반면에, 영업성과는 낮더라도 윤리가치관을 높게 평가받으면 재도전의 기회가 부여된다.

2) '윤리규정 준수'에 대한 문제제기의 다양한 채널

조직 내부에 자유로운 고발분위기를 조성하고 다양한 채널을 확립하고 있다. 누구나 쉽게 '윤리규정 준수' 관련 문제를 제기할 수 있는 자유로운 분위기가 조성되어 있으며, 쉽고 다양한 고발 시스템을 갖추고 있다. 조직원은 옴부즈맨·매니저·윤리규정 준수 담당자·사내 변호사·인사부 등 누구에게나 '윤리규정 준수' 문제를 자유롭게 제기할 수 있다.

일단 이슈가 제기되면 행위 조사를 마친 다음 사후조치 결과를 반드시 이슈 제기자에게 알려준다. 그리고 이슈 제기자가 어떠한 불이익도 받지 않도록 보복을 원천적으로 막는 장치가 마련되어 있어,

[그림 3-7] 규정준수 관련 이슈 제기 채널

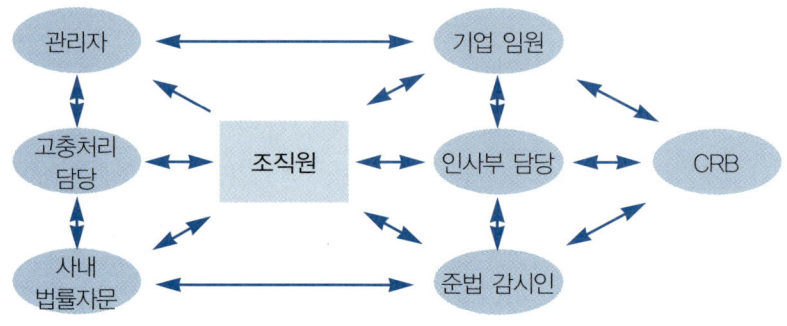

이슈 제기자 신분의 익명성을 철저히 보장하고 있다.

옴부즈맨(Ombudsperson) 제도는 임직원의 일반적인 고충과 '윤리준수' 관련 문제를 사전에 해결함으로써, 개방적이고 투명한 조직풍토와 '윤리준수' 문화를 더욱 촉진하기 위해서 도입된 제도이다. 옴부즈맨은 해당 사업별·국가별·지역별로 지정되어 있을 뿐 아니라, 옴부즈맨 전용 핫라인이 설치되어 있어 언제든지 누구나 쉽게 비밀을 유지하며 '윤리준수' 문제를 해결할 수 있다. 각 개인은 직 상급자·고충처리 담당·사내 법률자문·준법 감시인·인사부 담당·기업 임원 등을 언제든지 '윤리준수'에 관한 채널로 활용할 수 있다.

3) 윤리경영 내용의 인트라넷 구축

윤리경영에 대한 모든 정보가 웹에 구현되어 있어 윤리경영의 실천 시스템인 3T(교육·평가·검토)의 강력한 도구로 활용되고 있다. 웹을 통해 누구나 쉽게 '윤리규정 준수'의 문제를 제시하고 상의하며 상호의견을 교환하는 과정을 진행할 수 있어, 투명한 윤리경영문화 창달에 더욱 기여하고 있다.

(5) 추진결과 및 효과

GE는 기업시민으로서 책임을 수행하기 위한 사회공헌활동의 일환으로, 전 세계 21개국에 138개 이상의 지부와 5만여 명의 회원을 보유한 글로벌 자원봉사단체인 Elfun을 통해 자원봉사활동을 전개해왔다. GE는 1세기가 넘도록 엄청난 자산가치를 창출했다. 종업원 수 31만5,000명 · 매출 1,342억 달러(한화 약 130조 원) · 이익 156억 달러(한화 약 15조) · 시장가치 세계 1위(3,800억 달러, 한화 380조 원)의 기업이 되었다.

1896년 다우존스 산업지수에 최초로 포함된 미국의 12개 우량기업 중 현재까지 생존하고 있는 유일한 상장기업이며, 영국 '파이낸셜 타임즈(Financial Times)'가 선정한 세계에서 가장 존경받는 기업(World's Most Respected Company) 순위에서 6년 연속 1위를 기록하면서, 명실상부한 세계 최고의 기업으로서 명성을 유지하고 있다. GE 최고경영자는 이러한 자산가치는 GE가 '정직과 신뢰성'에 관한 세계적인 명성과 높은 수준의 사업규범을 보유하고 있기 때문이라고 말한다.

GE는 이미 80년 전에 '정직과 신뢰성'에 기반한 윤리경영의 기초를 마련하였고, 지금은 세계 전역에서 같은 시스템, 같은 프로세스로 윤리경영을 유지 관리하고 있다. 이런 이유로 GE의 사례는 시스템 구축이 중심이 아니라, 이미 구축되어 있는 시스템의 실질적인 활용이 중시되고 있는 윤리경영의 실행사례라고 할 수 있다.

제 2 장

윤리경영 지원 IT시스템 구축사례

2. 1 RTE 대시보드 사례

(1) 비전 및 전략

D사는 RTE 대시보드(디지털 경영현황 속보판)를 기업 내외부의 변화에 따른 영향을 적시에 감지하고 분석하여 이에 대한 대응방안을 조기에 수립할 수 있도록 지원하는 시스템으로 판단하고, 관리지표의 선정이 구축전략의 핵심이라고 판단했다.

내부관리지표는 사내의 핵심정보를 선별·분류하여 선정된 각 관리지표에 대한 데이터 확보방안을 마련하고 위험관리 시스템과 연동하여 각 관리지표의 위험수준에 대해 정의하며, 외부관리지표의 경우에는 내부관리지표와 결합하여 보다 가치 있는 정보로 재창출하는 과정이 추가적으로 필요했다.

[그림 3-8] RTE 대시보드의 구축전략

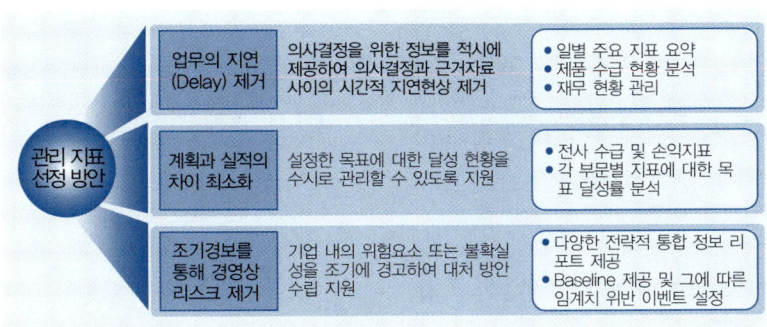

(2) 추진목표 및 효과

D사는 최고경영자의 의사결정을 위한 정보를 적시에 제공하여 의사결정과 시간적 지연현상을 제거하는 것을 RTE 대시보드 구축의 최종 목표로 설정하고, 기업 내부의 각종 정보를 취합하고 분석하는 시스템을 기반으로 하여 위험관리 시스템을 구성하고자 했다.

이러한 RTE 대시보드의 구축을 통해 경영자가 적시에 원하는 정보를 얻는 것은 물론, 끊임없는 위험정보 제공을 통해 기업 내외부의 변화가 기업에 미치는 영향을 빠짐없이 확인할 수 있게 되었고, 결국 기업도 시장의 변화에 기민하게 대응할 수 있는 조직으로 발전하게 되었다.

RTE 대시보드의 활용을 통해 윤리경영 활동에 대한 내부 공감대를 형성하고 전사 윤리경영활동이 정착되어 하나의 기업문화로 내재화되는 과정에서 다음과 같은 효과를 기대할 수 있게 되었다.

1) 경영정보 공유

RTE 대시보드는 전사적으로 이루어지는 윤리경영활동을 정착시키는 모니터링 기능을 수행한다. 구체적으로 핵심 이해관계자를 대상으로 수행되는 윤리경영 관련 지표 및 활동 정도를 경영정보 형태로 관리할 수 있다. 따라서 기업의 최고경영진은 RTE 대시보드를 통해 핵심 이해관계자를 대상으로 전사적으로 진행되는 윤리경영 활동에 대한 정보를 적시에 제공받을 수 있다.

2) 커뮤니케이션 활성화

윤리경영활동에 대한 체계적인 모니터링 정보를 제공하는 RTE 대시보드는 최고경영진으로 하여금 커뮤니케이션의 활성화를 유도한다. 대시보드를 통해 적시에 제공되는 윤리경영활동에 대한 정보를 바탕으로, 최고경영진은 윤리경영이 확산되고 내재화될 수 있도록 조직 내부 및 외부 커뮤니케이션을 활성화시키는 주도권을 가질 수 있다.

3) 투명경영

윤리경영 측면에서 RTE 대시보드는 경영정보를 공유하고 이를 커뮤니케이션하는 과정에서 기업의 투명성을 제고하는 효과를 가져온다. 내부 및 외부 이해관계자를 대상으로 하는 사업 및 투자정보를 공유하고, 이를 사회공헌활동을 통해 전개하는 과정에서 사회적 정당성을 확보할 수 있게 되는 것이다.

(3) 활동내역

D사는 RTE 대시보드를 구축하기 위해 다음과 같은 단계로 진행했다.

1) 기업의 전략분석

RTE 대시보드를 구축하기 위한 기본활동은 먼저 기업의 전략을 파악하는 것으로 시작했다. 기업의 전략은 경영의 방향성을 제시하므로 기업 내부의 관리항목을 선정하거나, 관리해야 할 외부 환경요소를 선정하는 기준이 되기 때문이다. 이를 위해 기업의 전략체계도·조직 MBO 등을 분석하고 결과보고서를 작성했다.

2) 관리지표의 도출

기업의 전략분석 결과를 바탕으로 현업 담당자 인터뷰·임원 인터뷰 그리고 마지막으로 CEO 인터뷰를 거쳐 전략에 맞게 정렬된 (Aligned) 관리지표를 도출했다. 도출된 관리지표에 대해서는 선정사유와 관리목적·전략과의 연계성·관리방안에 대해 명확하게 정리했다. 기업 외부정보의 경우에는 내부정보와 결합하여 보다 가치 있는 정보로 재창조되어야 하므로, 정보수집 가능성과 활용성을 세심하게 분석하여 관리지표로 선정할지 여부를 결정했다.

3) 관리임계치 설정

관리지표가 도출되면 선정된 각각의 관리지표에 대해서 다시 선행지표와 후행지표를 도출한다. 독자적인 관리지표의 경우 단순한 정보 이상의 역할을 하기가 어렵다. 모든 관리지표는 다른 지표와의 연계성을 가지고 있으며, 이는 위험관리의 기본이 된다. 연간 기후예측의 정확도가 농약 판매량에 미치는 영향 등의 관리가 가능하게 되기 위해서는, 선행지표와 후행지표 간의 명확하고 정량화된 관계 도출이 필수적이다. 각각의 관리지표에 대해 선후행 관계가 정리되면, 다시 영향에 대한 가중치를 설정하고 위험영역을 선정하는 작업을 하게 된다. 위험영역은 선행지표에 의해 선정될 수도 있고 후행지표에 의해 결정될 수도 있다.

4) 데이터 소스 파악 및 인터페이스 구현

선정된 모든 지표에 대하여 기초 데이터를 시스템적으로 수집할 수 없다면, 결국 수집과 분석에 많은 시간을 허비하여 적시 정보제공이 불가능해진다. 따라서 선정된 지표에 대한 정보를 획득하기 위한 시스템 구현이 필수적이다. 선정된 관리지표를 구성하는 기반 데이터의 위치를 파악하고, 이 데이터를 추출할 수 있는 인터페이스를 구현하는 작업은 기반 시스템의 일관성에 따라 난이도가 달라지게 된다.

만약 기반 시스템이 동일한 솔루션 또는 통합 데이터웨어하우스에 정보를 저장하고 있다면, 관리지표를 위한 데이터를 추출하기가 용이해진다. 그러나 기업의 시스템 환경은 데이터 추출이 용이하지 않은 경우가 대부분이다. 이런 경우에는 통합 데이터웨어하우스를 구축하는 별도의 작업을 먼저 수행하거나, 개개의 시스템에 대한 추출구조를 작성하는 작업이 선행되어야 한다.

5) 사용자 화면 구현

기업 내외부의 변화가 기업에 미치는 영향에 대한 정보를 적시에 제공하는 RTE 대시보드는 위의 1)에서 4)의 과정을 거치면, 결국 선정된 관리지표에 대해 관리임계치 위반 여부를 감시하고, 위반정보를 경영진에게 가장 효과적인 방법으로 제공하는 시스템이라

[그림 3-9] RTE 대시보드의 사용자 화면(예시)

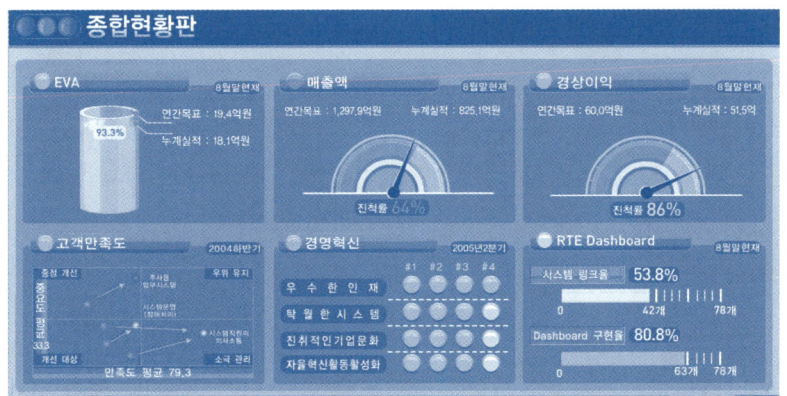

고 할 수 있다. 따라서 가장 임팩트가 강한 방식으로 정보를 제공하여 경영진이 이런 위험신호를 놓치지 않도록 하는 것이 사용자 환경의 가장 중요한 요소가 된다. 위험요소를 표현하는 방법에는 선행지표의 위험이 최종 관리지표에 미칠 것으로 예상되는 사항을 보여주거나, 후행지표의 관리임계치 위반의 원인분석으로서 선행지표 분석 등의 내용을 색상이나 특정 경고표지를 통해 제공하는 방법 등이 있다.

2.2
RTE-RFID/USN 사례

(1) 비전 및 전략

2004년 11월 26일 E사가 발표한 유통물류 RFID 시범사업은 산업자원부와 한국유통물류진흥원의 주관 아래에 컨소시엄 형태로 진행된 것이다.

이 사업의 비전은 한국의 물류 운영 환경에 적합한 한국형 비즈니스 모델 개발이다. 이러한 비전을 달성하기 위해서 RFID 시스템을 유통 물류 현장에 적용하는 것이 적합한지에 대한 실험을 하고, 국제표준에 부합하는 이 시스템의 운영을 국가표준 제정에 반영할 수 있는지 검증했다.

시범사업에 참여한 회사는 A·B·C·D·E사 등 5개 회사이다. A사는 할인점 유통업체로, 물류센터와 판매점 현장 테스트를 수행하는 역할을 했다. 티슈와 같은 위생용품 제조업체인 B사와 커피와 시리얼 제조업체인 C사는 각각 3개 품목에 RFID 태그를 부착해서 출하하는 일을 했다. D사는 팔레트 임대업체인데, RFID 태그를 부착한 팔레트를 제공하는 일을 했다. RFID 전문회사인 E사는 RFID 시스템을 구축하는 일을 했다. 이 회사들 사이의 관계 및 사업운영 전략이 [그림 3-10]에 나타나 있다.

이 운영전략은 RFID 시스템을 기반으로 수행되었다. RFID 시스템은 품목과 팔레트·박스에 부착되어 있는 태그, 그 태그에 기록되어 있는 고유 ID를 읽기 위한 이동식 또는 고정식 리더기, 그리고 리더기를 통해 얻은 데이터를 적절하게 가공하여 기존의 시스템에 연결

[그림 3-10] 유통물류 사업운영 전략

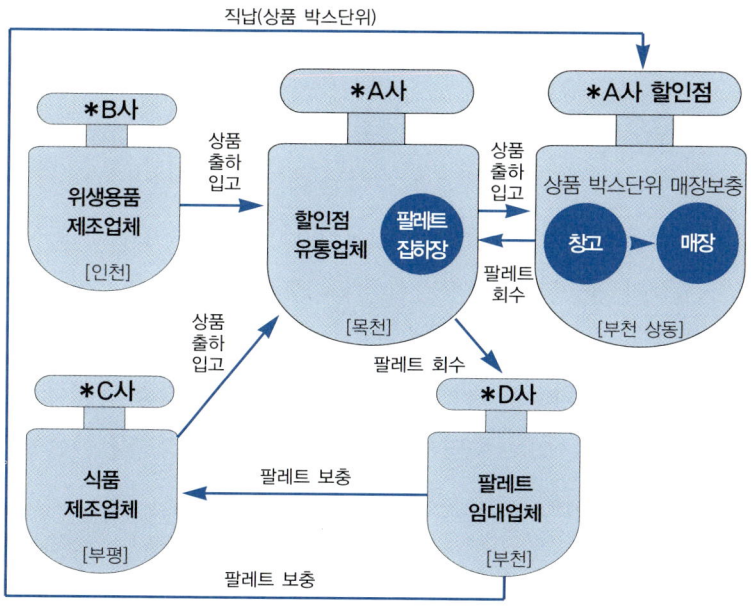

하기 위한 데이터처리 시스템 등으로 구성된다. 각각의 품목에 부착된 태그는 상품 입출고 관리와 품목 재질에 따른 인식률 등 RFID의 성능을 테스트하기 위한 것이다. 또한 팔레트에 태그를 부착하여서 팔레트의 흐름과 제조회사와 유통업체 사이의 상품유통 프로세스를 파악하고 개선사항이 있는지를 검토한다.

(2) 추진목표 및 효과

이 시범사업의 세부 추진목표는 다음과 같다.

- 실험을 통한 현재의 RFID 기술 수준 분석
- RFID 시스템의 유통 물류 현장적용 결과 분석

- RFID 시스템의 비즈니스적 타당성 분석
- 향후 발전 방안 및 과제 도출

목표 추구 및 달성으로 인해 물류유통의 실시간화라는 비즈니스적 효과를 얻게 된다. 팔레트에 부착된 태그를 이용한 RFID 시스템을 기존의 창고관리 시스템에 연결시킨다. 그 결과로 상품의 실시간 위치 추적이 가능하게 되어 가시성(Visibility)을 확보한다. 그리고 전반적인 물류 유통의 흐름을 파악하므로, 현재 상황의 정확한 분석 및 미래에 대한 적절한 대처를 가능하게 하여 생산성을 향상시키는 효과를 가져온다. 이는 투명성의 확보를 통해 정도경영을 실현한다는 윤리경영의 기본정신을 지지한다.

(3) 활동내역

시범사업을 통해 인식한 결과를 소개하면 다음과 같다.

1) RFID 성능

RFID 태그를 판독하는 능력은 주변 환경에 의해 영향을 받는다. 전파 간섭 · 인식 거리 · 태그 크기 · 태그 부착 위치 · 태그의 방향 · 태그를 부착한 물품의 재질 · 이동 속도 · 태그의 분포 수 · 리더기 사이의 간섭 등이 판독능력에 영향을 미친다. 예를 들어, 금속 재질에 부착한 태그는 금속에 대한 무선전파의 특성 때문에 인식률이 급격하게 저하된다. 또한, 판독기 간에 간섭 현상이 발생하는 것도 판독능력을 떨어뜨린다.

100% 판독하는 것이 불가능하므로 판독능력을 향상시키는 조절 기

[그림 3-11] 팔레트의 위치 및 배송 이력

| 팔레트 유형 | 팔레트 R14 | EPC 코드 2.0.1101.10001.303 |

- 체류시간 : 21일 1시간1분
- 체류시간 : 5일 4시간57분
- 체류시간 : 33분
- 체류시간 : 3일 8시간3분

[소요시간 21시간 50분] [소요시간 19시간 41분] [소요시간 1일 22시간 49분]

- 입고일 : 2004-06-15 15:16
- 입고일 : 2004-06-16 13:06
- 입고일 : 2004-06-22 13:44
- 입고일 : 2004-06-24 13:06

- 출고일 : 2004-06-21 18:03
- 출고일 : 2004-06-22 14:17
- 출고일 :

[D사] [제조사] [A사] (목천) [A사 할인점] (부천 상동)

[그림 3-12] 팔레트의 전체 위치

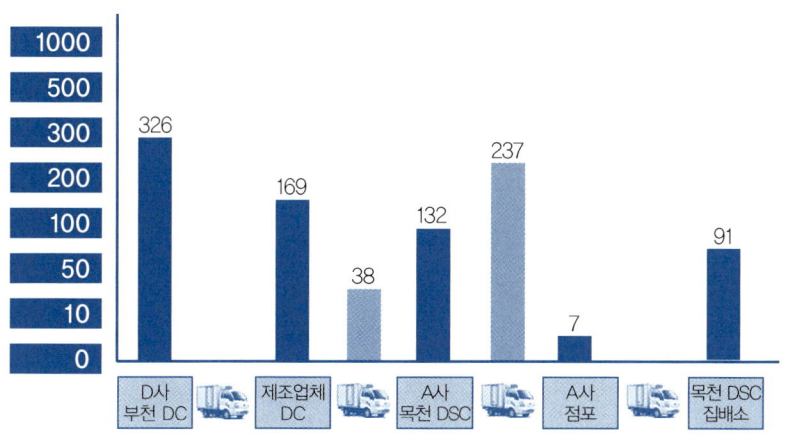

술이 필요하다. 금속 재질의 경우, 금속 물질의 영향을 줄이도록 태그와 금속 사이를 분리하는 기술이 있다. 판독기간 간섭의 경우에는, 동작시간 분할(Operating Time Sharing)기술, 센서 설치를 통한 판독기 동작제어, 전파를 차단하는 구조물 설치 등의 방법이 고려되었다.

2) 팔레트 위치 추적

RFID 시스템을 통하여, 팔레트의 위치 파악뿐만 아니라 물품의 배송 이력 등 중요한 정보를 신속하게 실시간으로 파악할 수 있다. 앞 쪽의 [그림 3-11]과 [그림 3-12]는 그러한 정보를 나타내는 화면 가운데 하나이다.

그리고 일정기간 동안의 평균값과 같은 통계자료를 추출하여 비즈니스 결정에 활용할 수 있다. 예를 들어, 시범사업 중 2004년 5월 25일에서 2004년 6월 30일 기간 동안의 팔레트 평균 체류 일수로 [표 3-2]의 자료를 얻었다.

[표 3-2] 팔레트 평균 체류 일수

D사	C사	B사	A사(목천)	A사 할인점	집배소
22.5	10.3	8.1	9.5	35.8	24.4

[표 3-2]로부터 A사 할인점과 집배소 등 판매점에서 D사로 회수하는 시간이 오래 걸리고 있음을 알게 되었다. 그러므로 판매점에서 회수하는 프로세스를 개선함으로써 생산성 향상을 가져올 수 있다.

3) 각 회사에 대한 영향

물류 유통의 전체 공급망 사슬에 참여한 회사들은 표준화된 정보

[표 3-3] RFID 시스템 도입으로 가져온 각 회사별 영향

공장	완제품 창고	물류센터	판매점
●정확한 재고파악 ●출고정보 자동 집계를 생산계획에 반영	●입출고 작업인력 절감 ●운송과정의 소유 증명 ●반송 및 클레임 감소 ●운송 및 결제 속도 개선 ●결품 방지, 서비스 향상	●입고 및 결제 효율 제고 ●인건비 절감 ●오배송·반품 감소 ●재고 감소 ●비인기 상품의 신속한 처분 ●자본재의 효율적 사용	●재고 감소(예비·비인기 상품) ●상품 재고파악 용이 ●도난방지 ●상품 보충 자동화로 품절방지 ●노동생산성 향상 ●매출증대

공유체제를 구축하게 되고, 물품 흐름에 대한 추적과 그에 대한 실시간 정보로 인해 협업과 신속한 전자거래의 가능성을 확인할 수 있다. 각 회사별 구체적인 영향은 [표 3-3]과 같다.

[표 3-3]에서처럼 유통물류 시범사업에 도입한 RFID 시스템은 물류유통의 실시간화에 중요한 역할을 했다. 이처럼 RFID 시스템의 수준 높은 활용은 큰 사회적·경제적 효과를 가져올 것으로 기대된다. 그러나 기술개발과 표준화, 수준 높은 이용을 위한 환경정비, 사회와 국민의 이해와 같은 해결해야 할 과제가 존재하고 있다. 이러한 과제들이 어떻게 해결되는가에 따라 사회적·경제적 효과의 정도가 달라질 수 있다.

2.3 EPM 사례

(1) 비전 및 전략

C사는 국내 최고수준의 화학분야 회사로서 고효율의 자율경영체제를 실현하기 위해 EPM(Enterprise Performance Management; 기업성과관리 시스템) 활동을 진행했다. 추진기간은 총 12개월에 걸쳐 진행했다.

EPM은 기업의 성과를 관리하기 위해 전략수립과 운영업무를 지원하는 통합 시스템이다. C사의 EPM의 추진 비전은 기업의 성과관리 프로세스를 통하여 목표설정에서부터 중간점검을 거쳐, 성과평가와 피드백에 이르기까지 자원의 전략적 배분과 최적 사용을 가능케 하여 고효율 경영을 지원하는 것이다.

이로 인해 기업은 자율경영을 통한 명확한 권한과 책임관리가 가능해지며, 성과주의경영 시스템은 조직의 목표 합의·목표에 맞는 권한위임·결과에 따른 보상 및 책임을 명확히 할 수 있어, 궁극적으로는 자율경영의 문화를 정착시키는 데 크게 기여하게 된다

EPM은 전략적 의사결정과 관련된 정보를 경영층에 제공하는 시스템이다. 따라서 EPM에서는 핵심성과지표(KPI)를 기준으로 전사의 경영전략과 목표를 부문·팀·개인에게 까지 밀접하게 연계하여 관리하게 함으로써, 조직구성원을 성과창출 활동에 전원 참여하도록 한다.

[그림 3-13] EPM 추진 비전(예시)

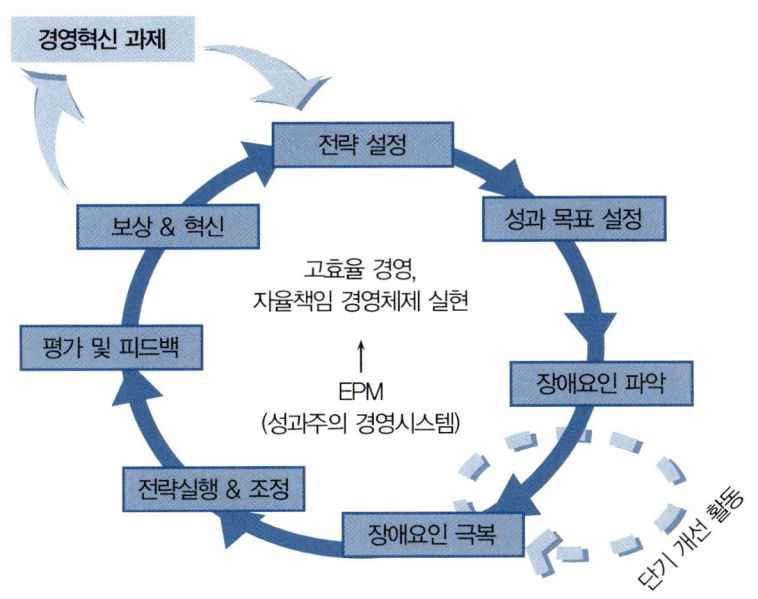

(2) 추진목표 및 효과

C사의 기업성과관리 시스템(EPM)은 기업의 경영성과 향상을 목적으로, 전략과 연계된 KPI의 개발·개개인 또는 팀 차원의 명확한 경영성과 목표를 제시하여, 팀 차원의 성공적인 목표 달성이 기업 전체의 경영성과 달성으로 직접 연계되도록 했다. 성과관리를 성공적으로 수행하기 위해, [그림 3-14] EPM 추진목표 체계와 같이 전략을 명확히 하고, 전사 전략과의 정합성 및 팀 수준까지 KPI를 개발하여, 전체 구성원들이 체감할 수 있는 활동지표로 제시했다.

그리고 KPI를 개인평가의 업적평가지표로 활용될 수 있도록 개발하고, 개인업적 평가를 명료화하여 차등 성과보상의 공정한 근거로

[그림 3-14] EPM 추진목표 체계

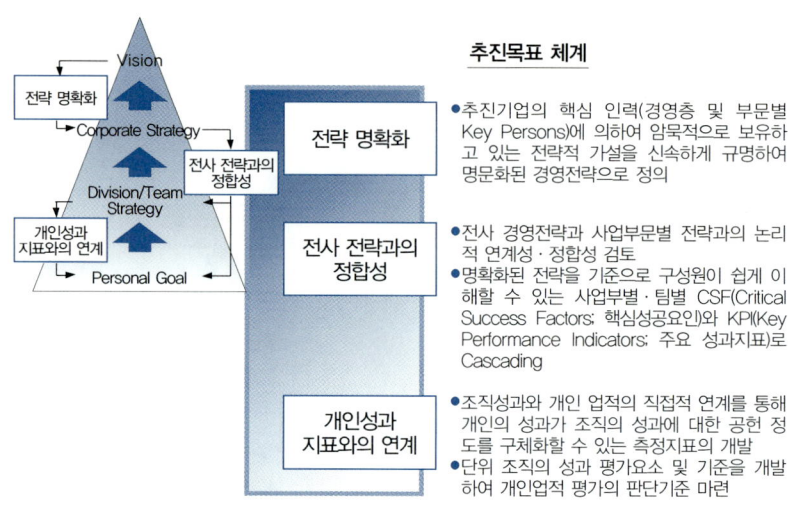

활용함으로써, 본래의 목적인 성과주의 경영의 효과를 극대화할 수 있게 된다.

(3) 활동내역

EPM을 추진함에 있어 실질적이고 전반적인 성과 향상을 위해 회사의 모든 부분을 대상으로 진행했으며, BSC(균형성과관리표)에서 중점을 두는 균형된 4개의 분야, 즉 재무·기업 프로세스·고객·교육과 훈련 측면에서의 지표를 개발하고 관리하게 했다.

C기업에서는 EPM을 구축하기 위한 BSC 진행단계로 아래 그림과 같이 목표 모델링·상세 설계·성과관리 시스템 구축의 3단계로 나누어 진행했다. 3단계의 성과관리 시스템을 구축하기 위해서는 ①경영전략 및 업무프로세스 파악, ②성과관리 제도 및 시스템 분석, ③

[그림 3-15] BSC 구축단계(예시)

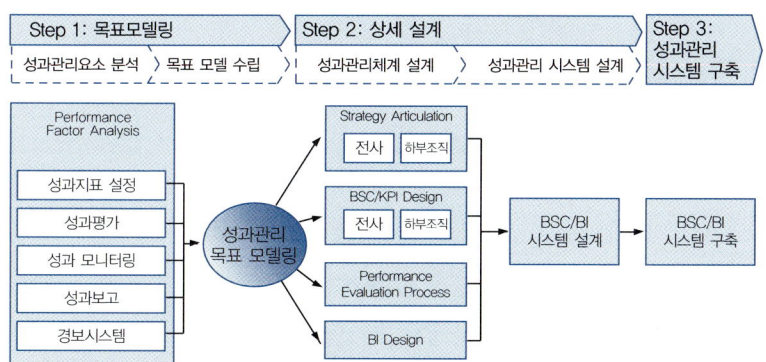

※BSC/BI(Balanced Scorecard/Business Intellignce)

목표 모델 수립, ④BSC 설계, ⑤BSC 시스템 설계, ⑥시스템 구축, ⑦통합 교육 및 테스트, ⑧시스템 안정화의 8개 활동을 진행했다. 활동별 내역은 다음과 같다.

1) 경영전략 및 업무프로세스 파악

프로젝트 환경 및 상세 추진계획을 수립하고, 경영진 인터뷰 및 경영전략 검토·성과관리 책임과 역할분담 검토를 실시한다. 중장기 전략 및 사업부별 주요 사업을 분석한다. 기업 전체 업무프로세스를 이해하고, 경영진과의 인터뷰 결과를 분석하며, 이를 기반으로 성과관리 상위 프로세스 비전을 제시한다.

2) 성과관리 제도 및 시스템 분석

문서와 현업 자료의 사전분석·현업 인터뷰를 통하여 현재의 성과관리 프로세스 및 시스템을 이해하고, 현행 성과관리 이슈를 분석하고 개선과제를 선정한다. 성과관리 목표 모델을 제시하고 프로젝트의 성공요인을 도출한다. 비전 공유 및 확정을 위해 관련자와의 비전 워크숍(Visioning Workshop)을 실시한다.

3) 목표 모델 수립

전략적 성과관리 미션 및 활용방안을 정의하고 목표 모델을 확정한다. 전략정보의 범위 확정·성과관리를 위한 설계 및 구현 범위를 확정하고 하위업무 목표 모델을 확정한다. 구현방법 확정·성과관리 솔루션 선정·목표 모델과 솔루션 간 차이(Gap)를 분석하여, 향후 구현될 전략적 성과관리 제도 및 시스템의 결과(Output Image)를 확정한다.

4) BSC 설계

비전·전략·업무프로세스 파악을 통해 개선될 핵심성공요인(CSF)·핵심성과지표(KPI)를 정의하고, BSC 상세제도를 설계한다. 이 단계에서 전 임직원이 공유하는 성과관리 제도가 설계된다.

5) BSC 시스템 설계

BSC 제도의 효율적 운영을 위한 BSC 인터페이스를 설계하고, 프로토타이핑(Prototyping) 계획을 수립하고 구현된 결과를 분석한다. BI(Business Intelligence) 구현을 위한 데이터 모델링·인터페이스를 설계한다.

6) 시스템 구축

요구사항을 충실히 반영한 안정적 시스템으로 개발한다.

7) 통합 교육 및 테스트

통합 테스트를 통한 모듈별 인터페이스를 테스트하여 구현된 기능의 정확성을 검증한다. 사용자를 대상으로 시스템 사용 교육을 실시한다.

8) 시스템 안정화

개통 후 시스템의 안정적 운영을 위한 계획을 수립하고, 시스템 운영 모니터링을 통해 운영상의 문제점을 계속 파악하고 보완하여 시스템 안정화를 실현한다.

이상과 같이 성과관리 시스템을 구축한 프로세스를 그림으로 표현하면 [그림 3-16]과 같다.

[그림 3-16] 성과관리 시스템 구축 프로세스 사례

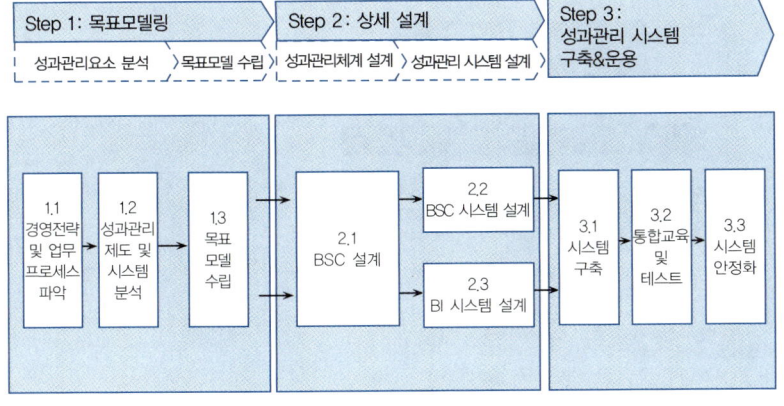

2.4 BPM 사례

(1) 비전 및 전략

J사는 전사적인 6시그마 활동인 TDR(Tear Down and Redesign)과 BPM(Business Process Management)의 적용으로 꾸준히 변화관리를 실시하여, 룰(Rule)과 시스템에 의한 업무처리를 하고자 했다. 개인의 지식이나 암묵지 속에서 이루어지던 비즈니스 프로세스가 명문화되고 BPM 시스템과 연동되면서, 프로세스가 표준화되고 명문화되며 업무처리의 투명성과 생산성 향상을 가져올 수 있었다.

기대 효과를 Speed · Quality · Control 관점에서 살펴보면 다음과 같다. 첫째, Speed 측면에서는 업무처리시간의 단축 · 단순 반복 업무 감소 · 커뮤니케이션 원활화 등이 있다. 둘째, Quality 측면에서는 Paperless Operation · 업무의 표준화를 통한 오류 감소 · 업무 매

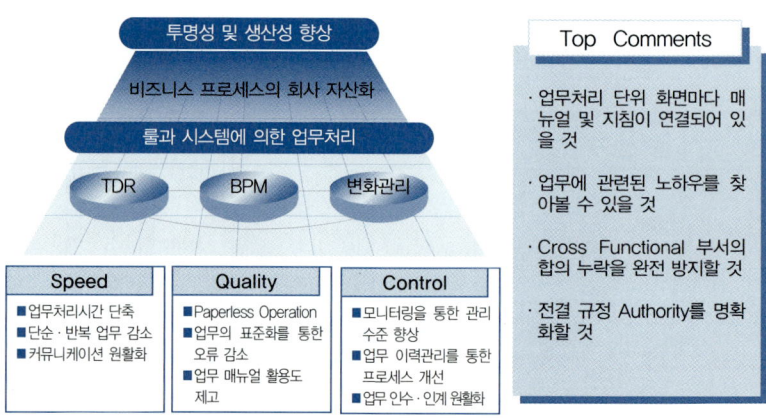

[그림 3-17] J사 BPM 비전 및 전략 예시도

뉴얼 활용도 제고 등이 있다. 셋째, Control 측면에서는 모니터링을 통한 관리수준 향상·업무이력 관리를 통한 프로세스 개선·업무 인수/인계 원활화 등이 있다.

이와 더불어 경영층의 핵심 지시사항을 살펴보면 첫째로 업무처리 단위 화면마다 매뉴얼 및 지침을 연결하는 것이다. 숙련된 업무 처리자뿐 아니라 미숙련자나 처음 업무를 수행하는 직원이라도 업무처리 시 매뉴얼 및 지침에 따라서 업무수행이 가능하도록 할 필요성이 있다. 둘째로, 업무에 관련된 노하우를 찾아볼 수 있도록 하는 것이다. 이는 업무수행 시 쌓여가는 지식을 지속적으로 업데이트해 보다 효율적인 업무수행이 가능하게 도와준다. 셋째로 Cross Functional 부서의 합의 누락을 방지하는 것이다. 부서별 업무와 역할이 명확히 구분되어 있는 기업의 경우, 중요한 프로세스일수록 많은 부서를 통한 업무수행 및 검토와 합의가 필요하나, 때에 따라 누락되는 경우가 발생하기도 하는 바, 이러한 문제들을 BPM 적용을 통해 방지할 수 있다. 넷째로 전결 규정 Authority의 명확화이다. 각 프로세스별로 업무를 처리할 담당자와 전결 규정을 사전에 명확히 규정함으로써, 예외 사항 없이 투명한 업무처리가 가능하게 된다.

(2) 추진목표 및 효과

BPM 도입과 더불어 업무 매뉴얼 정비에 따라 표준화가 시스템적으로 지원됨으로써, 프로세스의 진행상황 및 규정의 준수 여부 확인이 용이해진다. 구체적으로 처리절차 오류의 방지·규정 준수 여부 확인을 위한 의사소통 30% 감소 등의 효과가 있었다.

[그림 3-18] J사 BPM 추진배경 및 경영층 관심사항

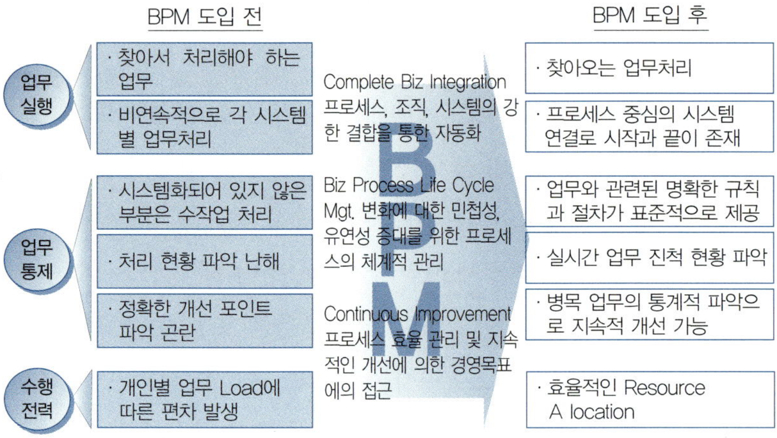

BPM 도입 전

업무 실행
- 찾아서 처리해야 하는 업무
- 비연속적으로 각 시스템별 업무처리

업무 통제
- 시스템화되어 있지 않은 부분은 수작업 처리
- 처리 현황 파악 난해
- 정확한 개선 포인트 파악 곤란

수행 전력
- 개인별 업무 Load에 따른 편차 발생

B P M

Complete Biz Integration
프로세스, 조직, 시스템의 강한 결합을 통한 자동화

Biz Process Life Cycle Mgt, 변화에 대한 민첩성, 유연성 증대를 위한 프로세스의 체계적 관리

Continuous Improvement
프로세스 효율 관리 및 지속적인 개선에 의한 경영목표에의 접근

BPM 도입 후

- 찾아오는 업무처리
- 프로세스 중심의 시스템 연결로 시작과 끝이 존재
- 업무와 관련된 명확한 규칙과 절차가 표준적으로 제공
- 실시간 업무 진척 현황 파악
- 병목 업무의 통계적 파악으로 지속적 개선 가능
- 효율적인 Resource A location

(3) 활동내역

BPM 구현을 전제로 한 프로세스 분석작업의 경우, 업무규칙과 프로세스의 흐름 자체가 시스템화되어야 하기 때문에, 업무수행을 지원하는 IT시스템뿐만 아니라 People · Process 관점에서도 보다 구체적이고 명확한 분석이 필요하다.

이를 위해 기존의 TDR 활동에 업무규칙 정의서 작성 · BPM Readiness Check · 논리 흐름도 리뷰 및 보완단계를 추가하여 프로세스 분석에 대한 프레임워크를 개발했으며, 관점별 세부 항목들은 다음과 같다.

1) People

People 관점에서는 각 프로세스의 담당자(Process Owner) 및 참여부서를 정의하는 것으로부터 분석이 시작된다. 여기서 프로세스 담당자는 프로세스 표준화 및 개선의 주체로서 업무 매뉴얼 작성 및 BPM 적용을 주도적으로 추진하게 된다. 세부 프로세스 분석에 있어서는 각 단위업무를 수행하는 부서·그룹·역할·특정 사용자 등의 참여자를 정의하는 것이 가장 중요하다. 업무 성격에 따라 업무의 수행 주체가 조직도상에 존재하는 부서나 팀이 될 수도 있고, 업무별 담당자가 정해져 있어서 이를 그룹이나 역할로 지정하는 것이 필요할 경우도 있으며, 경우에 따라서는 애플리케이션의 실행프로그램이 자동으로 수행되는 경우도 있다. 또한 단위업무를 수행하는 주체가 고정되어 정적으로 지정할 수 있는 경우뿐만 아니라, 업무규칙에 따라 동적으로 지정되는 경우에 대해서도 이러한 지정 규칙까지 명확하게 정의하여야 한다.

2) IT

프로세스 분석과정에서 프로세스의 흐름이나 업무규칙뿐만 아니라, 특정 업무를 수행하는 것을 지원하는 IT시스템상에서도 개선사항이 도출되는 경우도 있다.

이는 현재 사용하고 있는 시스템에서의 기능추가나 변경 등이 개선될 수도 있고, 새로운 애플리케이션의 도입을 유발할 수도 있다. 이러한 IT관점에서의 프로세스 분석은 해당 지원부서와의 긴밀한 협조가 필수적이고, 추가 및 신규 개발 건에 대해서는 사전에 일정 및 범위 등을 함께 검토하여야 한다.

3) Process

J사는 전사 차원에서 프로세스를 적절한 수준으로 도출하고, 누락

된 프로세스가 없도록 프로세스 포트폴리오를 구성하여, 프로세스 표준화 및 BPM 적용의 우선순위 및 대상 선정을 위한 기초 자료로 활용하였다.

또한, 이렇게 도출된 각각의 프로세스에 대하여 동일 참여자가 동일 업무를 수행하는지의 기본 기준에 따라 1차적인 구분을 하고, 모니터링 및 절차 준수 등의 관리 목적이나 업무특성에 맞게 단위업무를 도출하였다.

이러한 기준으로 도출된 프로세스와 단위업무에 대해서 프로세스 분석을 위한 논리 모델링을 하게 되는데, 프로세스 관점에서는 하나의 프로세스가 어떠한 단위업무를 포함하는지 그리고 이러한 단위업무들이 어떠한 순서로 어떠한 규칙을 가지고 실행되는지에 대해서 구체적인 템플릿을 이용하여 작성하였다. 이 과정에서 프로세스 상에서의 업무규칙 · 업무기한 및 업무주기 등이 포함되었다.

2.5 EP 사례

(1) 비전 및 전략

E사는 국내 최상위 수준의 철강업종으로 인간·업무·시스템이 유기적으로 연결된 전사 차원의 EP(Enterprise Portal; 기업 포털)를 성공적으로 구현함으로써, 정보통합 포털의 기능을 통한 민첩성(Agility) 실현, 프로세스 통합 포털의 기능을 통한 가시성(Visibility) 실현, 지식 통합 포털의 기능을 통한 지능화(Intelligence) 실현으로서, 실시간기업(RTE)의 3대 속성의 달성을 지원하는 기반을 마련하고자 추진했다.

[그림 3-19] EP 추진 비전 예시도

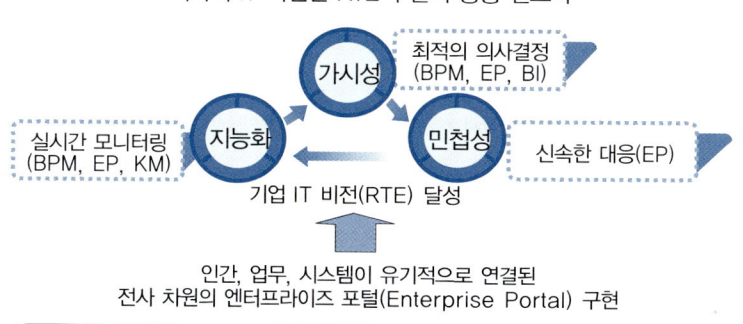

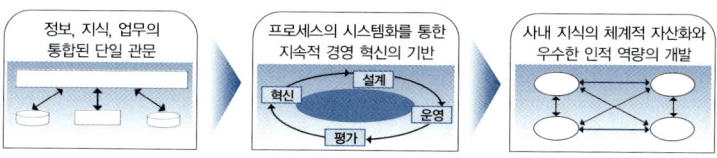

(2) 목표 및 효과

E사는 치열한 시장경쟁 환경에서 경기변동에 신속하게 대응하고 효과적인 의사결정을 위해, 기업 내부에 흩어져 있는 각종 정보 및 시스템을 통합할 수 있는 인프라를 구축하고, 시스템 접근 및 정보수집·정보전달의 효율성을 제고하기 위해 EP를 구축하게 되었다.

상기와 같은 목표로 전개된 E사의 EP는 기존에 흩어진 기간계 시스템들을 전사적 시스템으로 통합하여, 정보를 실시간으로 공유할 수 있는 기반을 마련했고, 기업 경영정보의 효율적인 게시 및 조회가 가능하게 되었다. 또한 개인 및 조직간 협업(Collaboration)기능을 개선하여 생산성을 향상시키며 시너지를 창출하게 되었고, 의사소통의 활성화를 더욱 개선시켜서 신속하고 투명한 경영체제가 구축되었다.

(3) 활동내역

E사는 자사뿐만 아니라 그룹사와의 통합 EP 기반을 구축했고, 특화된 업무 시스템과 연계하여 하나의 시스템에서 통합하여 사용할 수 있는 방법을 선택했다. 즉, 그룹사와 공통으로 사용할 수 있는 기반을 마련하기 위해 공유서비스(Shared Service)기능이 지원되는 통합 EP를 구축했고, 기존의 그룹웨어 시스템을 확장했으며, 내부적으로도 여러 개의 독립된 시스템을 하나의 창구인 EP를 통하여 사용할 수 있는 SSO(Single Sign On; 단일사용승인) 기능을 포함했다.

EP의 세부기능 구성으로, 그룹사 통합 EP의 Shared Service 지원 기능은 메일·작업·일정·명함·게시·지원 기능 등이 있으며, 기존 그룹웨어 연결은 전자결재·지식관리·문서관리 등이 있고, 특화 기능 개발은 SSO 및 프로젝트 관리시스템이 포함되었다. 그리고 업무마당·회의실 예약기능도 통합 EP에 포함하여 개발되었다.

E사의 EP는 현재 콘텐츠와 주요 프로세스만을 통합한 시스템으로 사용하고 있으나, 향후에는 전사 프로세스를 통합하고, CRM 및 KM을 추가하여, 공급사 및 고객사가 모두 참여하는 명실상부한 통합 포털로서 마켓플레이스 통합을 목표로 [그림 3-20]과 같이 구축할 예정이다.

EP를 구축하기 위한 활동내용은 ①요구사항 조사 및 현황 분석, ②To-Be 모델 설계, ③구축계획 수립, ④분석 및 설계, ⑤개발, ⑥구현의 6단계로 진행했는데, 총 소요기간은 6개월이었으며, 구체적 내용은 다음과 같다.

1) 요구사항 조사 및 현황 분석: 시스템 현황 조사 및 현업 인터뷰 시행·콘텐츠 현황 분석 실시

[그림 3-20] 향후 EP 전개방향 예시도

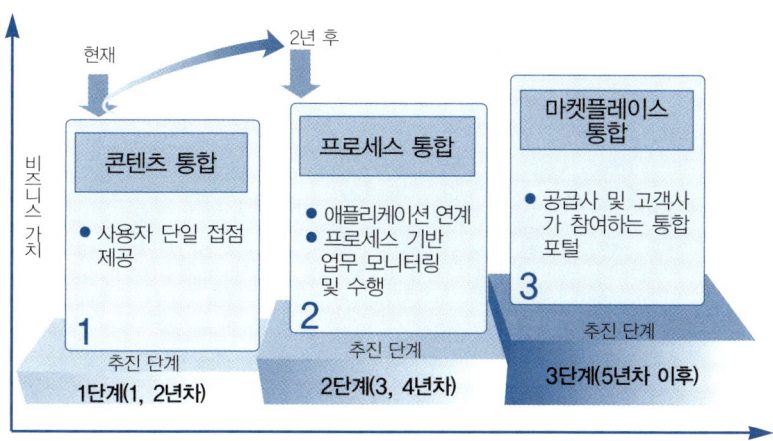

2) To-Be 모델 설계: 콘텐츠 분류 체계 수립 · 서비스 모델링 실시
3) 구축계획 수립: 구축범위 수립
4) 분석 및 설계: 구축 모델 요구사항 수립 및 설계 · 테스트 계획 수립
5) 개발: 포틀릿 · SSO · 업무마당 · 회의실 · 즐겨찾기 · 프로젝트 관리시스템 · 결재 연동 관련 개발
6) 구현: 구현계획 수립 · 매뉴얼 작성 · 사용자 교육 실시

2.6 KMS 사례

(1) 비전 및 전략

F사는 국내 최상위 수준의 정보통신 서비스 업종으로, 지식관리 체계를 확립하고, KMS(Knowledge Management System; 지식경영 시스템)를 경쟁우위 창출을 위한 기본도구로 정착시켜 동종업계 최고 수준의 KMS체제를 실천하고자 추진했다. 그리고 궁극적으로 미래의 가치를 위해 도전하는 고성과 전문(High Performance Professional) 조직 실현의 비전을 달성하기 위해 [그림 3-21]과 같이 KMS를 구축하고자 했다.

이에 따라 지식관리 체계를 확립하기 위해 지식 공유와 활용 활성화·구성원의 전문성 강화·생산성 제고에 초점을 맞추었으며, 경

[그림 3-21] KMS 구축 비전 예시도

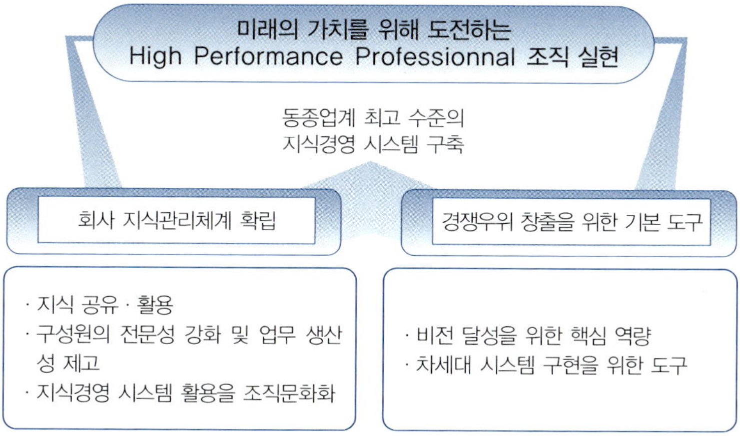

```
            미래의 가치를 위해 도전하는
       High Performance Professionnal 조직 실현

              동종업계 최고 수준의
              지식경영 시스템 구축

   ┌─────────────────────┐   ┌─────────────────────┐
   │  회사 지식관리체계 확립  │   │ 경쟁우위 창출을 위한 기본 도구 │
   └─────────────────────┘   └─────────────────────┘
   · 지식 공유 · 활용
   · 구성원의 전문성 강화 및 업무 생산성 제고       · 비전 달성을 위한 핵심 역량
   · 지식경영 시스템 활용을 조직문화화           · 차세대 시스템 구현을 위한 도구
```

쟁우위 창출을 위한 기본도구로 정착하기 위해 KMS 활용을 조직문화화하고자 했다.

F사는 KMS 구축의 핵심 성공요인으로 지식전문가 확보 및 양성·CoP(Community of Practice) 운영 및 활성화·전체 조직의 관심과 참여를 유도하기 위해, KMS의 추진 전담팀을 구성하여 프로젝트를 시작했다. 전략으로는 KMS의 조기 정착을 위해 업무프로세스와 연계하여 진행토록 했고, 각 단계별로 [표 3-4]와 같은 추진전략을 구성하여 진행했다.

[표 3-4] 단계별 KMS 추진전략(예시)

단계	[1단계]	[2단계]	[3단계]
주요 추진 내용	●지식맵 개발 ●형식지 중심의 지식발굴 ●KMS 구축 ●지식관리 운영방안 수립	●암묵지 중심의 지식발굴 ●미래 사업역량 강화를 위한 전략지식 발굴	●KMS 정착 및 고도화

(2) 추진목표 및 효과

KMS 추진목표는 6개의 범주로 나누어 진행되었다. 첫째로는 지식맵과 지식등록으로, 프로젝트 산출물·제안서·사내 제안·솔루션 파트너 정보 등과 같은 확장지식을 등록할 수 있도록 하고, 확장지식들을 등록할 수 있게 하기 위해 지식등록 프로세스를 개선하는 것이다.

둘째로는 지식커뮤니티(CoP) 구성으로, 소규모 구성원 간의 지식생성·활용을 지원할 수 있는 조직을 운영하고, 커뮤니티 내에서 다양한 콘텐츠를 관리할 수 있도록 지원하는 것이다.

셋째로는 지식포털을 제공하는 것으로, 마이 페이지(My Page)를 통해 콘텐츠의 개인화 서비스를 지원하고, 필요 콘텐츠를 공유화하여 지식서비스를 제공한다.

넷째로는 전자컨설팅(e-Consulting) 기능으로 분야별 전문가와의 1:1 질의응답을 통해 지식 노하우를 공유하고, 지식 분류체계 별로 전문 질의응답(Q&A)을 관리함으로써 지식을 축적하는 것이다.

이상의 목표를 달성하기 위해 초기 데이터의 지식변환은 기존의 임시 시스템에 축적된 지식을 전환하고, 개인이 보관 중인 다양한 지식을 수집, 정제하여 사전 등록하도록 했다. 또한 관련 시스템과의 유기적 연계를 위해 EP 연동(메일/결재연동)·인사DB 연동·대시보드를 통한 경영자의 주요 의사결정 지원, 그리고 통합검색 엔진의 연계를 통한 지식의 전문 검색을 실천했다. 위와 같은 추진목표를 그림으로 표현하면 다음 [그림 3-22]와 같다.

[그림 3-22] KMS 구축목표 예시도

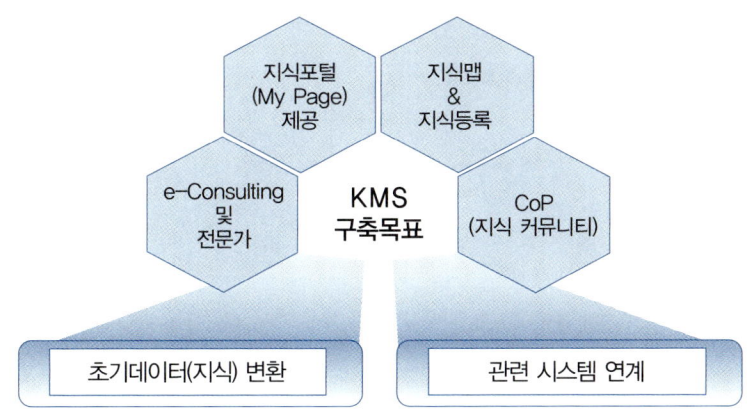

KMS 구축결과 지식자원을 활용한 경영혁신의 지속적 추진 지원·고객만족 서비스 향상으로 고부가가치 업무수행·지식공유 활성화로 반복적인 업무수행에 따른 비효율적 요인 제거·지식의 체계적 관리로 정보통신산업의 환경변화에 따른 대응능력이 점차 향상되었다.

(3) 활동내역

 F사의 KMS는 독립적(Stand-alone) 형태로 움직이는 단독 시스템이 아니라, 임직원의 업무활동을 통해 생산된 지적 산출물이 원활하게 축적·관리·유통될 수 있는 환경을 제공함으로써, 지식의 통합·축적과 더불어 지식 콘텐츠의 유통과 활용·업무프로세스 연계를 통한 확대 재생산을 지원하는 지식축적의 장을 지향하여 추진했다.

[그림 3-23] KMS 구축활동 및 일정 예시도

구분	세부추진과제	추진일정(월별) 1~9	주요 태스크
변화관리	지식분류체계	1→3	· 전사 지식지도 작성
	지식경영 운영방안	2→5 (KMS TFT구성)	· 지식관리 프로세스 정립 · 지식관리 조직 구성 · 보상방안 수립
	지식경영 교육	3→5	· 1차 지식경영 교육 실시 · 2차 지식경영 교육 실시
	CoP 활성화	2→3, 4→5, 7→8	· BPM Cop · 유비쿼터스 CoP · DI CoP · S/W Test CoP
	지식발굴 및 축적	3→5, 5→7, 7→9	· 1차 지식발굴 완료 · 2차 지식발굴 완료 · 3차 지식발굴 완료
KMS 개발	솔루션 선정	5→6	· 개발사 선정 및 계약 · Project Kick Off 실시
	시스템 구축	6→9 (●시스템 Open)	· 분석/설계 · 구현 · 시험 · **시스템 Open**

추진활동의 주요내역은 지식경영 추진체계 및 조직의 구성, 변화관리를 위한 지식 중심의 조직문화 형성, 지식분류체계 정립을 통한 지식맵 작성, 그리고 KMS 개발 등이다. 변화관리와 KMS 개발의 2단계로 나누어 진행된 추진활동은 [그림 3-23]같이 세부 추진과제와 주요 태스크로 분류하여 진행했다.

2.7 e-Procurement 사례

(1) 비전 및 전략

G사는 국내 최상위 수준의 반도체 업종으로, e-Procurement(전자구매 시스템) 구축 프로젝트는 기존 ERP 시스템의 구매 프로세스를 온라인으로 구현하여, 구매비용 절감과 구매 프로세스 혁신에 따른 기업 생산성 향상, 공급자와의 협업(Collaboration) 능력 향상 그리고 이를 통한 윤리경영과 투명경영의 기초를 마련하기 위해 진행되었다.

그리고 ERP로 구현된 회사 내부 프로세스와의 연계를 통하여, 불필요한 문서 및 제반 작업을 줄이고, 구매 프로세스를 자동화할 수 있는 차별화된 토털 구매 서비스를 지원하고, 동시에 투명한 구매거래 업무를 실현하기 위해 추진되었다.

한편 공급 측면에서는 물품 공급자와의 협업을 통하여 고객관리를 통한 고객만족 능력의 향상을 도모하고, 매출증대·영업 및 마케팅 제반 비용을 절감시켜, 구매거래의 투명화를 이룰 수 있도록 지원했다.

전자구매 시스템을 구축하기 위해 G사는 기존의 ERP 시스템과의 업무추진 체계 및 역할을 다음 [그림 3-24]와 같이 정의했다.

[그림 3-24] 전자구매 시스템 구축 체계 및 역할 정의 예시도

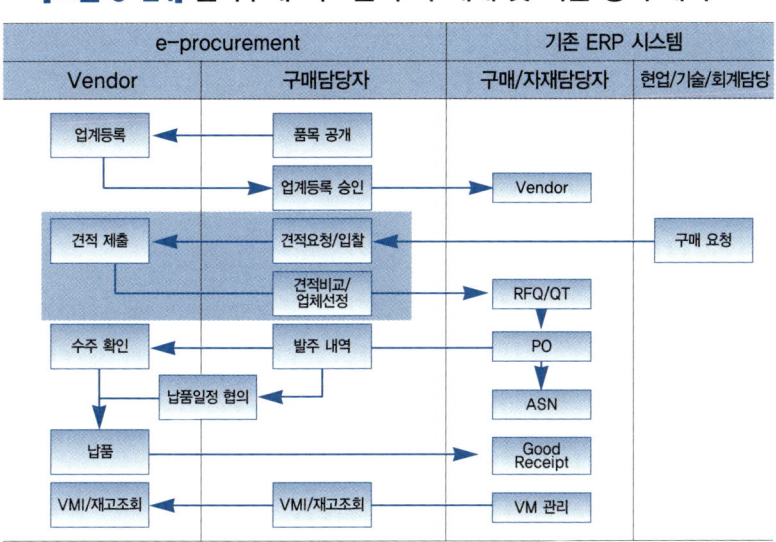

(2) 추진목표 및 효과

G사는 회사의 구매비용을 절감시키고, 경쟁력을 강화하며, 더불어 구매와 조달의 투명성을 확보하는 부수적인 효과를 거두기 위해 전자구매 시스템을 구축하게 되었다. 이로 인해 회사는 원가절감·업무개선 등의 효과를 거두게 되었으며, 구체적 내용은 다음과 같다.

원가절감 차원에서의 효과로는 첫째, 장기적인 관점에서 전자구매 시스템이 기존의 ERP와 정보를 실시간으로 공유하여, 입찰 등을 통해 단가인하 효과를 얻게 되었고, 이로 인해 투명경영의 큰 틀을 마련하게 되었다. 둘째, 장기적인 관점에서 글로벌 소싱(Global Sourcing) 및 입찰을 통한 국산화·다변화로 해당 품목에 대해 10~

15%의 비용절감 효과를 거두었다. 셋째, 전화 및 팩스 비용 절감, 문서관리 비용 절감의 효과를 보게 되었다.

다음으로 업무개선 효과로는 첫째, 건당 평균 구매 소요시간이 단축되었다. 견적요청서 작성·송부, 견적서 접수, 네고(Nego), 견적비교표 작성, 발주서 승인, 발주서 업체 송부 등 모든 구매 관련 업무에서의 투명성 확보 및 기간을 절감하게 되었다.

둘째, 마감업무 시간이 단축되었다. e-Procurement 시스템과 함께 도입한 전자 세금계산서 시스템으로 구매의 월 마감 목표일인 D+1을 달성할 수 있었다.

셋째, 구매거래 업체 정보의 신속한 업데이트가 가능하여 정확하고 신속한 구매업무를 진행할 수 있었다. 구매거래 업체가 직접 회사의 정보를 신속하고 정확하게 수정하고, 마지막에 구매팀에서 최종 승인을 함으로써 윤리경영 도입의 첫걸음을 마련했다.

기타 부수적 효과로는 첫째, 온라인 거래명세표 발행으로 거래 투명성을 확보했다. 둘째, 업무 진척현황을 e-Procurement 시스템에서 확인이 가능하여 업무효율화를 꾀할 수 있었다. 셋째, 협력업체에 해당 회사의 입출고 현황·대금지급 현황·납기정보를 업체별, 일자별, 제품별, 공장별로 제공함으로써 명확한 거래질서를 확립하게 되었다.

(3) 활동내역

G사의 e-Procurement 시스템의 구축범위는 구매일반·커뮤니티·견적관리·구매관리·위탁재고·사용자관리 등 6개의 영역으로 구분하여 진행되었다. 6개 영역별 구축 내용은 다음 표와 같다.

[표 3-5] e-Procurement 시스템 구축내용 예시도

구매일반	커뮤니티	견적관리	구매관리	위탁재고	사용자관리
구매전략 구매절차 구매조직 구매품목 자재매각 공개입찰 업체등록	공지사항 게시판 Help Desk 수신함 발신함	Nego 입찰	구매오더 납품일정 입고현황 세금계산서	VMI 재고 VMI 출고	회사정보 사용자정보 보안관리

구매일반 영역에서 구축된 주요 핵심기능은 다음과 같다.

① 구매전략: 공정성과 투명성 확보를 위한 구매전략을 설명하고 구매팀이 담당하고 있는 업무에 대해서 설명
② 구매절차: 거래에 대한 전반적인 프로세스를 설명
③ 구매조직: 구매자가 담당하고 있는 구매품목을 소개
④ 구매품목: 거래하고 있는 구매품목을 설명
⑤ 자재매각: 유휴자재에 대한 매각이 있을 경우 사용
⑥ 공개입찰: 공개입찰 참여기회 부여를 통한 우수업체 발굴
⑦ 업체등록: 거래 신규업체 발굴, 기존 업체 정보관리의 정확성 확보
⑧ 업체 간 정보 교류

커뮤니티 영역에서 구축된 주요 핵심기능은 다음과 같다.

① 공지사항 관리
② HELP DESK 운영
③ 각종 메일 수·발신함 관리

견적관리 영역에서 구축된 주요 핵심기능은 다음과 같다.
① 일반 구매품, 공사견적 요청
② 업체 견적서제출 부인방지를 위한 전자서명 및 암호화
③ 견적비교표를 통한 업체선정 및 견적 물량 배정
④ 거래현황 분석
⑤ 모든 구매유형 견적업무 수행

구매관리 영역에서 구축된 주요 핵심기능은 다음과 같다.
① 발주관리의 온라인화를 통한 가시성 확보
② 수 · 발주 접수관리 및 일정 조정
③ 납품일정의 가시성 확보를 통한 원활한 구매 · 자재관리
④ 양식출력: 발주서(내외자 · 표준 · 서비스) · 구매의향서(LOI)
⑤ 거래명세서 출력 및 검사성적서 첨부 관리
⑥ 납품현황에 대한 대금지급 정보 제공 및 입고현황 정보 제공

위탁재고 영역에서 구축된 주요 핵심기능은 다음과 같다.
① 업체 위탁재고 관리
② 위탁재고 거래명세서 출력
③ 업체와의 위탁재고 현황 공유

사용자관리 영역에서 구축된 주요 핵심기능은 다음과 같다.
① 공통 코드관리 · 권한관리
② 사용자 관리 · 업체 승인관리
③ 내부 사용자와 외부 사용자 인증 처리

- 내부 사용자: 그룹웨어 인증을 통해 SSO 인증
- 외부 사용자: 공인인증서를 통한 사용자 인증

④ 전자서명 및 암호화 · 견적서/발주서 접수 · 사용자 인증

2.8
RMS 사례

보험·은행·카드 등의 금융사업을 수행하는 회사들이 당면한 이슈의 하나는 연체로 인한 수익성 악화이다. 특히 정부의 신용카드 사용 장려 정책과 경기 악화·고객의 신용상태를 고려치 않은 과다한 대출 등으로 대금 연체가 증가되고, 이는 수익성 악화로 이어져 금융사에게 중대한 위협요인이 되고 있다. 그래서 대다수의 금융사는 고객의 신용정보 수준에 대한 조기경보 체제를 구축하고 가동함으로써, 연체로 인해 일어날 수 있는 위험에 대한 대비책을 마련해 오고 있다.

여기서는 금융회사들이 구축·활용하고 있는 위험관리 시스템 중에서 신용 조기경보 시스템(Credit Early Warning System)의 구축사례를 살펴보고자 한다.

(1) 신용 조기경보 시스템의 필요성

급변하는 금융환경은 효율적인 업무프로세스와 조직운영을 위한 다양한 접근법을 제기하고 있다. 특히 IMF 외환위기 이후 이를 보다 체계적으로 관리하기 위해 IT를 활용한 다양한 시스템의 도입을 유도·촉진한 결과 다양한 시스템이 개발, 활용되면서 현업을 지원하고 있다.

앞에서 제기되었던 연체에 대한 해법 중의 하나로 고객의 신용수준을 평가할 수 있는 개인신용평가 시스템(CSS; Credit Scoring System)이 도입되었고, 이를 통해 고객관리는 물론 다양한 마케팅기법을 활용할 수 있는 기반을 갖추게 되었다.

그러나 CSS의 이슈는 시스템이 독자적으로 구축되어, 기존 금융서비스를 위해 제공되고 있는 다양한 시스템, 즉 위험관리 시스템(RMS; Risk Management System)이나 고객관계관리 시스템(CRM; Customer Relationship Management) 등과 전략적으로 연계되지 않았다는 것이다. 따라서 위험관리와 고객관리에 대해 그 효과를 충분히 발휘하지 못하는 아쉬움이 있었다.

이에 따라 최근 여신자산에 대한 위험관리가 주요 이슈로 대두되었고, 단순한 여신등급관리 체계에서 벗어나 다양한 고객요구를 반영하고, 제반 원가 및 신용위험 등을 관리할 수 있는 합리적인 통합관리 시스템의 도입이 필요하게 되었다. 즉, 고객 리스크의 효율적인 관리를 위해 부실 징후를 미리 예측하고 대응할 수 있는 신용 조기경보 시스템과 이와 연계하여 위험을 종합적으로 관리할 수 있는 통합 리스크관리 시스템이 필요하게 된 것이다.

(2) 신용 조기경보 시스템의 개념

조기경보 시스템은 부실 징후를 예측하고, 이를 해당 담당자에게 경고해주는 체계로서 거시적·미시적·크레딧 뷰로(Credit Bureau) 등의 3부분으로 구성된다. 거시적 측면은 국가 또는 기업(금융기관)의 다양한 금융 위험(예: 부도 등)을 사전에 예측하여 적절하게 대응할 수 있는 예측 모형을 의미한다. 미시적 측면은 기업의 재무제표를 통해 기업 중심 여신의 부실화를 예측하고 관리하는 것을 뜻한다. 마지막으로 크레딧 뷰로는 신용불량 거래정보를 바탕으로 조기경보체계가 개인 고객을 중심으로 이루어짐을 의미한다.

국내 은행들은 2002년 말부터 시스템 도입을 추진하였으며, 대출 기간 중의 연체여부·외부 공신기관의 신용관련정보 연계·신용카드 거래내역 등을 조기경보 시스템의 주요 항목으로 반영하고 있다. 일반적으로 조기경보 시스템은 가계대출의 포트폴리오 특성을 반영하게 되며, [그림 3-25]와 같은 단계를 통해 제공된다

[그림 3-25] 가계대출 조기경보 시스템의 업무 흐름

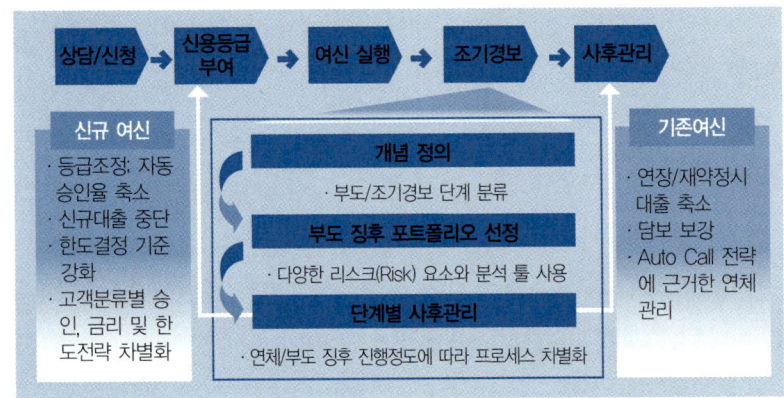

(출처: 금융감독원(2002), 가계대출 리스크 관리 워크숍 발표자료, 5월)

(3) 국내 신용 조기경보 시스템의 도입 현황

2003년부터 연체를 줄이기 위해 많은 노력을 기울이고 있는 은행권과 카드사 등은 다양한 정책을 개발하고, 연체와 관련된 리스크를 최대한 줄이기 위해 다양한 방법을 검토하였다.

비씨카드의 경우 2003년 4월 회원 개개인의 이용실적·연체정보·복수카드 거래정보·신용정보 등을 실시간으로 분석할 수 있는 시스템을 도입하여, 연체위험의 사전 차단을 가능하게 하였다. 즉, 카드 사용 고객으로부터 부실 징후가 발견되면 자동적으로 계산

된 신용평점에 의해 사용할 수 있는 한도금액이 조정되며, 이를 통해 연체위험 관리를 수행하게 된다.

우리카드는 2003년 5월, 신용리스크를 바탕으로 한 조기경보 시스템을 구축하였다. 우리카드는 한도설정·가격결정(이자 및 수수료) 등의 항목을 시뮬레이션에 반영하여, 그 결과를 바탕으로 신상품 개발·이용한도 조정·수익성 및 연체율 변화 등의 계산을 보다 효율적으로 수행할 수 있게 되었다.

이외에도 [표 3-6]과 같이 은행권에서 다양한 조기경보 시스템을

[표 3-6] 국내 은행권 조기경보 시스템 구축 현황

은행	커뮤니티	구축시기
국민	● 기존 가계대출 고객의 부실화 징후를 미리 포착할 수 있는 조기경보 시스템을 개발 ● 기존 대출고객에 대해 동태적 여신 사후관리 평가자료·은행연합회 제공 신용불량자 정보·제2금융권 신용정보·신용카드 연체 여부를 종합적인 분석 지표로 삼아 부실 징후 여부를 정기 점검 ● 거시적 차원에서 국내 경기상황과 부동산 담보가격·고객군별 연체 발생률 등을 기준으로 가계부실화 동향을 동시에 점검	2003년 1월
제일	● 부실 징후에 미리 대처할 수 있는 행동위험관리(Behavior Risk Management) 시스템을 구축 ● 고객의 신상정보·금융거래 패턴·거래명세 등을 바탕으로 통계적 접근법 사용	2002년 6월
하나	● 기존 대출금 부실 방지를 위한 조기경보 시스템 ● 경보수준과 대응책을 연계하여 고객관리를 병행	2002년 7월
대구	● 금융감독원의 가계대출 조기경보기능 강화에 따라 CSS전략 운영시스템인 CLIPS(Credit & Loan Integrated Planning System) 구축 ● CSS 모형의 정합성관리 및 모형을 통한 전략수립기능 강조	2002년 10월

구축하여 활용해오고 있다.

(4) 시사점

이상에서 보는 바와 같은 다양한 조기경보 시스템의 도입으로 금융권의 연체 등으로 인한 부실위험을 조기 경보하는 안전장치의 역할이 크게 개선되고 있다. 특히 대출과 관련된 다양한 정보의 데이터화를 통해 기업고객과 개인고객 모두에 대한 모니터링 기능의 강화가 가능하게 되었고, 이를 통해 효율적인 연체관리가 이루어져 오고 있다.

따라서 신용 조기경보 시스템이 그 기능을 제대로 발휘하게 되면 현재 급증하고 있는 신용불량자의 양산을 충분히 막을 수 있을 것으로 기대된다. 하지만 조기경보 시스템에 입력되어 있는 데이터의 범위와 항목의 제한적 특성을 보완해줄 수 있도록 보다 현실성 있게 반영될 수 있는 요인들을 폭넓게 발굴하고 세분화시킬 필요가 있다.

기업 대출의 경우, 수시로 보고되는 각종 재무제표 및 시장정보 등을 활용할 수 있는 방안을 강구해야 하며, 정확한 데이터 산출을 위해 다양한 분석기법들이 도입될 필요가 있다. 이를 위해서는 대출의 초기단계에서부터 고객별·계좌별로 감시 및 분석이 가능한 신용리스크 측정시스템과 연계되어야 하며, 그 외의 다양한 지원시스템과의 통합이 요구된다.

제 3 장

윤리경영 지원 혁신활동/시스템 소개

 윤리경영의 세부 실천과제를 경영 일선에서 실제로 실천하도록 하기 위해서는 윤리업무를 지원하기 위한 다양한 혁신적인 활동이나 이를 뒷받침하는 시스템이 필요하다. 여기서는 본서의 제2편 제1장 '1.4 윤리경영 지원시스템 체계'에서 분류한 '[그림 2-5] 윤리경영 지원시스템 체계(예시)'의 분류에 따라, A · B · C군(群)에 속한 19개의 혁신활동/시스템 중에서 다음의 주요 12개 혁신활동/시스템에 대해 설명하고자 한다.

- ■ 윤리경영 지원 A군(群) 혁신활동/시스템
    1. BPM
    2. BSC
    3. 6시그마
    4. EVP

- 윤리경영 지원 B군(群) 혁신활동/시스템
    5. 멘토링
    6. CSI
    7. EVA/VBM
    8. ABC/ABM
    9. BPO/BTO

- 윤리경영 지원 C군(群) 혁신활동/시스템
    10. KM
    11. CoP
    12. 콘택트센터

3. 1
BPM

(1) 개 요

BPM(Business Process Management; 비즈니스 프로세스 관리)이란 기업이 고객에게 제공하기 위한 모든 활동을 '프로세스'라고 규정하고, 이 프로세스를 보다 효율적으로 기획하고 관리함으로써, 기업이 변화하는 기업환경에 신속히 대응하여 지속적으로 고객가치를 개선하려는 비즈니스 개념이다.

BPM 시스템은 이러한 비즈니스 프로세스 관리의 목적을 달성하기 위해 업무와 책임을 명확히 하기 위한 '업무 자동 할당' 기능, 이러한 업무 자동 할당을 통한 '업무처리 체계의 자동화', 그리고 '모니터링' 기능을 통한 업무 진행사항의 '집행과 통제' 기능을 제공하기 위한 IT시스템을 의미한다.

고효율을 실현하면서 내부통제를 달성하는 윤리경영의 추진 목적은 BPM 시스템을 통해 구현될 수 있다. 사람이 자신이 할 일을 찾아가서 하는 것이 아니라 시스템이 할 일을 자동으로 할당하고, 사람의 개입 없이 프로세스를 진행할 수 있기 때문이다. 또한 프로세스와 관련된 방대한 양의 데이터를 통합 관리함으로써, 기업 내 조직별·시스템별로 분산된 프로세스를 전체적으로 통합하고 최적화하여 항상 최신의 프로세스로 유지할 수 있는 것이다.

(2) 추진방법

1) 기본 절차

① 전략수립 과정
비즈니스 프로세스 혁신을 통해 경영의 효과성과 효율성을 제고하기 위해서는, 먼저 기업 내 프로세스를 진단·분석·설계·구현할 수 있는 정보기술과 결합된 경영전략이 수립되어야 한다.

② BPM 전략의 중요성에 대한 경영층의 이해
전문가 컨설팅을 통한 BPM 활용 대상의 정의 및 분명한 목표설정이 이루어져야 한다. 정보전략과 결합된 비즈니스 개념을 구

현할 수 있는 IT기술의 역량 제고 및 경영층의 깊은 이해가 전제되어야 한다.

③ 업무 영역 및 프로세스 선정 절차
경영목표 달성을 위한 핵심 프로세스를 중심으로 관련된 조직이 많은 프로세스, Cycle Time이 긴 프로세스, 지침과 규칙의 변화가 잦은 프로세스, 자동화 효과가 큰 프로세스, 사람의 변경·이동이 잦은 프로세스, 실시간 진행현황 파악이 필요한 프로세스, 발생빈도가 높은 프로세스 등에 대한 선정 우선순위가 고려되어야 한다.

④ 변화관리 과정
BPM 변화관리 전담조직을 구성하고 지속적인 개선과 혁신이 부단하게 반영될 수 있도록 조직적인 관리·통제·교육을 실시해야 한다.
 - 업무프로세스의 최적화 관리
 - 프로세스 흐름의 자동화 비율 증가
 - 자원 간 정보 및 프로세스 공유

2) 추진성공요소

① 경영층과 현장조직 구성원의 변화의지
모든 조직구성원이 프로세스 혁신활동을 통한 개선점을 도출하고, 이를 프로세스와 시스템 간 원활하게 통합될 수 있도록 전

사적 관점에서 병행 추진해야 한다.

② 최고의사결정자의 강력한 리더십

전사·전 업무를 대상으로 하여 단계적 적용을 위한 강력한 의지와 BPM이 프로세스 관리를 위한 도구로서 정착될 수 있도록 제도적인 장치를 마련해야 한다.

③ 전문가 활용 및 지속적인 교육 실시

자사의 비즈니스를 이해하는 전문가를 활용하고 지속적인 교육을 실시해야 한다.

④ 시스템 개선을 위한 지속적인 모니터링

시스템 사용과 관련된 현장의견 수렴 및 개선을 통해 지속적으로 활용도를 향상시키는 노력이 BPM 경영을 성공시킬 수 있는 요소라고 할 수 있다.

(3) 윤리경영 실천과제 지원기능

1) 업무범위 및 책임의 명확화

BPM 도입을 통해 업무표준화가 선결적으로 이루어지고 이를 시스템적으로 관리할 수 있는 수단이 지원됨으로써, 기업 내 중점 프로세스의 진행상황을 실시간으로 파악할 수 있으며 관련지침의 준수 여부가 쉽게 파악된다. 또한 실행담당자 및 업무가 명확히 드러나기 때문에 책임소재를 명확하게 할 수 있다.

2) 업무처리 체계의 자동화를 통한 고효율 달성

과업 할당이 시스템을 통해 자동적으로 이루어지기 때문에 업무담당자는 별도 승인절차 없이 필요한 프로세스에 신속하게 접근하여 작업수행이 가능해지며, 자동적으로 다음 프로세스의 담당자에게 전달되어 업무의 지연이나 태만을 방지할 수 있다.

3) 작업수행의 편의성

BPM을 통해 프로세스와 프로세스 간의 작업을 일목요연하게 알 수 있고, 해당 작업수행을 위한 접근 방법이 다양해짐으로써 시간지연 방지는 물론 정확한 작업수행이 가능해진다.

4) 업무 간 이관작업의 신속성 및 정확한 흐름 제고

직전 단계의 업무완료 이후, 자동적으로 다음 단계에 할당된 업무목록으로 업무가 실시간으로 이동되고, 메일·메시지 등을 통해 실시간으로 과업과 관련된 내용전달 및 업무지시가 가능해짐으로써 책임소재를 명확하게 할 수 있다.

5) 업무의 연속성 확보

이직·퇴직·직무순환에 따른 업무공백 가능성을 사전에 제거하고, 새로운 담당자의 업무 적응성이 향상된다.

6) 업무의 집행기능과 통제기능의 분리

프로세스 정의단계에서 확정된 프로세스 담당자 간 권한과 책임이 BPM 시스템으로 시각적인 확인이 가능해짐에 따라, 업무 집행과정이 명확히 가시화되며, 이에 따른 통제기능 또한 전체 프로세스에서 제대로 기능을 발휘하게 된다. BPM의 모니터링 기능은 이러한 활동에 대한 결과를 종합적으로 보여주며, 또 지속적인 프로세스 개선을 통해 업무프로세스의 개선을 가능하게 한다.

3.2 BSC

(1) 개 요

기업의 성과를 측정하는 데 전통적인 재무성과지표만을 활용하기에는 한계가 있다. BSC(Balanced Scorecard; 균형성과관리표)는 기업조직의 사명과 전략을 측정하고 관리할 수 있도록 측정지표를 만들어 주는 틀로서, ①재무적 관점의 측정 이외에도 기업의 공정한 성과평가를 위해, ②고객, ③내부 프로세스, ④학습과 성장 등 4가지 관점으로 구분하여, 기업별 특성에 맞는 지표를 선정하고, 각 지표별로 가중치를 적용하여 산출하는 방법을 적용하고 있다.

기업의 비전과 전략으로부터 출발하여 선정하는 성과지표의 가장 중요한 핵심 포인트는 관점과 지표의 균형성(Balance)이다. ①재무와 비재무, ②결과와 과정, ③단기와 장기, ④내부와 외부의 균형 있는 지표란 단순한 배합을 의미하는 것이 아니고, 이들 지표 간에 서로 인과관계를 갖고 있는 통합적인 구성을 통해 균형을 달성해야 하는 것이다.

재무와 비재무·결과와 과정·단기와 장기·내부와 외부의 균형이란 다음과 같이 설명할 수 있다.

1) 재무적 지표와 비재무적 지표의 균형

재무와 비재무적 관점에서의 균형이 있는 지표란 유형자산뿐 아니라, 미래의 기업가치 창출의 원동력이 되는 무형자산(인적자산·브랜드 등)에 대하여도 관리가 가능해야 한다는 것이다.

2) 결과와 과정의 균형

결과뿐 아니라 결과를 이끌어내는 성과 동인과의 적절한 배합이 필요하다. 과정에 대한 이해 없이는 지속적인 우수 결과를 달성할 수 없으며, 결과와 연결되지 않는 개선 노력은 조직의 자원낭비를 초래하게 된다.

3) 단기목표와 장기목표의 균형

기존의 재무회계 모형이 과거의 정보에 의존한 단기적인 경영 의사결정을 지원하나, BSC는 장기적 목표를 설정하여 장단기목표 사이의 균형을 유지해야 한다.

4) 내부요소와 외부요소의 균형

기업 성과지표가 내부의 운영효율 관리에 치중하고 있는 한계를 벗어나야 한다. BSC는 고객이나 외부 이해관계자와 상호작용 및 균형을 통해 기업성과를 창출하도록 해야 한다.

BSC는 조직의 비전과 전략수립의 실질적인 성과측정을 통하여 현 상황의 문제점 도출 및 분석된 성과를 토대로 미래성장을 위한 핵심역량에 자원을 집중하는 데 그 목적이 있다. 그리고 BSC에서는 다양한 관점에서 측정지표를 균형 있게 선정하는 것이 중요하며, 비전과 전략에서부터 출발하여 성과지표를 산출해야 한다는 점, 그리고 조직 내에서 전략적 의사소통 도구로서 활용되어야 한다는 특징을 가지고 있다.

(2) 추진방법

BSC를 활용하여 기업의 성과관리를 실천하는 프로세스는 기업의 성과관리를 위한 전략수립·BSC 설계·목표설정·모니터링 및 피드백·평가·보상의 단계를 거쳐 진행된다. 이러한 프로세스는 추진 기간의 측면에서 보면, 성과평가를 위해 회계연도 이전에 전략수립·BSC 설계·목표설정 활동이 이루어져야 하고, 회계기간 동안에는 모니터링과 피드백 활동이 있어야 하며, 회계기간 말에는 평가가 이루어지는 사이클을 가지게 된다.

BSC 추진을 위한 체계적 방법은 계획·전략수립·개발·운영의 4단계로 구분해 진행하며 단계별 구체적 진행내용은 다음과 같다.

1) 1단계: 계획 단계

기업 스스로 자사의 위치를 진단하는 단계로, 선행분석·프로젝트계획·변화관리 방안을 수립하게 된다. 선행분석 활동은 현행 성과평가 체계를 분석하고, 현행 전략수립 프로세스를 분석하는 것이다. 프로젝트 계획수립은 선행분석 결과에서 나타난 문제점과 지향방향을 토대로 구체적인 BSC 구축 및 실행계획을 수립하는 것이다. 그리고 BSC 프로젝트 구축상 필요한 교육 및 워크숍 등의 변화관리 방안을 수립한다.

2) 2단계: 전략수립 단계

조직의 비전과 전략을 수립하는 단계이다. 조직의 비전을 수립하는 단계에서는 기업의 사명·전략사업 단위의 정의·전략사업 단위 간 연계방안·기업철학·전략적 특이사항으로 구성된다. 그리고 전략수립에서는 조직의 전략을 수립하는 단계로서, 환경분석·전략 대안의 도출·전략적 대안평가 및 우선순위 부여 활동이 진행된다.

3) 3단계: 개발 단계

개발 단계에서는 관점 설정·핵심 성공요인 도출·핵심 성과지표 개발·인과관계 구현·목표설정 및 실행계획수립·시스템 구축활동이 이루어진다. 먼저 관점의 설정이란 기업의 가치가 어디서부터 창출되는지를 정의함으로써, 기업과 사업의 경쟁우위 원천을 밝히는 것이다. 그리고 각 관점별로 매핑된 전략과제들을 달성하기 위한 핵심 성공요인을 도출하게 된다. 핵심 성공요인 도출을 위해서는 환

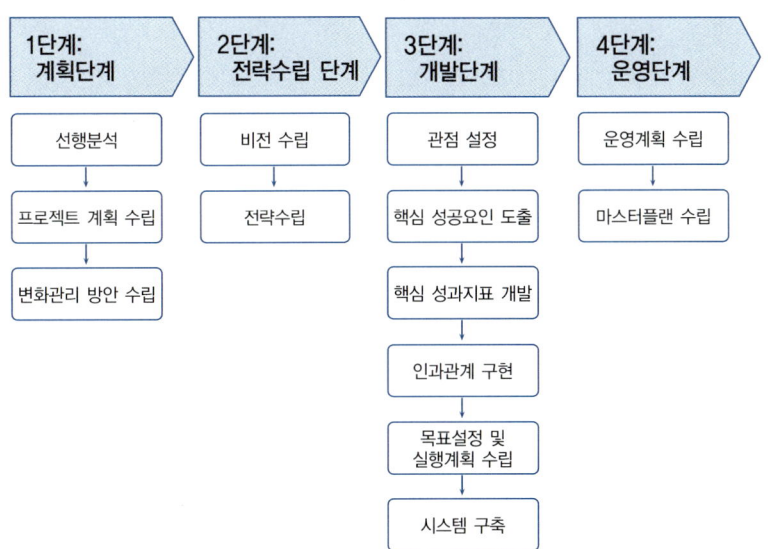

[그림 3-26] BSC 구축단계

[참조 : BSC 실천 매뉴얼, 김희경/성은숙]

경·경쟁사 분석 및 고객 분석이 선행되어야 한다.

다음으로 수행되는 핵심 성과지표 개발은 전략달성 여부를 판단할 수 있는 측정지표를 개발하는 것이며, 인과관계 구현이란 각 관점의 성과지표를 원인과 결과 관계로 구현하는 것이다. 목표설정 및 실행계획 수립은 성과지표에 대한 목표설정 및 목표 달성을 위한 실행계획을 수립하는 것이며, 끝으로 설계된 BSC를 IT기술을 적용하여 BSC 시스템으로 구축한다.

4) 4단계: 운영 단계

운영 단계에서는 운영계획 수립·마스터플랜 수립 활동이 전개된다. 운영계획 수립 활동은 BSC 구축 결과를 조직의 일상적인 활동으로 정착시키기 위한 체계적이고 합리적인 계획수립 과정으로, 평가대상 선정·평가주체·운영 프로세스·평가주기와 횟수·피드백 방안이 포함된다. 그리고 마스터플랜 수립 활동은 BSC가 일회적인 구축으로 끝나지 않고 기업의 최적화된 경영도구로 자리 잡을 수 있도록 하기 위한 장기적인 운영계획을 수립하는 것이다.

이상의 BSC 추진을 위한 단계를 그림으로 표현하면 앞의 [그림 3-26]과 같다.

(3) 윤리경영 실천과제 지원기능

BSC에 의한 윤리경영 실천과제를 지원하는 주요기능은 ①합리적 평가와 적절한 보상으로 성과평가문화 정착에 기여, ②직무책임 명확화 및 성실한 직무완수 동기부여 등이 있으며 구체적 내용은 다음과 같다.

1) 합리적 평가와 적절한 보상으로 성과평가문화 정착 기여

BSC는 기업의 재무·고객·내부 프로세스·학습과 성장 등 4가지 관점에서 공정한 성과평가를 위해 활용되는 기법이다. 또한 기업의 비전과 전략에서 도출되는 성과측정지표는 관점과 지표의 균형성을 위해, 재무와 비재무·결과와 과정·단기와 장기·내부와 외부의 균형 있는 지표 배합과 통합적 성과지표를 구성하고 관리해 나가게 된다. 이러한 BSC 경영기법은 윤리경영의 기본정신인 합리성 정신에 근거한 직업윤리의 실천을 위해, 공정한 평가·보상의 세부 과제로 균형 있는 성과를 측정하고 관리하여, 기업과 구성원의 합리적 평가를 수행하고 적절한 보상을 실천하여 성과평가 문화를 정착시키는 데 기여하게 된다.

2) 직무책임 명확화 및 성실한 직무완수 동기부여

BSC에 의한 성과 중시 경영체제를 통하여 기업구성원은 자신의 직무가 경영성과와 연계되는 관계를 명확히 이해할 수 있고, 이를 통해 직무를 성실히 완수할 수 있는 계기를 마련하게 된다. 따라서 BSC는 윤리경영의 기본정신인 합리성에 근거한 직업윤리 실천을 위해, 주인의식·프로정신의 세부 과제로 직무책임을 명확히 이해하고 완수하는 동기를 부여하게 된다.

3.3 6시그마

(1) 개요

6시그마는 통계적 의미로 볼 때 100만 개 중 3.4개의 결함을 의미하는 것으로, 기업의 제품 및 서비스를 만드는 과정상의 상태를 측정하는 척도이다. 6시그마 기법이란 기업의 개발·생산·판매·서비스의 전체 비즈니스 프로세스에 걸쳐 적용할 수 있게 통계수법을 활용하는 것이다. 기업은 6시그마 기법을 전사적 차원에서 혁신을 달성하는 전략으로 활용하여 원하는 목적을 달성하게 된다. 6시그마 경영을 위해서는 업무프로세스 측정·현재 위치의 파악·목표의 설정·전사적 개선 활동전개·성과측정과 보상의 단계로 전개하게 된다.

6시그마의 발전과정을 살펴보면 3가지 세대로 분류하여 설명이 가능하다. 1980년대 중반에 시작된 1세대 6시그마에서는 불량 감축(Defect reduction)에 초점을 맞추어 진행되었으나, 1990년대 중반에 시작된 2세대 6시그마는 프로세스의 품질을 기업의 목표와 연계하여 추진했다. 따라서 2세대 6시그마에서는 비용감축(Cost reduction)에 초점을 맞추어 진행된다. 끝으로 최근의 제3세대 6시그마에서는 고객과 제품·서비스 공급자를 위한 고부가가치 창출 제공에 초점을 맞추어 진행되고 있다.

각 세대별 6시그마 활동의 차별화 분석은 다음의 [표 3-7]과 같다.

[표 3-7] 6시그마 세대별 차이 분석

1세대 6시그마	2세대 6시그마	3세대 6시그마
불량 감소	비용 절감	가치 창출
공급자	고객	고객과 공급자
대규모 제조 산업체 중심	대규모 제조 서비스업종 중심	중·소·대규모 제조· 서비스, 공공업종 중심
블랙벨트 핵심 역할 수행	그린벨트 핵심 역할 수행	화이트벨트 핵심 역할 수행

6시그마 전개 : 1세대 → 2세대 → 3세대

  6시그마 경영은 최고경영자가 경영목표를 달성하기 위해 확고한 의지와 열정을 갖고 직접 진두지휘하여야 한다. 그래서 전사 각 부문에서 발생하고 있는 업무 실수 및 제품 불량을 통계적으로 관리하여 6시그마 수준에 도달하도록 하며, 6시그마 교육과 훈련을 통하여 지속적인 개혁과 변화를 시도하는 것이다. 이렇게 함으로써 기업은 내외부 고객에게 더 좋게·더 빠르게·더 싸게 제품 또는 서비스를 제공하고, 지적자본 극대화·판매증대·수익증대·경쟁력 확보가 가능하게 된다. 결과적으로 6시그마 경영은 종업원만족·고객만족·주주만족을 동시에 향상시키는 전사적 신경영혁신 체계가 확보되는 것이다.

  6시그마 경영에서는 결과를 우선하며, 문화적 변화와 정착이 중요시된다. 6시그마 경영에서 관심을 가지고 추진해야 할 7대 핵심사안을 정리하면 다음과 같다.

- 일체감 조성·동시 참여·주인의식

- 최단 기간 내 핵심적 재무성과 달성
- 제도화를 위한 인프라 구축
- 단기간에 업무 전문가 육성
- 프로세스 개선 방법론 전개
- 공격적 프로젝트 선택과 교육·훈련
- 미래의 지도자 육성

6시그마 경영의 특징으로는 고객의 관점에서 본 결정적 품질 요소인 CTQ(Critical To Quality)의 규명 및 충족을 위한 데이터에 근거하여, 정량적 접근방식을 활용한다는 것이다. 그리고 CEO의 강력한 주도에 의해 전 계층·전 부문의 총체적 참여와 사내 인증제도를 운영하여 챔피언(Champion)·블랙벨트(Master Black Belt; MBB·Black Belt; BB)·그린벨트(Green Belt; GB) 등의 업무추진 전문가를 체계적으로 육성하게 된다.

(2) 추진방법

6시그마는 통계적 기법을 바탕으로 전사적 업무프로세스를 혁신하는 활동이라는 점에서 단위 업무의 개선에 초점을 맞추는 기존의 혁신 활동과는 차이가 있다. 또한 목표설정부터 분석 및 결과에 이르기까지 구체적이고 정량적인 목표설정을 요구하며, 체계적인 방법론으로 진행하는 6시그마는 기존의 품질경영과도 차이를 두고 있다.

6시그마 추진방법은 대표적으로 DMAIC와 DFSS의 2가지 추진방법이 있다. DMAIC는 정의(Define)·측정(Measure)·분석(Analyze)·개선(Improve)·관리(Control)의 영어 머리글자를 따온 것으로, 문제를 도출하고 해결하는 문제해결 방법론이다. 주로 기존 프로세스의 개선에 사용되며, 각 단계별 진행내용은 다음과 같다.

① 정의(Define): 고객과 CTQ 및 핵심 업무프로세스를 정의
② 측정(Measure): 프로세스 측정지표를 정의하고 잠재원인을 도출
③ 분석(Analyze): 문제나 결함의 근본원인과 개선기회를 파악하기 위한 핵심적인 잠재인자를 분석하고 도출
④ 개선(Improve): 문제를 고치고 미리 예방하기 위해 해결책을 설계하여 목표 프로세스를 개선
⑤ 관리(Control): 개선된 프로세스의 성과를 지속적으로 관리

DFSS(Design For Six Sigma)는 제품이나 서비스 설계단계에 적용되는 방법이다. DFSS는 6시그마 수준을 달성하기 위해서는 프로세스 설계부터 근본적으로 완벽을 추구해야 한다는 사상에서 출발하는 방법이다. DFSS 방법론은 정의(Define)·측정(Measure)·분석(Analyze)·설계(Design)·최적화(Optimize)·검증(Verify)의 단계로 진행되며 단계별 내용은 다음과 같다.

① 정의(Define): 프로젝트의 목표와 고객의 요구를 정의
② 측정(Measure): 고객의 요구사항을 측정
③ 분석(Analyze): 고객의 요구사항을 충족시킬 수 있는 프로세스 대안들을 분석 개발
④ 설계(Design): 고객의 요구사항을 달성할 수 있는 프로세스를 상세적으로 설계

⑤ 최적화(Optimize): 설계된 프로세스의 최소비용·최소자원 등을 분석하고 프로세스를 최적화
⑥ 검증(Verify): 설계에 대한 성과를 검증

이외에도 DFSS 방법론은 DCCDI(Define·Concept·Customer·Design·Implement)나 IDOV(Identify·Design·Optimize·Validate) 등의 진행단계로 진행할 수 있다.

(3) 윤리경영 실천과제 지원기능

6시그마 경영을 통한 윤리경영 실천과제 지원의 주요기능은 ①고객만족 실현 및 고객보호, ②기업의 고부가가치 창출과 경쟁우위 확보 계기 마련이고, 구체적 내용은 다음과 같다.

1) 고객만족 실현 및 고객보호

6시그마 경영활동은 기업 프로세스 혁신활동을 통해 제품과 서비스의 품질을 극대화시키고, 동시에 원가도 절감하여 기업의 수익성을 향상시킬 뿐 아니라 고객을 만족시키게 된다. 또한 고객이 요구하는 제품이나 서비스를 고객이 필요로 하는 시점에 제공할 수 있게 되어, 고객의 납품 요구시기 및 요구품질에 대한 신뢰를 지킴으로써, 고객의 프로세스 수행에 차질이 없도록 하여 궁극적으로는 고객을 보호하는 역할을 수행한다. 이러한 6시그마 경영활동은 윤리경영의 기본정신인 이타성에 근거한 사회적 책임을 실천하기 위해, 고객만족·고객보호의 세부 과제로 고객에게 제공하는 제품 및 서비스 품질을 극대화하여 고객만족을 실현하고, 고객요구의 적절한 대

응으로 고객을 보호하는 역할을 수행하게 된다.

2) 기업의 고부가가치 창출과 경쟁우위 확보 계기 마련

최근에 수행되는 제3세대 6시그마 경영활동은 고객과 제품·서비스 공급자를 위한 고부가가치 창출 제공에 초점을 맞추어 진행되고 있다. 이러한 결과 3세대 6시그마 경영활동은 윤리경영의 기본정신인 투명성에 근거한 정도경영의 실천을 위해, 주주권익 중시의 세부 과제로 기업의 고부가가치 창출과 경쟁우위 확보를 계기로 주주가치를 중시하는 경영체제로 전환된다.

3.4 EVP

(1) 개 요

가치제안(Value Proposition)이란 마케팅 용어로서 '고객이 상품과 서비스에 지급하는 비용과 상품과 서비스 제공을 위해 투입하는 비용의 차이'를 의미한다. 회사가 경쟁에서 이기고 더 많은 수익을 창출하기 위해서는 경쟁사보다 높은 가치제안(VP)을 제공해야 한다. 한편 EVP(Employee Value Proposition; 종업원가치제안)는 회사가 우수한 전략적 인재를 유인·유지하기 위해 제공하는 모든 것으로, 기업은 인재경쟁에서 우위를 차지하기 위해 시장에서 존중받을 수 있는 명확한 EVP를 제공해야 한다.

따라서 EVP란 회사가 추구하는 직장 이미지의 핵심적 요인으로서, 회사가 어떤 보상가치 요인에 초점을 두고 인재들을 처우할 것인가 하는 종업원가치 제공의 요구 포인트이다. 즉, 종업원이 회사의 일원으로 일하면서 경험하고 부여받게 되는 일에 대한 만족감·자신이 다니는 회사의 자부심·자기개발의 기회·합리적이고 매력적인 보상 등 회사가 종업원에게 제공하는 일체의 가치를 의미하고 있다.

EVP는 회사의 핵심가치와 반드시 연계되어야 하며, 시장·고객·경쟁사·정치/기술적 요인들이 고려된 문화적 관점에서 정리되어야 한다. 그리고 회사의 내부와 외부 모두에게 홍보되어야 하며, 시간 변화에 따라 지속적으로 검토되고 수정되어야 한다. 특히 시장에서 항상 스카우트 대상이 되고 있는 기업의 전략적 인재군에 포함된 고성과자의 니즈를 잘 반영해야 한다.

EVP에서는 회사의 고용브랜드 이미지를 높이기 위해서 구성원에게 어떤 가치를 제공할 것인지, 그리고 회사는 내외부 인재들에게 경쟁사와 어떤 차별적인 가치를 제공할 것인지를 분명히 하여야 한다.

EVP에서는 종업원의 전반적 회사만족도 수준과 회사의 세부 항목들에 대한 만족·불만족을 정기적으로 점검하게 된다. 회사 내적으로는 향후 직원이 원하는 방향으로 회사의 관리방식을 개선하여 직원만족수준을 높임으로써, 우수한 인력이 유출되는 것을 방지하고자 하는 것이다. 회사 외적으로는 외부 우수인력의 확보를 용이하게 하도록 좋은 회사라는 이미지를 구축하기 위해 추진하는 것으로, 궁극적으로 고객만족 증대로 회사경쟁력을 높이는 것을 목적으로 하게 된다.

EVP는 각 기업이 중점적으로 제공하고자 하는 가치요인에 따라 다양한 형태로 구성된다. 각각의 EVP 유형은 회사의 업종 특성·인력 특성·확보하고자 하는 목표인재 등에 따라 달리 구성할 수 있다. 일반적으로 기업이 제공하는 가치 중심에 따라 EVP 유형은 보상가치 중심형·일 중심형·삶의질 중시형·가족지향형 등으로 구분할 수도 있다. 예로서 금전적 보상가치에 중점을 두어 유형을 정리하면, EVP를 금전적 보상가치 강조형·비금전적 보상가치 강조형·그리고 이를 모두 포괄하는 형태의 3가지 유형으로 구분해볼 수 있으며, 내용은 다음과 같다.

1) 금전 보상가치 중심의 EVP

금전적 보상가치를 강조하는 형태는 '열심히 일해서 성과를 내면, 그에 상응하는 대가로 최고의 보상을 받을 수 있는 기업, 철저한 성과지향 회사'라는 EVP를 내외부에 각인시키고자 하는 것이다. 구성원 스스로가 자신의 시장가치를 가늠하는 잣대로 인식하는 동시에, 회사로부터 충분히 대우받고 있다는 느낌을 주는 매우 중요한 요소이기 때문이다.

2) 비금전적 보상가치 중심의 EVP

기업구성원의 마음을 움직이게 하는 요소로는 금전적 보상 이외에도 비금전적인 요인이 매우 큰 영향을 미치는데, '재미있고 도전적인 일을 할 수 있는 직장'·'개인의 미래 성장 비전을 제시할 수 있는 직장'·'경영진의 질이 우수한 직장'이라는 의미를 강조한다.

3) 포괄형 EVP

금전적·비금전적 보상가치 요인을 모두 포괄해 강조하는 형태이다. 종업원에게 높은 성과 창출을 요구하는 대신 탁월한 성과를 내는 사람에게는 파격적인 보상을 해주어, 일과 삶의 균형과 개인성장을 적극 배려하는 형태이다.

(2) 추진방법

EVP는 앞에서 설명한 바와 같이 회사의 업종 및 인력 특성·채용목표인재 등에 따라 다르게 형태를 구성할 수 있다. 회사가 전략적으로 제품혁신에 의한 차별화가치 제공을 원한다면, 연구개발 인력·디자이너 등을 목표로 해야 하며, 운영효율성을 중시하는 경우에는 제조엔지니어·물류 및 유통전문가 등에 초점을 맞추어야 한다. 또한 고객을 중시하는 경우에는 영업인력·CRM전문가 등이 중심이 된다.

기업의 EVP의 유형에 따라 중시해야 할 내용을 일반적으로 정리해보면 다음과 같다.

- 보상 중심형: 보상 형평성 · 성과급 제공 · 상위수준 급여 · 스톡옵션 제도 등
- 일 중심형: 도전적 업무부여 · 하이테크 기술업무 도전 · 업무 리스크 용인 · 대폭적 권한이양 · 고수준 관리능력 등
- 삶의질 중시형: 적정한 업무시간 · 복리후생 제도 · 동호회 활동 · 출장 최소화 · 회사위치 등
- 가족지향형: 회사위치 · 유연한 업무시간 · 복리후생 제도 · 유아/어린이 보호시설 등

회사는 기업의 핵심역량 강화를 위해 필요한 인력들을 적극적으로 확보하고 유지해야 하며, 이를 위해 기업의 새로운 EVP 정의가 필요하다. EVP 정의를 위해서는 기업 내부의 프로젝트팀 구성이 필요하며, 이를 통해 EVP의 성공속성을 도출하여 진행되어야 한다. 성공속성을 통해 기업의 EVP 영역을 도출하게 되며, 예를 들어 회사성장과 평판 · 리더십 · 도전적인 업무 · 구성원 개발과 성장 · 경쟁력 있는 전체의 보상 패키지(Total compensation package) · 내부 공동체 형성 등과 같은 EVP 영역을 도출하는 것이다. 그리고 이러한 EVP 영역은 핵심 인재군에 대한 조사를 통해 격차를 확인하고, 격차해소를 위한 세부적인 실행계획으로 구체화되고 실천되어야 한다.

[그림 3-27] EVP 설문조사 및 결과활용

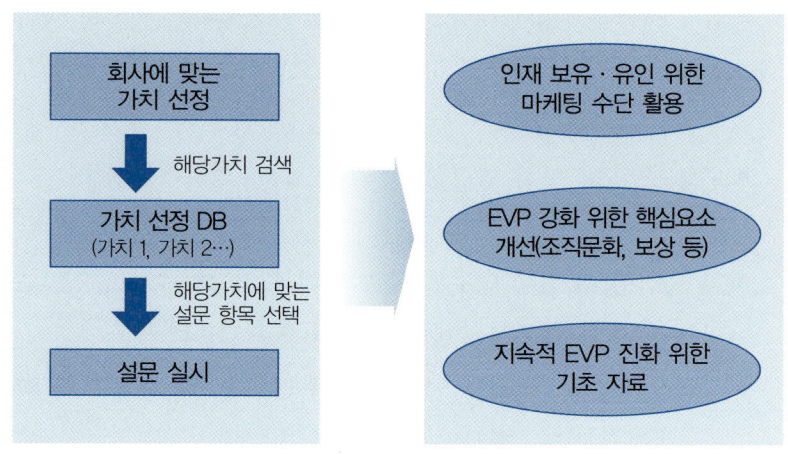

　기업은 지속적인 EVP관리를 위해 IT활용이 필수적이며, 온라인 조사를 통해 일정기간을 단위로 실시간 조사와 분석을 수행하는 효율적인 방식이 필요하다. EVP를 위한 설문조사는 각 회사별로 조직의 특성에 맞는 가치를 선택한 후, 선택한 가치에 맞는 설문항목을 개발하여야 한다. 그리고 설문결과에 의해 종업원 만족도를 측정하며, 측정결과는 인재확보 및 유지의 전략수립에 활용되어야 한다. 위의 [그림 3-27]은 EVP 설문조사와 결과의 활용에 대한 것을 그림으로 표현한 것이다.

　EVP를 성공적으로 추진하기 위해서는 직무적 측면 · 회사에 대한 자부심 · 자기계발 · 합리적 보상제도 등과의 적절한 연계가 필요하다. 즉, 직무적인 측면에서는 자신의 업무가 가치와 흥미가 있고, 도전적이며, 열정을 품을 수 있어 일에 대한 본연의 만족감을 느낄 수 있어야 한다. 그리고 훌륭한 리더에 의해 비전이 있고 경영이 잘 되는 회사로서, 성과를 중요시하는 문화와 투명하고 신뢰할 수 있는 환경을 갖는 회사라는 자부심을 가질 수 있어야 한다. 또한 종업원의 성장을 위해 경력개발과 학습기회의 제공이 중요하며, 금전적인 부분뿐만 아니라 비금전적 보상도 중요하게 된다.

바람직한 EVP정립을 위해서는 선택과 집중의 관점에서 접근해야 한다. 어떠한 기업이라도 EVP의 다양한 가치 요소를 모두 완벽하게 제공할 수는 없는 것이다. 실질적 강점을 중심으로 EVP를 강조해야 할 것이다. 또한 EVP를 통해 회사가 원하는 인재가 어떤 사람인지, 회사가 추구하는 가치가 무엇인지를 분명히 해야 하며, 기업의 현실에 맞는 EVP전략을 수립해야 한다.

(3) 윤리경영 실천과제 지원기능

EVP가 윤리경영 실천과제를 지원하는 주요기능은 ①업무에 대한 만족도 향상과 성취감 제고, ②핵심가치 전파 및 공유로 진취적 기업문화 창달 등이 있으며, 구체적 내용은 다음과 같다.

1) 업무에 대한 만족도 향상과 성취감 제고

EVP는 기업이 중시하는 가치의 향상과 더불어 종업원이 느끼는 가치를 향상시키기 위해 니즈를 파악하고, 필요한 대응책을 실천함으로써, 구성원의 업무에 대한 만족도 향상과 일에 대한 성취감을 높여 생산성 향상과 고객만족도 향상을 도모할 수 있게 된다. 이러한 EVP의 기능은 윤리경영의 기본정신인 합리성에 근거한 직업윤리의 실천을 위해, GWP · QWL의 세부 과제로 업무에 대한 만족도 향상과 성취감을 높일 수 있는 계기를 마련해준다.

2) 핵심가치 전파 및 공유로 진취적 기업문화 창달

EVP는 회사의 핵심역량에 맞는 가치를 선정하여, 구성원이 이를 달성토록 지원하는 전략적 가치 제공의 역할을 수행한다. 결국 EVP는 회사의 핵심가치를 종업원이 공유하고 전파하는 데 일조하는 역할을 담당하게 된다. 이러한 지원 기능은 윤리경영의 기본정신인 합리성에 근거한 직업윤리의 실천을 위해, GWP · QWL의 세부 과제로 핵심가치를 전파 및 공유하고, 진취적 기업문화를 창달함으로써 함께 일하는 즐거움을 가지도록 한다.

3.5 멘토링

(1) 개 요

멘토(Mentor)라는 말은 고대 그리스의 신화에서 유래되었다. 고대 그리스 이타이카의 왕인 오디세우스가 트로이전쟁을 떠나며, 자신의 아들인 텔레마코스를 친구인 멘토(Mentor)에게 보살펴달라고 부탁하고 떠났다. 전쟁에서 돌아오기까지 친구는 아들 텔레마코스를 친구·선생님·상담자, 때로는 아버지처럼 잘 돌보아주었다. 이후로 멘토라는 그의 이름은 지혜와 신뢰로 한 사람의 인생을 이끌어주는 지도자라는 의미로 사용하게 된 것이다.

기업에서 사용하는 멘토링(Mentoring)은 업무를 통해 인재를 육성하는 활동으로 정의할 수 있다. 업무에 대해 풍부한 경험과 전문지식을 갖고 있는 사람이 일대일로 전담하여 멘티(Mentee; 구성원)를 지도·코치·조언하면서 실력과 잠재력을 개발하고 성장시키는 활동이라 할 수 있다. 이러한 결과 구성원 상호존중 문화가 형성되어 상사와 부하·선후배 간의 업무가치를 공유하고, 업무만족과 성취감을 제고하여 진취적 기업문화를 창조하게 되는 효과를 가지게 된다.

기업의 멘토링 추진 효과는 조직은 물론 멘토나 멘티에게 많은 장점을 제공해주게 된다. 먼저 조직차원의 효과로는 지식의 이전, 회사의 핵심가치나 조직문화를 강화·유지하는 데 기여, 인재육성, 우수인력의 유치와 유지가 있다. 멘토링은 멘토와 멘티의 개인적 차원에서도 효과를 가져다준다. 신입사원이 회사생활에 신속한 적응을 하는 데 도움을 주며, 상사나 동료와의 관계 등과 같은 전반적인 회사생활에 자신감이 생기고, 담당 업무에 대해서도 관련 지식과 스킬의 빠른 습득이 가능하게 된다.

(2) 추진방법

기업의 멘토링제도가 활성화되어 멘티가 멘토와 같은 우수인재로 육성되기 위해서는 상호 간의 긴밀한 유대관계가 조성되어야 한다. 특히 우수인재 육성을 위한 일정한 원칙을 준수하여 진행되는 것이 바람직하다. 멘토링을 진행하는 일반적 원칙은 다음의 5가지로 정리할 수 있다.

1) 상호 파트너 선정 원칙: 한 사람의 멘티는 전담할 한 사람의 멘토를 선정한다.
2) 멘티 중심의 관계 형성: 멘토링 기간 동안은 멘티 중심의 일대일 관계를 맺도록 한다.
3) 멘토의 최대 역량 전수: 멘티의 업무와 직장생활에 관한 전반적 내용을 제시, 조언할 수 있는 멘토의 최대역량을 전수한다.
4) 단계적 전인교육 실시: 멘티의 잠재역량을 발견하고, 인성·적성·지성의 순으로 개발토록 유도한다.
5) 차세대 리더로 성장 지원: 멘티가 역량을 갖춘 차세대 기업의 리더로 성장할 수 있도록 지원한다.

기업의 멘토링 추진단계는 대상자인 멘티의 현 수준에 따라 다른 방법이 적용되어야 하며, 통상적으로 신입사원 수준부터 추진단계를 살펴보면, 신입단계·성장단계·유지단계·리더성장 단계로 구분할 수 있다.

신입단계에서는 멘토링의 목표를 신입사원 적응과 정착력 향상에 기준을 맞추어야 하며, 다음으로 성장단계에서는 담당업무의 조기 숙지와 실행에 초점이 맞추어져야 할 것이다. 유지단계에서는 기본적 역량을 갖춘 인력의 유지를 위한 전략이 필요하며, 여기서는 경력개발 촉진·제품품질 향상·영업스킬 향상·서비스 스킬 향상·지식기술 이전 촉진·노사화합 촉진·여성인재개발 등 기업의 현실에 적합한 역량을 강화하는 데 멘토링의 목표를 정하고 진행해야 한다. 끝으로 리더로서의 성장단계에서는 핵심인재 개발과 협력업체까지 경영을 지원할 수 있는 역량 강화에 초점이 맞추어져야 할 것이다.

기업의 멘토링 정착화를 위해서는 일정한 활동비 지원·멘토링 지정일(Day) 운영·우수커플 시상 등의 활성화 대책이 필요하다. 또한 멘토링 운영관리를 단계적으로 구분하여, 1단계에서는 안정된 생활 유도 및 조직 내 조기 정착, 2단계에서는 현업 업무수행능력 및 직무역량 향상과 더불어, 단계별 적절한 모니터링 및 피드백을 실시할 필요가 있다. 3단계에서는 주기적 평가와 최종평가를 실시하고, 최종 단계에서는 우수자에 대한 포상 및 사례발표를 통해 멘토링 종료식을 진행하는 것이 효과적이다.

(3) 윤리경영 실천과제 지원기능

멘토링제도가 윤리경영 실천과제를 지원하는 주요기능은 ①핵심가치 전파와 공유로 함께 일하는 즐거움 조성, ②업무수행능력 개발 및 강화로 직무책임수행 가능 등이 있으며 구체적 내용은 다음과 같다.

1) 핵심가치 전파와 공유로 함께 일하는 즐거움 조성

멘토링은 회사의 핵심가치나 조직문화를 강화하고 유지하는 데 기여하여, 기업 공통의 문화적 가치나 회사가 기대하는 바를 구성원의 마음속에 심어줌으로써, 공동체 의식과 회사에 대한 몰입을 강화시키는 효과가 있다. 결과적으로 구성원은 멘토링을 통한 진취적 기업문화 형성으로 함께 일하는 즐거움을 가지게 된다. 이러한 멘토링의 지원기능은 윤리경영의 기본정신인 합리성에 근거한 직업윤리의 실천을 위해 GWP · QWL의 세부 과제로 핵심가치 전파와 공유, 진취적 기업문화 창달을 통한 함께 일하는 즐거움을 조성하는 계기가 된다.

2) 업무수행능력 개발 및 강화로 직무책임수행 가능

멘토링을 통해 구성원은 업무 및 직장생활 관련 지식과 경험을 보다 빨리 습득하여 단기간에 업무능력 향상과 회사생활의 긍정적 적응이 가능하게 된다. 특히 새로운 지식과 다양한 관점에 대한 이해와 학습이 가능하여, 담당 직무 수행능력을 강화하게 되고, 이를 통해 직무의 성실한 완수가 가능해진다. 이러한 멘토링의 지원기능은 윤리경영의 기본정신인 합리성에 근거한 직업윤리의 실천을 위해 주인의식 · 프로정신의 세부 과제로 업무수행능력을 개발하고 강화하여 책임 있는 직무수행이 가능하게 된다.

3.6 CSI

기업이 제품과 서비스를 고객의 기대수준에 맞도록 제공해야 하는 것은 아주 중대한 과제이다. 이에 따라 많은 기업 및 조직에서는 고객만족도의 제고, 즉 고객만족경영을 주요 이슈로 삼고 있는 추세이다. 고객만족경영은 고객의 기대수준에 대한 기업의 대응수준을 한 단계 높이는 혁신기법이다.

고객만족경영은 다음 [그림 3-28]의 프레임워크에서 보는 바와 같이 고객의 만족수준 평가를 통해 개선 및 혁신의 방향성을 정의하고 이를 실천할 수 있는 대표적인 기법이다. 1980년대 처음 제기되어 지금은 기업의 핵심 역량으로 자리 잡은 고객만족경영은 많은 기법과 사례를 통해 적용되고 있다.

[그림 3-28] 고객만족경영의 프레임워크

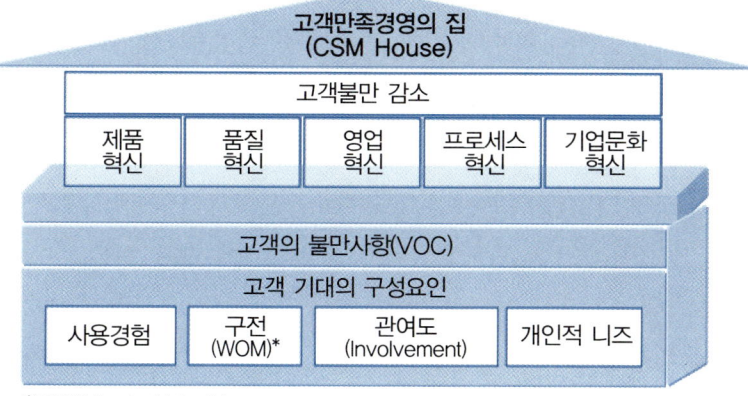

*WOM(Word of Mouth)

(1) 개 요

고객만족도는 극심한 경쟁상황에 처해 있는 기업이나 조직이 제품이나 서비스의 품질을 향상시킴으로써, 고객의 충성도와 이탈을 방지하는 데 아주 중요한 평가요인으로 자리 잡고 있다. CSI(Customer Satisfaction Index; 고객만족도지수)는 고객만족도를 평가하는 여러 방법 중 하나로 널리 사용되고 있으며, 이용자들을 대상으로 서비스가 제공되는 과정에 대한 품질의 평가 시 유용하게 사용되는 대표적 지표이다.

1) CSI의 필요성 및 범위

CSI는 고객만족경영을 실행하기 위한 핵심개선전략을 도출·수립하기 위한 수단으로서, 다양한 요소로 구성된 고객만족요소를 수치적으로 평가하고자 하는 과정이다. CSI는 제품/서비스의 특성과 시설·환경 및 프로세스 등을 중심으로 평가해야 하는데, 이의 주요 구성항목은 제품/서비스의 본원적 품질·인적 요소·제품 및 서비스의 전달과정·환경적 요소·A/S 및 클레임 속성 등으로 구성된다.

CSI는 기업의 고객과 관련된 경영활동을 성공시키기 위한 개선요소를 찾아내고 혁신의 도구로 삼는데 그 목적을 두고 있어 정기적·정량적·객관적 조사의 3가지 원칙을 통해 수행된다. 즉 ①정기적인 조사를 통하여 고객만족의 경향을 파악하고, ②개선노력의 성공여부를 점검하고 피드백해야 하며, ③수량적으로 파악하려는 노력을 통해 고객의 기대와 실질적 만족수준의 차이(Gap)을 파악할 수 있어야 한다. 또한 CSI전문가에 의한 객관적인 조사를 통해 관계자 모두가 공감할 수 있는 합리적 체계 및 근거를 제시하여야 한다.

2) CSI의 정의

CSI는 고객에게 판매 혹은 서비스되고 있는 것에 대해 고객이 얼마나 만족하고 있는지의 여부를 파악하는 것이다. 즉, 고객만족의 성과를 재는 기준으로서 고객의 객관적인 평가를 통해, 고객의 기대와 욕구 및 자사(自社)와 경쟁사간의 위치를 정량적으로 측정하여 지수화(Index)하는 것을 의미한다. 조사에서 나타난 지수를 통해 다음의 [그림 3-29]와 같은 과정을 통해, ①고객가치의 파악 · ②고객만족의 전략적 변수 도출 · ③결과의 전략적 활용의 단계를 수행하게 된다.

한편 지수는 단일 측정항목에 대한 평가값을 이용하거나, 2개 이상의 측정항목에 대한 평가값을 이용해서 산출하게 된다. 이 경우, 단일 항목에 대한 지수는 항목에 대한 평균값을 이용하게 되지만, 2개 이상의 측정항목인 경우 각 항목에 대한 가중치를 통해 지수를

[그림 3-29] CSI의 단계

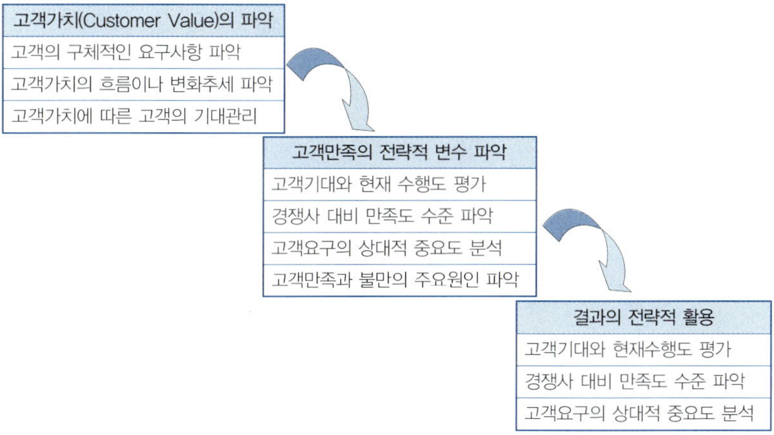

고객가치(Customer Value)의 파악
고객의 구체적인 요구사항 파악
고객가치의 흐름이나 변화추세 파악
고객가치에 따른 고객의 기대관리

고객만족의 전략적 변수 파악
고객기대와 현재 수행도 평가
경쟁사 대비 만족도 수준 파악
고객요구의 상대적 중요도 분석
고객만족과 불만의 주요원인 파악

결과의 전략적 활용
고객기대와 현재수행도 평가
경쟁사 대비 만족도 수준 파악
고객요구의 상대적 중요도 분석

결정한다. 이는 나타내고자 하는 항목에 대해 어느 측정항목이 보다 영향을 많이 주는가를 고려하기 때문이다.

3) CSI 조사 프로세스

CSI 조사 프로세스는 [그림 3-30]과 같이 보편적으로 5단계에 걸쳐 진행되며, 꾸준하고 지속적인 피드백 과정이 동반되어야 성공적으로 수행할 수 있다. 또한 각 부분에 대한 절대적인 점수보다는 점수변화의 추이, 즉 개선률을 중요하게 평가한다. 이는 고객만족경영의 개념 자체가 만족불일치 패러다임에 그 근원을 두고 있는 점에서 기인한다.

[그림 3-30] CSI 조사 프로세스

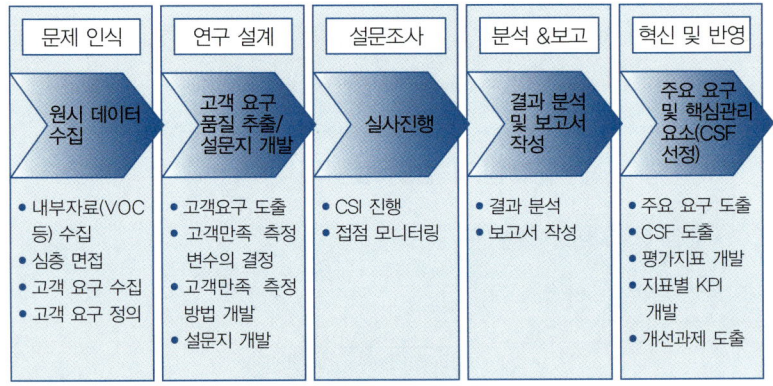

(2) CSI(Customer Satisfaction Index) 모델 : ACSI 모델

대표적인 CSI 측정모델인 ACSI는 미국품질연구회와 미시간 대학의 국가품질연구소가 1994년에 개발했으며, 1989년 개발된 SCSB의

[그림 3-31] ACSI Model

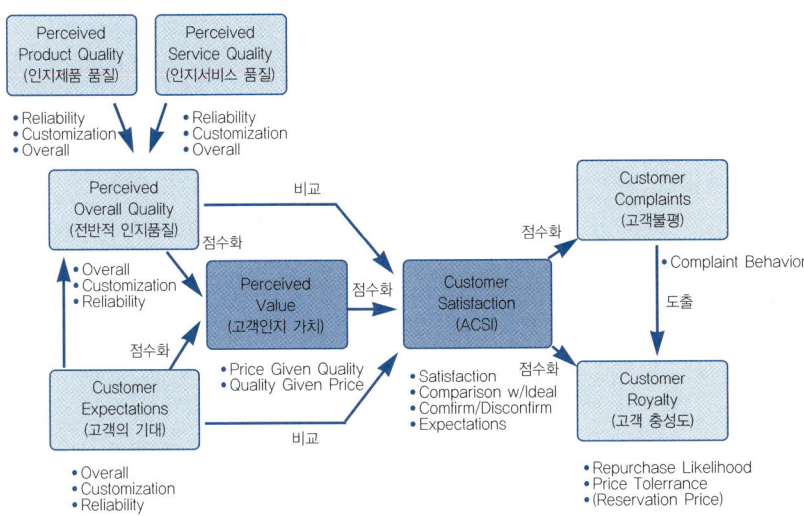

 모델링과 설문 방법론을 기초로 [그림 3-31]과 같이 진행된다. 현재 ACSI는 미국의 산업 전반에 걸친 소비재 제품이나 서비스의 품질에 대한 고객의 만족도를 동일한 기준을 적용하여 측정함으로써, 동일 산업 내의 기업 간, 나아가 다른 산업 간의 고객만족도를 비교할 수 있게 하여, 타 산업 혹은 국가의 제품 및 서비스의 품질에 대한 벤치마킹을 가능하게 해주는 경제지표로 이용되고 있으며, 유럽 및 아시아에서도 이를 도입해 적용하고 있다.

 ACSI는 실험을 통해 검증된 다수의 방정식, 계량경제학적인 모델을 사용하여 고객만족 수치를 제공한다. 이 조사는 RDD(Random-Digit-Dial)에 의한 전화조사방식으로 이루어지며, 전화 소유 가구를 대상으로 한다. 또한, 해당 회사의 제품이나 서비스를 구매하거나 소비한 경험이 있는 대상자를 대상으로 한 회사당 250명 정도의 표본 크기를 이용한다.

ACSI는 Manufacturing Nondurable · Manufacturing Durable · Transportation & Communications & Utilities · Retail · Finance & Insurance · Services · Public Administration & Government 등의 7개 분야에 대한 제품 및 서비스의 품질을 측정하게 되는데, 이는 40여 개의 산업과 200여 개의 브랜드가 아닌 개별적인 회사와 에이전시를 그 대상으로 한다. 앞의 [그림 3-31]은 ACSI에서 사용되는 측정변수를 나타낸 것이다.

시장 품질의 성과지표에는 고객만족도를 나타내는 전반적 고객인지 품질 · 구매 전 품질에 대한 고객기대 · 고객인지 가치가 있으며, 수익성 예측지표는 고객만족도를 나타내는 고객불평과 고객충성도로 구성된다.

ACSI Model 이외에도 국내에서 개발된 NCSI(한국생산성본부/미시간대학) · KCSI(한국능률협회) 등이 CSI 측정모델로 활용되고 있다.

(3) CSI의 왜곡

CSI는 기업의 성공적인 개선요소를 찾아내고 혁신의 도구로 삼는데 그 목적을 두고 있어 정확하고 최신의 데이터를 필요로 한다. 따라서 CSI 조사결과가 왜곡될 경우 전혀 엉뚱한 결과가 도출되며, 이를 평가 및 개선과정에 적용하게 되면 평가 자체에 대한 불신과 서비스 개선이 이루어질 수 없게 된다. 따라서 [표 3-8]과 같이 CSI조사과정에서 발생할 수 있는 일반적인 왜곡의 유형에 대한 이해를 참고하여 실질적으로 분석과정에서 검증할 필요가 있다.

[표 3-8] CSI 일반적 왜곡 유형

왜곡 유형	사례
설문대상자 선정	유리/불리한 결과가 도출될 수 있는 사람들을 대상으로 선정
설문시기	서비스를 제공하는 측에 유리/불리하게 점수가 나올 수 있는 특정 시점을 측정기간으로 채택
설문내용	설문내용을 당사자에게 유리/불리한 쪽으로 변경
분석방법의 변형	통계처리방법을 변경해 유리/불리한 결과만을 도출
설문대상자에 대한 로비	설문대상자들에게 부탁 혹은 향응 제공

(4) 윤리경영 실천과제 지원기능

1) 고객만족 수준진단을 통한 방향성 설정

① 조직목표 설정의 용이

CSI는 대고객 서비스 및 제품에 대한 고객만족지표로서 측정하고자 하는 대상 고객(Targeted Customers)의 만족 수준을 평가함으로써, 향후 개선사항이나 TO-BE 모델을 설정하는 것이 용이하다. 이를 통해 조직의 개선 목표를 결정하고, 나아가야 할 방향을 설정하는 데 유용하게 활용된다.

② 확장의 용이

CSI는 여러 요소(Factor)의 혼합을 통해 생성되어진 지표로서 요소의 추가 및 수정·삭제 등이 용이하다. 따라서 새로운 이슈

사항이나 고객의 요구사항에 따라 발생한 항목을 손쉽게 최적화할 수 있다.

2) 다양한 분석 형태 및 설정 [지표의 활용]

- 지표는 그 특성상 가지고 있는 수준평가 방법을 다양하게 활용할 수 있다. 비교를 원하는 대상을 100으로 설정하고, 이에 따라 현재 수준을 평가할 수 있다. 이후 평가결과에 따라 부족한 부분을 찾아내고, 개선 여부를 판단할 수 있다.
- 또한, 절대값을 평가함으로써 현재 조직이 추구하고 있는 수준을 평가할 수 있다. 100점 만점을 둔 상태에서 각 조직의 평가항목 수준을 분리하여, 약점과 강점을 손쉽게 찾아낼 수 있으며, 주요 개선방향을 설정하는 데 도움이 된다.
- CSI는 추진 방향을 달성하는 데 있어 중요한 항목이 포함된 경우 가중치를 부여할 수 있는 구조로 되어 있어, 기업이 나아가고자 하는 방향성을 지표에 포함시킬 수가 있다. 이를 통해 TO-BE 달성을 위한 성과지표로도 활용될 수 있다.

3.7 EVA/VBM

(1) 개 요

경제적 의미로 가치(價値, Value)란 재화나 서비스를 사용함으로써 느끼는 만족감의 크기로 해석할 수 있으며, 부가가치(附加價値, Value added)는 개개의 기업 또는 산업이 생산과정에서 새로이 부가한 가치를 의미하는 것이다. 기업의 궁극적 목표는 투자자금의 기회비용을 상회하는 생산성을 지속적으로 확보함으로써 기업가치를 극대화하는 것이다. 기업가치는 기업이 벌어들일 미래의 현금 흐름의 크기·발생시기·지속기간 및 불확실성을 고려하여 현재가치로 환산한 것이다. 즉, 장기적 관점에서 대차대조표와 손익계산서상의 모든 현금흐름을 대상으로 위험을 감안하여 측정되기 때문에 가치는 어떤 다른 척도보다 포괄적이고 완벽한 정보라고 할 수 있다.

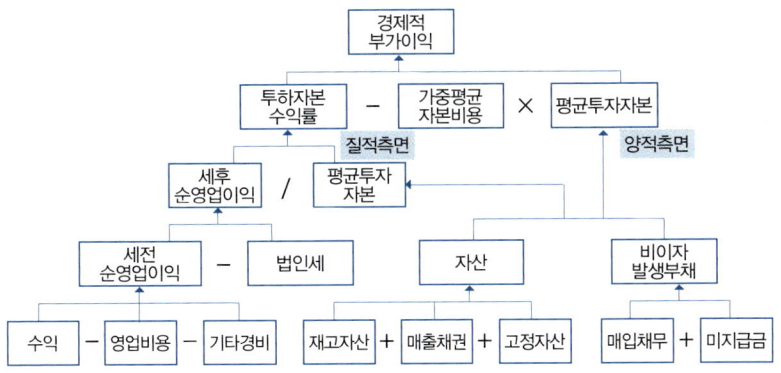

[그림 3-32] EVA 계산방식

기업가치의 극대화는 곧 주주가치의 극대화를 의미하고, 이것은 효율적으로 운영되는 자본시장에서는 주가의 극대화로 표현될 수 있다. 기업의 가치를 평가하는 방법으로 EVA(Economic Value Added; 경제적 부가가치) 산출기법을 이용할 수 있다. EVA는 경우에 따라 EP(Economic Profit; 경제적 이익)라고 불리기도 하며 구체적 계산방식은 앞의 [그림 3-32]와 같다.

EVA는 기존의 회계적 이익을 보완해주기 위한 지표로서, 기존의 회계지표에 비해 이익과 자본의 계산에 기업 본연의 영업활동과 관련된 금액을 포함함으로써, 순수한 영업활동의 성과를 평가하는 지표라는 특성을 가지고 있다. 기업의 전체 가치는 투하자본과 주주에게 돌아가는 잔여이득인 EVA의 현재가치(MVA)의 합으로 계산되는 것이다. EVA에 의한 기업가치 평가는 EVA의 구성요소와 그 금액을 파악함으로써, 현재가치 개념에 의해 전체 기업가치를 추정하는 방법이 된다.

기업의 궁극적 목표를 기업가치 극대화에 두고, 기업의 각종 의사결정이나 부문의 목표와 성과를 가치로 측정하는 경영기법을 VBM(Value-Based Management; 가치창조경영)이라고 한다. 기업의 각종 의사결정이나 경영계획, 경영관리를 가치 기준으로 수행하여, 기업 전체 가치를 제고하고자 하는 경영방식이다. 기업가치란 기업이 소유한 자산뿐만 아니라 영업권·기술력과 같은 무형의 자산도 포함하는 개념이다.

결국 기업의 가치란 유무형의 자산들을 시가로 환산한 총자산가치를 의미하는 것이며, 기업가치의 변동은 자기자본가치에 반영되어 시장에서 주가로 평가된다. 따라서 VBM이란 자기자본가치 혹은 주가를 극대화하는 경영기법이라고 해석할 수도 있다. VBM에서 중요시하는 경영지표는 시장부가가치(MVA)·경제적 부가가치(EVA)·투하자본이익률(ROIC)·자기자본이익률(ROE)·매출액 영업이익률 등이 있다.

(2) 추진방법

VBM은 가치평가를 바탕으로 기업의 사업내용과 업무를 재창조해 나가는 과정이 더 중요한 과제이다. 이에 따라 VBM은 기업구성원이 가치지향적인 사고를 가지는 것이 필요하며, 단순한 손익계산서상의 이익수치뿐만 아니라, 장기적 관점에서 기업에 영향을 미치는 요소에도 관심을 가지고 있어야 한다. 기업에서 VBM 체제를 확립하기 위해서는 일반적으로 ①핵심가치 창출 요소의 발견, ②전략수립, ③목표설정, ④실행계획과 예산의 설정, ⑤성과평가와 인센티브 시스템 구축, ⑥가치창조경영의 실행, ⑦가치창조경영 유지의 7단계 과정을 거치게 되며 단계별 내용은 다음과 같다.

1) 1단계: 핵심가치 창출 요소의 발견

가치창조경영에 있어 가장 중요한 부분은 기업의 어떠한 부분들이 가치향상에 기여하는가에 대한 핵심가치 창출 동인(Key value driver)을 찾아내는 것이다. 조직구성원이 달성할 임무를 구체적으로 할당하는 것은 핵심가치 창출 동인에 따라 결정되어야 한다. 그리고 동인들은 실행할 수 있는 구체적 목표들로 설정해야 하며, 중요한 것은 기업 혹은 주주가치에 특히 중대한 영향을 주는 동인들을 찾아내는 것이다. 핵심가치 창출 동인의 발굴은 많은 창의적인 사고와 시행착

오를 요구하는 창조적인 작업이며, 동인 상호 간의 영향을 고려하여 독립적 파악보다는 유기적 연관관계 분석을 통한 파악이 중요하다.

2) 2단계: 전략수립

2단계에서는 기업가치 극대화라는 관점에서 기업 전략을 도출하게 된다. 우선 전사적 관점의 전략은 어떠한 사업을 추진해야 하는지, 사업단위 간의 시너지 효과를 어떻게 창출하고, 자원을 어떻게 배분할 것인가 하는 문제를 다루게 된다. 전략의 선택은 여러 대안을 수립하고 가장 가치 높은 대안을 선정하는 것이다. 전략을 수립할 경우 고려해야 할 평가요소는 다음과 같다.

- 전략의 가치를 결정하는 핵심적인 가정과 전략의 가치평가 결과
- 기각된 전략의 가치와 기각 사유
- 전략수행에 필요한 자원
- 전략의 핵심가치 창출 동인과 계획실행으로 인한 성과 추정치
- 경쟁위협 및 사업기회에 대한 선택적 시나리오 분석

3) 3단계: 목표 설정

3단계에서는 전략수행을 위한 장·단기 목표를 설정하게 된다. 목표는 조직구성원에게 동기를 유발하는 역할을 하므로 목표설정 시에는 다음과 같은 원칙에 유의할 필요가 있다.

- 목표는 해당 사업단위의 핵심가치 창출 요소에 근거해야 하며, 재무적인 목표 이외에 비재무적인 목표를 포함

- 기업의 하부조직 단계에 따라 그에 해당하는 세부적인 목표를 설정
- 단기적인 목표는 장기적인 목표와 연관하여 설정

4) 4단계: 실행계획과 예산의 설정

4단계에서는 조직이 목표를 달성하기 위해 단기적 기간에 걸쳐 조직적으로 취해야 할 실행계획을 수립하는 것이다. 또한 계획의 실행을 위해 필요한 자원을 할당해야 한다.

5) 5단계: 성과평가와 인센티브 시스템 구축

기업구성원의 실적을 점검하는 성과평가와 조직목표를 달성하도록 격려하는 인센티브 시스템 구축이 5단계에서 필요하다. 각 부문에 대한 성과평가는 핵심가치 창출 동인에 집중되어야 하며, 성과평가를 위한 일반적 원칙은 다음과 같다.

- 사업단위별 특성을 고려하여 다양한 방법으로 성과평가 실시
- 기업의 장·단기 목표와 부합되는 성과지표 필요
- 핵심가치 창출 동인에 근거하여 재무적 지표와 실무적 지표를 동시에 성과지표로 활용
- 경영의 리스크를 조기 경보할 수 있는 성과지표 활용

인센티브는 기업의 모든 구성원이 가치를 창출하도록 유도할 수 있는 합리적 인센티브 제도로 설계되어야 한다.

6) 6단계: 가치창조경영 실행

6단계는 본격적인 가치창조경영을 실행하는 과정이다. 가치창조경영을 실행하기 위해서는 우선 구성원의 의식전환 과정이 필요하다. 변화관리를 위해서는 교육이나 연수를 통해 방법을 가르치고, 가치창출의 수단 및 도구를 개발하며, 가치평가 프로그램의 사용에 익숙해지도록 하는 훈련이 필요하다. 그리고 가치창조경영은 가치와 성과중시의 기업문화를 바탕으로 실행하는 것이며, 더불어 상의하달과 하의상달에 의한 양방향 커뮤니케이션, 적절한 인센티브 제도의 활용으로 효과적 전개가 중요하다.

7) 7단계: 가치창조경영 유지

7단계에서는 가치창조경영의 분위기를 기업의 문화로 정착시키는 과정이다. 가치창조경영이 실행되면 그것이 계속적으로 기업의 의사결정과 관리에 활용될 수 있도록 유지해야 한다. 또한 지난 경험을 바탕으로 피드백을 통해 그 방법과 내용을 지속적으로 개선해 나가야 한다. 그리고 구성원에 대한 계속적인 교육과 지원이 뒤따라야 한다.

(3) 윤리경영 실천과제 지원기능

가치창조 기법인 EVA와 가치창조에 중점을 두고 경영하는 VBM이 윤리경영을 실천하는 주요기능은 기업의 시장가치를 높임과 동시에 주주가치를 창조하여 경쟁우위 확보에 의한 선순환(善循環) 성장 지원, 현재 및 미래 정보 제공으로 회계정보 목적 적합성 기능 수행이며, 구체적 내용은 다음과 같다.

1) 기업 시장가치 상승, 주주가치 창조를 통한 경쟁우위 확보

기업의 가치란 유·무형의 자산들을 시가로 환산한 총자산가치를 말하며, 기업의 궁극적 목표는 기업가치를 극대화하는 것이다. 기업의 가치를 평가하는 방법으로 EVA기법과 기업의 각종 의사결정이나 부문의 목표와 성과를 가치로 측정하는 가치창조경영기법으로, VBM은 기업의 각종 의사결정이나 경영계획·경영관리를 가치를 기준으로 수행하여, 기업 전체 가치를 제고하고자 하는 경영방식이다.

이와 같이 기업이 VBM을 통하여 기업의 가치를 극대화하면, 기업가치 변동이 자기자본가치에 반영되어 시장에서 높은 주가로 평가받게 되는 것이다. 이러한 역할은 윤리경영의 기본정신인 투명성에 근거한 정도경영의 실천을 위해, 주주권익 중시의 세부 과제로 기업의 시장가치를 높임과 동시에 주주가치를 창조하여 경쟁우위를 확보할 수 있는 선순환 성장이 가능하게 된다.

2) 현재·미래 정보 제공으로 회계정보 목적 적합성 기능 수행

VBM은 가치평가를 바탕으로 기업의 사업내용과 업무를 재창조해 나가는 신경영기법이다. 이에 따라 VBM은 기업구성원이 가치지향적인 사고를 가지도록 유도하며, 단순한 손익계산서상의 이익수치뿐만 아니라, 장기적 관점에서 기업의 미래에 대한 예측가능성 정보를 제공하게 된다. 이러한 VBM의 역할은 윤리경영의 기본정신인 투명성에 근거한 정도경영의 실천을 위해, 회계정보 투명성의 세부 과제로 적시성 있는 회계정보 제공뿐 아니라, 미래의 예측가능성 정보를 제공하여 회계정보의 목적에 적합한 기능을 수행하게 된다.

3.8
ABC/ABM

(1) 개 요

 ABC(Activity Based Costing; 활동기준 원가)는 원가계산을 위한 새로운 방식으로, 기업의 각종 활동을 기준으로 원가를 계산하는 활동기준의 원가관리 방법을 말한다. 좁은 의미에서 ABC는 단순히 새로운 방식의 제품 또는 서비스 원가계산만을 지칭하는 것이 아니라, 원가관리를 포함하여 경영 전반에 걸친 경영혁신 전략의 수단이라 할 수 있다. 종전처럼 부문을 중심으로 한 원가집계 대신 ABC는 조직에서 수행되는 제반활동을 1차적 원가계산 대상으로 삼아 이들 활동의 단위당 원가를 계산하고 최종 원가대상, 예를 들어 특정주문 또는 제품·고객이 그런 활동에 어느 정도 소요되었는지를 감안함으로써, 원가대상(Cost Object)의 원가를 계산한다.

 따라서 활동기준 원가(ABC)는 소위 전통적 원가계산에 비해 보다 인과관계를 강조하는 정보시스템이라고 할 수 있으며, ABC의 기본체제와 구성요소는 [그림 3-33]과 같다.

[그림 3-33] 활동기준 원가(ABC)의 기본체제와 구성요소

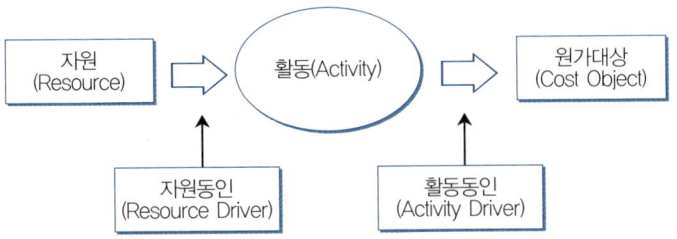

한편 ABM(Activity Based Management; 활동기준 경영)은 ABC를 이용해서 경영을 개선하는 것을 말하며, 품질·서비스·납기·신뢰감·저비용·고객만족과 관련된 고객가치의 증진과 고객가치 증진으로 인한 이익개선을 목표로 하고 있다. 따라서 전략이익을 최대로 창출하는 활동에 자원을 집중 투자하고 고객과 상관 있는 활동을 개선하는 것을 원칙으로 한다. ABC와 ABM활동을 비교하여 표시한 것이 다음의 [그림 3-34]이다.

[그림 3-34] ABC와 ABM 비교

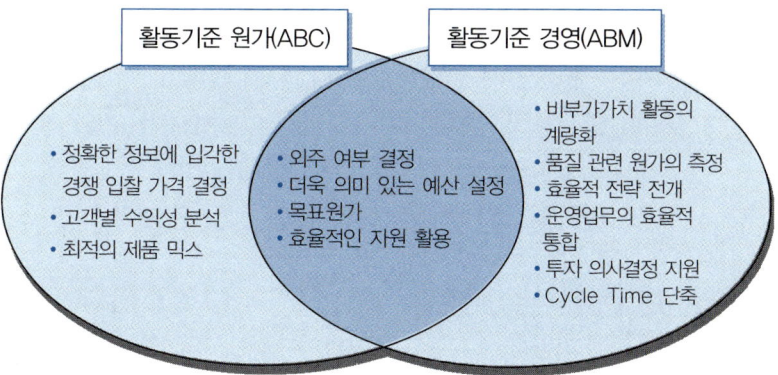

원가계산이 제품별·기능별 이외에도 업무프로세스·고객·유통경로 등 주요 활동별로 처리됨에 따라, 원가관리는 단순히 제품원가 계산 및 부서평가에 그치지 않고, 프로세스나 고객별로 성과 측정 및 관리에 이르는 광범위한 경영상의 문제를 해결할 수 있게 된다. 전통적인 원가시스템과 ABC 시스템과의 차이를 원가분석 수준 그리고 활용도 측면에서 비교해 보면 다음의 [표 3-9]와 같다.

[표 3-9] 전통적인 원가 시스템과 ABC 시스템과의 차이

구분	원가분석 수준	활용성(유용성)
전통적인 원가 시스템	제품·부서	제품 원가 계산·부서 (사업부)별 성과 평가
ABC 시스템	(제품·부서) +프로세스 유통경로·고객	(제품 원가계산·부서별 성과 평가)+내부 프로세스 개선(PI)·고객 수익성 관리

(2) 추진방법

활동기준 원가의 처리단계는 크게 2단계로 구분되며, 1단계에서는 원가의 비목을 활동에 할당하게 된다. 그리고 2단계에서는 활동별 원가를 제품·부서·프로세스·고객·유통경로(Channels)별로

[그림 3-35] 원가비목의 활동 할당 단계

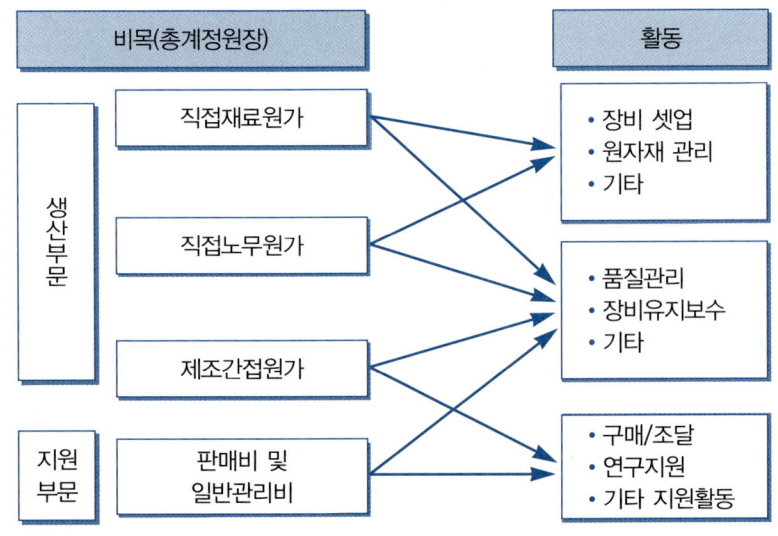

배분하여 원가를 활동집적 대상에 할당하는 단계로 구분할 수 있다.

1단계인 원가 비목을 활동에 할당하는 단계에서는 전통적인 원가집적 시스템에서의 비목, 즉 직접재료원가(Direct Labor)·직접노무원가(Direct Labor)·제조간접원가(Overhead) 및 판매비와 일반관리비(General Administration Expenses)를 회사의 주요 활동(Activities, Processes)에 할당(Cost Allocation)하게 된다. 총계정원장의 비목별 내용을 활동으로 할당하는 것은 앞의 [그림 3-35]와 같이 수행하게 된다.

2단계에서는 활동을 원가집적 대상에 할당하는 과정으로, 활동별 원가를 제품·부서(사업부)·프로세스·고객·유통경로(Channels)별로 배분하게 된다. 이들 과정을 통합하여 표시한 ABC의 원가집적 계통도는 다음의 [그림 3-36]과 같다.

[그림 3-36] ABC의 원가집적 계통도

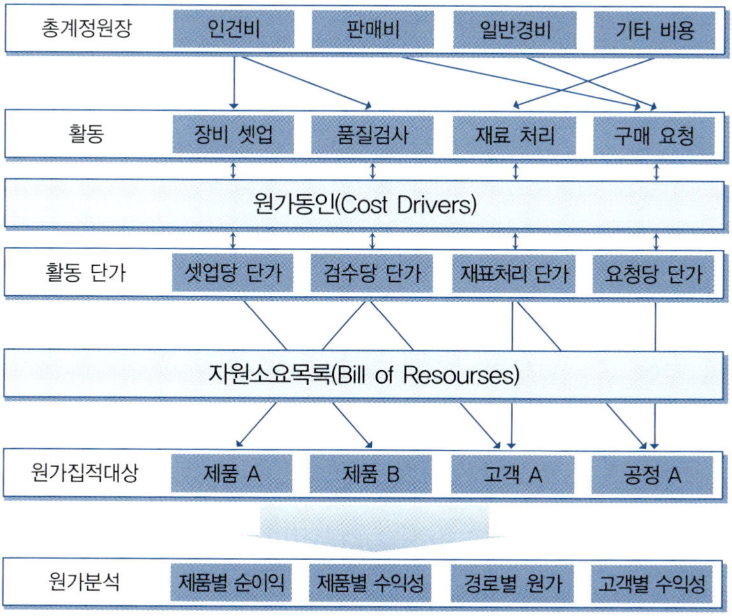

일반적으로 활동기준 원가계산은 5단계로 세분하여 계산하기도 한다. 5단계 활동기준 원가계산 방식은 먼저 자원을 분석하여 활동 및 자원동인을 분석하게 된다. 그리고 활동원가를 계산하며 활동동인을 분석하고, 마지막에는 활동원가를 계산하는 것이다.

[5단계 활동원가 계산 방법]
① 1단계 : 자원분석
② 2단계 : 활동 및 자원동인 분석
③ 3단계 : 활동원가 계산
④ 4단계 : 활동동인 분석
⑤ 5단계 : 제품별 활동원가 계산

(3) 윤리경영 실천과제 지원기능

ABC/ABM이 윤리경영 실천과제를 지원하는 주요기능은 원가회계의 정확성 확보기준 강화와 신뢰성 제고, 목적에 적합한 적시성 있는 원가정보 제공 등이 있으며, 구체적 내용은 다음과 같다.

1) 원가회계의 정확성 확보기준 강화와 신뢰성 제고

ABC방식은 조직에서 수행되는 제반활동을 1차적 원가계산 대상으로 삼아, 이들 활동의 단위당 원가를 최종원가로 반영하여 계산한다. 따라서 ABC는 전통적 원가계산 방식에 비해 인과관계를 명확히 할 수 있고, 이로 인해 원가를 정확히 산출할 수 있는 새로운 기준을 확보하는 것이다. 이러한 ABC의 지원 기능은 윤리경영의 기본정신인 투명성에 근거한 정도경영의 실천을 위해, 회계정보 투명성의 세부 과제로 원가회계의 정확성 확보기준을 강화하여 원가정보의 신뢰성을 높이는 역할을 수행하게 된다.

2) 목적에 적합한 적시성 있는 원가정보 제공

ABC의 또 다른 특징은 기업의 업무 및 제조활동을 기준으로 원가를 산정하여 제품별·고객별 원가정보를 사전과 사후에 분석할 수 있는 것이다. 이러한 기능은 윤리경영의 기본정신인 투명성에 근거한 정도경영의 실천을 위해, 회계정보 투명성의 세부 과제로 원가의 미래예측과 목적에 적합한 적시성 있는 원가정보를 제공해준다.

3.9
BPO/BTO

(1) 개 요

개방적 경쟁환경에서도 기업은 스스로 자생·방어하는 비즈니스 적응력(Business Adaptability) 확보가 필요하다. 비즈니스 적응력은 기업의 핵심역량이 명확히 정의되어 핵심역량 위주의 경영체제 확보가 필요한 것이다. 핵심역량은 '기업이 보유하고 있는 내부역량으로서 경쟁사와 차별될 뿐만 아니라, 사업성공의 핵심으로 작용하는 경쟁우위의 원천으로서, 다양한 형태의 유형 및 무형의 자원과 조직능력에 기반을 두고 있으며, 사용한다고 없어지지 않으며 지속적인 학습과 공유를 통해 더욱 향상되는 것'으로 하멜과 프라할라드(Hamel & Prahalad)는 정의하고 있다.

따라서 핵심역량은 경쟁우위의 원천으로 조직에서 전 구성원의 공통된 학습 결정체라 할 수 있다. 따라서 핵심역량은 전사적 측면에서의 기술과 생산능력을 핵심역량으로 통합하는 경영자의 능력을 매우 중시하고 있다. 이러한 핵심역량 위주 경영체제를 확립하기 위해, 경영 주변여건의 변화가 심한 상황에서는 선택과 집중을 통한 성장·핵심역량 집중화·부족역량 수혈·그리고 상호 윈윈(Win-Win)하는 경영전략으로 전략적 아웃소싱(Outsourcing) 기법이 필요하다.

아웃소싱이란 기업의 일부 기능이나 활동을 외부에 위탁하여 수행하는 것으로, 최근에는 포괄적·전략적 아웃소싱 경향으로 발전하여, 단순 비용절감보다 기업내부의 변혁을 유도(Transformation)하는 방식으로 아웃소싱이 추진되고 있다. 이로 인해 인소싱과 아웃소싱 프로세스가 하나의 통합 시스템으로 운영되고 있다. 전략적 아웃소싱 기법으로 전개되는 BPO(Business Process Outsourcing; 비즈니스 프로세스 아웃소싱)는 기업의 업무프로세스에 초점을 맞추어, 콜센터나 인력관리 등 회사의 특정 부분을 외부에서 끌어다 쓰는 기업 업무 효율화에 근거한 기업 비핵심 업무에 대한 아웃소싱 적용방법이다.

그러나 BPO 다음 단계의 전략적 아웃소싱 추세는 단순한 비용절감 목적의 아웃소싱은 그 효과가 지속되기도 어렵다는 판단 아래, 고객기업의 비즈니스 목표달성을 위해 아웃소싱 지원회사가 모든 비용을 부담하여, 고객기업이 원하는 수준의 목표를 정해두고 이를 달성할 때까지 반복적으로 지원하는 BTO(Business Transformation Outsourcing; 비즈니스 변혁 아웃소싱) 방법을 사용하고 있다. 따라서 BTO의 핵심은 변혁(Transformation)으로서, 기업의 프로세스 자체를 변화시키고 관리하고 발전시키는 전사적 혁신 프로그램의 하나이다.

(2) 추진방법

BPO나 BTO를 추진하기 위해 가장 중요한 사항은 기업의 핵심역량을 구분할 수 있는 비즈니스 컴포넌트 매트릭스(Business Component Matrix)를 구성하는 것이다. 일반적으로 기업의 업무영역을 수직적으로 분류하면, 경영층을 대상으로 하는 전략 및 기획 영역, 관리층을 대상으로 하는 모니터링 및 조정 영역·실무층을 대상으로 하는 실행 영역의 3가지 영역으로 구분이 가능하다. 그리고 수평적인 업무분류는 기업의 업종에 따라 다르나, 일반적으로는 사업발굴·고객관리·제품관리·물류·제조·연구개발관리·사업관리 등으로 나눌 수 있다.

상기와 같은 기업의 업무영역 분류에 따라 수직적·수평적으로 업무를 분류하면 교차되는 하나의 셀(Cell)이 기업의 비즈니스 컴포넌트가 된다. 전략적 아웃소싱은 각각의 비즈니스 컴포넌트가 기업의 핵심역량과 관련된 중요 컴포넌트인지 아닌지를 구분하여 핵심역량 컴포넌트는 더욱 강화하고 보강하는 방향으로 추진하나, 비핵심 역량의 컴포넌트는 전략적 아웃소싱을 하는 방식으로 전개되는 것이다.

전략적 아웃소싱(BTO)을 위한 주요 추진절차는 비즈니스 컴포넌트 맵(Business Component Map) 작성·변혁(Transformation) 기준전략 설정·비즈니스 컴포넌트 차별화 분류·우선순위 영역 선정·실행의 5단계로 구분할 수 있다. 각 단계별 추진내용은 다음 [그림 3-37]과 같다.

[그림 3-37] 전략적 아웃소싱을 위한 비즈니스 컴포넌트 분류

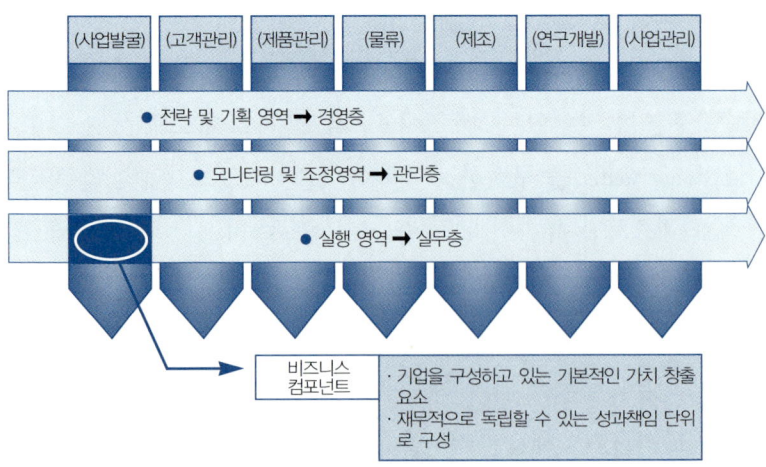

1) 1단계: 비즈니스 컴포넌트 맵(Map) 작성

기업의 업무기능을 핵심과 비핵심으로 분류하기 위해 적정한 수준의 비즈니스 컴포넌트로 구성한 맵을 작성한다. 맵(Map)은 선진기업의 기업혁신 수단으로, 핵심 사업기능과 비핵심 사업기능을 분리하고, 핵심 사업기능의 전문화·비핵심 사업기능의 효율화를 목표로 활용되고 있다.

2) 2단계: 변혁 기준전략 설정

기업 자원의 효율적 활용 및 경쟁 환경에서의 비교우위 구축을 위해서는 비즈니스 컴포넌트의 특성에 따라 차별화된 혁신전략을 실행해야 한다. 이 단계에서는 기업의 비즈니스 컴포넌트를 전문화·효율화·내부인력 활용·외부인력 활용의 4가지 관점에서 구분하여 가장 핵심이 되는 기능은 더욱 보강하여 최고수준의 역량으로 키우고, 단순화·표준화가 가능한 비핵심 역량 업무에 대하여는 전략적 아웃소싱을 추진하는 변혁의 기준전략을 설정하는 단계이다.

3) 3단계: 비즈니스 컴포넌트 차별화 분류

구분된 비즈니스 컴포넌트는 기업의 전체 컴포넌트들에 대해서 상호 간의 비교분석을 통해 핵심역량 등급을 설정해야 한다. 즉, 기업에서 가장 중요한 역량으로 육성할 비즈니스 컴포넌트를 1등급으로 하고, 단순화·차별화에 의해 전략적 아웃소싱이 가능한 컴포넌트를 4등급으로 하는 4등급의 차별화 분류를 정하는 것이다.

4) 4단계: 우선순위 영역 선정

3단계에서 구분된 아웃소싱 비즈니스 컴포넌트 등급에 따라 아웃소싱이 가능한 4등급 컴포넌트를 수집하고 나열하여, 아웃소싱 우선 추진대상 컴포넌트를 결정하는 단계이다. 3단계서 선정된 컴포넌트를 대상으로 기업의 현실에 맞는 아웃소싱 선정기준을 정해야 한다. 예를 들어 아웃소싱에 대한 성과측정 용이성·파트너 경쟁력·아웃소싱 효과 등의 기준을 정하여, 컴포넌트별로 기준을 적용한 종합 순위를 정하고, 순위에 따라 아웃소싱을 실행하는 과정이다.

5) 5단계: 실행

실행과정에서는 4단계의 우선순위에 따라 해당 비즈니스 컴포넌트를 아웃소싱하는 과정이다. 아웃소싱을 위해서는 상호 간의 정확한 업무수준에 대한 계약, 즉 SLA(Service Level Agreement)를 명확히 해야 한다. SLA에 의한 아웃소싱 계약은 아웃소싱 효과에 대한 향후 평가 및 사후관리를 위해 중요한 기준척도가 되는 것이다. 계약과 함께 진행되는 아웃소싱은 주기적으로 효과를 측정하고 피드백하여 지속적 개선을 수반하는 활동으로 승화되어야 한다.

(3) 윤리경영 실천과제 지원기능

전략적 아웃소싱 방법인 BPO/BTO가 윤리경영 실천과제를 지원하는 주요기능은 기업가치 상승에 따른 주주가치 중시 경영·직무의 집행과 견제·조직 운영성과 효율성 확보·핵심업무 수행으로 업무만족도와 성취감 제고 등이 있으며, 구체적 내용은 다음과 같다.

1) 기업가치 상승에 따른 주주가치 중시 경영

전략적 아웃소싱을 추진하는 주요 이유는 회사의 비핵심 역량에 해당하는 단순업무의 효율화를 추진하여 비용절감 효과를 얻는 것이다. 다음으로는 전문역량을 확보한 외부 아웃소싱 파트너를 통해 회사의 비핵심 업무를 수행토록 함으로써, 비핵심 업무에 대한 전문성을 확보하여 업무 능력을 더욱 배가시키게 되고, 회사에서는 핵심 가치에 더욱 집중하여 기업의 가치를 상승시킬 수 있게 하는 것이다. 이러한 역할은 윤리경영의 기본정신인 투명성에 근거한 정도경영의 실천을 위해 주주권익 중시의 세부 과제로 기업가치 상승에 따른 주주가치를 중시하는 경영에 기여하는 것이다.

2) 직무의 집행과 견제, 조직 운영성과의 효율성 확보

비핵심 업무에 대한 전략적 아웃소싱을 추진함으로써, 회사에서는 아웃소싱 파트너의 업무에 대해 통제를 수행하여 업무의 질적 수준을 향상시킬 수 있는 계기를 마련할 수 있게 된다. 또한 회사에서는 핵심적 업무에만 구성원을 집중시키고, 단순업무에 대하여는 외부 전문 파트너를 통하여 업무를 수행함으로써 업무의 변혁을 유도할 수 있고, 더불어 조직을 효율적으로 운영할 수 있는 계기가 된다. 이러한 전략적 아웃소싱(BPO/BTO)의 역할은 윤리경영의 기본정신인 투명성에 근거한 고효율 내부통제 체제를 실천하기 위해, 견제와 균형 시스템의 세부 과제로 직무의 집행과 견제기능을 분리하여 운영할 수 있고, 더불어 조직 운영성과의 효율성을 확보할 수 있게 된다.

3) 핵심업무 수행으로 업무만족도와 성취감 제고

회사의 비핵심역량 업무에 대해 아웃소싱을 추진함으로써, 기업 구성원은 보다 발전적이고 비전이 있는 기업의 핵심역량 업무에 투입되어 업무에 대한 만족도가 높아지고, 업무 성취감을 높일 수 있게 된다. 이러한 기능은 윤리경영의 기본정신인 합리성에 근거한 직업윤리 실행을 위해, GWP · QWL의 세부 과제로 핵심업무 수행에 따른 업무만족도와 성취감을 제고할 수 있는 계기가 된다.

3.10 KM

(1) 개 요

21세기 경영환경의 빠른 변화와 무한경쟁을 극복해 나가기 위해서는, 몇몇의 훌륭한 개인의 능력보다는 조직 전체의 역량 강화가 절대적으로 요구되고 있다. 따라서 조직의 역량강화를 위해 조직구성원에 내재되어 있는 지식과 역량을 조직 전체 차원의 학습과 협업을 통해 조직구성원 모두가 철저히 공유하고 정련된 지식자산의 활용을 극대화해나감으로써, 기업가치와 경영성과를 지속적으로 향상시키려는 새로운 경영기법의 하나로 지식경영이 많이 활용되고 있다.

원래 지식경영이란 용어는 1986년 인공지능 전문가이자 컨설턴트인 칼 위그(Karl Wigg)가 처음으로 사용했다. 지식경영에 대한 이론적 기초와 실천적 방법론 개발에 커다란 공헌을 한 위그는, "지식경영이란 기업의 지식관련 효과성과 지식자산으로부터 수익을 극대화시키기 위해 지식을 체계적이고도 명시적으로 또는 의도적으로 구축·갱신·적용하는 것이다."라고 정의하였다.

또 다른 지식경영에 대한 정의로, 지식경영의 산출물에 초점을 둔 벡맨(Beckman)은 "지식경영이란 새로운 조직적 역량을 산출하고, 구성원이 높은 업무성과를 올리게 하며, 혁신적 활동을 촉진시키는 동시에 고객가치를 제고시킬 수 있도록 구성원의 경험·지식·전문성을 공식화시키는 것이다. 아울러 지식에 보다 자유롭게 접근하고 쉽게 활용할 수 있도록 추진되는 활동이다"라고 정의한 바 있다.

(2) 추진방법

지식경영을 통해 성과를 거두기 위해서는 다음의 [그림 3-38]과 같이 체계적인 절차 및 방법론을 정립하고, 이를 적극적으로 추진해 나가는 것이 무엇보다 우선한다고 할 수 있다.

[그림 3-38] KM 추진절차

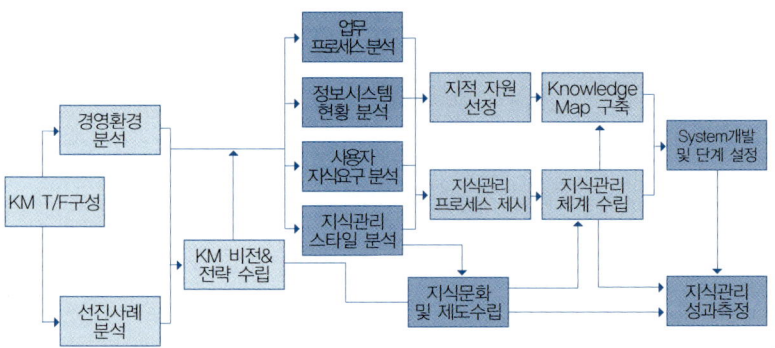

(출처 : 삼성SDS)

지식경영을 성공적으로 추진하기 위한 단계별 추진절차의 핵심 포인트는 다음과 같다.

[단계별 추진절차 핵심 포인트]

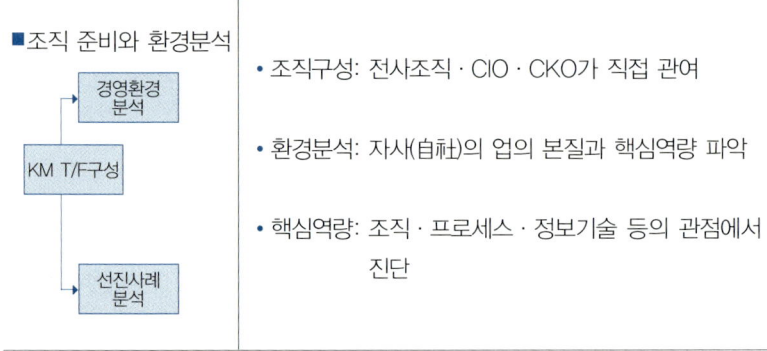

- 조직구성: 전사조직 · CIO · CKO가 직접 관여
- 환경분석: 자사(自社)의 업의 본질과 핵심역량 파악
- 핵심역량: 조직 · 프로세스 · 정보기술 등의 관점에서 진단

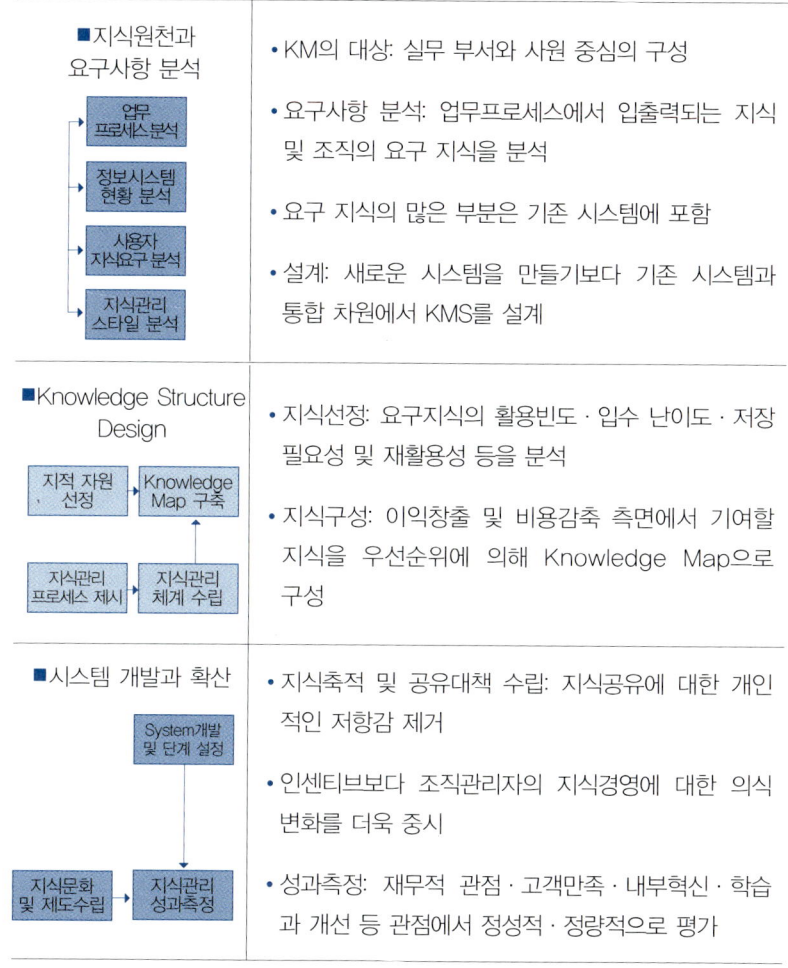

위의 표에서 제시된 바와 같이 회사의 실정과 활동목적에 맞는 추진절차와 방법론을 정립한 후, 다음과 같은 3가지 관점에서 지식경영의 실현을 위한 사전 검토사항을 점검한다.

첫째, 기업이 보다 체계적으로 지식에 대해 투자·파악·활용하는 방법을 모색하고 있지만, 지식자원이 경쟁우위 결정요소라는 사실에 대한 가치평가와 특성에 대한 이해가 부족하다. 그러므로 합리적인 근거·목적·기대효과를 명확하게 해야 한다.

둘째, 경쟁력 강화를 추구하려는 목적에서 지식경영을 도입하고자 할 경우에는 다음 사항을 고려해야 한다.
- 조직구성원의 지적역량이 기업의 가장 중요한 자산이라는 인식의 공유
- 지식의 수집·축적·분석·평가·공유를 통해 조직에 기여하고자 하는 사람에 대한 강력한 동기부여 및 공정한 평가제도 정립
- 기업문화와 업종의 특성에 따른 고유의 지식경영 방법론 개발

셋째, 지식경영의 조직적 추진을 위해서는 다음 사항을 고려해야 한다.
- 회사의 지식을 체계적으로 구조화하여 투명성을 확보
- 업무활동과 연계된 지식 프로세스를 설계
- 지식기반 경영을 위한 조직운영방식 및 경영방식을 재설계
- 경영층의 전폭적인 관심 및 구성원의 자발적인 참여를 유도할 수 있는 체계적인 변화관리 전략을 구축·실행

(3) 윤리경영 실천과제 지원기능

지식경영 활동과 성과가 윤리경영에 미치는 효과 및 지원기능은 다음과 같이 요약될 수 있다.

1) 지식의 조직적 축적과 공유에 따른 신뢰도 제고 및 실패위험의 최소화

지식경영의 핵심 프로세스는 지식의 창출과 축적·공유로 집약될 수 있다. 지식의 축적과 공유가 이루어지지 않는 가장 큰 장애는 조직과 구성원 간의 신뢰 부족이다. 조직원은 본인이 보유한 지식을 스스로의 자산이며 능력이라고 평가하는 경향이 있어, 이를 공유하는 행위를 기피하게 마련이다. 결국 조직과 조직원 간·조직원 상호 간의 신뢰감 형성이 지식경영의 핵심적인 요소라고 할 수 있다.

지식을 창출하고 축적·공유하는 것은 결국 사람이 하는 일이기 때문에, 일방적인 지시나 당위론에 의해 지식공유가 일어나는 것은 아니다. 즉, 자신의 존재가 조직 내에서 인정되고, 내놓은 지식보다 얻는 지식이 많거나 동기부여가 될 때에만 지식의 축적·공유가 가능하다. 이러한 선순환의 고리가 바로 조직과 구성원 간의 신뢰이며, 지식경영의 변화관리 활동을 통하여 궁극적으로는 조직 내 신뢰와 자율문화 기반이 조성되는 것이다.

2) 전문가의 조직적 양성 및 개인역량의 투명성 확보

KMS를 운영하는 데 있어서 지식을 누가 어떠한 방식으로 평가하고 검증할 것인가는 대단히 중요하다. 객관적이고 타당성 있게 평가되어야 직원들이 불만이 없고, 또한 엄격한 검증을 거친 내용이 지식 맵에 등록되어야 지식으로서의 가치와 활용도가 높아지기 때문이다. 이러한 체제가 갖추어질 경우, 드러나지 않은 특수 지식역량을 보유한 전문가가 데뷔할 무대가 마련되며, 조직은 개인의 지식역량을 고려한 투명한 인사가 가능하게 된다.

그러므로 지식경영 활동을 촉진시키기 위해서는 회사에 대한 전반적인 흐름을 알고 있는 부서별 전문가를 양성하고 선발하여 핵심 인재로 존중하고, 이들 우수 전문가에 대한 적절한 포상체계를 마련해야 한다.

3. 11
CoP

(1) 개 요

많은 기업이 급변하는 환경에서 생존하기 위한 전략으로 정보 지식자원을 실시간으로 조사 · 축적 · 활용 및 공유해야 할 필요성을 절감하고 있다. 또한 이러한 정보와 지식을 생산 · 유통 · 공유하는 주체로서 인적자원 활용의 중요성이 부각되고 있다. 이를 위해 어떻게 하면 효과적으로 구성원의 지식과 경험을 축적 · 집약하고 공유 · 전파할 수 있을까에 대한 방법을 고민하게 되었고, 이에 대한 해결방법의 하나가 바로 자발적인 실행공동체 'CoP(Community of Practice)'를 운영하는 방법이다.

CoP란 일반적으로 '공통의 관심사를 가진 사람들의 비공식적 · 자발적 · 소규모 연구모임'이라고 정의할 수 있다. 일종의 동호회 모임과 유사한 성격을 지니나, 일반적인 동호회 모임과의 차이점은 기업경영과 관련된 주제를 중심으로 결성되고 기업의 적극적인 관심과 지원하에 운영된다는 점이다.

CoP는 신속한 의사결정을 통한 경영성과 극대화를 위해 공통의 관심과 목표를 가진 구성원 간에 시 · 공간적인 제약을 넘어선 신속한 커뮤니케이션과 협업(Collaboration) · 자연스런 지식공유와 학습을 통한 지식 생태계를 구축하는 데 효과적이고 효율적인 인프라로 활용되고 있다.

(2) 추진방법

CoP를 성공적으로 정착시키기 위해서는 우선 [그림 3-39]와 같이 CoP 활동방향을 수립하는 것이 필요하다. CoP 활동은 추상적이 아닌 구체적인 영역과 범위를 정의해주는 것이 바람직하다. 즉, '지식창출 활동이다·문제해결 활동이다' 라는 막연한 활동목표는 CoP구성원에게 추상적이고 실행력이 떨어지는 목표이다.

따라서, 우선 CoP 활동영역을 기업의 전략과 연계한 활동영역으로 나누어, 그 활동 가이드라인을 제시하는 것이 올바르다.

CoP의 지식창출이 구성원의 개인적 관심영역뿐만 아니라 기업의 부가가치 창출 방향으로 나아가기 위해서는, CoP 초기에 각 CoP 활동이 전략과 연계되도록 과제를 선정하고 유도하는 것이 필요하다.

예를 들어, 포스코 건설의 사례는 CoP 활동의 목적을 경쟁력 강화와 업무수행의 선진화 그리고 인재육성 및 정예화에 두고, 해당 목적별로 학습조직활동을 전개하고 있다.

효과적인 CoP 활동이 되게 하려면 다음과 같은 사항이 필요하다.

① 구성원이 실제 활동을 수행할 수 있는 역량강화 방안을 병행 수립·지원

[그림 3-39] CoP 활동 추진 프로세스

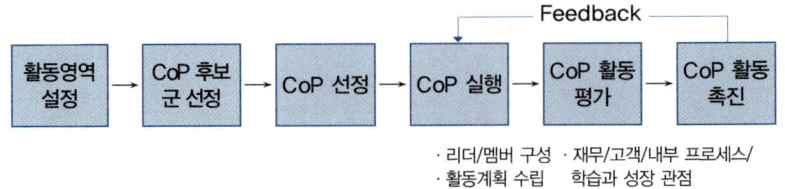

② 구체적이고 체계적인 실행계획 수립
③ 실행을 가능하도록 하는 예산지원
④ 평가를 위한 기준의 개발·적용
⑤ 적절한 보상시스템의 운용

특히 CoP 활동의 효익은 즉각적이고 명확하게 나타나는 것이 아닌 장기적인 과정이라는 인식이 필요하다. CoP 구성원이 효과를 체험하고 자율적으로 참여하기까지는 상당한 시간이 소요되기 때문에, 초기에는 CoP 구축 및 활동의 동기유발 수단이 강구되어야 하며, 구축 이후 해당 CoP 활동을 평가하여 지속적으로 활동성과의 퀄리티가 향상될 수 있도록 피드백 체계를 구축하고, 기여한 만큼 보상하는 체제를 만드는 것이 중요하다.

실패할 확률이 높은 CoP의 공통점은 ①불분명한 목표, ②대면/상호교류와 같은 사람지향 활동이 아닌 과업지향 활동 위주, ③CoP 리더의 리더십 부족, ④조직구성원의 참여의지 부족으로 일부 소수만이 참여할 경우 등이다.

CoP를 활성화하기 위한 주요 과제는 다음과 같다.

첫째, CoP 소속원에 대한 조직적 지원이다. 즉, CoP 요원이 소속된 부서장의 취지와 필요성·활동가치 등에 대한 이해를 바탕으로 한 실질적 지원이 최고경영자의 관심 못지않게 중요하다. 왜냐하면 실제 CoP 활동을 위한 시간보장은 이들의 승인과 업무조정으로 가능하기 때문이다

둘째, CoP 지원조직과 제도의 정비는 실질적으로 CoP를 성공시킬 수 있는 중요한 요소이다. CoP 지원조직은 CoP가 비즈니스에

직·간접적으로 관련된 활동을 하기 위한 자원과 역량을 지원해야 한다. 즉, CoP가 업무 관련 비즈니스 전략·이슈·동향들을 파악하고 CoP 활동을 기업의 부가가치를 창출하는 방향으로 유도하고, 동시에 CoP 운영상의 문제를 해결하는 조직 컨설턴트 역할이 요구되기 때문이다.

셋째, 구성원 간 신뢰 또는 사랑에 기초한 모임으로 운영되어야 한다. 구성원 간에 능력이나 직급 등과 상관없이 자유로운 분위기에서 활발한 의사소통이 이루어질 수 있고, 창의적이고 신선한 문제해결 방법이 모색될 수 있도록 분위기 조성이 필요하다. 즉, 의문점에 대해 기탄없이 질문하고 각자 아는 것에 대해 부담 없이 토론할 수 있는 수평적 네트워크 원칙하에서 활동 분위기가 조성되어야 한다.

넷째, CoP 활동이 한 단계 높은 수준으로 발전하기 위해서는 CoP 구성원과 상호 지식을 공유·교류하는 사내·외 전문가 네트워크가 필요하다. 이를 위해 사외 전문가 포럼·세미나·강의 등 끊임없이 지식이 창출되고 전개될 수 있도록 관련 활동을 지원해야 한다.

마지막으로 실패를 용인할 수 있는 조직문화가 형성되어야 한다. CoP 활동 자체도 많은 의사결정을 필요로 한다. 스피드 있는 의사결정을 위해서는 가장 많은 정보를 가지고 있는 사람, 즉 현장관리자에게 과감한 권한위임이 필요하고, 동시에 조직은 선의의 실패에 대해 열린 마음을 가지고 있어야 한다. 예상되는 실패의 결과가 개인의 경력에 치명적으로 작용한다면 스스로 새로운 시도와 도전을 위해 위험을 떠안을 사람은 없다.

(3) 윤리경영 실천과제 지원기능

CoP 활동이 조직에 제공하는 성과와 CoP 참여로 개인이 느끼는 CoP 활동의 가치의 결과를 통하여 다음과 같은 윤리경영상의 순기능을 CoP가 제공한다.

1) 자발적 참여에 의한 전문가 육성·직무수행을 위한 지식능력 강화

CoP 활동의 효과성은 구성원의 지식역량 강화욕구와 기업의 지식역량 강화목표를 조화롭게 달성한다는 이중효과를 거둘 수 있다. 조직은 이 효과를 명확하게 인식하고 구성원의 교육·경험축적·지식관리 시스템(KMS) 등 관련 인프라를 주도적으로 제공할 필요가 있다.

또한, CoP 활동은 사내·외 전문가와의 네트워크 형성기회를 제공하며, 최신 지식과 트렌드를 적시에 획득할 수 있는 채널을 구축함으로써, 대외 네트워킹이 필요한 사업기회의 확보·원활한 인재확보 등을 통한 기업의 환경 적응력을 획기적으로 제고할 수 있다.

2) 공동체 활동을 통한 지적자산 축적 및 활기찬 직장문화 구현

① 조직원의 업무만족도·성취감 제고

CoP는 조직 전체의 업무효율을 제고할 수 있다. 첫째, 최신 지식에 기반한 의사결정으로 조직 전체의 스피드를 향상시킬 수 있다. 시장과 고객의 다변화된 니즈를 파악하고, 고객만족을 위한 전사적 차원의 대응을 가능하게 한다. 기존의 팀 조직 하나로는 대응하기 어려운 과업을 CoP라는 자발적 네트워크 조직을 통한 협업을 통해 해결할 수 있는 방법을 제공한다.

한편, 다양한 조직의 구성원이 모여서 만들어진 CoP는 각자의 부서에서 추진되는 업무의 이해를 통해 전사적 차원의 업무협력에 대한 이해를 높일 수 있다. 또한 담당업무에 대한 심화된 이해를 기초로 업무를 신속하고 효율적으로 추진하게 됨으로써, 근무만족도를 향상시키고 CoP 참여를 통한 학습으로 자아성취 기회를 제공하게 된다.

② 핵심가치 · 공유전파

CoP는 구성원의 특정 관심분야에 대한 정보와 경험을 서로 교환함으로써, 기업 내에서 지식의 창출 · 전파 · 공유의 기능을 담당하는 조직단위로서의 성격을 지닌다. 즉, 개인이 보유하고 있는 스킬 · 경험 · 지식 등이 다른 어떤 조직을 통하기보다 CoP를 통해서 활발하게 전파되고 공유될 수 있다. 따라서 지식의 창출과 전파를 통해 고객만족이나 업무성과의 향상을 도모하려는 기업에게는 CoP가 필수적인 고려요소가 된다.

3. 12
콘택트센터

(1) 개 요

1) 정 의

　콘택트센터(Contact Center) 또는 고객지원센터(Call Center)는 기업에서 모든 고객들을 관리하는 접점이자 중심점이라 할 수 있다. 콘택트센터는 전형적으로 하나 이상의 콜센터를 포함하며, 이외 여러 가지 다른 형태의 고객지원센터도 포함될 수 있다. 일반적으로 콘택트센터는 기업을 위한 고객관계관리의 중요한 부분이다.

　오늘날 대부분의 콘택트센터는, 고객과 접촉할 수 있는 가장 적합한 직원에게 정보가 전달되고, 처리결과를 추적·보관하고, 데이터가 수집될 수 있도록 CTI(Computer & Telephony Integration; 컴퓨터 전화통합) 시스템을 도입하고 있으므로, 광의의 콜센터와 같은 개념으로 사용되고 있다.

2) 추진목적 및 목표

① 고객만족 측면

　기업이 제공한 제품 또는 서비스에 대하여 고객이 요구사항을 원스톱으로 처리할 수 있도록 지원하며, 최신 정보기술인 PDS(Predictive Dialing System) 및 UMS(Unified Messaging System) 등을 활용한 제로스톱(Zero-Stop) 서비스를 지향함으로써 고객만족 극대화를 도모한다.

② 기업 이윤증대 측면

고객정보분석 등의 기법을 통해 기존고객 유지 및 신규고객 창출의 수단으로 활용한다. 1명의 신규고객을 발굴하는 데는 10명의 기존고객을 유지하는 만큼의 노력과 투자가 필요하다는 조사결과(하버드 비즈니스 스쿨 조사결과)를 고려하여, 적극적인 고객접점 운영방식 개선을 통해 고객만족을 극대화함으로써, 기존고객의 이탈방지와 충성도 증가를 통해 이윤증대를 도모한다.

3) 콘택트센터별 성격에 따른 명칭

① CIC(Customer Information Center)

고객이 필요로 하는 정보를 제공하는 고객지원센터의 기능과

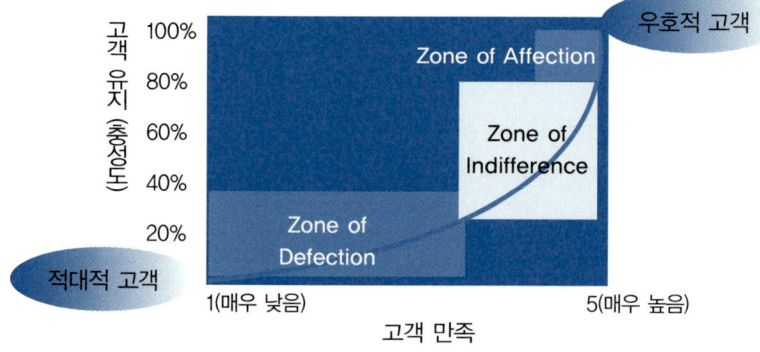

[그림 3-40] 고객 만족도에 따른 충성도 변화

함께, 고객정보 취합·분석을 통하여 CRM(Customer Relationship Management)의 인프라로 활용된다.

② CCC(Customer Contact Center)
CIC(Customer Information Center) 기능 및 대고객 접점으로서의 역할이 강조된다.

③ CIC(Customer Interaction Center)
CCC 기능에서 단순 대고객 접점의 개념을 넘어 고객의 의사를 적극 반영할 수 있는 양방향 커뮤니티 개념이 강화된다.

4) 서비스 성격에 따른 명칭

① 전화예약센터(주문접수센터)
홈쇼핑·병원 등 복잡한 절차의 간소화를 위한 예약처리 및 다양한 형태의 주문처리(예약·주문·주문수정 및 취소 등)를 수행하며, 다양한 고객서비스를 지원한다(유·무선 통보 및 주문처리 진행과정 통보 등).

② 고객지원센터(고객서비스센터)
제조회사 및 금융권 등에서 고객이 이미 구매한 제품의 A/S 접수를 주로 하고, 대고객 제품 및 서비스 설명·불편사항 접수·안내 서비스 등을 수행한다.

③ CS센터(민원콜센터)

제조사 · 금융권 · 관공서 등에서 고객의 민원접수 및 실무부서로의 업무연결 또는 조정업무를 수행하며, 접수사항에 대한 처리 진행과정 및 결과를 고객에게 통보하는 업무를 수행한다.

④ TM(Tele-Marketing)센터

보험사 · 증권사 · 카드사 · 제조사 등에서 주로 구축한다. 상품 또는 서비스를 PDS(Predictive Dialing System) 등을 이용하여 고객과 통화 연결 후 판매하는 업무를 수행한다.

⑤ 심사센터

카드사 등에서 주로 구축한다. 금융거래를 위한 본인 인증 및 자격심사 등의 업무를 수행한다.

(2) 추진방법

콘택트센터를 효과적으로 구축 · 운영하여 효율을 극대화시키기 위해서는 다음의 [그림 3-41]과 같은 절차가 필요하다

① 콘택트센터에서 수행할 업무의 범위 결정
② 유관부서 선정 및 업무지원 방법 · 절차 수립
③ 콘택트센터의 조직규모 산정 및 필요 시스템 분석
④ 아웃소싱 등을 통한 콘택트센터 조직 구성 및 PBX(또는 IPCC) · Middle-Ware · DBMS · IVR · FMS · UMS · GPS · GIS · 레코딩

[그림 3-41] 콘택트센터 구성 절차

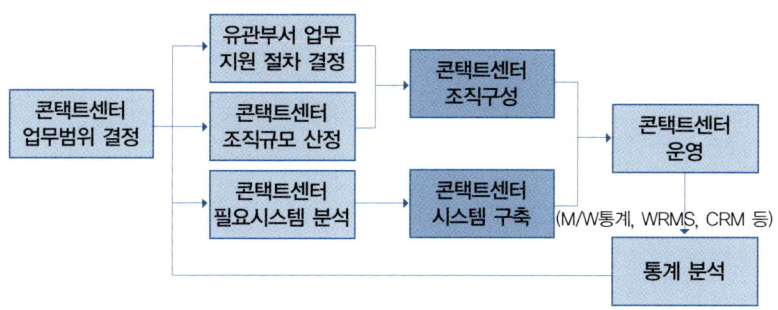

(Recording)·상담 애플리케이션·CRM·WFMS·EDW 등 필요 시스템 구축
⑤ 콘택트센터의 운영
⑥ 각종 통계를 통한 콘택트센터 콜(Call)량·업무범위·고객 유형 등 분석
⑦ 분석 결과를 기반으로 유관부서·콘택트센터 조직의 규모·필요 시스템 재분석 및 조정

이상과 같은 과정을 반복 수행함으로써 콘택트센터의 효율성을 증대시키고, 고객지원 기능을 향상시킬 수 있다.

(3) 윤리경영 실천과제 지원기능

콘택트센터가 윤리경영 실천과제를 지원하는 주요기능은 고객중심의 의식전환·고객편익 극대화·소비자 보호(품질보증) 등이 있으며, 구체적인 내용은 다음과 같다.

1) 고객중심의 의식전환 및 고객편익 극대화

콘택트센터는 해당 센터의 성격 및 서비스 성격과 무관하게 '고객'이라는 전제하에 존재가치를 가진다. 고객의 편의성을 증대시키기 위해 콘택트센터에서는 다음과 같은 시스템을 구축하여 활용한다.

① 고객의 편리한 상담을 위해 IVR 혹은 상담원이 1회 고객확인 절차를 수행하면, 이 데이터를 상담 종료까지 유지하여 담당 상담원 전환 등의 경우 불필요하게 고객확인을 되풀이해야 하는 경우를 없앤다.
② 고객의 기존 콘택트 내역을 기록 유지함으로써, 해당 고객이 주로 어떠한 사유로 콘택트센터를 찾는지 원인 파악이 용이하도록 지원한다.
③ 고객이 요청한 사항을 처리함에 있어 진행과정을 문자메시지 등의 매체를 이용하여 실시간으로 통보해주어 고객의 편의성을 지원한다.
④ 고객의 다중 요청 처리에 있어 담당자 간 콜(Call) 전환 시, 고객의 상담·요청 내역 데이터를 같이 전환시켜줌으로써, 고객이 다시 전화하는 번거로움을 제거하고 원스톱 서비스를 지원한다.
⑤ 고객이 현장을 방문하여 다수의 장소를 돌며 복잡한 절차를 거쳐 예약해야 하는 사항을 전화상으로 일괄 예약할 수 있도록 원스톱 서비스를 지원함으로써 고객의 편의성을 지원한다.
⑥ 판매 제품 등에 대하여 사용설명서만으로 부족한 기술적인 부분 등을 콘택트센터에서 고객의 현재 상황을 파악하여 자문 및 기술지원을 해줌으로써 고객의 편의성을 지원한다.

2) 소비자 보호 및 품질보증

콘택트센터는 판매한 제품 등의 품질보증을 위해 C/S 서비스를 제공하여 소비자가 불만을 갖은 부분을 해소시키는 기능을 수행함으로써 소비자 보호를 실현한다.

① 고객지원센터: 소비자의 보호를 위해 제품의 A/S를 접수하며 소비자의 문의가 있을 경우 기술적인 지원을 한다. 또한 소비자가 원하는 기능의 신규 제품 또는 소비자가 기 구매한 제품 등의 정보를 제공해준다.

② CS센터: 소비자가 불만을 접수하면 각 관계 부서 등과 연계하여 소비자의 불만사항을 신속히 처리해줌으로써, 판매 제품 또는 상품의 품질을 보증하고 소비자를 보호한다.

부록

참고문헌
INDEX
저자약력

참고문헌

1) 강금만,《지식경영의 숨은 공신 CoP》, LG주간경제, 1999
2) 구학서,《신세계 윤리경영 백서》, ㈜신세계, 2002
3) 김기종,《SKT 지식경영 활성화 방안 사례연구》, 2002
4) 김상열,《산업별 RTE 적용사례와 특징》, 한국정보산업연합회, 2005
5) 김성수,《21세기 윤리경영론 이론과 사례》, 삼영사, 2005.9
6) 김현수,《정보시스템 진단과 감리》, 법영사, 2002.3
7) 김희성, 성은숙,《BSC 실천메뉴얼》, 시그마인사이트컴, 2001.3
8) 문국현, 조동성,《세계가 배우는 한국기업의 희망 유한킴벌리》, 한스미디어, 2005.7
9) 박헌준 편저,《한국의 기업윤리》, 박영사, 2000
10) 방유성·이명성,《성공적 지식경영을 위한 CoP전략》, 지식경영연구, 2000
11) 삼성지구환경연구소,《녹색경영 우수 사례집(Ⅴ): 위험성 저감을 중심으로》, 2001. 12
12) 스티브 모리스,《정보시대와 지식관리》, 시유시, 2000.3
13) 유승화,《유비쿼터스 시대의 RFID》, 전자신문사, 2005.3
14) 유영만,《지식경영과 지식관리시스템》, 한언, 1996.6
15) 윤대혁,《글로벌시대의 윤리경영》, 무역경영사, 2005.8
16) 이동길 외,《e-비즈니스와 확장형 ERP》, MIT경영과정보, 2000.7
17) 이명환,《고효율·자율경영을 위한 시스템경영》, 한국기업문화연구소, 2004.5
18) 이명환 외,《초고속 시대의 경영전략 실시간 기업》, 한국기업문화연구소, 2005.8
19) 이선영, 이선재, The PRM Strategy Formulation and Implementation Plan for Build up Customer Relationship Management of Manufacturing companies
20) 이원재,《전략적 윤리경영의 발전》, 삼성경제연구소, 2006.1
21) 이장환,《RTE 구현전략과 IT활용》, 삼성SDS 컨설팅센터 KMC, 2004
22) 이종영,《기업윤리》, 삼영사, 2002
23) 전경련,《기업윤리 실천매뉴얼》, 전경련, 2000
24) 전경련,《기업윤리와 기업가치 및 성과간의 관계분석》, 전경련, 2003
25) 전경련, 윤리경영 T/F팀,《윤리경영 이해와 실천》, FKI 미디어, 2004.10
26) 정보통신부,《정보시스템의 효율적 도입 및 운영 등에 관한 법률-시행령·시행규칙 제정 공청회》, 2006.3

27) 정완영 외,《유비쿼터스 컴퓨팅을 위한 센서 & 인터페이스》, 성안당, 2005.9
28) 정진철 외,《인재경영의 핵심전략》, 청림출판, 2004
29) 제프 패포우즈,《지식관리론》, 정보M&B, 1999.4
30) 포스코건설 지식경영팀,《신뢰로 이뤄낸 지식경영》, ㈜시그마인사이트컴, 2002
31) 한국생산기술연구원,《도요타(TOYOTA)의 전 과정 환경관리 시스템》, 지속가능 산업동향 제 08-3호, 2003. 8. 25
32) 한국윤리경영평가원,《2006 한국윤리경영총람》, 2005.12
33) 허승호 외,《윤리경영이 온다》, 동아일보사, 2004.3
34) 內山悟志/金谷敏尊, IT內部統制實踐構築法―急務!! 日本版SOX 法にも對應する, ソフト・リサーチ・センター, 2006.2
35) 土田義憲, 業務プロセスからみた內部統制・踐マニュアル, 中央經濟社, 2005.10
36) Berger, L. & Berger, D.,《Talent Management Handbook》, McGraw-Hill, 2004
37) Blanchard, Kenneth & Norman Vincent Leale,《The power of Ethical Management》, Baiiantine Books, 1988
38) Claus Heinrich,《RFID and Beyond》, Wiley Publishing, 2005
39) IT Governance Institute, Cobit 4.0 - Control Objectives, Management Guidelines, Maturity Models, 2005.12
40) Klaus Finenzeler, 이근호 외 공역,《RFID Handbook 2nd Edition》, 2004.2
41) Michael Hugos,《Building the Real-Time Enterprise-An Executive Briefing》, 2005
42) Michaels, E., Handfield-Jones, H., & Axelrod, B.,《The War of Talent》, Harvard Business School Press, 2001
43) Mikel Harry & Richard Schroeder,《Six Sigma-The Breakthrough Management Strategy》, Jan.2000
44) Moelly, Robert R.,《Sabanes-Oxley and the New Internal Audition Rules》, John Wiley & Sons, 2004
45) Ron Weber/김태성,《정보시스템 통제 및 감사-정보보안관리》, 청문각, 2003.7
46) Trevino, Linda K. & Nelson, Katherine A.,《Managing Business Ethics》, John Wiley & Sons, Inc. 1999
47) Ulrich, D. & Brockbank, W.,《The HR Value Proposition》, Harvard Business School Press, 2005
48) Velasquez, Manuel G.,《기업윤리》, 한국기업윤리경영연구원 옮김, 매일경제신문사, 2002

INDEX

1세대 6시그마 406
1人1樂 운동 302
1차 외부영역 94, 96
2세대 6시그마 406
2차 외부영역 94, 96
3세대 6시그마 406, 411
3C 25
3H이론 315
3T System 344
4대 회계개혁 법안 188
4조 2교대 315, 316
5 value 239
6시그마 183, 406
6시그마기법 346
가치제공 212
가치제안 412
가치창조경영 164, 432, 433
감독조직 25, 26
감리 내용별 분류 217
감리수행 단계 219, 220
감리유형 216
감사 독립성 162, 177
감사 주체별 분류 216
감지(Awareness)단계 225

개발감리 218
개선방향 제시 105, 106
개인신용평가 시스템 388
객관적 진단 93
건전한 지배구조 지원 162, 177
경영위험관리 97, 144, 171, 184
경영의 기본요소 35, 133, 134
경영이념 30, 47, 90, 238, 288
경영자정보 시스템 166
경영평가 및 보상 123
경제적 부가가치 155, 178, 432
경제적 이익 178, 432
고객관계관리 169, 389, 463
고객만족 56, 144, 410, 423
고객만족·고객보호 지원 168, 182
고객만족도지수 142, 293, 424
고객보호 97, 144, 183, 290, 410
고객서비스센터 290, 465
고성과 작업 시스템 313
고윤리·고성과 20, 25
공공복지 97, 144, 168
공공복지·사회봉사 지원 173, 185
공급망 관리 144, 152
공유서비스 374

공인회계사법 188, 189
공정거래 169, 184, 241
공정경쟁 184, 232
공정경쟁·공정거래 지원 169
공정한 평가·보상 179
공정한 평가·보상 지원 164, 179
공헌도관련 평가항목 119
관리통제 210
관리프로세스 94, 298
균형성과관리표 142, 364, 400
그룹웨어 152, 165, 374, 387
기본권리 43
기본윤리 60
기본정신 32, 147, 203, 358, 437
기본지침 19
기술감리 217
기업성과관리 152, 164
기업성과관리 시스템 362
기업시민 59, 247, 288
기업지배구조 188
기업행동헌장 25
기획감리 218
긴밀도 149, 153
긴밀도 분류 151
내부감리 217
내부감사(監査) 88, 91, 160, 176
내부 감사업무 87

내부고발 시스템 293
내부자 거래 61, 343
내부제보 시스템 87
내부통제 160, 176, 202
내부통제 개선안 도출 197
내부통제 시스템 86, 161, 187
내부통제 시스템 구축 195
내부통제 시스템 구축 절차 196
내부통제 체크리스트 205
내부통제 프레임워크 190
내부통제기준 176, 290
내부통제절차 87, 205
내부통제제도 57, 187, 188, 290
내부회계 관리제도 189, 297
녹색경영 248
녹색경영정보 시스템 257
녹색경영지수 265
녹색구매 258, 265, 267
녹색구매 시스템 256, 264, 265
다보스포럼 136
단일사용승인(SSO) 374
대상기업 예비분석 103
대상별 감리 218
대응단계 30, 99
데이터베이스 감리 219
디지털 경영현황 속보판 350
리스크 평가 192, 193, 206

매출액 영업이익률 433
멘토 419
멘토링 180, 419
멘토링제도 420
멘티 419
목적적합성 132, 159, 175
목표중심경영기법 179
무도덕단계 29, 99
민원콜센터 466
법률적 감리 217
법정감리 217
변화관리 313, 368, 396
변화선도 239
보안 및 비상계획 감리 219
부가가치경영 185
부정(不正) 79
부정위험 진단 프로세스 89
부정위험관리 78, 88, 91, 204
부정위험관리의 방향 91
부정위험방지 89, 205
부정의 발생원인 83
부정의 범행동기 82
부정의 예방 88
부정의 유형 84
부정의 탐지 방안 86
부정행위 사례 67
분야별 감리 217

불공정거래 61
블랙벨트 408
비용감리 218
비즈니스 규칙 관리 161
비즈니스 변혁 아웃소싱 141, 445
비즈니스 컴포넌트 446, 447
비즈니스 컴포넌트 매트릭스 445
비즈니스 컴포넌트 맵 447
비즈니스 컴포넌트 분류 446
비즈니스 프로세스 관리 394
비즈니스 프로세스 아웃소싱 445
비즈니스 프로세스 재설계 140, 176
사베인스-옥슬리 188, 212
사전감리 218
사회봉사 42, 144, 168, 173, 185
사회적 가치 극대화 41, 46
사회적 책임 144, 168, 182, 232, 410
사후감리 218
사후관리 105, 120, 169, 219
삼성전자의 가치 238
상생추구 239
상장기업회계감독위원회 212
선진보건정보 시스템 262
성과감리 218
성과주의경영 296, 362
성과측정 213, 401, 405, 406,
성숙도 99, 100, 106, 156, 215

성숙도 단계 99, 100
성숙도 점검 156
성숙도 점검 리스트 157
성숙도 종합점수 157
세부 평가항목 104, 110
세부 평가항목 결정 102, 104, 112
수정통제 208
수행주체 94, 103, 104, 106
스코어 산출 105, 106
시스템경영 130, 133
시스템경영의 기본요소 133
시장부가가치 433
시점별 감리 218
신뢰받는 기업 23, 38, 133, 230
신뢰성 22, 203, 286, 349, 442
신용 조기경보 시스템 388
실시간기업화(RTE) 221
실천과제 147, 159, 175, 251
실천과제와 IT시스템 147, 159
실천방향 54, 159, 175
실천조직 25, 27
실천 주체 50
실행(Action)단계 226
실행공동체 142, 155, 457
실행방향 42, 112
실행인프라지표 97, 110, 117
실행인프라지표 평가테이블 110

실행지침 32, 47
심사센터 466
아웃소싱 140, 444
업무 연속성 계획 184
엔론 187
연관성 분석 147, 152
영역별 감리 218
예방통제 208
옴부즈맨 331, 347, 348
옴부즈맨 제도 334, 348
완드 210
외부감리 217
우량기업 35, 39, 55, 133
우수한 인재 35, 133
운영감리 217, 218
운영 단계 404
운영통제 210
원가대상 438
원가비목의 활동 할당 440
월드컴 187
위험관리 79, 144, 213
위험관리 시스템 140, 172, 350, 388
유비쿼터스 센서 네트워크 138
유지보수 및 사후관리 감리 219
윤리강령 26, 47, 55, 181, 290
윤리경영 3요소 25
윤리경영 간이 평가표 120

윤리경영 담당임원 49
윤리경영 실행체계도 32
윤리경영 지원 혁신활동/시스템 152, 175
윤리경영과 경영목표 148
윤리경영위원회 49, 123
윤리경영의 경영성과 146
윤리경영의 발전단계 29, 31, 99
윤리경영의 실행 의지 28
윤리경영의 의의 24
윤리과제 도출 104
윤리관 태동단계 30, 99
윤리적 선진단계 31, 99
응용 시스템 감리 218
의사결정(Decision)단계 225
이사회 효율성 162, 177
이타성 34, 67, 74, 144, 153
이타성지표 97, 112
이타성지표 평가테이블 109
인적자원 개발 167
인적자원관리 149, 167
일일 행동지침 121
임의감리 217
임직원의 다짐 66
자가진단 설문지 121
자기자본이익률 433
자율경영 35, 37, 133, 362

자율토론방 282
잡셰어링 310
재무적 손실 80
전 과정평가 252, 258
전략 수립 102, 103, 195
전략적 기업경영 142, 166, 232, 272
전략적 연계 213
전자구매 시스템 382
전자구매 시스템 구축 체계 383
전파식별 138, 139
전화예약센터 465
정도경영 23, 25, 33, 42, 239
정도경영수행 지원시스템 138
정보 및 의사소통 192, 194
정보감사 177
정보기술 아키텍처 215
정보시스템 감리 215
정보시스템 감사 163, 210
정보시스템 통제 208
제로스톱 463
제품 수명주기 관리 172
종업원가치제안 143, 155, 412
종업원가치 극대화 40, 44
주관적 진단 93
주문접수센터 465
주인의식 37, 97, 133, 143, 167, 182
주인의식·프로정신 지원 167, 181

주주가치 극대화 40, 42, 57
주주가치 중시 163, 178, 448, 449
주주권리 보호 178
주주권익 40, 140, 178
주주권익의 중시 지원 163
준거 감리 217
준법감시 190, 290, 345
준법단계 29, 99
준비단계 101, 102, 107, 219
증권거래법 188, 189, 297
증권관련집단소송법 188, 189
지리정보 시스템 172
지배구조 97, 162, 177, 188, 193
지식경영 시스템 152, 167, 377
지식관리 시스템 142, 461
지원긴밀도 151, 154, 155
지원긴밀도 분석표 151, 154
지원시스템 94, 129, 156
지원시스템의 체계 155
지원효과 분석표 150, 153
직무윤리규범 319
직업윤리 66, 71, 142, 164, 179, 230
직업윤리 수행 지원시스템 142
직장생활 수준향상 97, 180
직장윤리 34, 97, 166, 181, 230
직장윤리 · 책무확립 지원 166, 181
진단 및 평가 93, 99

진단 및 평가영역 94
진단 및 평가테이블 조정 102
진단 및 평가전략 수립 102
진단결과 수집 104, 105
진단계획 수립 104
진단단계 101, 104
진단보고서 작성 102, 104
진취적인 기업문화 35, 133, 134, 303
진행감리 218
책무확립 97, 166, 181, 230
체계(體系) 129
초일류기업 35, 39, 65, 133
콘택트센터 463
탁월한 시스템 35, 133, 134
탐지통제 208, 209
통제 88, 160, 210, 219, 398, 449
통제와 균형 160, 176, 211
통제현황 분석 196
통제환경 192, 207
통제활동 176, 194
투명성 33, 42, 159, 175, 352
투명성지표 97, 100, 103, 113
투명성지표 평가테이블 108
투명화 162, 177, 382
투자자관계 178
특정유해물질 제한지침 249
파트너 관계관리 152

평가결과 99, 285, 322
평가단계 101, 105
평가보고서 작성 105, 106
평가보고회 개최 105, 106
평가영역별 가중치 결정 107
평가영역의 결정 107
평가의 4대 지표 97
평가절차 101
평가점수 99, 106
평가지침 99
평가지표 97, 108
평가테이블 102, 107
평가항목별 점수 결정 108
평가항목의 결정 107
평등한 대우 163, 178
폐기전자제품 처리지침 249
프로세스 혁신 176, 395
프로세스별 세부 평가항목 113
프로정신 142, 167, 182, 230
프로젝트 관리 감리 218
합리성 34, 44, 71, 142, 405
합리성지표 97, 100, 107, 113
합리성지표 평가테이블 108
핵심가치 52, 239, 412, 422, 433
핵심성과지표 140, 162, 215, 362
행동규범 26, 47, 65, 123

행동요령 48, 67
행동지침 26, 65, 120, 250, 319
현금흐름 수익률 178
현상분석 104, 105
협업 172, 374, 382, 451, 457
환경 건강 안전 166
환경친화 38, 97, 110, 116, 144
환경친화·경영위험관리 지원 171, 184
환경회계 258
환산점수 151, 154, 157
활동기준 경영 439
활동기준 원가 140, 160, 175, 438
회계감리 217
회계개혁 법안 188
회계정보의 투명성 지원 159, 175
회계통제 190, 210
A군(群) 혁신활동/시스템 393
A군(群) IT시스템 151, 156
ABC 175, 438
ABC/ABM 438
ABC와 ABM 비교 439
ABM 160, 284, 439
ACFE 80
ACSI Model 427
Altruism 34, 144
Amoral Stage 29, 99

Examiner 80
B군(群) 혁신활동/시스템 394
B군(群) IT시스템 152, 156
BCP 155, 184
BPM 138, 161, 368, 394
BPO/BTO 176, 444
BPR/PI 140, 176
BRM 138, 161
BSC 142, 231, 274, 364, 400
BSC 구축 단계 403
BTO 141, 445
Business Component Matrix 445
C군(群) 혁신활동/시스템 394
C군(群) IT시스템 152, 156
Call Center 463
CBEO 49
CCC 465
CFROI 178
CIC 464, 465
Clean Company 289
COBIT 211
COBIT 4.0 212
COBIT 프레임워크 214~215
Code of Conduct 25, 319
Code of Ethics 25
Contact Center 463

CoP 142, 155, 378, 457
CoP 활동 추진 프로세스 458
Corporate Citizen 136, 288
Corporate Governance 188, 190
Corrective Control 28
COSO 190, 205
CRM 144, 169, 389
CS 183, 258
CS센터 466, 469
CSI 142, 292, 423
CSI 조사 프로세스 426
CSI의 왜곡 428
CSI의 단계 425
CSS 388
CTQ 408, 409
DCF 178
DCSI 293
Detective Control 208
Developed Ethical Stage 31, 99
DFSS 408
DfX 264
DMAIC 408
DSP 304
e-뉴웨이 311, 312, 330
EA 258
EHS 152, 166, 341

EIS 152, 166

Emerging Ethical Stage 30, 99

EP 139, 145, 232, 373

EP 추진 비전 373

EPM 149, 156, 164, 362

EPM 추진목표 체계 364

e-Procurement 170, 275, 284, 382

EPS 258

ERP 159, 173

EVA 155, 178, 431

EVA 계산방식 431

EVA/VBM 431

EVP 143, 155, 180, 412

GB 408

GE 행동강령 332

GIS 172, 466

GMIS 257

GP 258

GPM 286

GPS 285, 466

Great Place to Work 35, 133

Green Office 155

GWP 165, 180, 417, 450

GWP · QWL 41, 417

GWP · QWL을 구현 165, 180

HPWS 313

HR 142, 161, 167, 173, 193

HRD 167

HRM 167

IR 57, 178

ISACA 211

IT 감리 163

IT 악용 211

IT 통제구조 212

IT Abuse 211

IT Audit 177

IT Governance 211

IT거버넌스 중점 5분야 213

IT거버넌스 중점 분야 213

IT거버넌스 협의회 211

ITA 215

ITGI 211, 214

Job Sharing 310

KGMI 265

KM 143, 155, 375, 451

KM 추진절차 452

KMS 142, 167, 377

KMS 구축 비전 377

KMS 추진목표 378

KMS 추진전략 378

KPI 161, 215, 230, 362, 364

LCA 258, 264

MBB 408

MBO 155, 179, 182, 301, 353

Mentee 419

Mentor 419

Mentoring 180, 419

MPD 322

MVA 432

PA 304

PDS 463, 466

PLM 152, 172

POS-B 282

Preventive Control 208

PRM 152, 170

QWL 41, 165

RACI 215

Rationality 34

Red Flags 86

Responsive Stage 30, 99

RFID 138, 356

RFID/USN 138, 152, 161, 356

RMS 140, 144, 172, 296, 388

ROE 307, 433

ROIC 433

RTE 140, 159, 221, 350

RTE 개념 222

RTE 기대효과 226

RTE 기본정의 221

RTE 비즈니스 아키텍처 225

RTE 사이클론 모델 222

RTE 성공요인 227

RTE 체계도 226

RTE 대시보드 140, 350

Safe Clinic System 263

Sarbanes-Oxley 188

SCM 144, 152, 169, 233

SEM 142, 166, 232, 272, 280

Shared Service 374

SHINE 262

SLA 448

SRM 152, 170

SSO 295, 374, 387

TM(Tele-Marketing)센터 466

UMS 463, 466

USN 139

Value Proposition 143, 180, 412

VBM 140, 431, 436

VBM 체제 433

VP 412

저자약력

이 명 환 (李明煥)

1967. 2. 서울대학교 상과대학 졸업
1982. 8. 미국 노스웨스턴 켈로그경영대학원 최고경영자과정 수료
1992. 2. 서울대학교 경영대학 최고경영자과정(AMP) 수료
1994. 6. 서울대학교 공과대학 최고산업전략과정(AIP) 수료
1996. 6. 고려대학교 언론대학원 최고위 언론과정 수료
1997. 2. 서울대학교 경영대학 Global CEO 과정 수료
1998. 2. 한국과학기술원 최고정보경영자과정(AIM) 수료
2003. 12. 서울대학교 국제대학원 글로벌 리더십 프로그램과정(GLP) 수료

1973. 3. 제일합섬 전산실장
1977. 5. 삼성중공업 조선사업본부 자재부장
1980. 6. 삼성전자 종합기획조정실장
1985. 6. 삼성비서실 인사 및 정보시스템 담당 상무
1988. 2. 삼성코닝 관리본부장 전무·경영총괄 부사장
1991. 12. 삼성SDS 대표이사
1995. 1. 효성생활산업 대표이사
1999. 7. 인천국제공항철도 사장
2001. 7. 주식회사 동부 대표이사
2004. 9. 동부정보기술 대표이사(겸)

《이럴 땐 어떻게》 (21세기북스, 1991)
《초일류기업으로 성장·발전하는 길》 (삼성SDS, 1993)
《함께 성장하는 리더》 (삼성SDS, 1993)
《신바람 인사관리》 (21세기북스, 1997)
《신바람 기업문화》 (21세기북스, 1997)
《고효율 자율경영을 위한 시스템경영》 (한국기업문화연구소, 2004)
《실시간기업 RTE》 (공저, 21세기북스, 2005)

이 동 길 (李東吉)

1980. 2. 고려대학교 산업공학과 졸
1994. 2. 고려대학교(원) 산업공학 석사
1997. 8. 고려대학교(원) 산업공학 박사
1994. 8. 공장관리 기술사

1998. 12. 정보시스템 감리사

1987. 3. 삼성전자 경영혁신팀장
1992. 3. 한국과학기술연구원 시스템공학연구소
1995. 5. ㈜한국오라클 컨설턴트
1999. 2. 한양대학교 산업공학과 겸임교수, 고려대학교 산업공학과 강사
2000. 1. ㈜MIT 경영과 정보기술 대표이사
2000. 6. 한국 SCM학회 부회장
2000. 10. 가온소프트㈜ 대표이사
2002. 5. 한국멀티미티어 학회, 산학이사
2003. 11. 경남대학교 제조IT특성화 사업 자문위원, 강사
2004. 1. 산업자원부 산업·기술정책 지정패널(한국산업기술재단)
2005. 8. 동부정보기술㈜ 제조사업부장 상무
2005. 10. 산업자원부 산업기술기반조성사업 기획평가위원
2006. 4. 한국전산원 ISP 분야 감리지침 전문가

《ERP 전략과 실천》(대청, 1999)
《차별화 경영》(MIT 경영과 정보기술, 2000)
《e-비즈니스와 확장형 ERP》(MIT 경영과 정보기술, 2000)

오 세 현(吳世賢)

1987. 2. 서울대 공과대학 컴퓨터공학과 졸
1996. 2. 독일 함부르크대(원) 컴퓨터공학 석사
1999. 1. 독일 박사 함부르크-하브르크대(원) 수료
2004. 7. 서울대학교 공과대학 최고산업전략과정 수료

1996. 8. TuTech GmbH(in Germany) Project Manager
1999. 3. LG-CNS 컨설팅사업본부 e-Biz 컨설턴트
2001. 1. ㈜인포섹 컨설팅 본부장
2001. 9. ㈜인젠 정보보안컨설팅 본부장·부사장
2005. 7. ㈜큐론 대표이사 사장
2006. 2. 동부정보기술㈜ 컨설팅사업부문장 상무/CTO
2006. 6. 동부정보기술㈜ 미래기술연구소장(현)

KI신서842
윤리경영과 지원시스템

지은이　이명환·이동길·오세현

1판 1쇄 인쇄　2006. 7. 10
1판 1쇄 발행　2006. 7. 15

펴낸곳　(주)북이십일
펴낸이　김영곤

등록번호　제10-1965호
등록일자　2000. 5. 6
주소　경기도 파주시 교하읍 문발리 파주출판문화정보산업단지 518-3 (413-756)
전화　(031)955-2100
팩스　(031)955-2151
이메일　book21@book21.co.kr
홈페이지　http://www.book21.co.kr

값 25,000원
ISBN 89-509-0910-3 13320

※잘못 만들어진 책은 구입하신 서점에서 교환해 드립니다.